法学の誕生

近代日本にとって「法」とは何であったか

Uchida Takashi
内田 貴

筑摩書房

法学の誕生——近代日本にとって「法」とは何であったか【目次】

【凡例】

＊引用する史料は、必要に応じて句読点や濁点、ふりがなを補い、旧字体の漢字を新字体に改めた。また片仮名を平仮名にした場合がある。

＊日本の古い文献では、外国人名や外国語を引用カッコ付きで表記する場合があるが、本書での引用に際してはカッコを削除した。

＊注で複数回引用する文献は、原則として、初出の箇所で略称をゴチックで示し、以後、略称で引用した。ただし、直近の注で引用されている場合は「前掲」の表記を用いた。

法学の誕生——近代日本にとって「法」とは何であったか

はしがき

日本の近代化の鍵は「法」だった。明治維新後、驚くほど短期間に日本が近代国家の形成に成功したのは、西洋の法と法学の受容に成功したからである。では、どのようにしてそれをなし遂げたのか。西洋式の法を運用できる法律家や官僚を養成し、運用のための自前の法理論を作り上げることは、容易なことではなかったはずである。そのためには、まず、法学教育を日本語で行なわなければならない。それには、日本語で法学を論じることができなければならない。つまりは、西洋の法学の引き写しではない「日本の法学」が必要である。いったどのようにして、日本の法学が生み出されたのだろうか。これまで、西洋式の法（法典）を編纂する過程については多くの研究がなされてきたが、法学の受容の過程には、必ずしも十分な関心が払われてきたとはいえない。本書で取り組んだのは、この課題である。

ところで、司馬遼太郎は小説『坂の上の雲』で、伊予松山出身の秋山好古《よしふる》、真之《さねゆき》という二人の兄弟の活躍を描いている。兄好古は帝国陸軍の騎兵の父と呼ばれ、日露戦争で世界最強のロシア騎兵団を相手に目覚ましい戦果を挙げた。弟真之は日本海海戦でバルチック艦隊を壊滅させた連合艦隊の参謀である。本書にも二人の兄弟が登場する。松山の南、伊予宇和島出身の穂積陳重《ほづみのぶしげ》と八束《やつか》である。軍人として活躍した秋山兄弟のような華々しさはないが、ほぼ同じ時代に法の世界で活躍した。もっとも、秋山兄弟は司馬遼太郎の筆力で歴史の中から甦り、今日でも英雄視されているのに対し、穂積兄弟は、学問的には忘却の彼方にある。

陳重は、東京帝国大学教授を経て最晩年には枢密院議長にまで登りつめ、学者としては栄達を極めた。明治民法の起草者の一人として知られる。しかし、学問的業績に関しては、その代表作『法律進化論』はダーウィンの進化論を法学に適用したものといわれ、壮大な全体構想のごく一部しか公刊することができなかったうえ、学問的には失敗作との評価もある。弟の八束は、東京帝国大学の初代憲法担当教授となったが、天皇を絶対視する国家主義のイデオローグとして知られ、今日では学問的には全否定された存在である。

本書で私は、穂積兄弟を、当時の時代背景の中に位置づけ、彼らが担っていた役割や、持っていたであろう使命感を踏まえて眺めなおそうと試みた。そして、彼らを通して、アジア初の近代国家を樹立しようとしていた当時の日本の姿に新たな光を当ててみようと試みた。二人は、日本が西洋の法と法学を受容しようとしていた最も初期の法学者である。陳重は日本で最初の法学者といってよく、八束は日本で最初の憲法学者である。彼らは、すでに存在する学問の世界で独自の説を唱えた、といったたぐいの学者ではない。陳重は、そもそも法学という学問のない国に最初の法学を打ち立てた人物であり、八束は日本で最初の憲法解釈学を打ち立てた人物である。つまり、「日本の法学」はまさに彼らとともに誕生したのである。西洋の法や法学という、最も西洋的な文化を受容するということは、当時の日本にとってどのような挑戦だったのだろうか。日本人は何に苦労し何にこだわったのか。そのことを知りたいと考えたのである。

民法学者の私がこのような畑違いのテーマに関わることになった理由は「あとがき」に書いたが、そのような執筆の経緯はともかくとして、穂積兄弟を通して眺める近代日本の草創期は、私にとってまことに興味の尽きない世界だった。研究の過程で私が感じた面白さの一端でも伝えることができれば幸いである。

＊

穂積兄弟の世代の粒々辛苦を経て、日本の法学は誕生した。だが、そこに至るまでには長い道のりがある。まずは、日本が西洋の法と本格的に遭遇したところから話を始めよう。最初の舞台は、日米修好通商条約の締結をめぐる外交交渉の場である。

第一章　西洋法との遭遇

タウンゼント・ハリス

明治維新の一〇年余り前、一八五七（安政四）年一一月六日、当時九段坂下にあった蕃書調所《ばんしょしらべしょ》で、幕府の五人の外交担当者、土岐《とき》頼旨《よりむね》、川路聖謨《かわじとしあきら》、鵜殿長鋭《うどのながとし》、井上清直、永井尚志《ながいなおゆき》が、アメリカの使節タウンゼント・ハリスと面談していた。ちなみに、永井尚志は三島由紀夫の高祖父にあたる。蕃書調所は、前年の一八五六年に洋学の研究・教育およびその統制の機関として幕府が設立した組織である。[1] それまで幕府の教学機関は、儒学を対象とする昌平坂学問所だったが、もはや洋学摂取の必要性を無視できなくなっていた。今日で言えば研究所のような組織だが、ここがハリスの江戸滞在中の宿所にあてられた。寝室や居間のほか専用の手洗所や湯殿も作られ、寝室には寝台も用意された。[2]

タウンゼント・ハリス

ハリスは、アメリカ合衆国の初代駐日領事である。一八五三（嘉永六）年にペリーの率いる黒船が来航し、翌年、再度来航したペリーとの間で、日米和親条約が横浜で締結された。その第一一条に、米国が下田に領事を置くことができる旨が規定されていた。ハリスは東アジアで貿易業に従事していたが、この規定を知り、猟官運動のすえ初代の駐日領事の地位を射止めた。(3) そこで、一八五六（安政三）年に来日して、通商条約を締結するための交渉を始めたのである。

翌一八五七年七月、ハリスが下田上陸以来求めていた江戸上府がようやく許された。彼は一〇月に江戸城に入り、第一三代将軍家定に謁して大統領ピアースの親書を渡した。また老中首座の堀田正睦《ほったまさよし》邸に赴いて、世界の情勢を語り、アメリカと通商条約を締結することがいかに日本にとって利益になるかを雄弁に説いた。ハリスの演説は二時間を超え、堀田はじめ海防掛の面々は感銘を受けたという。(4) ハリスは条約の主たる内容として、第一に、公使を首都に駐在させること、第二に、開港と通商の自由を要求した。そこで、堀田が部下に命じて、通商条約の前提となる外交上の問題や手続について、種々質問をさせたのである。

幕府方がまず尋ねる。

「ミニストル（公使）ヲ都下ニ置候儀ハ和親之国ハ相互ニ置候哉」。

和親関係を結んでいる国々はみな互いに公使を置いているのか、という問いである。さらに、ミニストルの職務、またコンシュル（領事）との違いは何か、ミニストルの官職や爵位はどうなっているか、等々を尋ねる。そして、肝心の問題に入り、

「ミニストルヲ置候方ニテハ各国如何ノ取扱振ニ可有之《これあるべく》候哉」

と問うた。公使を置いた場合の取り扱いぶり、つまりその法的地位を尋ねているわけで、これ自体、

きわめて法的な問いである。この問いに対してハリスは、「万国普通之法ニ従イ取扱申候」と応じた。ここではじめて幕府側は、万国一般に妥当する法という観念に接したが、理解できない。そこで幕府側はさらに問う。

「万国之法ト申候ハ如何様之義ニ候哉」(万国の法というのはいったいどういう意味でしょうか)。

万国普通之法

政治学者吉野作造の著名な論文「わが国近代史における政治意識の発生」は、これが日本人が「万国公法」の観念を明確に吹き込まれた最初の場面だという[5]。日本人の西洋法との接触としては、すでに天保年間に老中水野忠邦のもとでオランダ憲法、刑法、刑事訴訟法、民事訴訟法などの翻訳事業が存在していたというが[6]、限定的な作業であり、かつ衆目に触れることもなかった。今日につながる西洋法との接触は、この万国公法(ここでは「万国普通之法」と表現されている)が最初だった。万国公法とは、今日の言葉で言えば国際法であるが、このときから万国公法は西洋法を象徴する観念となった。

前記の問いに対するハリスの答えは、公使の駐在国における権利に関する国際法規の説明だった。しかし、この問答を通じて、幕府の役人は、国と国との外交が裸の力関係ではないらしいこと、外交上の問題にはことあるごとに「万国普通之法」なるものがつきまとうことを悟る。「万国普通之法」は、のちに述べるような経緯でその後「万国公法」と呼ばれるようになったが、ともかく、これに関する知識なしには西洋との駆け引きができないことが分かったのである。

こうして、万国公法への関心は、西洋世界がどのような秩序によって構成されているのかという問題意識を生み出し、それは西洋世界とはどのような世界なのかという問いと直結することとなった。[7]これ以後、西洋世界を知る鍵、つまり日本を近代化する鍵が、西洋の法と法学を知ることだという時代が続くことになる。

法学理解の困難

しかし、万国公法やその背景となっている学問である法学を理解することは、容易なことではなかった。通商条約の締結に至るまでの英文条項の翻訳文の変遷を見ると、伝統的な公文書に用いられる候文で書かれていた当初は、法的表現についてほとんどその意味をつかみかねていることが分かる。[8]そもそも、ペリーが来航したとき、交渉のために英語のできる人物がほとんどいなかった。

そこで、当初のペリーとの交渉は、まずペリー側の英語をオランダ語に翻訳し、それを日本語（当時の書き言葉である漢文）に翻訳するという隔靴《かつか》掻痒《そうよう》の感のあるものだった。しかも外国語能力は通詞が独占していたので、政策決定に携わる日本側の政府高官自身は先方の言い分を直接理解する能力がない。日米和親条約は漢文版、蘭文版、英文版と、漢文和解版、蘭文和解版という日本語版が作られているが、日本語に訳すのは英語原文ではなく漢文とオランダ語だった。しかも、国際条約に盛り込まれる法的表現は、徳川幕府の担当者にとってまったく未知の世界だった。

もっとも、さすがに優秀な幕府の官僚たちは、交渉の過程で次第にその意味を解するようになり、当初の候文のまどろっこしい翻訳の文体も、通商条約の交渉が進むにつれて、法的構文に対応した訳文となっていく。[9]とはいえ、まだ相手の言っていることの意味がかろうじてとれるというレベルであり、条約文の前提をなす西洋の法律論を解するレベルには至らない。

西周と津田真道

アメリカ領事ハリスとの交渉を経て、彼のいう「万国普通之法」、すなわち「万国公法」の内容を何とか詳しく知りたいと考え、そのために西洋への留学を熱望した人物がいた。当時蕃書調所に勤務していた西周《にしあまね》と津田真道《まみち》である。彼らは、先のハリスとの交渉に翻訳者として関わっていたと考えられる。[10] しかし、彼らが幕府に留学の希望を出したところ、徳川政権要路の人たちは、天文・医術・航海などの自然科学については西洋に学ぶべきものがあるにしても、治国平天下の道についてはむしろ自分たちの方が上だと自負し、「我に先王の道あり何ぞ之を蛮夷に学ばんや」という理由で一度は却下されたという。[11] これが当時の守旧派の精神だった。しかし、両名は、軍艦建造発注に伴い榎本武揚がオランダに留学する機会を捉えて、オランダ留学の機会をつかむ。一八六二（文久二）年のことである。徳川幕府のもとでの初のヨーロッパ留学生であり、この年、西周、津田真道ともに三三歳である。

西周

軍艦建造の当初の依頼先はアメリカだった。したがって、西らもアメリカに行くことになっていた。しかし、南北戦争の激化によりアメリカが軍艦建造を断ってきたので、オランダへの発注となり、留学先もオランダとなった。[12] もし西らがアメリカに行っていたらどのような法学を学んだだろうか。当時のアメリカは、イギリスの判例法をそのまま承継し、法学教育も実務的なものだった。

オリバー・ウェンデル・ホームズ（一八四一 - 一九三五）の名著『コモン・ロー（*The Common Law*）』が刊行され（一八八一年）、ロスコー・パウンド（一八七〇 - 一九六四）ら著名な学者が活躍し、世界に影響を与えるアメリカらしい法学が確立するのは、もう少し後の時期である。それを考えると、彼らがアメリカではなくヨーロッパ大陸へ行き、ヨーロッパ的な正統派の法学に接したこと（最初に自然法の講義から始まることはそれを窺わせる）は、それなりに幸運であったともいえる。

フィッセリング

両名はオランダで、ライデン大学教授フィッセリングに教えを請うた。フィッセリング教授は日本からの留学生のために、自宅で特別に講義をした。ここで西らは、日本人として初めて本格的に西洋法学というものに接したのである。(13)

もっとも、フィッセリングは、文学と法学の学位を持ち弁護士資格も有していたとはいえ、法学者ではなく、ライデン大学では経済学、外交史、統計学の講座を担当していた。さらに、フィッセリングは学究だけの人ではなく、のちには大蔵大臣にも任命されている。そのフィッセリングを二人に推薦したのは、ライデン大学に創設された日本語学講座の初代正教授ホフマンである。西はホフマンに留学目的を記載した書簡を送り、短期間に統計学（当時日本では新しい学問として注目されていた）(14)、法学、経済、政治、外交、哲学といった領域に関する概要を効果的かつ簡潔に教授していただきたいという希望を伝えてあった。それに応えての人選である。

フィッセリングは二人に対し、二年にわたり毎週二晩を割いて「自然法」「国際法」「国法学」「経済学」「統計学」の五科目について概観する講義を行なった。

『泰西国法論』

二人は一八六五（慶応元）年に帰国後、幕府の命令に従い、講義録を翻訳出版した。まず出たのが津田の訳した『泰西国法論』である。同書は、一八六六年に稿が成り、六八年（この年の九月に明治元年となる）に開成所（蕃書調所は洋書調所を経て開成所と改称されていた）から出版された。西洋法学を紹介する最初の書物といわれる。[15] もっとも、「国法学」の講義録であるこの書物は、今日の用語でいえば、法学の本というより、法学、政治学、財政学などの基本的な骨組みを概観したにとどまる内容である。

ところで、同書冒頭には、「法学は法律の学にて、西洋列国の大学校に於て生徒大半此学に従事す」で始まる、原著一〇頁ほどの「凡例」と題する文章が置かれている。そこでは、オランダ語のほか英、独、仏語をも対比しつつ、法に関する学問を法学と訳す理由が説明され、また、民法という訳語も登場する。いずれも本邦初の訳語である。この凡例は、津田が書いた「泰西法学要領」にあたるものと考えられ、日本人の手になる最初の西洋法学の紹介とされる。[16] きわめて簡略なものではあるが、「法学人道と異なり、人道は仁義礼譲を説き、法学は惟事の曲直、理の当否を論ず」と法学と道徳の区別を指摘している。

『性法略』

西と津田は、フィッセリングから「自然法」（当初「性法」と訳される）の講義も受けており、これは西が翻訳を担当した。「自然法」はそれまでの日本に存在しない言葉であり、しかも西洋法学を理解するうえでは欠かすことのできない重要な概念である。したがって、自然法についての講義の翻訳は、西洋法学を理解する上で必須の文献となるはずだった。ところが、帰国後徳川慶喜の側近となっていた西は、慶喜が大政奉還後、京都から大坂城へ退去する際の混乱のなかで、翻訳原稿を失ってしまった。(17) このため、蕃書調所の元同僚であり、維新後新政府に招聘されていた神田孝平《たかひら》が、講義録の原文から改めて翻訳して出版したのが『性法略』(一八七一〈明治四〉年)である。

『性法略』は、「性法は人の性に基く所の法なり」で始まる、簡略な私法概説である。「性」は儒教の基本概念であり、『中庸』の第一章にある「天の命ずるをこれ性と謂う。性に率《したが》うをこれ道と謂う。道を脩《おさ》むるをこれ教《おしえ》と謂う」に由来する。(18)「性法」とは、人間が人間であることによって必然的に導かれる法が存在する、というイメージである。これはまさに自然法の一つのスタイルである。漢学の概念を用いて西洋の自然法思想の核心が翻訳されていることがわかる。ただし、この翻訳の含蓄を理解するには、読み手に儒教の素養がなければならない。それが失われるとともに「性法」という訳語も廃れていく。

西と津田の序文

西洋法は、まず自然法(「性法」)の観念とともに日本に入ってきた。福沢諭吉の初期の著作である『唐人往来』(一八六五〈慶応元〉年)にも強い自然法的観念が基底に流れていることを、丸山真男が指摘している。(19) しかし、同時にまた、自然法は日本人にとって馴染みにくい思考でもあった。神田孝平訳の『性法略』に西と津田が序文を寄せているが、この序文からは、日本で最初に自然法を本格的に学んだ二人が、必ずしもフィッセリングの自然法論に心服してはいないことが窺われるのである。

津田真道

西が漢文で書いた序文について、長尾龍一は、「徂徠学というリアリズム政治学を背景とし、法を道徳と対比して外面的秩序とする西が、法を人間性によって基礎づけようとする西洋自然法思想に不承不承従っている様子が窺われる」と言っている。[20] そこには、法という観念についての東洋と西洋の間に横たわる根本的な相違があるだろう。西らが接した西洋の自然法思想では、社会や国家を規律する規範には人間の本質的な性質に由来する自然法則的な意味での正しい法があるはずだと考える。これに対して、荻生徂徠の影響下にある日本の儒学においては、法はあくまで統治の技術だった。とりわけ、私法は、今日の言葉で言えば市場を支える法的ルールであるから、取引が行なわれる社会、つまり、対等な市民によって構成される社会という観念が不可欠である。しかし、当時の日本にはそのような観念はなく、そもそも「社会」という言葉の翻訳に西と津田が苦労を重ねたことはすぐ後で述べるとおりである。刑法や行政法に対応する規律が整備されていた江戸時代に、私法が未発達だったのも、それが大きな原因だろう。西は、そのような市民社会を規律する「正しい法」という思想になじめなかったのである。[21]

『性法略』に寄せた津田の序文は、西の漢文とは打って変わって擬古文調であり、次のように始まる。

「大倭《やまと》は言挙《ことあげ》せぬ国といひて、豊聡耳太子《とよとみみのひつぎのみこ》の憲法《みのり》を定させ賜ひし時までは、世の中のさまおほらかにして、たゞ神随《かむながら》平けく安らけくなむありける。さるを西洋《さいよう》の国々は遠き昔より律法《おきて》てふ言のさた五月蠅《さばえ》なす言痛《こちた》かりけり」

(日本は言挙げしない国といわれて、聖徳太子が一七条憲法を定める以前は、世の中はおおらかで平和だった。ところが、西洋の国々は、遠い昔から法律をめぐる議論で騒々しく、うるさいことだ)。

津田は若い頃国学を学び、オランダ留学後も生涯国学への忠誠の念を変えることがなかったと言われる。その心意気が伝わってくる序である。右に続けて、本書の経緯を語り、世の中の変転が激しいことを述べて、「うつせみの世はかの環《たまき》の玉の端《はし》なきが如く、また言挙せぬむかしに還る時なからめやと、殊更に言挙するは津田真道」(この世はたまき〔環・手纏:手に巻く装身具〕の玉が一回りするとまた元に戻るように、まだ言挙げしなかった昔に戻ることもないとはいえない、とあえて言挙げするのは私、津田真道である)と結ばれている。

言挙げは、万葉集の柿本人麻呂の長反歌「葦原《あしはら》の水穂《みづほ》の国は　神《かむ》ながら　言挙《ことあ》げせぬ国」などに出てくるが、この当時は言葉の呪力を意味していたという(22)。しかし、津田のいう言挙げは、自分の意見を言葉に出して言い立てることであろう。この序文は、戦前の小野清一郎も取り上げ、「わざわざ西洋法学の研究を志したにかかはらず、結局西洋的法律論には親しめなかつたといふことである」と評している(23)。理屈をこねて権利や義務を論じ、それを自然法で正当化する議論に対し、津田が、文化的な違和感を抱いたことが窺える(24)。

西洋法理解の困難

留学に出発したとき、西も津田も、さすがに蕃書調所という名称を直訳するわけにはいかず、オランダに対しては「官立ヨーロッパ学問所」という欧文名称を当てたようである(25)。彼らはその学問所の教官として、オランダ語のほか英独仏語を読むことができ、すでに渡欧前に西洋の学問にもある程度接していた。しかし、法学に関しては、フィッセリングの講義を受けるまでは初歩的知識も持っていなかったように見える。講義が始まる前の時点で、二人は、のちに「性法」と訳すことになる自然法を「天然の本分」と訳し、のちに「万国公法」と訳される国際法を「民人の本分」と訳している。「本分」は当初、権利の訳語として用いられた言葉である。原語に対応する翻訳語が日本語に存在していなかったためとはいえ、基本概念をまだ十分理解できていなかったことを窺わせる。(26)

ところが、帰国後の翻訳を見ると、わずか二年で深い理解に達していることもわかる。注目されるのは、両名が、オランダ語の「社会(生活)」(英語で言えばsocial life)という言葉の翻訳にいかに苦心を重ねたかである。(27) フィッセリングの講義においては、社会生活(オランダ語のmaatschappelijk leven)という概念が重要な位置を占める。自由な経済活動が行なわれ、人々が互いに共同生活を営む場である。それを二人は「相生養の道」と訳している。(28)

相生養の道

この言葉は、儒教の原典の解釈のなかに登場する。(29) 後漢の鄭玄《じょうげん》が『中庸』「天命之謂性」に附した註、唐の時代の韓愈《かんゆ》の『原道』、清の戴震《たいしん》の『中庸補注』「率性之謂道」への註などに見られるが、例えば、『原道』では、

「古之時人之害多矣、有聖人者立、然後教之以相生養之道」

とある。『漢籍國字解全書』の松平康國による「講説」では「古の時代に於ては人類の害となる者多かりしなり、然るに幸にも聖人と呼ぶ一種尊き御方が天子の位に立たれ、斯くありてより人民に生命を保ち糊口を遂ぐる仕方を教へ」と訳されている。(30) さらには荻生徂徠の『弁道』にも類似の表現

（「親愛生養の性」）が見られる。こうした知識を基礎に、自らの伝統的教養の中の語彙を駆使して、何とかフィッセリングの基本概念を表現しようと苦心している。(31)

性法もこの相生養で説明される。すなわち、「性法は人の性に基く所の法なり」に続いて、「人の世に在る、相生養せざるを得ず、命なり」、「相生養す故に萬般の事依て以て興る」、「既に事あれば規則なかるべからず、法の生ずる所以なり」

と論じられる（『性法略』より）。

人は社会生活を営まざるをえず、それに伴って紛争も生ずる。だから法があるのだ、という趣旨のようである。そして、人間の「性」、つまり生まれながら具わっている性質は、そのような人間関係で生ずる事柄の善悪の判断基準を持っている、という議論が続く（ここが自然法的な部分である）。

このように、当時の漢学の教養の中では、相生養は「人々が共存する」といった意味合いで用いられている。(32)

前記オランダ語に対応する英語の"society"も、もともとラテン語で仲間をあらわすsociusに由来する言葉であるから、互いに仲良くする社交的共同体の意味でも用いられる。イギリスでは、社交的団体や学会は"Society"と称している。(33) このため、福沢諭吉は「人間《じんかん》交際（の道）」と訳した。こちらは漢学の伝統とは切り離された造語である。

いずれも原語の意味を深く理解しているがゆえに、(34) いかに日本語に置き換えるかに苦労しているのである。「社会」という訳語を最初に用いたのは、福地桜痴《おうち》（源一郎）が一八七五（明治八）年一月一四日の東京日日新聞に書いた論説記事の中で「社会」を「ソサエチー」のルビつきで掲載したのが最初と言われる。(35) その後この訳語が普及した。しかし、原語の正確な意味が伝わったかは、別問題である。社交的団体を「社会」と呼ぶのが日本語として不自然であることからすると、原語の意味は尽くされていないのであろう。

西洋法学を学ぶことは、まず、基本用語の意味を確定し、それに対応する訳語を探す作業から始まった。こうしてひとつひとつ概念を明らかにすることによって、法学という学問の概要が捉えられていった。まさに「蘭学事始」の世界である。

しかし、幕末から明治初期にかけて欧米に留学し法学を学んだ者の中の、とびきり優秀な人材であった西周や津田真道ですら、西洋の法学の概要を理解したというレベルであり、自分の言葉で法学を講ずる水準には達しなかった。このためもあってか、西や津田の業績は、その後の日本の法学には直接の影響を与えていないように見える。(36) そもそも、帰朝後の西と津田は、幕末の混乱の中で、留学の成果を生かすためのしかるべき機会を与えられることはなかった。(37) 自らの学識をもとに日本語で法学教育を提供しうる人材は、次世代の穂積陳重らの登場を待たなければならなかったのである。

万国公法

ところで、西と津田がまだ留学中に、中国で画期的な書物が刊行された。アメリカの国際法学者ヘンリー・ホイートン（Henry Wheaton）が書いた本の漢訳である『万国公法』である。

もとの本は"*Elements of International Law*"と題する一八三六年刊行の書物で、当時各国語に翻訳されて好評を博していた国際法の概説書である。今なら『国際法概説』とでもタイトルを訳すだろう。これをアメリカ人宣教師ウィリアム・マーチン（William Martin）が漢訳し、『万国公法』という表題で刊行した。中国滞在六七年に及んだマーチンは、はじめ宣教師として中国に渡ったが、途中から清

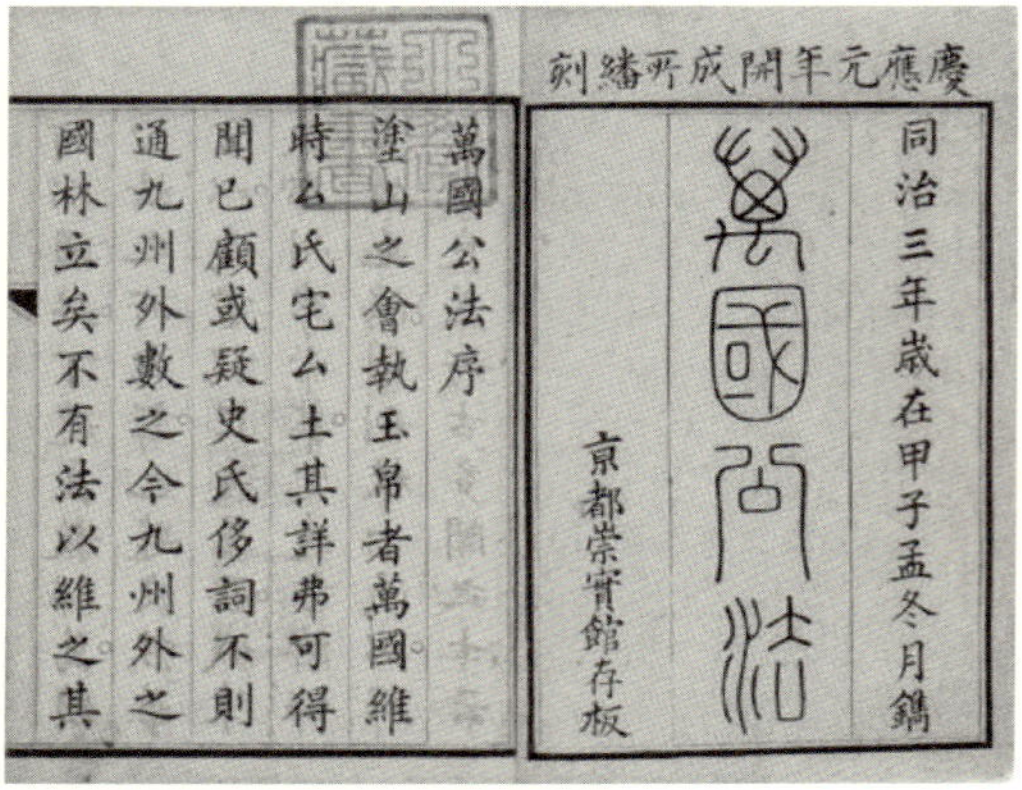
慶應元年開成所繙刻
同治三年歳在甲子孟冬月鐫
萬國公法
京都崇實館存板
萬國公法序
塗山之會執玉帛者萬國維
時厶氏宅厶土其詳弗可得
聞已顧或疑史氏侈詞不則
通九州外數之今九州外之
國林立矣不有法以維之其

『万国公法』

国政府に雇われて、ヨーロッパ言語の教育を主とする機関である同文館（その後の北京大学の前身の一つ）の創立に加わったりした。彼が中国人の協力も得つつ完成した翻訳は、一八六四年に北京で公刊されたが、翌六五年（慶応元年）にはもう江戸で翻刻されている。[38] その後も、和訳や注釈本が続々と出た。いかに日本でもこの種の情報を渇望していたかが分かると同時に、日清の学術交流が思いのほか緊密であったことを窺わせる。西洋の法学をはじめて体系的に日本に伝えたといえるホイートン著『万国公法』は、大変人気を博し、「識者は争うてこの書を読むが如き有様であった」という。[39] 権利、主権、特約などの用語はこの本から日本に入ってきたといわれる。[40]

儒教的イメージ

もっとも、マーチンの翻訳は原著の忠実な逐語訳ではなく、分量も三分の一程度で、意訳というべき部分もあった。[41] 一九世紀後半の国際法は、自然法的な国際法から実定法的国際法への過渡期だったといわれるが、[42] 翻訳の方は、「私の仕事は、この無神論的政府をして、神と神の永遠の正義を認めさせることにある」と述べていた宣教師による訳ということもあって、原書より自然法的要素を強調した内容になっていた。そして、それを中国人に受け入れやすくすべく、「公法」という訳語を用いた。[43]

これは、現在の法律家が理解する公法・私法の公法ではない。ここでいう「公」とは儒教の概念であって、「一国が私することができない」ことを意味していた。つまり、すべての国家に適用されるべき法であり、天が命ずるところの理（「天地自然の理法」に基づく「天地の公道」）だというわけである。[44]そのほか、「天法」「天理」「自然之法」など自然法的、儒教的用語が多用されていた。

法学部出身の中国学者である佐藤慎一は、『万国公法』やそれに続いて翻訳された国際法の文献である『各国交渉公法論』の中国での影響力について、次のように述べている。

要するに『万国公法』をはじめとするこれらの書物が読者に提供したのは、国際社会には諸国家間の関係を規律する普遍的な法規範の体系が、あたかも自然秩序のごとく、所与として存在するというイメージであった。[45]

このようなイメージは、儒教の伝統を共有する日本で、日本的に変容された儒教思想[46]が当然の教養とされていた明治初期の知識人が西洋法を受容するときに持ったイメージと同じだった。そのイメージが儒教的に理解されていく。一八七〇（明治三）年に出た、日本歴史学の泰斗である重野《しげの》安繹《やすつぐ》の注釈は、グロチウスの自然法論について、「孟子の性善良知の説を本とし、終に王陽明が心を師とするの論に帰着す」と述べている。[47]大久保健晴はこれについて、「こうした万国公法への眼差しは、開国期以来の、異なる文明との文化接触を通じていかに普遍的な「道理」を見出していくか、という思想的探究の一つの帰結でもあった」と述べている。[48]明治になって、西洋法の情報が続々と日本に入ったとき、まずそれが天賦人権論と結びついたのは、ここに理由がある。[49]

同時に、儒教の中核には「華夷思想」と呼ばれる、中国を世界の文明の中心と考える思想が存在し、日本の儒教学者は、それを受容するにせよ反発するにせよ、その思想との対決を迫られていた。[50] これに対し、万国公法は、中華夷狄思想を打破するという点で、高く評価された面もあった。[51]

もっとも、「万国公法」のイメージは、それほど長続きしなかった。当時、ホイートン『万国公法』と並んで広く読まれたアメリカ人学者ウールジー（Theodore Salisbury Woolsey）の国際法の著書には、「インターナショナル・ロー」がキリスト教国間の共通の法であると書かれてあったことから、中国でも「万国」の訳語を避けるようになり、日本でも東京開成学校では「万国」を避け、「列国交際法」という訳語を用いるようになった。その後一八七三（明治六）年に箕作麟祥《みつくりりんしょう》がウールジーの「インターナショナル・ロー」を「国際法」と訳してからは、次第にそれが一般化し、東京大学でも一八八一年の学科改正から「国際法」という用語を用いるようになった。[52]

蘭学から洋学へ

西や津田の紹介したヨーロッパの新理論にとどまらず、幕末から明治にかけて、凄まじい勢いで西洋の書物が翻訳された。従来のオランダ語の文献を通してではなく、イギリス・フランス、そして間もなくドイツの学問が直接紹介されるようになり、蘭学に代わって洋学と呼ばれた。それまで西洋の知識の窓口としての役割を果たしていた蘭学は、瞬く間に見捨てられていったのである。

西・津田が留学に出たのと同じ一八六二（文久二）年、徳川幕府の公式の外交使節であるいわゆる文久遣欧使節が一月に日本（長崎）を発った。これに随行した薩摩の松木弘安（のちの寺島宗則）は、イギリス・フランス・ドイツなどヨーロッパ諸国とオランダを実見し比較して、

「蘭の諸事を英仏独に比すれば百分一より下るべし」
「生等帰朝の後は再び初学の者に蘭学を勧るの意なしと存居候」（『夷匪入港録』）
と述べている。[53] ヨーロッパに来てみると、オランダはイギリス・フランス・ドイツに比べれば百分の一程度の重みしかなく、われわれが帰国した後は、もはや初学者にオランダ学を勧めるつもりはない、というのである。

オランダ語の知識を持って横浜を訪れた福沢諭吉が、横文字で書かれた店の看板すら読むことができず、オランダ語が西洋で広く使われているわけではないことを知って、ただちに英語の学習に切り替えた話（いわゆる「英学発心」）は、よく知られている。[54]

しかし、江戸時代に発達した蘭学は、決して無駄ではなかった。アメリカ人の日本研究者マイニアは、「蘭学は朱子学の重要な一傍流であり、これこそ西洋思想の受容にきわめて好適な基盤をなしていた」というアルバート・クレイグの主張を紹介している。[55]「蘭学の倫理的立場は朱子学と異ならず、相違はただ西洋科学に積極的関心を抱いた点にある」というのである。そこにヨーロッパ的合理性の要素が組み込まれていたことから、蘭学に通じていることで、イギリスやフランスの学問の理解が容易になったはずだという。

和魂洋才と法学

ところで、洋学の対象としては、実用的西洋科学への渇望があった一方で、和魂洋才が言われ、精神の学としての漢学の伝統が（少なくとも当時は）強固に維持されていた。精神的な部分で西洋の思想が入り込むことに対しては警戒心も強かったのである。洋学として重視されたのは、医学、工学と並んで法学だったが、法学にはもう少し複雑な側面がある。市場のルールとしての側面においては、確かに実用的学問としての性格を持っていたが、他方で、家族や国家の成り立ちに関わる領域は、「和魂」に立ち入る内容を含んでいたからである。この点が、どの国の法学を導入するかにも大きく影響した。

自然科学系の学問の場合は、最も進んでいる国が選別される傾向があった。例えば、医学の場合は、当初はイギリスの医学が輸入され、イギリス人ウィリアム・ウィリスが重用されたが、間もなく、国際的に評価の高かったドイツ医学に取って代わられ、東京大学医学部系はドイツ医学一色となった。もっとも、海軍だけは、ウィリスの教え子の海軍軍医高木兼寛（のちに海軍軍医総監）を通じてイギリス医学が残った。顕微鏡レベルでの原因追求型のドイツと現象観察型の経験主義的なイギリスという、独英の医学のスタイルの違いが、一八八〇年代からの脚気《かっけ》の原因をめぐる高木と陸軍軍医森林太郎（鷗外）らとの有名な脚気論争の背景にある。高木の医学の実証的性格が、脚気の原因としてのビタミンB_1の発見につながる実証実験を生むことになった（高木の名声は海外で高く、南極には高木の名を冠した岬がある）。

他方、法学の場合は、当初は英米やフランスの影響が強かったが、やがてヨーロッパの国情が知れるにつれ、君主を戴く新興の強国ドイツの影響が圧倒的になっていった。とりわけ、一八七〇（明治三）年に普仏戦争でプロイセンが大国フランスを圧倒したことの影響は大きかった。ただ、注目に値するのは、西洋法学受容の当初において、特定の国の法学の傘下に入ることをしなかったことである。これは、非西洋国の法学受容の例として、日本の大きな特色である。東南アジア、南アメリカ、アフリカなどで植民地化された国々は宗主国の法学の影響下に入った。しかし、法学が「和魂」に関わる部分を持つ以上、日本は、相対的に強い影響を受けた国はあったにせよ、根幹の部分で、西洋を相対化する視点を失わなかったのである。

もっとも、法学は文化の産物としての性格が強い。非西洋国が自国の文化を維持しつつ西洋法学を受容するなどということが、そもそも可能なのだろうか。

法学の不在

アジアにも、法は存在する。中国には、古来、法があり、法による統治を重視する法家という学派も存在した。しかし、法学という概念はなかった。西周は、『百学連環』の中で、漢語・日本語に"jurisprudence"にあたる言葉が欠けていることを指摘している。そして、漢語の「法」は上位者から下位者への命令を意味するから、jurisprudence の適訳ではないとして、彼は当初「法」という訳語を避けようとしていた。つまり当時の日本語の感覚としては、「法」の意味が西洋の law にうまく対応するとは考えられていなかったのである。[56] したがって、jurisprudence を法学と訳すことも適切ではなく、彼は「すぢのまなび」という訳語を提示している。[57]

日本にも、唐の律令制にならった大宝律令以来の律令があり、律令制が導入されてから数えると千年以上の「法」の歴史がある。武家政権のもとでは諸法度をはじめとする法が存在した。とりわけ、江戸時代に八代将軍吉宗のもとで成立した公事方御定書（一七四二年）は、裁判と行政に関するさまざまな法が集約された法典であり、先例のリステイトメントでもあった。直接の適用対象は幕府直轄領であるが、事実上各藩でも参照された。[58] そして、これらの法は勘定奉行や町奉行らによって適用され、さらに先例が蓄積された。アメリカの法学者ウィグモアは、世界の一六の独立した法体系のなか

で、イギリスと日本でだけ判例法が職業的な裁判官によって展開されたと指摘している。(59)

ウィグモアは、アメリカ証拠法の大家で、アメリカでは「法曹界の内外の有識の士の間で、ジョン・ヘンリー・ウィグモアの名は証拠法と同義である」(60)とまで言われる著名な学者である。しかし、そのような評価を獲得する以前の、ハーバード・ロースクールを卒業して間もないまだ二六歳の頃、彼は慶応義塾大学で法学を講じるため、福沢諭吉の招きで来日した。(61)明治憲法が発布された一八八九（明治二二）年のことである。法学の世界のいわゆるお雇い外国人の多くは、日本の固有法に学問的関心を示さなかったが、ウィグモアは、いままさに西洋法に置き換えられようとしている日本の固有法に関心を抱き、資料の収集と英訳の事業を始めた。この英訳事業は彼の死後も続けられ、浩瀚《こうかん》な資料集として刊行されている。

そのウィグモアが、イギリスのコモン・ローと並べて評価した江戸時代の幕府の法や先例は、しかし、建前としては秘密法であって、将軍、老中、三奉行・評定所、所司代、大坂城代といった一部の役人だけが閲覧、利用できることになっていた（もっとも事実上は、さまざまな経路で漏洩、流布していたと言われる）。(62)このために、なにゆえに法に拘束力があるのか、法と道徳はどう違うのか、法規範はバラバラの規範の集合なのか、それとも内在的な構造を持っているのか、裁判の手続はいかにあるべきか、等々を問う学問は成立しなかった。法はあっても（西洋的な意味での）法学は存在せず、したがって、法学者という専門家階層の確立をみることもなかったのである（詳しくは第六章6参照）。

西洋法学の理解

学問としての法学は、西洋文化に固有であり、ギリシア・ローマの文明に深くその根を張っている。

とりわけ古代ローマで法学は高度の発達を見た。ヨーロッパの法学の歴史について、いつを起点とするかは難しい問題であるが、古代ローマで最初の成文法とされる十二表法の制定が紀元前四五〇年頃とされており、仮にそのあたりから数えたとしても、法学には優に二五〇〇年の歴史がある。ヨーロッパ諸国の法学はその遺産の上に成り立っている。

また、中世以降は世俗法といえどもキリスト教の影響が深く及び、キリスト教の理解なしには十分理解することができなくなっていった。さらに、一七世紀ころから登場する近代の法学は、ヨーロッパの啓蒙主義の流れと切り離しては理解できない。一九世紀の法学は、これらの歴史の流れの中で生み出されたものである。しかも、同じヨーロッパでも、例えばイギリス、フランス、ドイツにはそれぞれ固有の歴史的伝統を持った法学が成立していた。このように、法学という学問は、ヨーロッパ社会の歴史的あり方と深く結びついている。この点が、特定の社会のあり方から切り離された普遍性をもつ自然科学との大きな違いである。

津田真道も次のように述べている。

　文物・制度に至りては数百千年の練磨、経験に依り、数百千万の議論を重ねて今日に至るもの、吾人の容易に窺い知るべきにあらず。（中略）目今《もつこん》のいわゆる開化者流、自由の理を知らずして自由を想像し、法律・経済の学を講窮せずして、みだりに仏律、英法、米政等を論じ、その甚しきに至りては、仏蘭西民法の翻訳を採て、ただちにわが大日本帝国の民法を創立せんとす。（中略）あにまた危からずや。(63)

（文化の産物や制度に至っては千年に及ぶ経験に基づき無数の議論を重ねて今日に至っており我々が容

易に理解できるものではない。……最近の西洋化論者は自由の本質を知らずに自由を思い描き、法律経済の学問を研究せずにむやみにフランス法イギリス法アメリカの政治などを論じ、甚だしいのはフランス民法を翻訳してただちに日本の民法にしようとする。……危ういことではないか)。

津田は「学」の講究が必要だというが、単に特定の国の法学を学べば足りるのではなく、欧米諸国の法を比較できるだけの学問を求めていることが注目される。

こうして、西洋法学との最初の接触を経験した先人は、西洋の法学を学ぶためには西洋の歴史と文化の理解が要求されることを実感した。幕末の最優秀の人材といえる西と津田をもってしても、西洋法学の基本概念がようやく理解できた程度である。本格的な西洋法学の受容のためには、そのための人材養成が不可欠だった。すなわち、西洋法学を深く理解して自家薬籠中のものとし、西洋人と対等の水準で、自ら法学研究に従事できるような、日本の法学者を養成することが必要だった。

第二章　人材養成

開国した日本は、西洋の法と法学を受容すべく、国家政策として人材養成を開始した。手探りの状態から組織的な受容へと乗り出すのである。そこに、きわめて短期間に法文化の受容を可能にした鍵が隠されている。

穂積兄弟

法や法学の受容は結局は人を通じて行なわれる。とりわけ、「法典」のようなモノ（条文）ではなく、「法学」という、ものの考え方の受容は、それを担った人物を通して眺めるほかない。本書では、その過程をふたりの兄弟を通して眺めることにしたい。特定の人物を通して眺めることは、視野が限られる代わりに、血の通った歴史を見ることを可能にする。

取り上げる兄弟は、穂積陳重《のぶしげ》と八束《やつか》である。穂積陳重は、文字通り、日本で最初の法学者と呼んでよい人物である。一八五五（安政二）年七月に宇和島に生まれ、イギリス、ドイツへ留学後、一八八二（明治一五）年に東京大学法学部の教授兼法学部長となる。その時点で満二六歳である（以下、年齢は特に断らない限り満年齢を記す)。その後、東京大学(以後、帝国大学、東京帝国大学と名称が変わる)の教授として日本への西洋法学と法学教育の導入、そしてその定着発展をリードした。一八九三年からは民法の三人の起草者のひとりとして法典調査会で活躍し(他は富井政章、梅謙次郎)、その後も、法例(現在の「法の適用に関する通則法」の前身)、国籍法の起草を担当し、刑法改正にかかわり、刑事訴訟法については改正主査委員長をつとめている。[1] その後、法制審議会が設置されると総裁となり、信託法などさまざまな法律に関わるが、とくに陪審法については、その成立に非常に骨を折った。[2]

一九一二(明治四五)年三月、五六歳の時に研究に専念するために大学を退職するが、公務から逃れることは許されず、天皇の最高諮問機関である枢密院の枢密顧問官、帝国学士院院長、そして、一九二五(大正一四)年三月には枢密院副議長となる。教え子の加藤高明首相の強い説得で、「浜尾新《あらた》議長の間だけ」という条件でやむを得ず引き受けたものであるが、[3] 浜尾議長の突然の死により同年一〇月には議長まで引き受けることになった。[4] こうして、思うように研究時間を確保できないまま、翌年四月八日、東京牛込の自宅で七〇年の生涯を終えた。明治・大正の時代を生き、学者としては栄達を極めた人生で、日本における西洋法学受容のリーダーであった。国際的にも名を知られた数少ない日本人学者のひとりである。

弟の八束(一八六〇-一九一二)もまた東京帝国大学の教授をつとめた憲法学者である。八束は、五二歳で病没するまでの長くはない人生を、天皇を頂点とする家族国家観のイデオローグとして活躍し、その名は学界より教育界や政治の世界で重きをなした。また、穂積陳重の子息の穂積重遠《しげとお》も東京帝国大学の教授として民法を講じ、戦後には最高裁判事もつとめた。これら、日本の法学界の指導的立場にあった穂積家の学者たちの中での区別のため、以下では、彼らをファーストネームで呼ぶこととする。すなわち、陳重、八束、重遠である。
最初の舞台は、四国伊予の宇和島である。

宇和島

陳重が生まれたとき、宇和島藩藩士であった父の氏は鈴木だった(5)。父鈴木重舒《しげのぶ》は、宇和島藩の「虎の間」と呼ばれる上士階級であり、鉄砲組二組の組頭をつとめていた家柄である。陳重(幼名邑次郎)はその次男として生まれた。

陳重の一家が穂積という氏に変わったのは一八七二(明治五)年で、この年、陳重の父が自らの名を重舒から重樹に変え、氏も鈴木から穂積に変えたうえで隠居し、家督を長男重頴《しげかい》に譲った。過去をかなぐり捨てようとする決意を感じさせる。その理由について、重舒の曾孫にあたる穂積重行は、維新と廃藩置県で志と異なる人生を強いられた心情を思いやっている(6)。

重舒の父重麿は宇和島藩ではじめて国学を志し、本居宣長の養子大平の通信教育を受け、晩年の宣長からも講義を受けるなど国学に入れ込んで、自分の名を「イカシマロ」と読ませていたという(7)。その息子の重舒もやはり国学を学び、王政復古とともに国学が一瞬脚光を浴びたとき、藩校の国学教授として生きる道が開けた。ところが、直後に藩が消滅し、国学教授の夢も儚く潰えたのである。このあたりは、島崎藤村の『夜明け前』の青山半蔵の無念とも重なる(8)。国学者たちが維新直後の時代の急速な動きから取り残され、「本居平田の学説も知らないものは人間じゃないようなことまで言われた昨日の勢いは間違いであったのか」(『夜明け前』)という疑念が漂いはじめたのが一八七二年頃である。

穂積という氏の根拠は、宇和島の鈴木氏が伊達政宗に仕えた鈴木源兵衛や源義経に仕えた鈴木三郎重家を経て、穂積臣（「臣」は天皇から与えられた姓《かばね》のひとつ）の遠祖とされる日本書紀に登場する大水口宿禰《おおみなくちのすくね》につながるということのようである。もはや神話の世界であるが、重麿がこれをいわばペンネームのようにして使っていた。重舒はこの氏への正式の改氏を敢行したのである。

このような個々の藩士の運命をよそに、宇和島藩自体は、戊辰戦争にも直接巻き込まれることなく、表面上は平穏だった。少年邑次郎（陳重）は、一三歳の年に明治維新を迎えたが、その年、一八六八（慶応四〔明治元〕年）に、宇和島藩士の入江家に養子に入っている。跡継ぎの男子のいない武家に養子に行くのは武士の次男坊にはよくあることである。しかし、彼の生活は変わらず、藩校明倫館での学習に励んだ。とりわけ漢学（朱子学）は徹底的にたたき込まれたようである。藩校では常に年長者をしのぐ成績をあげ、一五歳の年には一八歳までを原則とする「培寮」（普通課程）で寮長に選ばれた。(9)

やがて、父の不運と引き替えに、四国宇和島の一少年を歴史の表舞台に引き上げる運命の歯車が回り始める。陳重が藩の貢進生に選ばれたのである。

貢進生

明治政府は、条約改正と近代化のため早急に西洋の学問に通じた人材を養成する必要を痛感した。そのためにとられた政策の中で注目に値するのが、貢進生という制度である。これは、小倉処平、平田東助らの建議に基づき、一八七〇（明治三）年、太政官布告をもって創設された制度で、廃藩置県直前の時期に、全国の各藩に命じ、藩の石高に応じて一名から三名の、当時の数え年で一六歳から二〇歳の秀才を差し出させた制度である。当時のことであるからすべて男性である。「貢進生」という

穂積陳重（1870 年、前列右端）。この年、貢進生になる

言葉がまさに物語るとおり、西洋列強と対峙していかなければならない日本の危急存亡の秋《とき》にあたって、各藩が国のために人材を差し出すという制度である。

四国伊予の宇和島藩からは数え年一六歳の陳重が選ばれた。陳重は、晩年、枢密院の副議長に親任されたとき、それによってまた研究が滞ることに苦しみ固辞に固辞を重ねたが、結局、「自分の身は藩の貢進生に選ばれた時から国家に捧げられたものだ」という言葉を近親者に漏らして受諾したという[10]。貢進生に選ばれた者の意識を窺わせる。

全国から集まった三百名余りの人材[11]は大学南校に入学し、いきなり英語、フランス語、ドイツ語の外国語教育に投げ込まれた。大学南校という名称はその位置に由来する。旧幕時代の教育機関としては、儒学・漢学を対象とする昌平坂学問所（昌平黌）、洋学の蕃書調所（その後洋書調所、開成所、（旧）開成学校と名称が変わる）、西洋医学を対象とする医学所があったが、一八六九年に大学校に統合され、官立の教育機関かつ行政官庁として発足した。しかし、昌平学校を承継する本校（現在の湯島聖堂）では、国学派、漢学派の深刻な派閥紛争により機能不全となり、そのまま廃校となった。他方、（旧）開成学校を承継し洋学教育を担当する学校は、本校の南（神田一ツ橋）にあったため大学南校と呼ばれ、医学所を承継し医学を対象とする学校は本校の東（下谷御徒町）にあったため大学東校と呼ばれたのである。

大学南校での教育

大学南校に集められた貢進生の能力は、実際には玉石混淆だった。人材を選ぶことができず（選ぶべき人材がおらず）、選抜に難渋した藩も多数あったという。[12] このため、大学南校でのいきなりの外国語教育についていけない者が続出し、あげくは遊蕩にふけるもの、コンプレックスから発狂する者まで出るありさまだった。貢進生からその後司法官となった加太邦憲《かぶとくにのり》はその自伝『自歴譜』で、「各藩より出したる秀才は秀才ならざるのみならず、怠惰遊蕩の者多かりしが故なり」と言っている。[13] そこで、明治政府は一八七一（明治四）年九月に貢進生制度を廃止していったん南校を閉鎖し（この種の朝令暮改は当時の明治政府には日常茶飯だった）、すべて退学を命じた上、優秀な者を選抜しなおして、同年一〇月に改めて入学を認めた。貢進生とはべつに試験を受けて大学南校に入学していた者も含め、約半数に絞られたという。[14]

このとき、大学南校での新たな教育が英語に重点が置かれることを知ったフランス語専攻者が大挙して再入学を辞退し、フランス法の専門教育を提供する教育機関としてスタートした司法省明法寮に移った。言い換えると、明法寮がフランス法専攻の優秀な学生を引き抜いたわけである。[15] 先に名前の出た加太邦憲はその一人である。なお、大学南校はその後毎年のように名称を変えるが、[16] 一八七四年からは東京開成学校と称した。一八七七年に設立された東京大学の母体のひとつである。

南校（東京開成学校）での教育の中心は法科と理科で、[17] いわゆるお雇い外国人から外国語での教育が行なわれた。当初は、英独仏語の教育が提供されていたが、その後、英語の重要性にかんがみ、明治八年に原則として英語に統一された[18]。

陳重が所属していた法律専攻の教育内容については、「開成学校に於ては専らオースチン等の分析派の学説、及びメイン等の歴史派の学説教授せられ」と陳重が述べており[19]、主として当時のイギリスの代表的な法学文献が読まれていたことがわかる。オースチンとは、ジョン・オースティン（一七九〇－一八五九）、メインとはヘンリー・メイン（一八二二－一八八八）で、いずれも当時のイギリスを代表する法学者である（詳しくは後述する）。

歴史的タイミング

貢進生制度に見られる、人材育成と教育への並々ならぬ熱意は、幕末から明治初期の日本を特徴づけるものである。そしてそれは、あとから振り返ってみれば、歴史的には絶妙のタイミングというほかない[20]。

ヨーロッパにおける工業化の初期においては、例えば、一八二〇年代に蒸気機関車による公共鉄道を実用化して「鉄道の父」と呼ばれたジョージ・スティーブンソンのように、技術的発明は、経験と常識をそなえた事業家が達成しうる範囲内にあった。スティーブンソンは炭鉱労働者の息子から身を起こした立志伝中の人物である。ところが、一九世紀半ばから次第に事情が変わっていく。アカデミックな科学が産業と結びつき、大学教授たちが産業的な意味でかつてないほど重要な存在となったのである。「今や研究実験室が産業発展に不可欠の一部をなすものとなった[21]」。

このように科学が産業へと浸透した結果、教育が産業の発展に従来以上に大きな意味を持つことになった。ヨーロッパの工業化の先駆者であるイギリスとベルギーは、識字率の最も高い国とはいえなかったし、その教育制度は（スコットランドを除けば）特別に優れているわけでもなかった。しかし、一九世紀半ば以降、国民一般に対する初等教育と時代にふさわしい高等教育機関の双方に欠ける国が「近代的な」経済を打ちたてることはほとんど不可能となった。普仏戦争におけるフランスの敗戦は単に軍事的敗北という以上に「体制と技術における敗北であり、せんじつめれば科学と教育の敗北として受けとめられていた[22]」。

このような教育の重要性に対する意識は、日本の知識人たちにリアルタイムで共有されていた。そして、欧米諸国よりはるかに遅れて工業化のスタート台に立ったにもかかわらず、教育のレベルに関しては、日本は江戸時代に培われた高い識字率と学問を尊敬する風土[23]により、きわめて有利な条件を持っていたと考えられる。

ちなみに、識字率の推計は、何をもって識字率と呼ぶかなど、困難な問題が含まれているが[24]、幕末期に来日した西欧人達が日本の識字率の高さに驚いたことは複数の文献で伝えられている。福沢諭吉は『通俗国権論』（一八七八年刊）で日本の識字率は世界一であると誇っている（同書四六頁）。文部省年報の記録によると、一八七七（明治一〇）年に行なわれた自分の姓名や住所を書けるという「自署率」の調査の結果として、例えば滋賀県の場合、男子八九・二三％、女子三九・三一％、全体で六四・一三％となっている（東京の数値は不明であるがもっと高かったと推測される）。当時は、地域による差も大きいが、かなり高い自署率といってよい。ちなみに、ほぼ同時期のヨーロッパ諸国の男性の「文盲率」を見ると、一八七五年のイングランドの新郎の数値が一七％（つまり結婚した男性の中で文盲でない者は八三％）、フランスの徴募兵の数値が一八％（つまり徴兵された男性の中で文盲でない者は八二％）、同じくドイツの徴募兵の数値が二％（徴兵された男性の中で文盲でない者は九八％）となっている。[25]「自署率」と「文盲率」の関係は明らかではないし、地域の格差も大きいとはいえ、大まかに見て、男性の識字率に関しては、西洋列強に劣らず日本が相当に高い水準にあったとは言えるだろう。そして、教育への関心がきわめて強かったことは、海外留学をした貢進生出身者たちが、帰国後、次々と学校を設立したことからも窺える。

他方、当時の経済発展にとって必要とされた能力は、科学的独創性というより、独創的な発明や発見の成果を理解し、それを巧みに扱う能力だった。つまり、「研究」よりむしろ「応用」だった。[26]この点も、日本のように、教育水準の高い後発国にとって参入しやすい環境だったといえるだろう。

漢学

貢進生に選抜された若者の多くは、江戸後期に各藩で競って作られた藩校[27]で学んでいた秀才たちである。藩校では通常、漢学が徹底的にたたき込まれた。

江戸時代の学問としては、朱子学（儒教）のほか、国学も大きな一派をなしている。陳重の祖父重麿は宇和島藩唯一の国学者であり、父重樹もまた国学者であった。これらのことから、陳重に対する国学の影響を強調する学者もいる。[28]実際、陳重に国学の素養があったことは事実である。しかし、陳重は専ら藩校明倫館で教育を受けており、そこでは朱子学が圧倒的だった。[29]

晩年に帰省し、故郷に錦を飾った陳重が、かつて教えを受けた教師への感謝のために捧げた「先師祭祭文」[30]には恩師の名前が列挙されている。その中で、筆道、水泳術、剣道、柔道、馬術、国学、兵学、練兵、算術、英語[31]はそれぞれ一名なのに対し、漢学は一三名の名が記されている。陳重の漢学の素養はその著作から十分窺うことができるが、朱子学は哲学であり世界観であり、同時に批判理論でもある。朱子学を自らの思考に内在化するまでに学んだ秀才たちが相当程度の批判能力を身につけていたことは十分推測できる。

例えば、陳重より一一歳年上で、陳重が貢進生として大学南校で学んだときに少舎長、中舎長として同校で勤務していた井上毅《こわし》は、まだ肥後藩藩校時習館の居寮生であった一八六四（元治元）年に、同じ熊本の沼山津に閑居していた横井小楠を訪ねて交わした問答の記録「沼山対話」を残している。井上が二〇歳、横井小楠が五五歳の頃である。それを見ると、井上のずば抜けた能力を考慮したとしても、当時の藩校の秀才が身につけていた批判的思考能力を垣間見ることができる。(32) 井上はその後岩倉遣外使節団の司法省からの随員として明治五年に渡欧してフランス等に滞在し（実質の滞欧期間は九カ月弱）、そのときのヨーロッパ経験も踏まえて伊藤博文の側近として大日本帝国憲法や教育勅語の起草にあたる。その際、井上は、西洋の法制度の採否にあたって、自らの漢学の素養をもとに、冷徹な批判的吟味をしていたことが知られている。(33)

また、福沢諭吉も、儒教を批判しつつも、それを「政治上に関する学問」ととらえ、精神を洗練させる（「リファインメント」という表現を用いている）という点で功徳があり、「もし我国に儒学というもの無かりせば、今の世の有様には達すべからず」という。(34)

明法寮

漢学の素養が法学教育の前提であったという事情は、大学南校からフランス語専攻の優秀な学生を引き抜いた司法省の法曹養成機関「明法寮」においても同じだった。

明法寮は一八七一（明治四）年に設置され、七二年七月に生徒を募り、お雇い外国人によるフランス語での法学教育を始めた。一八七二年にジョルジュ・ブスケ、七三年にボワソナードがフランスから招聘されている。大学南校からは合計九名が転校したが、一八七二年の明法寮の教育発足当時の生徒数は二〇名であるから半数近くが転校組である。法学教育について、官の側でも競争が存在していたのである。

特に、江藤新平が一八七二年四月に司法卿に就任すると、明法寮の機構は拡充強化され、「旭の昇る勢ヒニ御座候(35)」といわれた当時の司法省の中枢機関となった(36)。江藤新平の司法卿退任後、一八七五年から司法省本省が所管する司法省法学校となり、文部省に移管されて東京法学校となったのち、一八八五（明治一八）年に東京大学に統合されて、東京大学法学部の仏法科となった。

江藤新平

その司法省法学校の入学試験においては、一般思想が急速に西洋主義に傾いて国家的（東洋的）精神修養が疎かになることを恐れ、江藤のあと司法卿となった大木喬任《たかとう》が「予はこの点に注意し、司法の学生は漢学素養の者を選み、入校の上始めてこれに洋学を授くることとせり(37)」と述べていた通り、漢学が重視された。その素地の上にフランス人によるフランス法、自然法、モラール、歴史等の講義を聴いたのである(38)。同校出身で、のちに民法起草者のひとりとなる梅謙次郎も、受験に際して論語辨書と資治通鑑の白文訓点を学ぶため島田重礼の塾に通ったという(39)。

ところで、イギリス法の教育を中心としていた東京開成学校に対し、明法寮がフランス法の教育を始めた経緯は次のようである(40)。明治になってすぐ、フランス刑法の翻訳を進めていた語学の天才箕作麟祥が、不明な点を質問する相手もおらず困難を感じていたので、洋行を申し出た。しかし、箕作がいなくなると翻訳のできるものがいなくなって困る。そこで、江藤新平（この時点ではまだ司法卿ではない）が、それなら西洋から法律家を雇えばよいだろうということで、フランス公使館の一等通訳官デュ・ブスケの斡旋で招聘されたのが、フランス人弁護士のジョルジュ・ブスケだった。一八七二年に江藤が司法卿に就任してからは、司法省の機能がようやく活発に動き始め、法学教育も始まった（もっとも、いきなり法律を教えるわけにもいかず、当初はまずフランス語の教育だった）。江藤新平は、当初、フランス民法をそのまま翻訳して日本民法にしようとまでした人物で、フランス法を高く評価していた。こうして、日本の法学教育は、英米法とフランス法の二本立てでスタートしたのである。そして後に述べる通り、その後ドイツ法の教育が始まり、やがて他を圧倒していく。

二つの世界観

日本の西洋法学教育が、漢学の素養を基礎にして始められたことは、大きな意味を持った。西洋法学を漢学の世界観で受け止めることで、漢学の豊富な語彙の中から翻訳語を創出することが可能となったし、その翻訳語を、漢学の素養のある知識人たちが理解することも可能となったからである。西洋法学の受容は、漢学というフィルターを通しての翻訳による受容だった。

まさに福沢諭吉が評したように、西洋文明と対峙した日本的知性は、「あたかも一身にして二生《にしょう》を経《ふ》るが如く、一人にして両身あるが如し」、つまり、ひとりの人間が二つの人生を生きるように、またひとりの人間の中に二つの身体があるかのような経験だった。そして「二生相比し両身相較《あいかく》し、その前生前身《ぜんしょうぜんしん》に得たるものを以て、これを今生今身《こんじょうこんしん》に得たる西洋の文明に照らして、その形影の互に反射するを見ば、果して何の観を為すべきや」という状態だった。[41] 全く異なるふたつの世界観を比較しつつ、彼らは西洋文明を学んだのである。

とはいえ、最優秀の人材が漢学の素養を持ち、完成された一つの世界観に基づいて西洋文明と対峙するという事態は、実はごく限られた期間にのみ生じた。間もなく、日本の若者は、藩校ではなく西洋式に近代化された教育機関で、漢学ではなく近代的な教育を受ける時代を迎えたからである。法学の場合でいえば、彼らは、西洋から法学を学んだ日本の法学者から日本語で法学を学ぶようになった。彼らが学んだのは、日本人の頭脳を通して咀嚼された法学だった。異文化の学問と対峙しているという緊張感は、はるかに小さくなっていただろう。

福沢もそのことを見通していた。

「この実験は今の一世を過れば決して再び得べからざるものなれば、今の時は殊に大切なる好機会というべし」。

彼はこれを「今の学者の僥倖《ぎょうこう》」と呼んでいる。陳重はまさにその僥倖の時代を生きた。西洋法学導入を先導した陳重たちの世代は、自らの漢学の素養を基礎にして、西洋の法律概念や法律用語を理解し、その翻訳語を確定しながら西洋法学を受容した。欧米の法学を、その国の言葉で理解するのとは異なり、新たに翻訳語を選定しながら日本語に置き換えるという作業は、必然的に、そこで選ばれる漢語によって表現されていた世界観と西洋の法学とを接合させるという操作を伴う。陳重ら第一世代の法学者の西洋法学受容とは、そのような異なる世界観の接合によって達成されたのである。

法の継受と法学の受容

外国法を自国に受け入れることを法の継受という。継受には、奈良時代の日本が唐の律令制度を受け入れたように、外国の法典をほぼそっくり自国法にしてしまう場合もあれば[42]、明治初期に試みようとしたように、外国の学者に法典を起草してもらう場合もある。また、日本の民法がそうであるように、日本人の起草者が外国法を参考に法典を起草する場合も、参照した国の法の継受ということができる。

ところで、法の継受は、ときに、法典編纂のような立法行為に尽きるかのように理解されることがある（「狭義の法の継受」）。しかし、法典の継受は文化運動としての法の継受（「広義の法の継受」）の一部に過ぎない[43]。法は「きわめて錯綜した多くの層からなる文化的統合で、歴史的・社会的・倫理的・知的・心理的な集合過程」である[44]。継受した法典を運用するには、そのための法律家を養成する必要があるが、その法律家は、継受法の前提をなしている法概念や法原則、それらを用いた法的思考様式を理解していなければならない。つまり法律家の養成のためには、これらの知識や思考様式を教育するための学が必要となる。これが法学である。

法学は、人の思考様式を規定するという意味では思想であり文化である。法律家の頭の中には、何らかの法学が内在化されている。法学を受容するということは、このような思考様式をわがものにすることを意味する。それは法典の継受のようには簡単ではない。外国語で表現された外国の文化を自国語と自国の思考様式で消化するというプロセス、すなわち、福沢が二つの世界観の衝突ととらえたプロセスを経る。そして、西洋式の法的思考様式を、教育を通じて自国の法律家の頭の中に植え付けていくこと、それに成功してはじめて、西洋法学の受容に成功したということができる（日本語の

「継受」という言葉はそのまま引き継ぐというニュアンスを持つことから、思考様式である法学については、自分のものとして取り込むという含意を持つ「受容」を用いることにする)。

広義の法の継受には、法学を受容するというプロセスが不可欠である。しかし、長い歴史と独自の文化を持った国での西洋法学の受容は、白紙に絵を描くようなわけにはいかない。受容する側にはすでに異なる思考様式が存在しているからである。

日本人は西洋法学をどのように受容したのだろうか。

第三章 「留学」の時代

西洋法学受容の第一歩は、お雇い外国人を招聘して教育に当らせることだったが、次のステップは、受容を担いうる人材に西洋での教育を受けさせること、すなわち留学だった。俊英を厳選した国費留学生のなかから、法学の受容を担う人材が誕生する。

留学のスタイル

日本が国家政策として組織的に海外文化を受容するために派遣する留学生としては、遣隋使・遣唐使がすぐ思い浮かぶ。八世紀前半の最盛期の遣唐使の数は、一回に四、五百人あまりに達した(1)。それと比較できる数字ではないにしても、日本人の西洋への留学の数は、幕末以降決して少なくない。徳川幕府だけでなく各藩も積極的に留学生を送り出し、それが明治政府に引き継がれた。

この時期の留学生は、広く世界に目を開き見聞を広めるタイプ、一定の語学力を持った上で先方の識者の教えを請いに行くタイプ、現地で語学力をつけて正規の高等教育を受けるタイプなど、さまざまだった。

幕末に長州藩からイギリスに密航したいわゆる「長州五傑」のメンバーである伊藤俊輔（博文）や井上聞多（馨）は、まさに見聞を広めるタイプだろう。一八七一（明治四）年から七三年にかけて、明治政府の重鎮たちが世界をめぐった岩倉遣外使節団も同様である。他方、フィッセリングのもとへ留学した西周や津田真道は、語学力を身につけた上で教えを請いに行くタイプである。

岩倉遣外使節団
（右から大久保利通、伊藤博文、岩倉具視、山口尚芳、木戸孝允）

現地で語学力をつけて正規の教育を受けた留学生としては、岩倉遣外使節団に同行した若者たちがこれにあたる。同使節団は、女性を含め優秀な若者を多数同道し、各国で留学生として勉学に従事させた。例えば、金子堅太郎は、岩倉使節団に同行した旧福岡藩主黒田長知の随員として一八歳のときアメリカに渡った。金子は初等教育から順に飛び級をしながら履修して、最終的にハーバード大学ロースクールに学んだ。このとき同大学ＯＢのセオドア・ルーズベルトと知り合い、のちに日露戦争の講和の際には、この人脈を生かしてルーズベルト大統領に援助を要請し、ポーツマス条約締結に貢献している。ちなみに、この条約交渉のとき全権代表として講和交渉に当たった小村寿太郎は、貢進生出身の第一回文部省留学生の一人であり、金子のハーバード・ロースクール時代の学友でもあった。

留学生の整理

こうして、さまざまなタイプの留学生が維新前後から多数送り出されていたが、官費を受けて留学した人材の中には、必ずしも十分成果の上がらない留学生も多かった。岩倉使節団の一員として留学生の実態を見た伊藤博文は、「独リ人才ヲ養育スルヲ得サルノミナラス、為ニ巨万ノ財用ヲ捨テ却テ外邦ノ訴笑《こうしょう》ヲ招ク事必勢ニ非スヤ」と書いた[2]。維新前に藩費で留学していた者も、維新後は国が費用を引き受けたことから[3]、留学生に対する出費が多額になっており、費用に相応しい効果が生み出されているかに神経質にならざるを得ない事情があった。

そこで、一八七三(明治六)年、明治政府は留学生の整理を決定し、官費による留学生(陸海軍派遣を除く)に一斉に帰国命令を出した[4]。その後は、官費留学は、大学南校、東校で外国人教師による外国語での本格的な専門教育を施し、その中の最優秀の人材を先方の正規の高等教育機関に送り込む留学へと転換していく。これが、後述の文部省貸費留学制度である[5]。遣隋使・遣唐使の時代から、日本が外国の文化を摂取する時期には、常に、語学力がエリートの必須の要件だった。

さらに政府は、留学生として優秀な人材を選抜するだけでなく、留学に送り出した後の管理と指導にも気を配ることにして、文部省の管轄のもとで海外留学生監督というポストを新設した。後述の第一回文部省留学生には目賀田種太郎(ハーバード大学留学経験者。法学)がアメリカへ、第二回文部省留学生には正木退蔵(ロンドン大学留学経験者。化学)がイギリスへ、それぞれ監督役として赴任している[6]。

第一回文部省留学生

優秀な人材を国内で教育し、外国語での専門教育に耐えられるだけの実力を身につけさせた上で、海外の高等教育機関に送り込む。そのような留学の嚆矢が、文部省の貸費留学制度である。その第一回が一八七五（明治八）年に実施され、東京開成学校の生徒からは一一名が選ばれて、五年間の留学の辞令を受けて日本を発った。

留学先について、当初は、西洋文化の導入を目的とする留学は西ヨーロッパの先進国やロシアのような後進国より、新興国のアメリカがふさわしいと考えられ[7]、分野を問わず、最初の留学生の多くはアメリカに向かった（一一名中九人がアメリカ）。一一名の中で法学を専攻する者は四名おり、当時いかに法学が重視されていたかを物語るが、四名の留学先はすべてがアメリカである。四名とは鳩山和夫、小村寿太郎、菊池武夫、斉藤修一郎で、いずれも貢進生である。彼らは、それぞれに経緯があったとはいえ、最終的には、官僚、弁護士、政治家など実務家として活躍した。

当時のアメリカは、アメリカの法学教育を特徴づけるケースメソッドを導入したハーバード・ロースクールのC・C・ラングデル（一八二六―一九〇六）はすでにいたが、その後のアメリカ法学に独自の個性をもたらしたリアリズム法学の洗礼はまだ受けず、J・マーシャル（一七五五―一八三五）やJ・ストーリー（一七七九―一八四五）といった名実務家はすでに輩出していたとはいえ、すでに述べたように、イギリス法の延長ではないアメリカ法学を確立したと評されるホームズやパウンドはまだ活躍しておらず、独自の法学を発信する段階にはなかったと考えられる[8]。コモン・ローの基礎をなす契約法の領域で言えば、アメリカの判例法を条文形式に整理編纂した最初の試みである第一次リステイトメントのレポーター（起草者）をつとめたサミュエル・ウィリストン（一八六一―一九六三）

も、第二次リステイトメントにかかわったアーサー・コービン（一八七四－一九六七）も、まだ活躍を始めていなかった。つまり、今日にいたるアメリカ法学を代表する大家が登場する少し前の時代であったわけで、今から振り返っていえば、アメリカ留学の学問的インパクトは、法学に関しては限られていたのである。(9)

第二回文部省留学

第一回の文部省留学のあと、惜しくも選に漏れた学生たちから、自分たちにも留学の機会を与えよとの要望が出された。この運動をした一人が陳重である。そこで、文部省は翌一八七六（明治九）年にも留学生を選抜することとした。第一回の選抜については、「多分に本人達の自薦に左右されたきらいがあった」(10)ともいわれ、それを避けるため、今回は、全国に布告を出して希望者を募った。しかし、開成学校の生徒以外に厳しい基準をクリアするものはおらず、結局、開成学校の一〇人が選ばれることになった。

陳重は、第一回の留学生選抜の当時、雑誌の刊行など課外活動に熱を入れていて成績が振るわず選から漏れたが、翌年の選抜では成績首位となり、留学生に選ばれた。

しかも、行き先は彼らの要望通り、西洋の学問の本拠地イギリスが中心だった。物理学の二名だけフランスで、法学三名、化学二名、工学三名の計八名はイギリス留学が認められたのである。当時、留学先としてはアメリカよりイギリスの方が名誉なことだったという。(11)

法学の三名とは、陳重のほか、岡村輝彦（一八五六－一九一六）と向坂兌《さぎさかなおし》（一八五三－八一）である。岡村は、ミドル・テンプルでバリスター（法廷弁護士）の資格を得て帰国し、のちに大審院判事や弁護士となった。中央大学の創立者の一人であり、学長もつとめた。

他方、向坂については、二八歳で夭逝したため、現在その名を知る人は少ない。上山藩（現、山形県上山市）藩士の三男として生まれ、佐野藩（現、栃木県佐野市）藩士向坂弘孝の養子となった。貢進生に選ばれ、陳重らとともにイギリスに留学して、陳重と同じく一八七九年にバリスターの資格を得ている（岡村だけ病で取得が一年遅れた）。その後、ヨーロッパ各地、とりわけパリに滞在したが、肺結核を発病。陳重より少し早く一八八一年五月に帰国したが、直後の六月一四日に他界した。[12] 向坂は留学前にすでにフランス法の知識を有していたらしく、陳重らと発行していた開成学校の学生雑誌「講義余談」第二号でフランス法の知識をもとに「刑罰論」を論じている（陳重が時間を割いていた課外活動とはこの雑誌のことと思われる）。[13] もう少し長く生きて留学の成果を花開かせていたなら、英仏法に通じた法律家として活躍したと思われ、夭折が惜しまれる。[14]

穂積陳重（1876年）。この年、留学に出発

ミドル・テンプル

ロンドンに到着した陳重は、ミドル・テンプル法曹学院およびロンドン大学キングスカレッジ（夜間部）に入学登録をした。イギリスの弁護士は、法廷弁護士（バリスター）と事務弁護士（ソリシター）に分かれるが、バリスターの養成機関として、「法曹学院」「法学院」などと訳されるバリスターの自治団体（インズ・オブ・コート）が四つ存在している。リンカーンズ・イン、インナー・テンプル、グ

レイズ・イン、およびミドル・テンプルである。このうち、ミドル・テンプルがアジアからの留学生を多く受け入れていた。(15) 法曹学院での課程を終えるとバリスターの資格が与えられるが、その入学資格として、イギリス領内の大学卒業者以外は、英語、ラテン語、英国史の三科目の試験に合格することが要件とされていた。陳重が、ロンドン大学キングスカレッジに登録したのは、このためである。陳重はラテン語と英国史を履修している。英語については、すでに日本での教育で英語が用いられていたことから、開成学校教授グリグスビーの推薦状により免除されたものと推測されている。(16)

当時ミドル・テンプルには、一緒に留学した岡村、向坂のほか、前年に入学した星亨《とおる》がいた。星は一八七七年にバリスターの資格を取得して帰国したが、これは日本人として第一号と思われる。しかし、陳重は、この左官屋の息子から立身した星について、特段の言及をしていない。(17) 岡村は、ミドル・テンプルの食堂で星と談話したと述べているが（食堂での会食はバリスター資格を取得する要件のひとつになっていた）、その仲間に陳重も含まれていたに違いない。しかし、ロンドンでの星は、ごく少数の友人以外、日本人とは交際しない主義を貫いていた。(18) 食堂での談話以外には交際はなかったのであろう。のちに、「ほしとおる」ではなく「押し通る」だと揶揄された星の性格はすでに留学時代から発揮されていたようで、いろいろな逸話が残されている。例えば、英国の二院制を崇拝する著名な先生の試験で、二院制は悪制度であって一院制に限るという説を書き、教師から誰の説かと尋ねられて「予の持論なり」と答え、老先生は開いた口が塞がらなかったという。(19)

一等学士

相次いでバリスターの資格取得者が誕生する中で、陳重の名を一躍高からしめたのは、彼が一八七八年の普通法（コモン・ロー）・刑法学士位競争試験を受験し、年間一人の「一等学士」に選ばれて奨学金（スカラシップ）を受けたことによってである。まったく異文化圏に属する、東洋の小さな新興国からやってきた一留学生がなしとげた事柄としては、特筆に値する。陳重は、受験前にわざわざ医師のもとで健康診断を受けて受験勉強に耐えられることを確認した上で、猛烈な勉強の結果、この栄誉を獲得した。陳重たちの留学には、ロンドン留学の経験者である正木退蔵が監督役として同行していたから、このニュースは彼を通して日本にも報告され、朝野新聞（一八七八〔明治一一〕年一〇月二五日付）には「君ヲ以テ亜細亜ニテ此栄誉ヲ得タル最初ノ人ナリ」との記事が載り、正木の、「深ク文部派遣ノ留学生ガ日本学生風ヲ改良シタル」ものであるとの論評が掲載された(20)。

のちに述べるように、イギリスの法学教育は長らく停滞していたが、一九世紀半ばには改革が少しずつ進んでいた。陳重が留学する三〇年前には、イギリスの庶民院の特別委員会が法学教育改革に関する報告書を提出し、資格試験制度、競争試験制度や奨学金制度の創設を提言していた(21)。陳重が一等を獲得した競争試験も、この改革によって創設された懸賞試験だったと思われる。身分制が社会の流動性を阻害していたイギリスで、能力によって高い地位を得ることを可能にしたヴィクトリア時代は、アジアの新興国から訪れた一留学生をもスポットライトの中に立つことを可能にしたのである。

「転国ノ願書」

バリスターの資格を得た陳重は、田中不二磨文部大輔に宛てて、ドイツへの転国の願書を出した（一八七九〔明治一二〕年五月付「独逸国へ転国ノ願書」）。ベルリン大学で学ぶことを願い出たのである。陳重が「転国ノ願書」において述べていることは、比較法の重要性とドイツにおける比較法学の隆盛、イギリスの法学教育の科目数や教員数がドイツと比べて劣っていることなど、英国の大学や法曹学院における法学教育の不備とドイツにおけるその充実、そしてドイツにおいて私法改革（民法典の制定）の気運が高まっていることなどであり、「英国諸大学ノ教師モ多クハ嘗テ独国ニ留学セシ人」だとも述べている。

実は、陳重が留学する前のイギリスでは、当時発展著しかったドイツをモデルとした法学教育の改革が議論されていた。庶民院に設置された前述の特別委員会が、イギリスにおける法学教育の改善に関して詳細な報告書を作成しているが、陳重が「転国ノ願書」で述べたことは、まさにこの報告書で指摘されていたことと一致している。イギリスの実務的教育に飽き足らず、学問としての法学をさらに深く、体系的に学びたいと考えた陳重が、イギリスが法学教育改革のモデルとしたドイツで学びたいと考えることは自然なことだった。

のちの話になるが、陳重の帰国後、一八八三（明治一六）年に、東京大学法学部は新たに別課法学科を開設した。これは、それまでの正規課程とは別に、より多くの学生に対して日本語による法学教育を提供することを目的としたものである。従来の正規の課程は、少数精鋭の学生を対象に外国語での法学教育が行なわれていた。しかし、当時すでに私学が盛んに法学校を設立し始めており、このままでは司法官や在野法曹の養成が私学主導になってしまうとの危機感がこの改革の背後にあった。その際、私学である法曹学院が栄え大学の法学教育が振るわないイギリスが悪しき例として挙げられている[22]。この改革を主導したのは陳重であり、ここにも、彼がイギリス留学中に得たイギリスの法学教育についての評価が表れている。なお、この別課は、一八八六年の帝国大学発足に伴い姿を消した。法学部が大幅に拡張され、しかも、陳重らの努力により、日本語による法学教育が可能となってきたためである。

ドイツ転国の許可

以上のように、陳重の転国の願い出にはそれなりの理由があった。しかし、国家的使命を帯びた国費留学で、いったん決められた留学先や専攻分野を変更することはハードルが高かった。例えば、文部省の第一回留学生としてアメリカで法学を学んでいた四人のうち、小村、菊池、斉藤の三人は、アメリカでの学業に区切りをつけたあとイギリスへの転国を願い出たが、これは認められていない(23)。転国ではなく専攻の変更であるが、藩費によるドイツ留学中の青木周蔵が専攻を医学から政治学に変更した際も問題となった。このときは同郷の山縣有朋《やまがたありとも》が間に入って収めている。一八八四(明治一七)年にドイツに留学した陸軍軍医森林太郎が、ベルリンでドイツ駐在公使の青木周蔵のもとを挨拶に訪れたところ、「容貌魁偉にして髯多き人」である青木は、鷗外が使命として与えられた衛生学について、「足の指の間に、下駄の緒挟みて行く民に、衛生学はいらぬ事ぞ。学問とは書を読むのみをいふにあらず。欧州人の思想はいかに、その生活はいかに、その礼儀はいかに、これだに善く観ば、洋行の手柄は充分ならむ」と助言した(24)。このことが鷗外に強い印象を残したのは、転国や専攻の変更の困難さについての右のような事情も背景にある。

ところが、陳重の転国の願い出は裁可された。ただし、すぐに許可が出たわけではなく、陳重が転国の願書を出してから八カ月余りも経過した後の一八八〇年一月二〇日付でそれを許す旨の転国の許可書が作成されている。奇妙なのは、その許可書は同年三月一日に陳重のもとに着いたが、その翌日に陳重がロンドンを発っていることである。この許可の遅れと慌ただしい出発の理由について、穂積重行は次のような推測をしている。

当時東京大学法理文学部綜理の地位にあった加藤弘之は、日本におけるドイツ学を推進していた中心人物の一人である。陳重の転国の願書は田中不二磨文部大輔宛であるが、文部行政を加藤弘之とともに親ドイツの方向へと旋回させようとしていた田中が[25]、陳重の願書の扱いについて加藤に相談したのではないか、そして、転国を支持した加藤と陳重の間に、この間書簡のやりとりがあったのではないか、というのである[26]。それにより、陳重が許可書の到着を予想しうる状態にあったと考えれば、正式の許可書が到着した翌日にロンドンを発ったことも説明がつく、というわけである。

ロンドンを発った陳重は、四月一四日にベルリン大学法学部に学籍登録をした[27]。すでに前年から、ドイツでの勉学を想定して、彼は夏休みにドイツに滞在して語学等の準備をしていた。

ちなみに、同じく貢進生として一八七九年にイギリスに留学した高松豊吉（化学）も翌八〇年一二月にドイツへの転国（転住之御願）を河野敏鎌《とがま》文部卿に出したが、これも翌八一年二月二五日付で裁可され、彼は七月二五日ベルリンに移り、一八八一年冬学期にベルリン大学哲学部への学籍登録がされている[28]。当時、有機化学の研究はドイツの方が進んでいたことが大きな理由であろうが、それとは別に、両名の転国許可の背後には日本の学問のドイツ化を推進する加藤弘之がおり、文部省から意見を聞かれた加藤がいずれも転国が妥当との意見を述べたとされる[29]。加藤らが主導したドイツ学への流れは、留学生たちの処遇にも影響を及ぼしていた。

東京大学への招聘

陳重がドイツ滞在中、何を感じ取り何を考えたのかを示す資料は見つかっていない。翌一八八一

（明治一四）年の三月にはドイツを発っているので、約一年の滞在だった。この短さもあってか、国家統一後の熱気を残していた当時のドイツ社会が彼に与えた影響の痕跡はあまり明瞭ではない。この点は、陳重のあと五年にわたってドイツに滞在した弟の八束とは異なる。

しかし、陳重がドイツに転国したことは、その後の彼の進路を決定づけた。ドイツに移って約一年後、ベルリンで勉学に励んでいた陳重のもとに、加藤弘之から一通の書簡が届く。一八八一年二月一五日付のこの書簡で加藤は、同年夏に留学が満期となり帰国したときは「法学教員之内へ任用イタシ度候条、右御承諾有之《これあり》候《そうろう》様《よう》致度《いたしたく》」と述べ、一八七七年に発足したばかりの日本で唯一の大学に陳重を招聘したのである。

陳重の一生を決定づけたこの手紙を彼が受けとったのは、当時の郵便事情を考えると、どんなに早くても三月も終わりに近づいた頃であろう。ところが、陳重は三月二九日にベルリンを発っている。書簡が到着するやいなや、というタイミングである。穂積重行は、ロンドンを発ったときと同様に、公式の通知の前にその内容を予測できるコミュニケーションが、加藤と陳重の間にあったのではないかと推測している[30]。もっとも、穂積家に残された資料を相続承継している重行氏は、正式の手続外で交わされたその種の書簡を見つけていない。加藤が「読み終えたあと御火中くださるべく云々」と指示し、陳重はそれに忠実に従ったのかもしれない。

加藤にとって陳重は、発足したばかりの東京大学での法学教育を委ねる上でまさに願ってもない人材だった。東京大学を拠点にドイツ学の振興を図ろうとする加藤のプロジェクトは、帰国した陳重と足並みを揃えて進行していく。

明治一四年

陳重の帰国とほぼ同じタイミングの一八八一（明治一四）年六月に東京大学総理の地位に就いた加藤は、東京大学の文学部・理学部でドイツ語を第二外国語にすべき旨の伺書を文部卿に出した(31)。法学部ではなおフランス語が第二外国語であったものの、文学部・理学部ではフランス語は随意科目に降格された。東京大学の教育にドイツの影響を強めていく加藤の企図が示されている。東京大学が雇う外国人教師もドイツ人が増えはじめた(32)。

同年九月には、内務官僚品川弥二郎らにより、ドイツ学の振興を目的とした独逸学協会が設立された。一八七六年に設立された独逸同学会から発展したものであるが、北白川宮能久《よしひさ》親王を会長に、品川弥二郎、桂太郎、平田東助、西周、山脇玄らドイツ留学経験のある要人を委員とし（ただし、西の留学先はオランダ）、加藤弘之、青木周蔵らのほか、帰国して間もない陳重も会員に名を連ねた。栄誉会員には伊藤博文、井上毅、西郷従道、山縣有朋、渡辺洪基らの名が並んでいる(33)。「学術振興を目指す文化団体というより、政府の外郭政治団体」ともいわれる(34)。それまでイギリス・フランスの啓蒙主義思想がリードしてきた日本の近代化政策に、大きな転機が訪れたことを予感させる。

そして一八八一年一〇月一一日、いわゆる「明治一四年の政変」が起きる。大隈重信が参議を罷免され、翌日国会開設の詔書が発せられたのである。ドイツ流立憲君主主義が選択され、イギリス流の議会制度導入派の敗北が決定的となった。ドイツ化の流れは学問の世界と政治の世界の同時進行だった。

一一月二二日には加藤弘之が、自著『真政大意』『国体新論』が「謬見ナルコトヲ知了シ後世ヲ誤ルノ恐アルヲ以テ」絶版を申し出、その旨の内務省達が内務卿山田顕義名で出された。さらに、同月二四日付郵便報知新聞に加藤自らその旨を広告した。加藤のいわゆる「転向声明」である。[35]天賦人権思想による啓蒙主義者としての過去を清算して進化論に「転向」したものとされる（しかし、後述六五頁以下参照）。

このような事態が進行する一八八一年六月に帰国した陳重は、七月に東京大学講師となり、翌八二年二月に弱冠二六歳で東京大学法学部教授兼法学部長となった。この年の三月には、伊藤博文が憲法起草準備のためドイツ、オーストリアに向けて日本を発った。彼地でローレンツ・フォン・シュタインらの助言を得つつ、いよいよ日本の立憲制のかたちが定められていく。[36]

こうして、日本の西洋法学受容の様相が、それまでの英米・フランスの先進的理論をひたすら吸収する時代から、主体的選別の時代へと入ったとき、その先導役を期待されたのが陳重であった。

東京大学法学部

東京大学は、東京開成学校と東京医学校（大学東校が改称された）を統合して一八七七（明治一〇）年に設置された。一八八一年に各学部に学部長を置くことになり、初代法学部長には服部一三がなっている。服部は文部官僚であり（アメリカのラトガース大学の理学士）、当時は東京大学の法理文学部綜理補の地位にあった。その翌年の一八八二年に陳重が法学部長となったが、これが法学部教授から選任された最初の法学部長である。このときの法理文学部綜理は加藤弘之である。

ドイツでは、一八一〇年にフンボルトらの主導のもとにベルリン大学が創設され、三一歳のサヴィニーが法学の第一人者として招聘された。そして、二年後の一八一二年にフィヒテのあとを襲ってベルリン大学総長となったサヴィニーは、大学の基礎作りに挺身したが、[37]その際彼は、かつてシラーが自嘲的に「パンのための学問」と呼んだ法学を、「近代的官僚群を養成するのに不可避の手続きとして積極的に位置づけた」(38)。これは、加藤が描いていた東京大学における法学の位置づけでもある。東京大学法学部、および東京大学が帝国大学となってからの法科大学は、明治日本を牽引する行政官僚・司法官僚を輩出していく。

外国人教授たち

現在の東京大学法学部（大学院法学政治学研究科）には約八〇名の教授・准教授がいるが、設立当初の東京大学法学部には教授が三人しかおらず、イギリス法と国際法（当時の用語では列国交際法）担当のウィリアム・E・グリグスビー（一八四七–一九三六）、イギリス法担当のヘンリー・T・テリー（一八四七–一九三六）、そしてやはりイギリス法担当の井上良一《よしかず》だけだった（このほか留学帰りの実務家が講師をつとめていた）。学生数も、初期の東京大学法学部は年に一〇名に満たなかった。

法学部に限らず、新設された東京大学の教授の多くは外国人であったが、法学部の場合、初期の法学教育は外国人が担当する場合だけでなく、日本人の教授や講師が担当する場合も、外国語を用いて行なわれていた。例えば、イギリス法の講義は英語で行なわれていた。その教育を受けた日本人は、英語でイギリス流の法実務に従事することはできたかもしれないが、それではイギリスの植民地と変わりはない。講ずべき日本法を早急に整備し、日本語で日本法を講ずることが、日本の目標だった。

その後、国内法の整備とともに次第に日本人教授に置き換わっていき、一八九三（明治二六）年に講座制が導入された時点では、外国人は外国法の担当教師のみであった。

このことは他の学問分野でも同様で、医学部の場合、東京医学校時代の一八七一（明治四）年に学問自体を英米からドイツへと切り替え、外国人教師はすべてドイツ人となって、七七年の東京大学設立当初は教授一八名中ドイツ人一一名であった。しかし、一八八二年には一四名中七名、八四年には一三名中四名と、次々に日本人教授に置き換わっていった。

設立当初の東京大学法学部のカリキュラムは、東京開成学校のそれを引き継いだものだったため、イギリス法に重点が置かれ（四科目が充てられた）、イギリス法全般にわたる非常に詳細な内容が講ぜられていた。開成学校との違いは、開成学校では課外科目であった日本の現行法の科目が正規科目になったことであるが、わずか三科目にとどまる。

井上良一の悲劇(39)

東京大学法学部で最初の日本人教授となったのは井上良一（一八五二－七九）であるが、彼は教授就任のわずか二年後、二六歳の若さで自ら命を絶った。この悲劇は、当時の日本の知識人の教養のあり方について考えさせられる。

井上は、幕府が海外渡航の禁制を解いた幕末の一八六七（慶応三）年に、福岡藩からの留学生として一五歳のときアメリカに渡った。その後ハーバード大学に学び、幕臣として同じくハーバードに留学していた目賀田種太郎（一八七二－七四在学）とともに、おそらく日本人で最初のハーバード・ロースクール卒業生となった(40)。一八七四（明治七）年に卒業して帰国後、東京英語学校（のちの東京大学予備門）教諭や東京開成学校の教授を経て(41)、七七年、東京大学発足と同時に日本人最初の法学部教授となった。しかし、井上は、英語は堪能であったが日本語能力が当時の漢学の教養ある知識人の水準に達していなかった。相当のプレッシャーもあったと思われ、間もなくノイローゼ気味となる。

そんな井上を福沢諭吉が面倒を見ていたが、静養中、友人宅を訪ねたときに発作的に井戸に飛び込んで自殺した。日本で唯一の「大学」の教授となると、漢学の教養が知識人の当然の前提であった当時、英語ができて外国法に通じているだけではもたなかったのである。井上の死は、ネイティブのアメリカ人でもなく、他方で日本の知識人としてのアイデンティティも確立できないディレンマがもたらした悲劇だった。

井上の死後、東京大学法学部教授のポストに就いた日本人は外山正一であるが、専門は哲学・社会学で、法学を専門とする日本人教授としては、陳重が二人目である。その後、小中村清矩《きよのり》や田中稲城《いなぎ》も教授となっているが[42]、いずれも文学部兼任で、陳重に次いで法学専攻の教授となるのは、一八八五年に着任した富井政章である。フランスのリヨン大学で博士号を取得して帰国した俊英であり、陳重とともに民法の起草者となった学者である。

ドイツ化の進行と加藤弘之

陳重が帰国した日本では、独逸学協会が設立され、ドイツの文献が盛んに翻訳出版されるなどドイツの影響力が増していた。法典編纂でも、憲法は伊藤博文がプロイセンに範をとった憲法を構想し、商法はドイツ人ロエスレル（一八三四－九四）、民事訴訟法はドイツ人テヒョー（一八三八－一九〇九）に起草を委ねて、ドイツ式法典の準備が進められていた。さらに、東京大学では、加藤弘之総理のもとで、ドイツ化が精力的に進められた。学問のドイツへの傾斜がこの時期一気に進んだ理由は、ドイツが日本と同様に、古い歴史と伝統を持つ反面で国家としては新興国家であること、立憲君主制で国家主義的傾向が強く、国主導での近代化を進めようとしていた日本が見倣うに適していたこと、そして、一九紀後半のドイツにおける教育や学問の発展が著しく、欧米の中でもその先進性が高く評価されていたことにある。

一八八一（明治一四）年頃までは、文部省の方針として、ドイツ語が医学に限定され、東京大学の法科文科では英仏語が使用されていた。しかし、すでに述べたように、東京大学総理加藤弘之の願い出によって、同年九月から文学部・理学部で英語とドイツ語を必修とし、フランス語は両学部とも随意科目へと変更された(43)。

また、加藤は、右大臣岩倉具視らに対して、自由民権・国会開設をとなえる嚶鳴社の主要メンバーであった文部卿河野敏鎌《とがま》の更迭を求め、一八八一年に福岡孝弟《たかちか》が文部卿になると、新任の福岡に面談し、大学の改革構想について語った。以後、福岡は、それまで大学への関与に消極的だった文部省の方針を積極的な大学行政へと転じていった(44)。

加藤弘之

日本に西洋法思想を導入するうえでのオピニオン・リーダー的存在であった加藤弘之が、一八八一年のいわゆる転向前に主導した天賦人権論は一世を風靡した。そこには儒教思想との連続性も指摘できる。「体系的な自由民権論こそ日本にはなかったが、（中略）当時の知識人の教養の基礎になった漢学には、『王侯将相なんぞ種あらんや』とか、『天下は天下の天下にして一人の天下に非ず』とか、『君は船民は水、水よく船を浮かべ水よく船をくつがえす』など、身分・家柄にかかわりない人間の平等や、政治は民意にもとづくべきことを示す思想があり、これらの語は、その最初発せられたときの意識はともあれ、明治維新の大変革を目の当たりにしている人々には、自由と民主主義の理論を容易にうけいれる素地をなしていた[45]」。

しかし、加藤は天賦人権論の批判者に転ずることでそのはしごを外してしまう。その理由について、自叙伝の記述を額面どおりに受け取れば、加藤は啓蒙思想の形而上学から自然科学的な進化論へと転換したのであって、これが「転向」の内実ということになる[46]。しかし、加藤の転向後の進化論をスペンサー流の進化論と同一視することもできない。スペンサーは、きわめて自由主義的な政治思想を持っていたからである。その意味で、加藤の転向を単に啓蒙主義から進化論への乗り換えと見ることは正確ではないだろう。むしろ、イギリスやフランス流の自由主義から、ドイツ的国家主義への方向転換に見える。そしてその理由は、フランス流自然法思想よりドイツの法理論の方が進化しており、イギリス流議会主義よりドイツ流立憲君主主義の方が日本に適合しているからである。西洋の政治思想を相対化し、日本の歴史に適合的な近代的法制を選択したという意味では、ある種の歴史主義ともいえる。これが帰国後の陳重が強力に推進した歴史法学と加藤の思想との親和性を物語る。もっとも、加藤の思想の変遷が必ずしも単純ではないことは、のちに再度論ずる（第八章4）。

なお、加藤の転向声明の背後に、「其筋の人」から加藤のもとに「『国体新論』のような」著述を其儘に許して置く事は出来ぬ」との「内話」があったこと（三条実美《さねとみ》、山田顕義の名が其筋としてあがっている）、三条のもとには議官海江田《かえだ》信義の脅迫文が提出されており、そこで加藤が逆賊呼ばわりされていたことが指摘されている[47]。しかし、加藤の思想的変化が最初に表明されたのはすでに一八七九年一一月の青松寺での講演会であったことも指摘されており[48]、「其筋」の圧力に屈したという見方は、事実と整合しない。彼はすでに一八七四年の時点で民撰議院開設運動を時期尚早と批判しており[49]、加藤の政治的性向からすれば、転向というより、入手し得た情報が限られていた当初の段階から次第に西洋思想の理解が広がっていく中で、彼本来のものの考え方に親和的な思想を見出したといった方が当っているのではないか。

そのような加藤の率いる東京大学に、しかもその加藤自身の期待を背負って、陳重は着任したのである。

養子縁組解消と結婚

帰国後の陳重を語る際に見落とせないのは、彼のプライベートな面での変化である。これはその後の彼の研究や立法活動にも影響を与えていると思われる。(50)

陳重には、青木周蔵や森鷗外の場合のような留学中のロマンスの影は、少なくともこれまでの記録上は窺えない。実は、陳重には留学の時点で許嫁がいた。すでに述べたとおり、陳重は、一八六八(慶応四〔明治元〕)年、満一三歳のときに、宇和島藩士の入江家の養子となり、養父入江左吉の姪にあたる「さい」との結婚が予定されていた。(51)「さい」は一八六〇(万延元)年生まれで陳重より五歳下であり、当時七歳である。

ところが、留学から帰国した年に陳重は入江家との養子縁組を解消した。宇和島藩の重役で、郷土の人材を引き立てようと世話を焼いていた西園寺公成《きんなる》が、帰国早々に渋沢栄一の長女歌子との縁談を持ち込んだためである。このとき渋沢は四一歳、すでに第一国立銀行頭取、東京商法会議所(のちの東京商工会議所)会頭などをつとめ、財界のリーダーであった。歌子は一八歳である。陳重は、翌年の結婚に向けて、その年のうちに穂積家に戻り分家の手続をとったと見られる。(52)入江家では、日本を代表するエリートとなった養子の陳重が、留学から戻って婿となるのを期待していたはずであるが（陳重帰朝の年にさいは二一歳である）、帰国早々に養子縁組が解消された。しかし、揉め事が起きたという形跡はない。その理由として、陳重の孫の穂積重行は、陳重の結婚に旧藩の重役の西園寺公成だけではなく、主君の伊達宗城《むねなり》の意向も働いていたのではないかと推測している。そのために入江家も円満な縁組解消を受け容れざるを得なかったのではないかというのである。(53)

陳重との結婚の夢が潰えた「さい」のその後は、必ずしも幸福なものではなかったようにも見える。彼女はその後宇和島藩士と結婚して男子「銀吉」らを生むが間もなく離婚している。陳重は、入江家に対する責任を感じたためか、銀吉をひきとって、彼が大倉商業学校を卒業して実業界に出るまで面倒を見たという。このため、銀吉はその後もしばしば穂積家を訪れていた。(54)

陳重の妻となった歌子は詳細な日記をつけており、その一部が公刊されているが、一八九〇（明治二三）年一月一六日に「入江さい」が穂積家を訪れた旨の記載がある。これは「さい」が離婚した年である。入江家を継いだ銀吉の今後を頼むため、意を決して、立身出世を遂げたかつての許嫁のもとを訪ねたのだろうか。

第四章　日本が出会った法学――「歴史の世紀」のヨーロッパ

本章では、陳重が出会い吸収した一九世紀後半のイギリス、ドイツの法学を、その社会的背景を含めて概観する。一九世紀は「歴史の世紀」と呼ばれる。(1)両国の法学にも、歴史への関心が深く刻印されている。

1　ヴィクトリア時代のイギリス法学

一九世紀ヨーロッパ

日本が出会ったのが一九世紀後半の欧米であったということは、法学の受容にも大きな意味を持っている。このことについて論じた民法学者の星野英一は、それを「悲劇」と呼んだ。(2)星野は、陳重の世代のあとを継いだ鳩山秀夫、そして我妻榮《わがつまさかえ》と連なる東京大学法学部の民法講座担当者である。なぜ「悲劇」なのだろうか。

確かに、ヨーロッパの一九世紀については好意的に見ない知識人は少なくない。イギリスを代表する歴史学者のひとりエリック・ホブズボームは、一九世紀について、「ここで扱う時代に対する多少の嫌悪――むしろ多少の軽蔑かもしれない――を隠すことができない」と吐露している。[(3)] また、一時日本に亡命していたユダヤ系ドイツ人哲学者のカール・レーヴィットは、「一九世紀のヨーロッパはもはや真の使命を信じて生きていたのではない。ただ到るところにその商品と科学的技術的文明を拡げていたにすぎない」という。[(4)] 要するに、ヨーロッパがその本来の輝きを保っていた時代とは異なる、というのだ。そんなヨーロッパを、これこそが西洋文明だと信じたことが、日本にとっては悲劇だというのだろう。

では、一九世紀後半のヨーロッパとは、いったいどのような時代だったのだろうか。一九世紀ヨーロッパの全体を描いた歴史家としては、クローチェの『十九世紀ヨーロッパ史』[(5)]が鮮明な歴史観に貫かれた本として著名だが、一九世紀について鋭い洞察と博覧強記の文明史を描いたホブズボームの著作『資本の時代』『帝国の時代』は、見通しの良い鳥瞰を与えてくれる。主として彼の書物に依りながら、日本が出会ったヨーロッパを眺めてみよう。

一九世紀は、「なによりもまず、産業資本主義の世界経済の大きな進展の歴史であり、産業資本主義が代表する社会秩序の歴史であり、また、この資本主義を正当化し承認しているように思われた観念及び信念――つまり、理性、科学、進歩、そして自由主義」の世紀だった。[(6)] 一八四八年から七〇年にかけて、ヨーロッパでは驚異的な経済の変容と拡大が生じた。鉄道、汽船、電信などによって資本主義経済の地理的な範囲が突如として拡大され、全世界がこの経済に属することになった。「世界という言葉が、地理上の表現から、絶え間なく活動する現実へと変容したのである。歴史はこれ以後、世界歴史となる」[7]。政治力と軍事力とが、ますます工業技術の力に基礎を置くようになってきたため、工業技術の発展がもたらす政治的影響がかつてないほど重要となった。

同時に、一九世紀はヨーロッパの世紀でもあった。「一九世紀の第三・四半期ほどヨーロッパ人が世界を、完全かつ疑問の余地のないほどに支配した時代は他になかった」[8]。一九世紀半ばまではイギリスが突出した工業国であったが、後半になると、アメリカとドイツが著しい伸びを示した。

思想的には個人主義的自由主義が全盛を迎え、経済政策としては自由放任主義が強い説得力をもっていた。イギリスで、一八四六年に穀物の輸入を制限していた穀物法が、一八四九年には植民地との貿易に外国船を使うことを制限していた航海条例が、それぞれ撤廃されたのは、保護貿易から自由貿易への転換を象徴する動きだった。

「国際的な自由貿易熱」が蔓延し、イギリスは、開発途上国に対してそれらの国の生産物(主として食糧や原料)を安く大量にイギリス人に売らせ、その収入でイギリスの製品を買わせるように促した。イギリスの競争相手たちにとって(アメリカ合衆国を例外として)自由貿易は明らかに不利であったにもかかわらず、「ほとんど自然法則のごとき力をもっているように思われた経済理論に、諸国の政府が深い影響を受けていた」[9]。

日本が遭遇したのが、自由貿易熱に冒され市場開放を迫る一九世紀のイギリスであったことが、征服熱に冒された一六世紀のスペインであることと比べて「悲劇」だったといえるのかは、議論の余地があろう。

もっとも、自由貿易主義とはいっても、純粋に経済的な関心に終始したわけではない。内実は、三谷太一郎が「自由貿易帝国主義」と呼んだもので、不平等条約により植民地なき植民地帝国を構築する方法だった。それゆえに、日本は外債依存を極小化する自立的資本主義を採用した。これが経済的ナショナリズムから発した日本の対抗戦略だったのである。[10]

他方で、この時代は、国民国家の形成が世界中で生じており、この時代の支配的特徴をなしていた。工業力に基礎を置いた政治的・軍事的競争は、国民国家単位で生じていたのである。藩という地域勢力の集合体であった日本がこれに対峙していくには、ひとつの国民国家としての求心力が必要だった。国民国家の形成が国家的課題となるのである。そこに法学が大きな役割を演ずることになるであろう（第八章）。

明治維新のタイミング

一九世紀後半の歴史を見ると、明治維新のタイミングは、経済の世界規模での拡大の歴史の中の微妙な転換点でもあった。欧米は間もなく、一八七三（明治六）年から大不況を経験する。その結果、南北戦争時代から保護主義をとり続けていたアメリカを別として、自由貿易に大きく振れたヨーロッパ諸国は、保護主義へと舵を切り、植民地政策が再開されて、未分割だったアジア、アフリカの分割へと乗り出していく。そして、ドイツ帝国の成立によって生まれた三国同盟（独、墺、伊。一八八二年）とそれに対抗する三国協商（英、仏、露。一八九一－一九〇七年）の結成は、「政治世界の多極化と世界の再分割をめぐる諸列強間の鋭い対立へと発展してい」く。オーストリアの歴史家フリートユングが「帝国主義の時代（Zeitalter des Imperialismus）」と名付けた時代の始まりである。[11] 日本はその直前の、自由貿易主義の時代に国を開いたことになる。歴史の偶然とはいえ、日本にとっては奇跡的な幸運だったといえよう。

明治維新のタイミングを軍事的な観点から見ると、欧米列強は、自らの戦争に忙殺されていた時期だった。一八五〇年代、六〇年代のヨーロッパでは、イギリス・フランス・ロシアのクリミア戦争(一八五三-五六年)、プロイセン・オーストリアの普墺戦争(一八六六年)、プロイセン・フランスの普仏戦争(一八七〇年)が次々と発生し、アメリカは南北戦争(一八六一-六五年)に忙殺された。さらに、隣の清では太平天国の乱(一八五一-六四年)の嵐が吹き荒れて、イギリスやフランスはこれにも力を割かねばならなかった。つまり、日本が内乱の危機にあった幕末に、西洋列強は、植民地化を視野に入れた軍事介入を日本に対して行なう余裕がなかったのである。

しかし、それが一段落して一八八〇年代に入ると、西洋列強は再びアジアの帝国主義的分割に乗り出す。イギリスはビルマをイギリス領インドに併合し(一八八六年)、同じ頃フランス領インドシナ(ベトナム、カンボジア、ラオス)が成立する(インドシナ総督府設置は一八八七年)[12]。明治維新はちょうどその間隙を縫って敢行された。このため戊辰戦争に列強が直接に軍事介入することもなかった。インドをはじめ、国内の内紛に乗じて植民地化された国が多いことを考えれば、幸運というべきだろう。とはいえ、再び列強の帝国主義的世界分割が始まった中で、日本としては安心してはいられない状況が続いていた。

ヴィクトリア時代のイギリス

陳重が足を踏み入れた一八七六年当時のイギリスは、女王の名を冠してヴィクトリア時代と呼ばれる期間に属する。世界に広大な植民地や半植民地を持つ大帝国として、少なくとも外見上は、イギリスの全盛期を感じさせる時期だった。ヴィクトリア女王は伯父ウィリアム四世を継いで一八三七年に即位した。当時のイギリスは、アメリカやドイツといった後発国の追い上げを受けつつも、科学技術が大きく発展して工業生産は飛躍的に拡大し、植民地獲得を伴う帝国の拡大に乗り出していた。それを象徴するのがインドである。イギリスは半植民地化していたインドで発生した大反乱を鎮圧したあと、ムガル帝国を滅ぼしてイギリス領インド帝国を成立させ、一八七七年にヴィクトリア女王は初代のインド女帝となった。

さらにイギリスは、インドへの航路の安全を確保するため、エジプトや中東諸国を支配下に置いた。また、インドの先も、ビルマ、英領マラヤ、香港、オーストラリア、カナダなどを支配下に置き、ほぼ地球を一周する日の沈まぬ大英帝国が築かれた。ジュール・ヴェルヌ『八十日間世界一周』(一八七二年)が書かれたのはこの時代である。フランス人が書いたこの物語では、イギリス人がイギリス銀行券を持って英語で世界を一周し、次々遭遇する困難を金銭の力で克服していくのである。

進化と進歩

ヴィクトリア時代は、人々のものの考え方という点でも大きな変動が生じた時代である。ダーウィンの『種の起源』が一八五九年に刊行されたが、同書は生物学だけではなく、ヨーロッパの人々の思想一般に甚大な影響を及ぼした。生物が進化によって別の種に変わるという説明は、神が人間や動物の各種を作ったと信じていたキリスト教徒にとって大きな衝撃であったことは言うまでもないが、「進化」あるいは「進歩」という発想そのものが、かつての歴史にはない思想だった。世界は、昔から神の作った摂理の中にあると信じられていたからである。しかし、進化論の登場とともに、動植物が進化するなら、人間の社会も進化するのではないか、法も進化するのではないか、という連想は当然現れた。

本来、「進化」は必ずしも「進歩」を含意しない。しかし、この時代、「進化」は「進歩」だった。そのような意味での「進化」の観念は、ダーウィンによって生み出されたわけではない。進化概念は数十年前から周知のものだった。例えば、社会の進化を論じたスペンサーの思想は、ダーウィンによって触発されたわけではなく、ダーウィンとほぼ同時期に、時代の空気によって醸成されて生まれたのである。当時は、物的、知的両面にわたる「進歩」はあまりにも明瞭で否定できないものだったから、時代が進歩しつつある事実を疑うものは誰もいなかった。「進歩」は、この時代を象徴する支配的概念だった。[13]そして、一九世紀のイギリス人にとって、ヴィクトリア朝社会を進歩の到達点と見る歴史観が、まさに時代の空気だった。[14]

進歩や進化への関心は、自分たちがどこから来たのかという歴史への関心にも結び付く。実際、一九世紀は古代の歴史への関心がひときわ高まった時代でもある。シュリーマンによるトロイア遺跡の発掘やタイラーの人類学的調査研究などが先史時代への人々の関心を掻き立てた。「ヴィクトリア時代人は、己の時代を映す鏡として過去を用いたのだ。進歩という観念を歴史にあてがうことで、彼らは自分たちが望む秩序感覚を造り出した。まさしく真の意味でヴィクトリア人こそ過去を『発明した』といえる[15]」。そこで支配的だったのは、「平行進化」という観念である。

当時の人類学者は、現在の原始的部族がヨーロッパの過去を示していると考え、当時の生物学者は、下等動物がなぜ現在も生き残っているのかをこのモデルで説明しようとした。「平行進化では、多くの異なった発展の系列が同一の梯子を昇るが、速さが異なるという[16]」。そこには「社会の発展に関する枝分かれモデルが入り込む余地はなかった。ヨーロッパ以外の文化も、等しく、正当な人間の本性の現れであるという考えを認めることは、大多数のヴィクトリア人にとって承服しがたい価値の相対化を意味することになるから」だった。[17]

「人類の歴史はほんの数千年にしかならないとする聖書的な見方（地球の年齢は、聖書の天地創造の記述を根拠に紀元前四〇〇四年とされていた）が崩れ始めるのは、ようやく一八六〇年代に入ってからであり、この時期になってはじめて、進歩主義者は、太古の人類が当初は原始的な社会を持ち、その後における一切の発展がそこから生じたと考えることができるようになった」。[18] このような歴史への関心は、法の世界にも及び、のちに述べるヘンリー・メインの研究が大きな関心を集めることになる重要な背景をなした。

新たな思潮

当時はまた、身分制社会のイギリスで、能力主義による社会的地位の流動性が生じた時代でもあった。努力することで成功が得られる。そのような時代精神を表現したのがサミュエル・スマイルズの『*Self-Help*（自助論）』（一八五九年）である。「ヴィクトリア朝中期自由主義のバイブル」と呼ばれたこの本は、日本でも中村正直訳の『西国立志編』（一八七一（明治四）年）として刊行されてベストセラーとなり、「天は自らを助くる者を助く」という格言が人口に膾炙するなど、大きな影響を与えた。

ヴィクトリア時代のものの考え方に大きな影響を与えたもう一人の人物が、ベンサムである。彼はヴィクトリア時代が始まる前の一八三二年に没しているが、神の摂理や物の本質によって秩序が定まっているというそれまでの静的社会像に対し、功利主義的計算による政策を提言し、それを立法により実現することを説いた。このベンサムの思想は、人々のものの考え方という点で革命的な威力を持った。ベンサムの生前においては、彼の改革思想はあまりに過激で、時代を先取りしすぎていたが、ヴィクトリア時代に入って、彼の思想を受け継いだ人々による改革が次々と実施されていく。

ベンサムの思想は、ヴィクトリア時代の代表的思想家ジョン・スチュアート・ミルによって承継された。ミルの主著『自由論』（一八五九年）は『自由之理』というタイトルで一八七二（明治五）年に中村正直の訳で刊行され、日本にも大きな影響を与えた。もっとも、日本への影響という点でいえば、ハーバート・スペンサーの方が大きかったであろう。そして、スペンサーは、その後忘れ去られる度合いの大きさとの落差という点でも注目に値するが、これについてはのちに触れる。

こうして、思想という面でも既存の価値に縛られない新しい発想が生まれていた。まさにそのタイミングで、貪欲なまでの知的好奇心を持った東洋の小国が、それまで閉ざしていた窓を開いた。そして、その国からやってきた青年陳重が、ヴィクトリア朝社会に足を踏み入れるのである。

イギリスの法学教育

では、その時代のイギリスの法学と法学教育の状態はどのようなものだったのだろうか。イギリス法の大きな特色は、判例法として、つまり裁判の蓄積として長い時間をかけて形成されてきたということである。このような法をコモン・ローと呼ぶ。他方で、コモン・ローの硬直性を緩和するために、大法官の裁判所（Court of Chancery）がエクイティー（衡平法）と呼ばれる法を発展させた。こうして、裁判所制度が、コモン・ローを形成してきた通常の裁判所とエクイティー裁判所に分かれていた。この数百年にわたる複雑な伝統に終止符を打ったのが、一八七三年および一八七五年の最高法院法(Supreme Court of Judicature Acts) であり、コモン・ロー裁判所とエクイティー裁判所が統合された。[19]

このような裁判制度の歴史的大改革は、ヴィクトリア時代の法改革運動の一環である。[20]

他方、法学教育に関しては、イギリスは、長らく停滞状態にあった。通常、法学教育というと、大学での教育を連想する。そして、イギリスには、オックスフォード大学やケンブリッジ大学という世界に冠たる優れた大学が存在する（創設は、オックスフォードは一二世紀後半、ケンブリッジは一三世紀初頭に遡る）。しかし、こと法学教育に関しては、大学での学問的法学教育はほとんど機能していなかった。「一八五〇年から一九五〇年迄の間のほとんどの優れたイングランド法曹は、全く大学の卒業生でないか、大学で法律以外の科目を学んだ学生かのいずれか」だったという。[21] 当時のオックスフォード大学とケンブリッジ大学には、法学の講座はローマ法を教育する市民法（Civil Law）講座と英国法の講座しかなく、両大学に二人ずつ法学教授がいたが、常時講義が提供されていたわけでもなく、法学教育としては体系的ではないうえに出席者も少なかった。

実務家の養成については、前述の通り、法廷弁護士（バリスター）の自治団体（Inns of Court）が四つ存在し、法廷弁護士の養成機関として機能してきた。しかし、その教育機能も一九世紀に入る頃にはまったく形骸化し、資格を取得するための要件は、一定の年数いずれかの法曹学院の名簿に登録され、一定回数、学院のホールで先輩の法廷弁護士と食事を共にすること、仮定的な事案についての、ごく形式的な弁論の演習をすませることなど、まったく形式的なものでしかなかった。

入学も修了も各法曹学院の評議員の裁量であったことから、資格取得には、事実上、多額な金銭が必要とされたといわれる。[22] このように資格試験がなかったので、学生はアカデミックな学習をするインセンティブを欠いていた。[23] 弁護士をめざす者が必要とする知識の習得は、一定の手数料を払って法律事務所に入り、実務家の補助をしながら実地に学ぶしかなかった。これでは体系的な知識など身につくことはなかったのである。

なお、依頼人と法廷弁護士の間をつなぐ事務弁護士(ソリシター)という職種がイギリスには存在するが、彼らの教育も似たような状態だった。[24]

したがって、この時代のイギリスの法学は、学問的には決してレベルの高いものではなかった。しかし、立法改革運動の波の中で、法学教育に関しても、大規模な改革の波が押し寄せる。一八四六年にイギリス庶民院に「法学教育に関する特別委員会(Select Committee on Legal Education)」が設置され、膨大な実態調査を行なった。[25] 同委員会の報告書は、資料を含めて五百頁を超える。委員会はその結論において、「イングランドとアイルランドには公的性質を有する法学教育の名に値する教育は存在しない」と酷評している。[26] 特に、こまごました実務的利害に煩わされることなく科学(学問)としての法に専念できる、ヨーロッパ大陸における法学者(Legists or Jurists)のような階層が欠けていることを指摘している。この指摘こそ、科学(学問)とその専門家である教授たちに高い評価が与えられたこの時代の精神を如実に表わすものだろう。

報告書は大きな論争を巻き起こしたが、強く印象づけられるのは、報告書がドイツの法学教育を非常に強く意識し、いわばそれをモデルとしてイギリスの現状を評価していることである。[27] それほど、この時期、ドイツの法学(学問としての法学)と法学教育(法学の学問的教育)の評価が高かった。まさにそれゆえに、この報告書は、法学教育に学問的と職業的の段階区別を導入し、以後の英国の法学教育に大きな影響を及ぼすことになった。

法学教育の改革

他方、法曹学院の一つであるミドル・テンプルでは、改革に向けて独自の委員会を設置して検討をしていたが、その改革の一つとして、「法理学（Jurisprudence）および市民法（Civil Law. 実質はローマ法）」のリーダー（Reader）のポストを新設した。リーダーは「講師」という訳が当てられることもあるが、日本語の「講師」とは異なり、法曹学院での教育を委ねられた名誉な職である。この改革は、とりわけドイツとの対比で、イギリスの法学教育が著しい後進性を示しているとの危機感に基づいていた。目指されたのは法の科学的・哲学的側面の探求である。

以上のことは、一八世紀中葉にアダム・スミスがイギリス法に対して与えた高い評価と対比すると興味深い。スミスは、イギリス法が「他のものよりずっと人間の自然な感情に基づいて形成されているために、他のいかなる法体系よりも、思慮深い人間の注目を受けるに値する」と述べていた。[28] これは、同い年の法律家ブラックストンがコモン・ローを理性の極致として絶賛したのと通ずるものがある。

これに対し、合理的（功利主義的）な根拠に基づく立法を推進していたベンサムは、コモン・ローを厳しく批判し、要するに個々の事例に応じて裁判官がでっち上げた架空の法であるのみならず、人民にとっては、あたかも、犬のしつけのようなものだという。「犬が悪さをする場合、犬がそれをするまで待ってから、それをしたかどで初めて犬を叩く、……これこそ、裁判官が法をあてがうやり方である[29]」。

ベンサムの思想は長い歴史を持つイギリス法への根源的挑戦であったが、その後のイギリス法に決定的影響を与えた。

ミドル・テンプル

ミドル・テンプルに新設された「法理学および市民法」のリーダーに採用されたのは、サヴィニーに傾倒する古典学者ジョージ・ロングである。[30] ロングは、サヴィニーに依拠しつつ「法の全体像」を与える教育を提供すべく、[31] その普遍性において最も一般法理学に近いと彼が主張するローマ法の教育に熱意を傾けた。しかし、彼の講義スタイルのせいもあったのか、学生の興味を引きつけるには至らなかったといわれる。

こうして、大改革に向けて歩み出したイギリスの法学教育であるが、古い伝統を守ろうとする保守派の抵抗のために改革は遅々として進まず、紆余曲折を経て、実務偏重の法曹学院の法学教育においてバリスターのための資格試験や講義の制度が整備され実施されるようになったのは一八七〇年代半ばになってからであった[32]（試験が強制になったのは一八七二年から）。[33] 陳重は、まさにその改革によって整備されたばかりの教育を受けたことになる。法学教育改革の結果、法曹学院では、資格試験制度の導入と、優秀者の表彰制度がもたらされた。[34] 陳重は、前述のように、それによって一躍脚光を浴びることになった。東洋の小国から来た留学生でも平等に評価の序列に加わりうるような試験制度がなければ、陳重がこれほど注目されることはなかった。単なる個人的な運の強さを超えた、歴史の巡り合わせの中で彼に課された宿命を感じさせる。

ヘンリー・メイン

法学教育改革は、日本からの一留学生にもスポットライトを当てることになったが、イギリス人にとっても、一連の改革やそれを要請した時代背景は、人々の運命を変えた。前述の庶民院特別委員会の報告書が公表された直後に、陳重に大きな影響を与えた法学者の一人であるヘンリー・メインが、弱冠二五歳でケンブリッジ大学の市民法（ローマ法）の教授に抜擢されたのである。彼は一八五四年にそのポストを離れるまで、ローマ法や英国法に題材を採った一般法理学の講義に情熱を傾けた。

イギリスのキリスト教史の専門家であるオーウェン・チャドウィック（William Owen Chadwick）は、一九世紀はヨーロッパ精神の世俗化が進行した時代だったと述べている。その意味のひとつは、高等教育が知的な価値を基準とする専門教育へと再編成されたことであり、[35] これによって、出自によってではなく能力によって高い地位に就く道が開かれた。陳重がその生涯を通じて傾倒したヘンリー・メインは、まさにその利益を享受した人だった。メインは一九世紀イギリスを代表する法学者で、その主著『古代法』は高く評価されて幅広い読者を獲得し、日本でも、大学南校（東京開成学校）で法学専攻の生徒に対する教材として用いられるなど、当時、法学を学ぶ上での基本文献とされた。翻訳書も時期を置いて三回出ている。すなわち、一八八五（明治一八）年の鳩山和夫訳、一九二六（大正一五)年の小泉鐵《まがね》訳、一九四八(昭和二三)年の安西文夫訳である。小泉は白樺同人の文学者、安西は社会学者であり、翻訳者の専門領域から見ても、幅広い層の関心を引いたことが知れる。

しかし、メインは、奇妙なことに、その出生の経緯や出身家系が「ミステリー」と言われるほど分かっていない。[36] 父親はスコットランドの医者で、インドに住んでいたこともあるようである。しかし、メインがまだ小さいうちに両親は別居し、[37] メインは母親とともにイングランドに居を移し、彼はもっぱら母親に育てられた。[38] 経済的にも家庭的にも、幸運の中にいた人ではない。その後、七歳になる少し前に、彼はクライスト・ホスピタル校に送られた。同校は、現在は、ハリー・ポッターの世界を思わせる雰囲気を持った名門校として日本人の語学留学でも人気のようである。しかし、もともとは、パブリック・スクールに通えない貧困階層の子弟に、充実した奨学金制度によって質の高い教育を与えるために創立された学校である。ここでメインは、その抜群の知的能力によって注目を集める。その後は、奨学生としてケンブリッジ大学(Pembroke College)に進学し、ギリシア・ローマの古典学でたぐいまれな才能を発揮して、一八四七年、弱冠二五歳でケンブリッジ大学の市民法(Civil Law)講座の欽定教授に抜擢された。この地位は、一五四〇年にヘンリー八世によって創設されたチェア(教授職)であり、名誉あるポストである。

もっとも、一九世紀までのオックスフォード大学、ケンブリッジ大学は、「まず何よりも国教会の牧師養成場であった」。[39] 一八三一年から一八四〇年までの期間にケンブリ

ヘンリー・メイン

ッジのトリニティ・カレッジに入学した一二三九人の学生のうち三分の一に当たる四一三人が聖職に就いている。しかし、イギリスの帝国領土が拡大するとともに、官僚・植民地行政官・裁判官・法律家・学校教師に対する新たな需要が生まれ、能力主義の風潮の拡大の中で、中産階級が大学に殺到した。こうして、両大学の卒業生の多くが次第に知的専門職や行政官僚の仕事に進路を見出すようになっていく[40]。メインはまさにその時代の人であった。それでも、この当時のケンブリッジ大学は、才能のある若者が自在に力を発揮する余地のあまりない世界であり、また収入にも恵まれていなかった。このためメインは新聞にジャーナリスト的な文章を書いたりもしていたが、間もなく、一八五二年に、ミドル・テンプル法曹学院の「法理学および市民法」のリーダーとなった。前述の、ジョージ・ロングが就いていたポストである。ロングと異なり、メインの講義は、博識と語り口のうまさで評判を得たといわれる。

これらの地位を得ることで、将来を約束されるような身分の出自ではないメインにも、社会の階層が流動化したヴィクトリア時代の、身分の階段を上ることが可能となった[41]。このようなメインの経歴は、新興国とはいえ、日本で陳重が歩んだ道と重なるものがある。

その後メインは、インド総督顧問会議の法律顧問として約七年間インドに勤務する（一八六三－六九）。この決断の背後には、イギリス本土で能力に見合った活躍ができないという境遇もあったと言われる。インドで数多くの法律の制定に貢献するなど、実績を上げたメインは、帰国後、「インドの星二等勲爵士」（KCSIと表記される）を受章し「サー」と呼ばれる地位を得た。彼はさらに、国王の諮問機関である枢密顧問官の地位（Privy Councillorship）も望んでいたようであるが、これは果たせなかった[42]。その点では、男爵となり、かつ（本人自身は望んではいなかった地位とはいえ）枢密院議長にまで登り詰めた陳重の方が、栄達を遂げたといえるかもしれない。

メインの評価

メインの強運は、単に知的能力で高い地位に就ける時代に生まれたというにとどまらない。「ヘンリー・メイン卿の生涯はイギリス史の中で最も輝かしい時期の一つ、ヴィクトリア時代と重なる」(メインの著書『民衆政治（*Popular Government*）』へのジョージ・ケァリー〔George Carey〕の序言)。彼は、イギリスの栄光を自らに反射させつつ、その権威を築いていくのである。引用したケァリーの序言は、次のように続く。

イギリスが巨大な帝国の中心であり、世界的強国としてその最盛期にあったのみならず、その時期は、知の巨人たち——ほんの一例を挙げれば、マコーリー、バジョット、アクトン、カーライル、レズリー及びジェームズ・スティーヴンス、J・S・ミル——の名によって、同様に注目に値する時代であった。そして、この並外れた時代の偉大な学者、知識人のリストを作る者は誰もメイン卿を外すことはできない。彼の法理学の領域への貢献は諸文明とその発展の比較研究のための新たな地平とアプローチを切り拓いた。

もっとも、人となりの評価というのは難しい。メインについては、「彼は成功、名誉及び尊敬を乞い求めなかった」、「真実の学者の質朴さは決して彼を離れることがなかった」という評価もある半面[43]、没後百年に際して書かれた言葉は、彼がうぬぼれが強く野心家で名誉を求め貴族崇拝であるといったものである。[44] すなわち、インドからの帰国後爵位を得て、トリニティー・ホール（ケンブリッジ大学で最も古いカレッジのひとつ）の学長（Master）となり、功成り名を遂げたにもかかわらず、見苦しいほどの強引さで選挙に勝って、自分の専門とはいえない国際法の、新たに創設されたケンブリッジ大学の教授職（Whewell Chair）をも手にし、[45] その上昇志向の強さ、うぬぼれの強さ、ロンドンのクラブ Athenaeum Club のメンバー以外、つまりイギリス人のエスタブリッシュメント以外に対する無神経さをさらけ出す傲慢さによって、評価を下げることになった、というのである。彼は、カルカッタ大学の教職員に対して、重々しく、「自然界の見境のない力を除いて、ギリシアに起源を持たないこの世界では何も動かない」と述べたりした、[46] といった具合である。

ちなみに、ここで陳重との比較をするならば、陳重が地位名声に淡白な学者肌の人物であったという評価に揺らぎはあまり見受けられない。陳重について書かれたものの中で、最も批判的な白羽祐三『民法起草者　穂積陳重論』[47] は、陳重の思想の天皇制イデオロギーや「ブルジョア的性格」を論ずるが、陳重が学生に厳しく権威主義的であったと示唆する当時のゴシップ的記事をあえて引用して、陳重が「極めて巧妙・隠微な立身出世主義者」で「自身の隠匿術にたけて」おり、「甚だしき世上欺瞞者であったと、いってよかろう」という。[48] 出世しているのにそれを望んでいないかのように振る舞うからだろうか。ところで、引用されている斬馬剣禅と称する人物の筆になる記事は、読売新聞に連載され、のちに書物として刊行された。[49] 所詮は根拠の怪しいゴシップでしかないが、興味深いのは、当時の東大京大の著名教授についてのゴシップ記事の中の、自分に関する記述に対して、陳重が真剣に抗議し、自らの所信を述べた文書を送っていることである。同新聞は、「穂積博士の弁明書来る」としてこれを掲載した。

陳重は冒頭で、「公人の公行を公評するは、もとより新聞記者の自由たり。その論評の当れると否とにかかわらず、あえて他よりその言議を掣肘すべき理由あることなし」という。当時の帝国大学教授が公人として世人のゴシップ的関心の対象であったことが興味深い。しかし陳重は、記事の中の、学生に権勢をふるって進路を妨げたとか、学部の教育改革を阻止したという記述については事実と異なると指摘し、次のように言う。

「余は勢力を欲せず。仮令《たとい》これを欲するも、無能にしてこれを得る能《あた》わざるなり。余は学問上の成功を欲す。復《ま》た何の遑《いとま》ありてか社会上の勢力を欲せんや」。

陳重の生真面目さが窺われる。

『古代法』

メインの主著は、一八六一年、三九歳のときに初版が刊行された『古代法』である。主としてローマ法を対象に、社会の進歩とともに法がどのように変化していくかを論じた本であるが、「古代ローマの法制度と初期ローマの社会状況を関連づけることで、法と社会を結びつけ、社会科学の発展に大いに貢献した」と言われる(50)。

この本は幅広い知的階層の間で評判を呼び、その後「古典」と呼ばれるようになった。当時のイギリスでは、法は職業的な専門家だけが扱う難解な技芸とみられており、ヨーロッパ大陸のように、さまざまな知的階層の関心の対象となる学問的な法学は発達していなかった。そんなイギリスで、一冊の法律書がこれほどの関心の対象となったこと自体、メインの出自に劣らぬミステリーである。この本は、「時代の精神を縮図的に示した本」といわれ(51)、同時代の知的階層に与えた影響の大きさと深さは、どんなに誇張してもしすぎということはないとまでいわれる。[52]
もっとも、メインのこの著書が、その後、精緻な歴史学から次々と批判を受け、今日では学問的には忘却の彼方にあるのもまた事実である。しかし、重要なことは、日本に法学が根付こうとしていたまさにそのときに、この著作が圧倒的な影響力を持っていたという事実である。
では、なぜメインはローマ法を扱ったのだろうか。何より彼はローマ法の教師であったが、そのこととは別に、メインにとってローマ法は、進歩する社会において法技術の発展がいかに高度に達成されるかを示す典型だった。[53] ローマ法はその初期の段階において、擬制（フィクション）や衡平（エクイティー）が法の発展に用いられたが、その点はまさにイギリス法と共通していた。それゆえに、もしイギリス法が、ローマ法のその後の発展に倣うなら、より迅速な進歩が期待できると考えたのであろう。[54]
それに加えて、『古代法』が当時のイギリスでもてはやされたもうひとつの理由は、イギリス法がローマ法と重なる進化をしているという主張が、大英帝国をローマ帝国になぞらえる心理に訴えるところがあったことによる。ヴィクトリア時代は「過去に魅せられた時代」であり、「学術的な歴史書や歴史諸説が熱心に読まれ」た。[55] 古典教育を受けていたヴィクトリア時代のエリートたちは、古代ギリシアやローマに精通していた。そして、「一九世紀後半になると、大英帝国が再建を望んだ威厳に満ちた華麗と安定の雰囲気を再現するのに、ローマ時代が用いられることになった[56]」。
ヨーロッパ人にとって、ローマ帝国の吸引力は格別である。そのような大帝国のイメージが求められていたイギリスで、理想化された古代ローマから抽出された法の発展（進化）の原理が、まさにイギリス法の発展と重なることを明らかにする著書が登場したわけである。

以上に加えて、『古代法』の評判は、その文章によるところも大きい。もともとメインは文学的才能を持ち、若い頃は詩人になると思われていた。[57] しかも、同書は、ケンブリッジやミドル・テンプルでの講義を下敷きにしていると考えられ、それゆえに、口頭で語りかけるようなリズムを持ち、文章に気品があった。『古代法』の文章は、ケンブリッジの生んだ最も優れた散文だとか、「芸術の形を取った社会学」だなどともいわれる。[58] 陳重も、彼の文章をキケロの雄弁録にたとえ、「余、氏の著書を閲すること数十、夜半人定まるの後ち、孤燈の下、浄机の上、心静に巻を繙き、読む事未だ数行ならずして、忽ち我を忘れて之を朗読するに至る」[59]と書いた。

では、陳重は、メインの法学のどこに魅力を感じたのだろうか。

「身分から契約へ」

『古代法』で提示されたメインの最も影響力のある命題は、「身分から契約へ」である。すなわち、「進歩する社会」においては、古来、家父長制による身分制度によって規律されていた社会関係が、次第にその拘束から自由になり、やがて個人と個人の自由な契約関係によって関係が築かれるようになる。古代ローマにおいてもそうであったし、イギリスの歴史についてもこの命題が妥当する。「我々は、進歩する社会の推移は、これまでのところ、身分から契約への推移であったということができよう」（第5章末尾の有名な一節）。

メインは、社会を「進歩する社会」と「停滞する社会」に分け、世界の大部分は停滞する社会であるが、ごく例外的に、古代ローマと西ヨーロッパだけが、進歩する社会であると理解していた。

右の命題は、今日の日本の法学教育でも言及されるほど著名である。陳重が留学前に在学した開成学校の科目「ジェネラル・ジュリスプルーデンス」(今で言えば「法学の基礎」あたりであろう)の、陳重が受験したと思われる試験問題に、『社会の進歩は身分から契約へ(from status to contract)』という言葉は何を意味するか」という問いがある。[60] 陳重は留学に出発する以前に、すでにこの命題に親しんでいたのである。

しかし、イギリスでも日本でも、二〇世紀になってまもなく、個人主義の行き過ぎを反省する思潮が有力化し、個人間の契約ですべて片が付くというほど単純ではないという理解が一般化していく。これは「身分から契約へ」という命題に対する反証のようにも見える。このためメインの提示した命題は正しくなかったとの批判も生じた。

しかし、これに対しては、メインが「これまでのところ」(hitherto)という限定を付していたことを指摘して、メインの命題を擁護する議論もある。メインは未来の予測をしたわけではない、というわけである。とはいえ、のちに見るように、陳重自身は、個人主義の徹底が弊害をもたらしうることを、とりわけ彼の学者人生の後半においては強調するようになった。したがって、前記命題に感銘したことが生涯にわたるメインへの傾倒の理由であるとは思えない。

擬制・衡平・立法

『古代法』で提示されたメインの最も影響力のある命題の第二は、法の発展をもたらす三つの契機として「擬制(フィクション)」「衡平(エクイティー)」「立法」を抽出したことである。法が固定的なものと考えられ、容易に変更できない時代には、フィクション(日本ではこれを「擬制」と訳している)を用いることで、法の形式的な適用によってもたらされる不正義が回避される。メインの言うフィクションは、単に事実と異なることを事実のように扱うということ（例えば原告はローマ市民ではないのに、ローマ市民とみなして市民法を適用する場合など）だけを意味するのではなく、もっと広い意味で用いられている。例えば、ルールの文言は変わらないが、解釈でそれが変えられてしまうような場合も含まれる。ルールが変わっていないかのように擬制するわけである。あるいは、合意はなかったのに、「黙示」の合意があったと認定するような場合も、フィクションの一種である。この種の技法は法の世界ではよく用いられる。

しかし、擬制による柔軟化にも限界がある。そこで、形式的な法規範の例外則を「衡平の原理」から生み出し、柔軟な法形成が実現される。古代ローマでもイギリスでも、固定的で厳格な法の例外が、衡平に基づく法として、異なる手続で生み出された。例えば、信託法は衡平法として発展した分野である。

以上は、法の創出が明示的に認められていない社会での法発展の契機である。これに対し、法を創出する手続が正式に定められると、立法によって法の発展がもたらされる。ベンサムは、もっぱらこの立法に関心を集中した。しかし、実際には、法の発展は擬制や衡平によって徐々にもたらされてきたということをメインは論じたのである。

比較歴史法学

以上のような、早くから脚光を浴びた命題とは別に、『古代法』でメインがそれらの命題を導く際に用いた法学の方法も、当時としてはきわめて斬新なものだった。「比較歴史法学」と呼ばれる手法である。その方法論の具体的な展開は、インドからの帰国後一〇年余りの間に次々と発表された研究の中でなされている。

一九世紀は科学への信仰が大きく高まった時代である。一九世紀第三・四半期の「教養人は自らの科学知識を誇ったばかりでなく、他のあらゆる形態の知的活動を科学に従属させようとした」[61]。メインもその時代の人だった。彼は、歴史に注目することによって、法学を科学にしようとした[62]。彼にとって科学とは、普遍性のある法則を見出すことである。では、歴史からどのようにして法則を見出せるのだろうか。

そのための科学的法学の手法として、メインは、さまざまな発展段階にある社会の比較、という方法を採用した。まずメインは、社会の進歩の諸段階を明らかにし、それに伴う法のあり方の変化を明らかにしようとした。当初はここで「進歩」という用語が用いられていたが、その後彼は「進化」の用語を用いるようになる。これはダーウィンの影響といえよう。この研究の過程で、彼は、法学を孤立した学問とは見ず、他の諸科学の成果を積極的に活用しようとした。歴史学、社会学、人類学、言語学（フィロロジーと呼ばれる当時脚光を浴びていた比較言語学）のほか、生物学、地質学（当時盛んに研究されていた）の発想も取り入れている。ここに見られる学際性は、当時の学問に広く見られ、学問が専門分化してタコ壺化する前の一九世紀の学問精神を体現している。その時代の空気は、これを現地で吸った陳重にも共有された。

ところで、メインの比較歴史法学は、現代の目から見れば、かなりの時代的バイアスを感じさせる。先に紹介した「進歩する社会」と「停滞する社会」の二分法、そして、ヨーロッパ以外、とくにインドや中国に代表される東洋を後者とみる見方はその代表である。しかし、そのような時代的バイアスの中で、メインの理論は革新的な側面を持っていた。それは、社会の進化やそれに伴う法の変化を、一元的な進化モデルでとらえようとしたことにより、「停滞する社会」は、実は、進歩した西洋社会がかつて通過した過去の段階に他ならない、と捉えたからである。当時、東洋（インドや中国）は、ヨーロッパとは異質な、遅れた野蛮な社会だと見る見方が一般的だった。しかし、メインは、実はそれらの社会はヨーロッパ社会が進化の過程で経てきた過去の姿を示していると見ることにより、東洋の社会も進化が停滞しているにすぎず、外部的刺激によって、自分たちと同じ進歩した社会の段階に向かって進化していく可能性があることを認めたのである。

このような視点のもつ含意は、当時の日本人にとって重要だった。東洋の社会である日本社会は、一見、ヨーロッパの近代社会とは異質に見え、そこにおける法のあり方もまったく理解しがたいものに見えた。しかし、実はそれは、普遍的な進化の過程の中に位置づけることのできるものであり、社会が近代化することによって、法のあり方も近代ヨーロッパのそれに近づいていく、という捉え方を可能にしたからである。これこそ、帰国後の陳重がまず取り組んだ研究だったのである。

メインが提示した法発展のモデルは、ヴィクトリア時代の学問にしばしば見られる「平行進化」の発想と共通している。(63) しかし、平行進化という見方は、ただちに次の疑問を生み出す。なぜある系統の進化が他より早く、他のものは遅いのか。その説明の仕方はさまざまありうるが、メインにアーリア語族（インド＝ヨーロッパ語族）の優越性という発想があったことは否定できない。(64) 陳重がこの点をどう考えたのかは明らかではない。

他方で、メインの法発展モデルの特徴は、歴史には一定の発展法則があり、現在は過去からの連続的な発展の帰結として説明されるという思考様式にある。このような思考様式は、法学内在的な視点で見ると画期的な意義を持っていた。前世紀に有力であった自然法の思考様式とは明確に異なっていたからである。メインが提示した法学の方法論は、広い意味で歴史法学と呼ばれる。陳重は、このイギリスの歴史法学の空気と、さらにその濃度を濃くした後述のドイツの歴史法学の空気を満腔に吸いこんで帰国することになる。

歴史法学の背景

では、一九世紀ヨーロッパで有力化した歴史法学という法思想は、どのような背景で生まれたのだろうか。

近代に入り、自然科学が自然を支配する法則を次々と明らかにすると、それを達成しえた人間の理性に対する絶大な信頼が生まれた。そして、理性が自然の摂理を明らかにしえたように、人間社会の法則についても、理性によって明らかにできるという信仰が生じた。(65) あえて「信仰」という用語を用いたが、現代の我々からすれば、人々がそのように信じていたという以上の根拠がない、という意味で、信仰と呼ぶことができるだろう。

例えば、人間の社会には、事実として国家というものが存在し、多くの国で王が君臨している。いったいなぜなのか。それを理性で明らかにできる、という信仰である。そこから生まれたのが社会契約論である。まだ国家も法も存在しない「自然状態」を仮定し、そのような状態で人間はどのような選択を行なうかを理性によってシミュレーションし、国家の発生や法の内容を演繹的に導こうという理論である。宗教や伝統に支配されていたそれまでの人々にとって、革命的な理論だった。

ホッブズは、自然状態を弱肉強食の戦争状態(「万人の万人に対する戦争」bellum omnium contra omnes)と捉えて、それを脱するために、人間は自分が生来持っている自由を放棄することによって、国家の設立を合意するはずだという社会契約の理論を導いた。他方、ルソーは、自然状態を自由と平和を享受する自然人の楽園として捉え、そのような人間の意志の統合としての一般意志に基づく人民主権的な社会契約を構想した。

このように、自然状態の捉え方は異なるにせよ、人間が誰にも束縛されない自然状態を想定して（ルソーの場合はそれが歴史的事実ではなく仮定であることは明示的である）[66]、そこから理性による推論で国家や法の発生を基礎づけうるという発想は、一七、一八世紀のヨーロッパ思想を特徴づける。同じ思想的源流から、人間社会に妥当する法の内容を理性によって導けると考える自然法思想も生まれた。これが啓蒙期自然法思想であるが、それまでの、正義ないし神の法として自然法がすでに存在するという自然法の考え方とは異質である。ダントレーヴは中世の自然法概念と近代のそれとは、名称だけ同じで別の思想だという[67]。

これらの思想的潮流の前提には、人間の性質（本性）には時代による、あるいは人種による違いはなく、どこでも同一であるという観念がある。この一八世紀の考え方を一九世紀において維持していたJ・S・ミルは、アイルランドの産業の停滞やアイルランドの民衆が生活を改善しようとの精力を欠いていることの説明として、ケルト族に特有な怠惰と無頓着（insouciance）を持ち出す考え方を批判して、次のように言っている。

そもそも種々の社会的道徳的な要因が人間の精神に及ぼす効果に対し考察を払うことを回避するあらゆる卑俗なやり方のうちで、もっとも卑俗なものは、人間の行為や性格の差異を固有の自然的差異に帰する方法である[68]。

ジェレミー・ベンサム

このような啓蒙主義の時代について、一九世紀ドイツの哲学者ディルタイは、啓蒙時代は「厳密な普遍妥当的な知識への勇気、その知識による世界の改革の気分が指導的諸国民の間にみちわたっていた」と言っている(69)。

しかし、そのような啓蒙期自然法思想の行き着いた現実政治の結末が、フランス革命だった。今日では、絶対君主の時代から近代的立憲国家への転換をもたらした市民革命としての、歴史上のプラスの側面が語られることの多いフランス革命だが、外国人であるナポレオンによって支配された、あるいは攻め込まれた側の人々から見れば、それは侵略以外の何物でもなかった。一八一四年にナポレオンが敗れ、ナポレオンと戦った周辺国は、フランスからの解放を勝ち取るが、法学の世界でも、周辺国では、フランスを革命へと導いた自然法思想への対抗理論が有力化していく。

イギリスについて見ると、ベンサムは、すでに一七七六年の『統治論断片（*A Fragment on Government*）』で自然権論や社会契約説といったフィクションに基づく名誉革命体制を批判していたが、フランス革命が進行する中で書かれた『無政府主義的誤謬（*Anarchical Fallacies*）』（一七九五年頃執筆されたが出版は一八一六年にフランス語でなされ、英語版は彼の死の二年後の一八三八年まで現れなかったという奇妙な論文である）(70)では、自然状態という人為的なフィクションに基づく理論を批判し、自然権論やそれに依拠するフランスの人権宣言を、法秩序を危うくする危険思想として批判した。このようなベンサムの批判は、彼の功利主義の立場からなされている。そこでは、最大多数の幸福を重視した漸進的な改良主義が基本であり、功利的な衡量を排除するような「神聖かつ不可侵の権利」という発想とは相容れないのである。(71)

他方、ベンサムのような功利主義の立場からの批判とは別に、オースティンは、何が正しいかの判断と、何が法であるかの判断を分離し、法とは主権者の命令だという理論を提示した。これも、自然法というあるべき法がすなわち法であるという思想を否定する主張だった。正しいか否かとは別に、何が法であるかを判断することができる、というこの考え方は、法実証主義と呼ばれる。実証科学のように、事実の問題として、何が法であるかを判断することができると主張するからである。

メインの歴史法学は、このような歴史的文脈の中で、一八世紀への反流として、自然法思想を否定するもう一つの選択肢を提示したものだった。

メインの保守主義

その選択肢は、ヴィクトリア時代の、とりわけ保守派の人々に受け入れられた。「メインの『古代法』は、ベンサム主義者による法改革の嵐に打ちひしがれていた者たちを安堵させつつあった。歴史家のチャールズ・メリヴェールによれば、ローマ法についてのメインの説明が、『革命という観念に、千年もの間何らの激変も伴うことのない、不断の進歩という意味を』与えたのであった」。(72)

社会契約論が、自然状態から契約を媒介として国家へと至る無時間的な構図を作り上げ、また功利主義が快楽計算に基づく立法の普遍妥当性を想定したとすれば、メインの歴史法学は、これらと対抗する形で、古代から現代へ向かって変化する社会の発展を、長い時間の中で連続的に、かつ漸進的に進歩していく過程として描いてみせたということができる。それは、進歩の歴史という点では一九世紀の時代精神の反映であり、イギリスにとっては判例の蓄積として発展してきたコモン・ローの擁護でもあった。「あの『身分から契約へ』という標語は、パウンドの言うように、個人の自由への強い願望に満ちている。しかし同時にそこには、性急な政治改革がヨーロッパにもたらした自由の破壊を、極力回避しようとする意図が込められていたのである[73]」。

メインは人間を、元来、大きな変化を嫌う保守的な存在と捉える。したがって、変化は少しずつ生じていく。それゆえに、歴史的経緯をたどることで、人間社会の変化の態様とその要因を明らかにすることができる、と考えた。このような思想は、一八世紀の思想家エドマンド・バークの保守主義とも連なる時代思潮の一つだった。それはまた、陳重の漸進主義とも思想的に親和性を持っていたのである。

メインと進化論

初期のメインの作品にも進化論的色彩が見える。しかし、生物学的進化論の直接的影響を示す証拠はない。オックスフォード大学におけるメインの後継者であるポロック（Sir Frederick Pollock〔1845-1937〕）は、メインの業績を振り返って、メインは法の「自然史」をつくり出そうとしていたのだと述べている[74]。自然を時間的変化のなかで観察する自然史の起源は、もちろん進化論より遥かに古い。

実際、『古代法』はミドル・テンプルやケンブリッジでの講義が下敷きになっており、したがって遅くとも一八五三年頃には概要ができていたと考えられている。また、『古代法』には進化（evolution）の語は見当たらず、進歩（progress）が使われている。もちろん、『古代法』の原稿が完成した時点でメインが一八五九年刊の『種の起源』を知らないはずはなく、関心がなかったとも思えない。ただ、メインの思想がダーウィンの進化論によって啓発されて生まれたとするのは明らかに正確ではなく、むしろ、ほぼ同時期に自然科学、法学それぞれの分野で生まれた類似の思想と見た方が正しいだろう（その点はスペンサーについても同様である）。したがって、ダーウィンの『種の起源』に影響された議論だとの理解は、スペンサーについて言われる場合と同様、メインについても誤っている[75]。

もっとも、メインのその後の著作である『制度古史（*Lectures on the Early History of Institutions*〔1875〕）』『古代の法と慣習論（*Dissertations on Early Law and Custom*〔1883〕）』では「進化」、「社会進化」、「自然淘汰（natural selection）」、「生存競争（struggle for existence）」といった用語が使われ、またダーウィンが引用されて[76]、進化論的色彩が強くなっているのは事実である。

こうして、社会の発展段階に応じた法のあり方の変化の法則が見出され、その変化が「進化」の方向であるという見方が、後期の著作では前面に出るようになってくる。しかも、その「進化」には、それ以前の用語である「進歩」のニュアンスが色濃く残っており、法がよりよい方向に進化しているという含意を持っていた。このような評価的要素を組み込むことで、「自分たちが作り上げつつある社会こそ、他のあらゆる国が目指すべき到達点である[77]」と信じていたヴィクトリア時代の商人や知的階層が求める理論を提供しえたのである。

これをイギリスの法学史の中に位置づけるなら、メインは、オースティンの法実証主義が法の領域から放逐した価値的な要素を再び法に取り戻した、といえるだろう。オースティンは、自然法論を排斥するあまり、法の領域から、正しさという要素を排除してしまった。正しいか否かとは別に法を語ることができる、というのがオースティンの理論である。これに対して、メインは、法を進歩の歴史の中に位置づけることによって、進化の先端にいる（と信じられていた）ヴィクトリア時代のイギリス法に価値的な正当性を付与したのである。

メインの歴史的制約

歴史には一定の発展法則が存在するという考え方は、一九世紀ヨーロッパで広く共有された思想であり、マルクスの理論はその代表格といえる。しかし、歴史に法則があるという考え方は、二〇世紀に入るとカール・ポパーらの厳しい批判に曝された。[78] また、メインの歴史法学は、厳密な史料分析に基づかない過度の一般化が行なわれているとして、その後の歴史学の批判に曝された。[79] この点は、日本でメインに倣ったスタイルの研究業績を生み出した陳重のその後の評価とも重なる。

このため、歴史研究としては、メインの業績は今日では法学の世界ではほとんど顧みられることはなく、法哲学でも法制史でも、その名に言及されることはあっても、業績の内容については、ほとんど忘れ去られた存在である。[80] 今日のイギリスの法学教育においては、メインが目指したような法についての一般理論（「一般法理学」）より、もっと実践的な国内法の説明理論（日本でいうところの法解釈論）に重点が置かれているため、メインは周辺に追いやられており、[81]『古代法』は参考文献としても挙がらなくなっている。[82] 現代イギリスの法哲学者の評するところによれば、「ベンサム、オースティン、メインによってさまざまに解釈されたところの一般法理学（general jurisprudence）や科学としての法学（legal science）は、まったく以て明白な理由によって、決してイギリスに根付くことはなかった」。[83]

その意味では、陳重は、あまり伝統的とはいえないイギリス法学に接したともいえる。しかし、それはまさにヴィクトリア時代を特徴づける法学であった。それに、批判は往々にして相手を過度に単純化してなされる。メインのために擁護するならば、彼は無限定に法における歴史法則を提示したのではない。法則の提示に、メインは学者らしい慎重さを持ち合わせていた。「身分から契約へ」という命題は、メインの時代の直後に訪れる行き過ぎた個人主義への反省の時代に、ただちに反論が提起されたが、メインはこの命題を提示するに当たり、前述のように慎重に、「これまでのところは（hitherto）」という限定を付していた。つまり、古代から一九世紀後半のイギリス社会に至るまでの歴史の発展過程においては、この命題が妥当する、というわけである。その後の時代の変化についての予測にまで、彼は踏み込まなかったのである。

したがって、自然科学の法則に対応するような強い法則性を主張するマルクスのような理論とメインの歴史法学を、ひと括りに、ポパーのいう「歴史主義（Historicism）」というレッテルで否定することができるかは、改めて議論されるべき一つの問題である。それに、歴史の中の進化法則を一切否定するという考え方が、歴史に一定の範囲で法則性を肯定する思想より、時代のバイアスを免れているかどうかは分からない。ここで重要なことは、一九世紀が歴史と科学が結びついた時代だったということ、そして日本が遭遇した西洋の法学は、その時代の法学であった、ということである。

メインの理論の政治的側面

メインの提示した法律進化論には、先に述べたように、限定が付いていた。それでも、当時のイギリス社会に至るまでの歴史の発展過程を理論として提示することは、政治的には重要な意味を持った。

なぜなら、インドをはじめとする各地の「未開社会」を対象とするイギリスの植民地経営において、現地の社会の発展段階を見極め、そこにおける法のあり方を評価する理論は、帝国主義イギリスにとって、重要な実践的役割を持ちえたからである。一九四四年にメインを論じた内田力蔵は、「原住民統治の必要上、彼等の社会生活に対して科学的探求を試みることが自ら要請されたわけである」と指摘している。(84) 同じ視点は、その後、一九三〇年代に日本が大東亜共栄圏を標榜して東南アジアに進出する際に、日本においても登場することになった。すなわち、「文化の発展段階を異にする」「南方諸地域に於ける原住民の保護育成」において、メインの視点が有用だというのである。(85)

以上のようなメインの「未開社会」の捉え方を、現代の視点から批判することはたやすい。しかし、少なくとも当時において、それが進歩的な側面を持っていたという事実も押さえておく必要がある。(86) 例えば、メインは『古代の法と慣習論』においてアイルランドの古い慣習法であるブレホン法（Brehon Laws）をとりあげた。これは当時においては型破りなことで、当時のイギリスの学者はケルト系民族を蔑視し、それを歴史的研究の対象とすることに嫌忌を示すものもあった。しかし、メインは、それらの制度が一切の文明民族の法がすでに通過した発展段階に属するものであることを主張したのである。このことを、前記の内田力蔵は、「民族的偏見を減滅し、国際関係を改善し、又同一帝国の下に在る諸種の民族及び人種の統治を容易ならしむる」のに貢献した、と書いた。(87)

帰国後の陳重が行なった研究のなかの重要なテーマのひとつは、このメインの手法を逆手に取り、東洋の小国の特異に見える伝統的遺制に、普遍的な進化史上の位置づけを与えようとするものだった。

ヴィクトリア時代のイギリス法学で影響力を持った学者には、メインのほか、すでに出てきたベンサムとオースティンがいる。

メインの理論はベンサムやオースティンの視点を補完する側面を有していた。その意味では、彼らの理論は、メインの比較歴史法学という方法論の出発点であった(88)。しかし、メインから見れば、ベンサムは法改革者であり、オースティンの関心は現代国家の法システムを形式的に説明するための理論構築にあると見えた。彼らには、法の歴史性に対する評価が欠けており、それゆえにある制度がなぜある社会にあって他の社会にはないのかが説明できていないとメインは考えたのである(89)。メインは、ベンサムが歴史についてほとんど知るところがなく、また歴史に対してほとんど顧慮を払うことがなかったと批判し、自分に見える真理が他の多くの者も見ることができるとの誤った想定を置いたとも批判している(90)。

ベンサムの歴史的知識の欠如については、彼の自然法批判を批判したポロックも次のように語っている。

「若しベンサムが中世の時代の自然法が実際どのようなものであったかを知っていたならば、彼はもっと敬意をはらいながら自然法について語らねばならなかったであろう(91)」。

ポロックによれば、自然法の根拠として「共同の利益」(*communis utilitas*)などの表現が広く用いられていたが、これはまさに功利主義の用語であり、功利主義的な議論が展開されていたのである。「ベンサムとその後継者たちが自然法の意味するものは個人的思いつきでしかないと全く素直に考えることができたのは、この伝統が余りにも忘却された結果であった(92)」。

他方、メインは、事実に基づかない抽象的思惟を嫌い、純粋数学(pure-mathematics)の価値を限られたものと捉えていた。この点で、法の数学をめざした、次節で登場するサヴィニーらとは異なっていた。そして、同様の観点からオースティンの分析的方法を批判した。しかし、オースティンが科学的であろうとして、社会契約論における「自然状態」のような、アプリオリな仮想を排除したという点は評価していた(93)。

ジョン・オースティン

オースティンのような法実証主義の理論は、法が成熟した時代に登場する。例えば、大きな法典が作られたとき、正式の手続で制定された法のみが法であるという思想が生まれる。イギリスは判例法国であって法典法の国ではないが、一九世紀はイギリス法が成熟期を迎えた時代だった(94)。社会を規律する法がすでに完備しており、それを対象とする法実証主義の成立する余地があった。これに対し、当時の日本のように、これから近代的な法を整備しようとしていた社会において、法は主権者の命令であるというオースティンの法実証主義は、ほとんど説得力を持ちえない。必要とされていたのは、どのような内容の法を制定すべきかを指示してくれる理論であり、法とは主権者の命令だと言ってみたところで、実践的には何の役にも立たなかったからである。しかし、日本でも法典ができるやいなや法実証主義が受容された。閉じた体系の中での「解釈」という知的営みが、漢学に親しんだ日本の知識人にとっては違和感のない手法であったせいもあろう（これについては、第八章で再度触れる）。

ベンサムの功利主義は、この点で確かに立法の指針を与えてくれる。しかし、自然法論が日本の伝統を全否定しかねない危うさを持つのと同じ理由で、快楽の計算によって導かれた正しい法の指針は、

「和魂」を強調していた日本社会にとって違和感のある理論だった。もっとも、その違和感は日本だけのものではなく、功利主義的思考のみで法を論ずるという発想は、当時のヨーロッパにおいても受け入れられなかった。立法を支援するとのベンサム自身の熱心なオファーにもかかわらず、どの国の政府も彼の助力を仰ぐことはなかった。陳重はこれを評して、「ベンサム氏の気宇濶大、世界を家とし、人類を友とし、かつて国民的感情などの存することを知らなかったに由るものである」と述べている。(95)

功利主義的発想が法学で全面展開するのは、二〇世紀後半のアメリカで、リチャード・ポズナーにより「効率性」を基準に正しい法を判断すべきだと主張する「法と経済学」学派が創出されてからである。そこでいう効率性とは、言い換えれば、より多くの人が幸福になるということであり、理論の骨格において、まさにベンサムの立場である(理論的な手法として経済学の価格理論を用いる点で、より洗練された外見になっているにすぎない)。なぜ二〇世紀後半の法学でベンサム的功利主義が大々的に復活するのかは、改めて検討すべき興味深いテーマである。(96)

2 歴史主義の時代のドイツ法学

ドイツ法学の隆盛

一九世紀半ばのドイツでは、学問の進展が著しく、「新しく発行されたフランス語と英語の紀要の数をあわせた数よりもドイツ語で発行された科学紀要の数の方が多かった」。(97) 自然科学では化学と数学が、社会科学では歴史学と言語学にドイツの学問の優位が見られたが[98]、これに、歴史学・言語学、そして数学に刺激されて発展した法学を加えることができるだろう。

当時のヨーロッパにおけるドイツ法学の存在感の大きさは、その歴史に由来する[99]。イギリスでは法は裁判官が裁判を通して判例法として形成し、フランスでは法律実務家から選ばれた立法者が立法によって法を創出した。いずれも法を作ってきたのは実務家である。これに対しドイツでは、大学教授が法学という学問を通して法を形成した。しかも、法実務が専門性の高い技芸として他の学問から相対的に孤立していたイギリスやフランスと異なり、ドイツの法学は、学際的な環境の中で育まれた。それは次のような事情による。

三十年戦争（一六一八―四八年）による国土の荒廃などもあって、ヨーロッパのなかでは文化的後進国であったドイツでは、文化がなかなか自生的には育たず、外国からの継受に依存する時代が続いた。このために、外国文化を受容する窓口としての、学問の殿堂である大学の社会的地位が際だって高かった[100]。これは、明治以降二〇世紀後半までの日本にも当てはまる。一九六〇年代の大学紛争はそれに対する反発という側面もあったが、日本では、文化的後進性の意識が消えるとともに、大学の社会的地位は自然に低下していった。

ドイツの、大学というアカデミック・コミュニティーのなかでは、学際的なコミュニケーションを通して独特の大学文化が生まれた。法学も、法学者と他の諸学問分野の専門家との間の密接なコミュニケーションを通じて、当時の時代思潮を吸収しながら発展していった。時代を代表する知性であるゲーテもシラーも法学を学び、カントもヘーゲルも法を論じた。ドイツの大学においては、法学は決して孤立した学問ではなかったのである。ドイツで歴史法学という学派が優勢になったのは、当時の時代思潮である歴史主義（Historismus）を法学が反映したからである。そのようなドイツ法学が、法実務での実用性を重んずる当時のイギリスやフランスなどとの対比で、圧倒的な存在感を持つ学問として日本からの留学生の目に写ったであろうことは容易に想像できる。

そのようなドイツ法学に惹かれて、ドイツで法学を学んだ日本人は、陳重以前にも少なからず存在する。一八六七（慶応三）年にハイデルベルク大学に留学した会津藩士馬島（のち小松と改姓）済治（一八四八－九三）が最初といわれるが、[101]前述の独逸学協会の創設メンバーとなる山脇玄（一八四九－一九二五）や平田東助（一八四九－一九二五）はドイツで法学を学び博士号を得ている。平田は、もともとロシアに留学するため岩倉使節団に加わったが、ドイツで青木周蔵や品川弥二郎らの説得を受けてドイツ留学に変更した。帰国後、山縣有朋の側近として官界・政界で重きをなし、日本のドイツ学振興にも大きな役割を演じた。ただ、これら初期の留学生は、いずれも実務界で活躍しており、学問としての法学を日本に受容するための留学生は、陳重らの世代を待たねばならなかった。

では、陳重は当時のドイツ法学のどこに魅力を感じたのだろうか。

サヴィニー

後年、陳重は、一九世紀最後の時を迎えようとしていた一九〇〇（明治三三）年一二月三一日に、家族との団欒の場で歌を作り合って遊んだ。その際、彼は「十九世紀ザビニーありき、二十世紀には穂積ありきとうたわれんと欲す」という歌を披露している。[102]それを受けた息子重遠は「吾輩は二十世紀のメーンなり」と詠んでいるから（このとき重遠一七歳である）、家族の間で戯れ歌を楽しんでいたに過ぎない。とはいえ、陳重がサヴィニーを高く評価していたことはわかる。

サヴィニー（Friedrich Carl von Savigny, 1779–1861）は、今日に至るドイツ法学の基礎を築いた学者であると同時に、ドイツを超えて「近代法学の祖」とまで言われる。[103]彼の先祖は、一二世紀のイングランド王獅子王リチャード配下の十字軍騎士にまで家系を遡ることのできる名門貴族とされ、妻はドイツロマン主義を代表する作家を輩出したブレンターノ家出身で、サヴィニー自身、義兄となるクレメンス・ブレンターノらドイツロマン主義の芸術家たちとの人脈を持った。[104]

サヴィニー

彼は一八一〇年にフンボルトに招かれて新設間もないベルリン大学に移り、二年後、三三歳で総長に就任した。しかし、その後は、ベルリン大学の主導権をめぐってヘーゲル一派との対立に苦しむ。静かな学究生活を望みながらも、時代がそれを許さず、一八四二年には国王の懇請により、実質上のプロイセン宰相とされる「立法改訂相」までつとめた。一八四八年の三月革命のあと、一切の公職を退いてライフワークである『現代ローマ法体系』の執筆に専念するが、病を得て一八六一年に八二歳で世を去った。本人が望んだ静かな学究生活に専念するための十分な時間が与えられなかった生涯という点では、陳重の生涯とも重なる。

陳重がベルリンに留学したとき、サヴィニーはすでに世を去っていたが、その影響力はなお圧倒的だった。もっとも、サヴィニーの業績の中心を占めるローマ法研究については、陳重の著作の中であまり引用が多くない。むしろ、陳重は、ローマ法の体系的理論化の部分より、彼の留学に先立つこと六〇年あまり前に行なわれた「法典論争」の中に表れた歴史法学の創設者としてのサヴィニーを評価していたように思われる。これが、のちに述べるように、サヴィニーの弟子であるヤーコプ・グリムへの関心につながる。

では、サヴィニーの歴史法学とは、どのようなものだろうか。その出発点となったのが、陳重もしばしば言及するティボーとサヴィニーの「法典論争」である。この論争は、サヴィニーが歴史法学という学派を旗揚げするきっかけになった論争として有名であるが、陳重の帰国後、自らも巻き込まれることになった日本の民商法典施行延期をめぐる「日本版法典論争」との対比で、陳重にとってはことのほか思い入れのあるものだった。

ドイツの法典論争

ドイツの法典論争とは、一言で言えば、フランス民法典の制定に刺激されて、ティボー(Anton Friedrich Justus Thibaut, 1772-1840)がドイツでも統一民法典を制定すべきことを主張し、それに対して、サヴィニーが反対したというもので、陳重はこれを、自然法学対歴史法学の対立と説明している。もっとも、そのように単純に図式化することができない事情があることにも留意する必要がある。

この論争の意義を理解するうえで、前提事情として二つの点を踏まえておかなければならない。第一に、論争が行なわれたのが一八一四年だということである。この年の四月、ヨーロッパ大陸を支配していたナポレオンが敗れてエルバ島に流され、九月からウィーン会議が始まった。オーストリア帝国の外相メッテルニヒが議長を務め、「会議は踊る、されど進まず」と評された会議と同時進行で論争は行なわれたのである。この年の六月にティボーの論文「ドイツ国一般民法典の必要について」が公表され、サヴィニーの記念碑的論文「立法及び法学に対する現代の使命」（以下、『使命』で引用する）の刊行は一〇月である。[105]

ナポレオンによる支配は、ドイツの側から見ると、ドイツの民族性そのものに対する蹂躙だった。「もしも圧制者の意思がそのまま完全に執行されていたとすれば、民族性の絶滅によってわれわれの運命が終わったであろうことは、もうはっきり予見されるところまで来ていた」[106]とサヴィニーが述懐している。その外国の支配が突如として粉砕された。ドイツ連合軍がフランス軍を撃破し、敗走するフランス軍を追って一八一四年三月にはついにパリを占領した。この戦争をドイツでは「解放戦争」と呼んでいる。[107]「あの年にはじめて、公の事についても、自由に考えを言うことができるようになり、「喜びに満ちた感謝の情」に満たされたとサヴィニーは言う。[108]そのような、外国支配から解放された歓喜と熱狂の時期に、論争は発生したのである。

前提として踏まえておくべき第二の点は、この時点でドイツという統一国家はまだ存在しておらず、フランスの支配下に置かれフランス民法が適用されるまでのドイツでは、多数に分かれていた領邦ごとに民法が議論され、独自の民法を持つ領邦も存在したということである。[109]たとえば、ドイツ法圏の中核のひとつを担っていたオーストリアでは一八一一年に新たな民法典が成立しており、この民法は、その後幾度も改正を経ているとはいえ、現在に至るまでオーストリアで効力を保っている。また、もうひとつの核であるプロイセンも、民法に相当する新たな法典（一般ラント法）を一七九四年に制定していた。そして、それらの制定法が存在しない限り、共通法（「普通法」）として、現代的に解釈されたローマ法が適用されていた。サヴィニーを含め、当時のドイツ法学におけるローマ法研究は、単なる歴史研究ではなく、ドイツ圏に共通に適用されていた現行法の精緻化という目的を持っていたのである。

このように、ドイツ圏にはローマ法を受け継いだ法学の伝統が古くから存在し、法典化された規範もあり、そして、一七世紀のプーフェンドルフをはじめとする、歴史に名を残すような著名な法学者も輩出していた。ナポレオンによる支配は、その伝統を廃して、自然法思想の下で編纂され普遍的に正しいと標榜するナポレオン法典（フランス民法典）の支配下に入ることを意味していたのである。

ティボーとサヴィニー

法典論争は、フランス民法に倣って、自然法論に基づくドイツ統一民法の制定を主張したティボーに対して、法は民族の歴史とともに形成されるものだから外国の法典を輸入すべきではなく、ドイツ民法の制定は時期尚早であるとしてサヴィニーが反対したと説明されることが多い。陳重の理解もこのようなものである。そして、サヴィニーが書いた論文は、ドイツ歴史法学派の綱領的な論文と位置づけられている。

ティボー

確かに、ティボーはフランス民法典に刺激を受けてドイツ民法典の制定を主張した。そして、その理由として彼が挙げているのは、民法の各編の内容の多くが、いわば一種の「純粋法律数学(reine juristische Mathematik)」であって、これに対してはいかなる地域的文化的な特殊性も何ら決定的な影響を与えることはできないということである[110]。彼は、特殊性・個別性を排除して一般性・普遍性を確立した学問のモデルを数学に求め、所有権・相続権・抵当権・契約といった領域やその「総論」の領域は、まさにこのような数学的合理性に近づけうる領域だと考えた。これこそ近代自然法論の主張であり、古代ローマ法から受け継いだ遺産が人類共通の世襲財産であって、すべての人間に妥当するはずだという確信だった。[111]

ところが、歴史法学を宣言したサヴィニーも、彼のめざす学問としての法学を説明する際に、数学の比喩を用いている。すなわち、幾何学で二辺とその間の夾角が与えられれば三角形が導かれるように、法律にも一定の部分が与えられれば他の部分が導かれるような要素があるという。これを彼は指導的原則と名付ける。[112] サヴィニーによれば「法律学の成功はすべて指導的原則を見出すことにかかっている」。そして、「この指導的原則の確立こそ、ローマの法律家の偉大さを築き上げたものであった。(中略) 彼らのした仕事の全体が、数学以外にはくらべもののない確実さをもっているのであって、彼らは概念で計算していたといっても誇張ではないのである」と述べている。[113] このように、数学に類比されるような「概念による計算」を可能にする学問の確立が、彼のめざす歴史法学であったとすれば、ティボーの方法論とどれほどの質的な差があったのか疑問が生ずる。[114] 実際、その後のサヴィニーの法学を見れば、この疑問には理由があるように思える。

しかし、一八一四年という時代背景のもとで、人々の関心を引いたのは、そのような方法論上の相違の有無ではなかった。「歴史」と「民族」を強調するサヴィニーのレトリックは、ティボーとの違いを際立たせ、新たな学派の誕生を強く印象づけたのである。

サヴィニーは、ドイツの法律家にはまだ立法の能力がないという。[115] これに対しては、法律家のみならず国民に加えられた最大の侮辱だとヘーゲルが批判した。しかし、サヴィニーの意図は、ドイツ国民を侮辱することではなく、立法に先行して現代的な法学を樹立すべきことを訴える点にあった。

では、現代的な法学とは何か。彼は法を言語とパラレルにとらえ、「文書に現われた歴史をみるかぎり、市民法は言語・習俗・政治制度と同様、そもそも民族に固有の一定の性質をもっている」という。[116] したがって、法学も、その民族の歴史の中で生成された民族精神を反映した法学でなければならない。法は「まず習俗と民族的信念によって、次に法学によって生み出される。したがっていずれにせよ、法は暗黙のうちに内的に働いている力によって生み出されるのであって、立法者の恣意によって生まれるのではない」[117]という。

論争の帰趨

論争はサヴィニーの勝利に決した。勝利の理由は、まず何といっても、法典論争が行なわれたのがドイツの民族意識の高揚が最高潮に達した時期であったということにある。サヴィニーは、この民族意識に訴えるレトリックによって支持を得たのである。[118]

サヴィニーが勝利した第二の理由として、次のような政治的事情も挙げることができる。そもそもティボーの主張は、それまで押しつけられていたフランス民法を改めて採用しようなどというものではなく、多数の領邦に分かれていたドイツ全土に共通する、自前の民法典の編纂を訴えたものだった。[119] しかし、ドイツ圏のうちオーストリアとプロイセンには民法またはそれに相当する法典が存在したので、ティボーのいう統一的民法典は、それ以外の領邦について言われたことになる、とサヴィニーは理解した。[120]

したがって、もしティボーの主張が容れられれば、ドイツは民法に関しては三つの法領域に分断されることになり、それはドイツ全体の統一からすればかえって障害を生む。他方、オーストリアやプロイセンを含めた統一が主張されているなら、政治的には称賛すべきことだが、それらの領邦の法典の廃止は大きな混乱をもたらす。これをサヴィニーは批判したのである。(121)

実際、ドイツの統一的な民法典の制定は、オーストリアを排除した形での国家統一が政治的に実現して初めて可能になった。ティボーは政治的統一に先だって法的統一をめざしたのであるが、やはり実現可能性という点での問題を抱えていた。(122) 一八一五年のウィーン会議で三九の主権国家からなるドイツ連邦が発足するという当時の政治的背景のもとでは、統一的な法典編纂が実現しうるような条件はなく、サヴィニー自身、自分の反対がなければ一般法典が成立していたであろうなどと本気で主張する者などいないだろう、とのちに振り返っている。(123) 論争がサヴィニーの勝利に帰した理由には、このような政治的事情もあった。

こうして、歴史法学を提唱することで論争に勝利したサヴィニーは、その翌年、アイヒホルンらとともに自らの学派の機関誌「歴史法学雑誌」を創刊する。

サヴィニーのフランス批判

法の歴史性を主張するサヴィニーは、自然法論に基づくフランス民法を、内容的にも厳しく批判している。法典論争の中でサヴィニーは、フランス民法の起草者の学識、とりわけ起草の基礎として用いたローマ法の学識がいかに浅薄なものであるかを論じた。

フランス民法典(ナポレオン法典)は、ナポレオンによって第一統領に任命されたカンバセレスのもとで、四人の起草者によって起草された。すなわち、フランソワ・トロンシェ(破毀裁判所長官)、フェリックス・ビゴ・プレアムヌウ(破毀裁判所検事)、ジャン・ポルタリス(弁護士)、ジャック・マルヴィル（破毀裁判所判事）である。彼らに対するサヴィニーの評価は手厳しい。

例えば、「ローマ法典を抜粋や講義だけで知っている者、つまり耳学問の人は、たとえ二、三の引用文を調べたにしても意見をいう資格はない」[124]と言い、ビゴ・プレアムヌウは、その種の「演説家としては素晴らしい」フランス人だという。ポルタリスについては、その文章を引用しつつ、ローマ法の「公法」という概念が「浅薄にしかも間違って理解されている」うえに、彼がそこでバルトルス（一四世紀の法学者）を引用していることについて、「バルトルスをローマの法律家の中の一人と考え、その引用をローマ人の用語のように取扱うとは、一体何事であるか」と批判する。[125]さらに法典編纂にあたってのローマ法学者の代表者といえるマルヴィルについては「尊敬すべき常識人」といいつつ、やはりローマ法の解釈の誤りを指摘し、[126]彼らの起草した草案を審議した、フランス行政の誇りといわれる「国家顧問府（コンセイユ・デタ）」[127]での討議も、「その性質上、浅薄な漫談と模索に終わっている」というティボーの言葉を引用している。[128]そして、これをローマ人たちの議論と比較し、「ローマ人は専門家であるのに、これら編纂者や国家顧問官[129]は素人的な好事家として、しゃべったり書いたりしているのであって、言い換えれば、ローマ人には法典の必要はなかったが、この人々は法典を欲することが既に間違っていたのである」という。[130]

フランスにはかつてポティエ（一六九九－一七七二）という高名な法学者がおり、彼はフランス民法の父とも呼ばれ、ポティエの学説はヨーロッパ全体に広く影響力を持った。サヴィニーは、「私はポティエを低く評価する考えは少しもなく、むしろ彼のような人を多く有する国民の法律学こそ望ましいものと考える。しかし彼以外には人がなく、彼のみが殆ど法源であるかのように尊敬され研究される法学界は、むしろ同情に値する」という。[131]

このようにサヴィニーのフランス法学に対する評価はきわめて手厳しい。幕末から明治初年の日本では、フランス民法は、当時の世界で最も優れた民法として受けとめられていた。そのフランスから法律家が幾人も雇い入れられ、陳重が留学していた頃は、ボワソナードによる日本民法草案の起草が始まっていた。それだけに、フランス民法やそれを生み出したフランス法学に対するサヴィニーの批判は、これを読んだ陳重に強い印象を残したであろう。

もっとも、サヴィニーのフランス法学に対する厳しい評価も、フランスの支配から解放されたこの時期の熱狂を考慮に入れて読む必要があるだろう。その後、一八二八年に出た『使命』の第二版に付した序文でサヴィニーは、初版のフランス批判について、フランス法学の価値を十分評価していなかったことを丁重に釈明している(132)。

法学なき法典の運命

サヴィニーによれば、法ははじめは習俗や民族的信念を通して慣習法として成立するが、やがてその法の内に働いている力を抽出し理論化する法学が成立すると、その法学によって法が生み出される。つまり、法学という学問が法の生成発展に不可欠である。「もしこういう学問的な技術の力の発達しない時代に、法典を編纂すれば、必然的に次のような弊害が起ってくる。裁判は表向きの見せかけだけ法典によって、実際は法典の外に支配している、事実上国民の中にある法源によって行なわれることになる(133)」。

これが、法典編纂を時期尚早としたサヴィニーの議論であるが、ここでサヴィニーが指摘したことは、実際に日本の民法に起きたことである。陳重ら留学生をヨーロッパに送り出した日本は、のちに見るように、大急ぎで西洋式の法典を整備することを求められていた。自生的な慣習法をもとに独自の法学が発達するのを待つような時間的余裕は与えられていなかったのである。このため、法を生み出す法学が成立する前に舶来の法典が作られることになった。

いきなり国民の前に立派な西洋式法典が出現したとき、西洋の法学を学んだ日本の法律家たちは、競って解説書を執筆し、西洋式の法典の解釈理論を用意しようとした。しかし、実際の紛争は、裁判を使わずに、あるいは裁判を使っても、法典の条文の適用によらずに、日本の取引の常識に基づいて話し合い(「和解」)で解決されることが多かったのである。(134)

この状態はその後も大きくは変わらず、裁判で白黒をはっきりさせることを嫌う日本人の行動様式は、「日本人の裁判嫌い」という神話を生み出した。この「裁判嫌い」については、制度的欠陥により時間と費用がかかりすぎるためだとの分析や、裁判の結果の予測可能性と裁判に要するコストを考慮した経済合理的な行動として説明できるとの研究もある。文化的要因を持ち出さなくても説明できるという主張である。(135) しかし、制度的要因に由来する合理的行動で説明できる部分以外に、仮に、「裁判で白黒をはっきりさせること」を嫌うという行動様式があったとすれば、そこで日本人が嫌ったのは「裁判」ではなく、裁判で適用される「西洋式の法律」だったという仮説も吟味するに値するだろう。土着の社会の中から生み出されたとは言いがたい「舶来」のルールで、勝者と敗者を一律に区別しようとするのを嫌ったという仮説である。(136) 実際、日本でも、江戸時代には、制度的な制約のなかでそれなりに訴訟が存在していたからである。(137)

サヴィニーにおける歴史と体系

サヴィニーはドイツにおける歴史法学の始祖とされながら、その後の彼の研究関心はドイツの歴史ではなく、ローマ法の体系的研究とそこから抽出した法概念の体系化に向かった。このため、彼の法学方法論における歴史的方法と体系的方法の関係の曖昧さは、よく指摘されるところである[138]。

彼の理解では、文化の進歩とともに民族の活動は複雑に分化し、法律についても、民族の共同意識を通じてその発展を観察することが困難になる。そこで法律を専門にする法律家という身分が成立する。「前には全民族の意識の中にあった法律が、今は法律家の意識に帰属し、法律家の働きによって全民族が代表される関係」になるのである。例えば、ローマのユスティニアヌス法典に見られる詳細な規定は、それ自体が民族の意識の中にあったというより、法律家が法学という学問に基づいて生み出したといえるが、それがすなわち民族の意識の反映であって、法律専門家の作為によって成立したものではない[139]。ある民族の法の歴史的生成物である慣習法も、それを法規範として整序することは、法学の発達がなければなし得ない、というのである。

このように、慣習の中から法を認識し、それを法規範として洗練されたものにするためには学問としての法学が必要であり、サヴィニーにとってローマ法研究は、そのような法学の体系化に必要な基本概念を抽出するために不可欠なものだった[140]。こうして、サヴィニーはローマ法学の純粋化という目標へと明確に舵を切った。彼の歴史法学はドイツの歴史から離れ、体系的な法学の樹立を通して、のちの概念法学へと至る道を用意するのである[141]。サヴィニーは、「法学のカント」となることを夢見ていた[142]。ヨーロッパの近代法を認識するための精緻な概念装置を作りあげた仕事は、確かに法学におけるカントの業績というべきかもしれない。

メインとサヴィニー

以上にみたように、同じく歴史法学といっても、メインの歴史法学とサヴィニーのそれとは随分性格が異なる。サヴィニーは、法を言語になぞらえ、民法のような法は民族の歴史の中で慣習として形成される規範に基づいて作られるべきことを主張した。まさに言語が形成されてきたと考えられるプロセスと同じである。しかし、彼の関心は、そのような慣習の中の法そのものより、それを明確に認識するための学問的な概念体系の構築にあった。

他方、メインは、ティボーとサヴィニーのように立法のあり方を論じたわけではないし、概念体系にも関心を示さなかった。そもそも、ドイツの歴史法学は、ナポレオンとの戦争により高揚した民族意識がその背後にあり、ティボーが主張したような民法による法統一も、国家の統一を求める政治的要求と不即不離の関係にあった。それゆえに民族精神が語られた。これに対して、メインの場合は、広大な植民地を持つイギリス帝国の、「優越感に充ちた」[143]異文化(「停滞する社会」)への関心を背景に、イギリスの法と社会の歴史的発展のあとを科学的に解明するという問題意識に支えられていた。

このようにおよそ歴史的コンテクストを異にするふたつの歴史法学であったが、ローマ法が、成熟した社会におけるあるべき法の姿を示しているという理解においては共通していた。というより、メインは、サヴィニーらドイツ法学の理解を通してローマ法を見ていたのである。そして彼は、ローマ法の発展過程とイギリス法との間に共通性を見出し、イギリスの法律家がもっとローマ法を学ぶことにより、イギリス法がより発展すると考えていた。

サヴィニーと自然法論

陳重が接した当時のヨーロッパ大陸には、歴史法学とは別の法学の伝統も存在していた。そのひとつが自然法をめぐる学問的伝統（自然法論）である。自然法論はギリシア・ローマ以来の長い歴史があるが、当時の歴史法学が対峙していたのは一八世紀に成立した啓蒙期自然法論だった。これについてサヴィニーは、歴史的産物である法律を、あらゆる人間に妥当する普遍的な理性に基づく規律であると考え、「ただ現在の時代に、絶対に完全無欠なものを創設する使命が当然に与えられているかの如く思い込んだ、誤った変革欲」として厳しく批判した。[144]

この批判を読んだ陳重は、自然法論をそのまま無批判に受け入れることの危険性を感じたに違いない。当時の日本には、フランス的な自然法論の影響も強く、司法卿となった江藤新平[145]は、箕作麟祥に命じてフランス民法を翻訳させ、それをそのまま日本の民法にすることさえ考えていた。しかし、フランス流の自然法論を導入すると、日本の過去の伝統との歴史的連続性が断ち切られることになる。これに対して、歴史法学は、法の歴史的生成と発展を擁護するものであり、当時の自然法論を特徴づける抽象的合理主義に対抗する理論だった。[146] 陳重は、このような意味での歴史法学に深く共感したのである。

以上のような自然法に対する見方は、大筋において、「自然状態」というアプリオリな前提からの推論によって正しい法を導けるという発想を批判するメインにも共通していた。

もっとも、法典論争におけるサヴィニーの自然法批判は、やはり彼の置かれた歴史的文脈のなかでとらえる必要がある。サヴィニーは一貫して自然法論に批判的であったわけではない。法典論争の一〇年余り前に行なわれたサヴィニーの講義の記録「法学方法論講義」を見ると、彼は一八世紀自然法論との連続性のなかで法学を論じている。[147] そこから『使命』論文を経てローマ法研究に至るサヴィニーの法学を全体としてみれば、サヴィニーは自然法論を拒否したというより、すでに合理主義的精神に歴史的精神が結合されつつあった当時の自然法論[148]を、さらに歴史的契機を重視する方向に発展させたというとらえ方もできる。そのような立場からは、法典論争の『使命』論文はそのプロセスのなかにある業績として位置づけられるのである。[149]

しかし、陳重がサヴィニーにおいてすら底流に流れている自然法思想の重要性に気づくのは後のことであり、当初は、歴史法学による自然法論排撃の勢いに強烈な印象を受けたのである。[150]

サヴィニーと法実証主義

歴史法学、自然法学と並ぶ、当時のもうひとつの法学の伝統は法実証主義である。イギリスのオースティンの理論はその代表であり、彼は法とは立法者が法として命じたものに尽きると考えた。このように、一定の立法手続を経て作られたものが法であると考えるから、法と法以外の規範は容易に区別することができ、かつ、正しいかどうか、正義にかなっているかどうかは、法であるかどうかを判断するうえで決定的な基準とはならない。このような思想について、サヴィニーは次のように言っている。[151]

法実証主義によれば、「今日の法律と、明日の法律はいささかも類似しない場合も十分考えうることになり、従ってまた法律学も偶然的で常に変化する内容のものとなる」。とりわけ、サヴィニーの時代のように自然法論と結びついた法実証主義においては、あらゆる時代に妥当する永遠に完全無欠な法を法典化すれば、それで理想的な立法ができると信じられていた。[152] サヴィニーは、このような考えが、およそ現実的ではないと批判する。

いずれの国も、完備された法典が制定されると、その後しばらくの間、法律家は法典の解釈に没頭し、法典の条文のみを法と理解する法実証主義が支配するのが通常である。一九世紀のフランスでも二〇世紀のドイツでも、そして法典整備後の日本の場合もまさにそうであった。しかし、法典論争当時のドイツではどのような法典を創出すべきかがまさに議論されており、陳重がベルリンに滞在した頃は、サヴィニー以降に蓄積されたドイツ法学の成果を背景に、実際に民法典の編纂が始まっていた。つまり、ドイツにおけるあるべき法の姿を求める議論がまさに佳境に入っていたのであり、陳重が接したのはそのような時代のドイツ法学だった。

西洋法学の諸学派と日本

日本への西洋法受容を担うことになる留学生の視点で眺めたとき、当時のヨーロッパの法学諸学派のうち、サヴィニーに現実性を欠いていると批判された自然法論も、あるべき法について指針を与えない法実証主義も、そのままでは日本に移植できるものではなかった。

他方で、歴史法学も、メインの歴史法学にせよ、サヴィニーの歴史法学にせよ、それぞれの国の当時の歴史的・政治的条件の中に深く根を張ったものであり、これまたそのまま日本に移植できるようなものではなかった。

明治初期の日本は、そのような歴史的文脈を度外視して、とにかく西洋の最新の理論と見れば飛びつくという傾向がなかったわけではない。帰国直後の陳重も、加藤の期待に応えるような啓蒙的文章を数多く執筆し、その中で自然法学を批判し歴史法学を主張し、法律の進化を唱えた。その学問的姿勢には、ヨーロッパで学んだ最新の法学を祖述するという側面も否定できない。しかし、歴史法学を実践しようにも、日本の現実は、歴史の中から法が生成するのを待つ時間を彼に与えるような余裕はなかった。帰国後間もなく、彼は、西洋式の法典を急いで整備するという国家の要請に応える仕事に没頭せざるを得なかったのである。

他方で、陳重は、ヨーロッパのさまざまなタイプの法学が、ヨーロッパの長い歴史の中にどのように根を張っているかを理解できる深みにまで達していたようにみえる。とりわけ、法典整備に先行すべきものとしての「学問としての法学」というサヴィニーの法学観は、間違いなく陳重の心に刻印を残した。国家的要請としての民法典の起草を終えた陳重は、日本人の手による、最初の「学問としての法学」の創出に邁進することになる。それは、当時の世界を見渡しても、容易に比肩しうるものを見出しがたいほど、驚くべき広さの比較法的・学際的視野を持った法学だった。

第五章　条約改正と法典論争――近代日本のナショナリズム

本章では、西洋から法学を受容しようとした当時の日本がどのような社会だったのかを探る。西洋の法学が前提としていた社会との異質さは、法学受容の困難さを物語るだろう。

1　外国人の見た日本

ラフカディオ・ハーン

法学は西洋の文化、社会、歴史に深く根ざした学問である。では、それを受容しようとした日本は、どのような社会だったのか。当時の日本社会が、欧米のそれといかに大きく異なっていたかを指摘する西洋人は少なくないが、その代表格として、小泉八雲として知られるラフカディオ・ハーンを挙げることができる。

ハーンは、一八九〇（明治二三）年、大日本帝国憲法施行の年に、アメリカの新聞社の記者として来日した。そのまま日本に住み着き、一九〇四年に東京で五四年の生涯を終えるまで、日本の民話や伝説に着想を得た再話小説やエッセーなど、多くの著作を残した。一八九六年には東京帝国大学の英文学講師に採用されたが、学生の人気はきわめて高かったという。しかし、外国人教師を日本人に置き換えるという政府の方針により一九〇三年に解雇された。後任はイギリス留学から帰国して間もない英文学者、夏目金之助（漱石）である。学生からは教師の交代に対する反対運動もあったことが、当時の教え子の小山内薫の日誌が伝えている。[1]実際、「過去百年を超す外国人お雇い教師の歴史の上で、誰が学生たちに評判が良かったといって、ハーンに及ぶ教授はほかにない」[2]といわれる。このような折り、解雇にショックを受けたハーンは、アメリカに戻って大学で教えることを希望した。そのようなこの解コーネル大学から連続講義の依頼が来る。結局これは実現しなかったが、彼はその講義のために準備した原稿をもとに一冊分の本の原稿を書き上げた。それが『神国日本』である。[3]原著初版は一九〇四年九月にニューヨークで出版されたが、ハーンは新著の日本到着を見ることなく、九月二六日に世を去った。原題は『日本、ひとつの解釈の試み（*Japan: An Attempt at Interpretation*）』であるが、その英文原稿にハーンが自筆で「神国」という漢字を書いていたことから、翻訳書には「神国日本」というタイトルが使われている。もっとも、「神国」といっても、彼の没後しばらくして日本で呼号されるようになった日本を神格化する意味での神国はなく、神々としての祖先の霊が生者に働きかける国という意味での神国である。[4]

ラフカディオ・ハーン

『神国日本』

その著書でハーンは次のように書いている。(5)

「すべての行動はことごとく積極的にも消極的にも規則で調節されていた。家が個人を支配した。五家族の集団〔五人組〕が家を、また地域社会〔なる町村〕がこの五家族集団を、さらにまた領主がその地域社会を、そして将軍が領主を支配したのであった」。「このような社会は、ヨーロッパ文明の近代的な形式のどんなものにも共通しているところなどは全くない」。

「最高の地位にいる人物は、われわれの言葉の意味での皇帝ではなくて——すなわち王者の中の王者で、天帝の代行者というのではなくて、神の権化、民族の神、いわば太陽の子孫である一人のインカ皇帝なのである」。この神聖な人物の周囲に多くの部族が平伏し、部族をつくるのが氏族で、氏族をつくるのが組（コミューン）であり、そして組を作るのが家であって、これらがみなそれぞれに、それ自身の祭祀を別にもっている。こうした祭祀の寄り集まった塊のなかから、慣習と法規（おきて）が生まれている。「これらの慣習や法規は最も謙虚で、絶対的な服従を強要し、かつ公私生活の末端にいたるまで、こと細かに規制している」。「個性的な人格も強制によって全く抑圧され、その強制も外部からではなく、主として内部からの自発的なものであった」。「個人というものは法的には存在していないのだ——刑罰のとき以外には」。

ハーンの洞察

西洋に法の統一をもたらしたローマ法の精神とは、一九世紀ドイツを代表する法学者のひとりであるイェーリングによれば「個人の自律」という観念だという。無論、そこでいう個人は、今日想像するようなばらばらの個人ではなく、家族を治める責任を負った家長のことであったにせよ、法的に対等な立場にある個人の自律を前提とした法としてローマの私法が発達し(6)、それが西洋の法と法学の中核を成していた。そうだとすると、以上のハーンの観察は、日本（東洋）には西洋的な法が自生的に成立する前提が欠けていたことを意味している。

当時、日本が西洋流の代議制を瞬く間に導入しえたことを挙げて、日本人は民主精神を持っていると書きたてた人たちがいた。それに対してもハーンは「外観を真実と見誤っている」と手厳しい。「外面《うわべ》だけを見れば、日本の社会機構と近代アメリカの地方自治体やイギリスの植民地の自治体との相違は、あるかなしかに思われる」。「しかし両者の間の真の相違は、実に根本的かつ巨大なもの——何千年という年月によってできてくるような大きいものなのである。つまりそれは、強制された協力と任意自由な協力との相違である。——つまり宗教の最古の形態の上に築かれた専制的共産主義形態と、無制限な個人的自由競争の権利を持っている最高度に進歩した産業組合の形態との相違なのである」。「同胞を犠牲にして個人が利益をあげることを禁じているような道徳的慣習のある社会が、その反対に、可能な限りの最大の自由と企業での競争とを大々的に個人にゆるしているような協同自治政体の社会に対して、産業の上で生存競争をしなければならなくなった場合には、とても不利な立場に立つことは自明の理であるに相違ない(7)」。

ハーンの本が刊行されたのは彼が死んだ一九〇四（明治三七）年、つまり日露戦争開戦の年であり、その後の日本を彼は見ていない。しかし、彼は次のような予言を残している。

「この国のあの賞讃すべき陸軍も勇武すぐれた海軍も、政府の力でもとても抑制のきかないような事情に激発され、あるいは勇気付けられて、貪婪諸国の侵略的連合軍を相手に無謀絶望の戦争をはじめ、自らを最後の犠牲にしてしまう悲運を見るのではなかろうか[8]」。

不気味なほどの予言であり、ここまで見通せるということは、彼がいかに日本社会の特質を見抜いていたかを物語る。この本が出た当時、彼の分析は日本の学者の賞賛を受けた[9]。さらに、一九二〇年代から三〇年代にかけて、日本主義などが唱えられ日本文化の独自性が主張され始めた頃にもハーンは再評価された。もっとも、『神国日本』は、その後の日本の国粋主義とは無関係であり、また、それまでに彼が書いた日本への愛情溢れるエッセーなどとは異なり、日本的特質に対してきわめて醒めたトーンで論じている点が印象的である。

ハーンへの批判と反論

ハーンの日本論については、今日では批判も少なくない。彼が日本と西洋の違いを極端に強調する点、自分が見た明治中期の日本の特質を十分な根拠なしに日本の古来の伝統として一般化してしまう点などである[10]。彼が来日したのは、教育勅語が渙発《かんぱつ》された年であり、そのころから顕著になった日本人の天皇崇拝をみて、それを古来の伝統と理解したという[11]。しかし、ハーンより一七年早く来日して『古事記』を全訳するなどその驚異的語学力によって日本研究の大家となっていたバジル・ホール・チェンバレンは、「忠君愛国」が新たに造られた「新宗教」であることを指摘し[12]、ハーンより一四年早く来日しドイツ医学の導入に尽したベルツは、一八八〇（明治一三）年の時点で、「この国の人民がその君主に寄せる関心の程度が低い有様をみることは情けない」と、天皇誕生日の様子を見て嘆いている[13]。実際、尊皇思想は、幕末の水戸学を信奉した志士たちの思想であって、しかも、それは多分に手段として利用された思想だった。[14] 庶民の間の伝統とはとうてい言えなかったのである。
ハーンがこの点を認識できなかったことを、太田雄三は、ハーンが「遅れてきたお雇い外国人」であったことの反映だという[15]（もっともハーンは日本の政府や民間機関に雇われて来日したわけではない）。また、チェンバレンはハーンについて、「彼の愛する日本は、今日の欧化された俗悪な日本ではありえず、むしろ、昔の日本、ヨーロッパの汚れを知らぬ純粋の日本であった。しかし、その日本はあまりにも完璧な日本であったから、事実そんなものは彼の空想の中以外には存在するはずもなかった」と書いている。[16]
しかし、ハーンの数多くの著作の中に過度の一般化が見られる作品があったとしても、彼の議論がすべてそうだと断ずるのもまた過度の一般化である。少なくとも天皇崇拝については、最晩年の『神国日本』の中では、武家政権のもとで天皇が政治的に無力化されていた実態を正しく捉えており、明治になって、主君に対する忠義心（これをハーンは「忠義の宗教」と呼ぶ）を、忠義の対象を藩主から天皇に転換することで国家規模の近代的ナショナリズムに変容させることに成功したことを指摘している。これは、少なくとも晩年の彼が明治期の日本の特質を鋭く観察していたことを物語っているだろう。
また、先に引用したハーンの文章は、アメリカの著名な宗教社会学者であるロバート・ベラーがのちに書いた日本の天皇制についての次のような文章と軌を一にしている。

　神人連続の信仰において、神聖性を有する集団の象徴的首長はきわめて重要な地位を占める。この首長の役割の一つはその集団と神たる祖先や加護者たる神々を結びつけるところにある。この集団形成原理は家（祖先崇拝）・村（氏神崇拝）、そして全日本の各段階でみられる。天皇はこの全日本の首長であり、その上に皇祖皇宗が存在する。(17)

また、第二次世界大戦中、マッカーサーの軍事秘書官であり心理戦の責任者でもあったボナー・F・フェラーズ准将が、「日本人の心理に関する最良の本」として、日本に関する報告書作成の際に主として依拠していたのが、ハーンの『神国日本』だといわれる。(18)

ハーンは日本と西洋の異質性を強調しすぎる、といわれる。来日当初はその異質性を過度に理想化し、晩年には過度に幻滅を感じて対人関係を断ったりした。晩年の彼は精神が崩壊していたとすら言う人もいる。(19) しかし、その評価の当否はともかく、本書が関心を持つのは『神国日本』で展開された議論の内容である。

そもそも、異なる社会が異質か同質かは、何に着目するかによって判断は異なりうる。西洋も東洋も、結局人間は同じだという人は、ハーンとは別の側面を見ている可能性がある。本書にとって重要なのは、西洋の法文化受容という観点から見たときの社会の比較であり、そのような観点からは、ハーンの指摘する異質性は注目に値する。

そして、そのような異質性を指摘した外国人はハーンだけではない。

ニッポルト／ベルツ

ハーンと同じ一八九〇（明治二三）年に、本当のお雇い外国人として来日し、三年間独逸学協会学校で法律、とくに国際法を講じたスイス人学者のオトフリート・ニッポルトは、明治時代の三〇年間の成果について、「近代で日本以外には、これだけの偉大な成果は見出せないであろう」「他の民族が短期間の中で身につけることはできないと言っても過言ではない[20]」と言いつつ、さらに深く観察すると、人間については変化がないことを指摘し、次のように言う。

「西洋の文化は、日本人の手の中では、まさしく文化ではなく、彼らの目的に奉仕する道具であり、その高邁な内容や精神を、彼らは理解しなかったし、彼らの天性からして理解できなかったことを思い浮かべてみよう。われわれの文化の根底について、日本人は全く関心を持たない。ましてやこの文化を自己のものにするとは考えもしない」。「かくて彼方のヨーロッパ文化からもたらされたものは、彼らの手中に入ると、それはわれわれのもとにあるものではなくなっていた。理の当然である！　日本人はやはり違う人間、完全に別な生活観、別の天性、性格の種族なのであった[21]」。

　日本が西洋文明の基盤を理解することなく、成果の部分のみを摂取している、という批判はしばしばなされてきたが、ニッポルトはそれが当初からの日本人の目的に沿った態度であることを見抜いている。それゆえに「最も近代化した日本人のうちの教養階級と西洋の思想家との間には、知的な共感の点で似ているものは何もない」のである[22]。

　さらに、在日二九年に及ぶドイツ人医学者のベルツは、一九〇一（明治三四）年に開催された東大在職二五周年祝賀会でのスピーチで、次のような印象深い言葉を残している。

「日本人は西欧の学問の成り立ちと本質について大いに誤解しているように思えるのです。日本人は学問を、年間に一定量の仕事をこなし、簡単によそへ持ち運んで稼働させることのできる機械のように考えています。しかし、それは間違いです。ヨーロッパの学問世界は機械ではなく、ひとつの有機体であり、あらゆる有機体と同じく、花を咲かせるためには一定の気候、一定の風土を必要とします。

西洋の学問は、精神の緊張をはらんだ大気のなかで息づいており、（中略）地球の大気が果てしない時間をかけて作られたように、ヨーロッパ精神の大気も、自然を究めて世界の謎を解くという一つの目標に向かって、数々の傑出した人物が数千年にわたって努力してきた結果であります[23]」。
西洋の学問には西洋的精神という土壌が必要だとの日本人への警鐘は、その約三〇年後にも繰り返されている。

レーヴィット

ハーンが亡くなった約三〇年後、ナチスドイツの人種政策による危険を避けるため、ドイツの著名なユダヤ人哲学者が来日した。一九三六（昭和一一）年に来日したカール・レーヴィットである。その後、日独の同盟が強化されるなかで日本にいることも危険となり、一九四一年に渡米するまで、彼は東北大学で教鞭を執った。彼はその著書『ヨーロッパのニヒリズム』の日本語訳に、きわめて刺激的な「日本の読者に与える跋」を寄せ[24]、次のように書いている。

日本はヨーロッパの物質文明、すなわち「近代的産業および技術、資本主義、民法、軍隊の機構と、それに科学的研究方法」を受け容れたが、ヨーロッパ的精神とその歴史は、受け容れなかった。なぜなら、「ヨーロッパ的文明は必要に応じて着たり脱いだりすることのできる着物ではなく、着た人のからだのみならず魂までも変形させる気味わるい力をもったものである[25]」。したがって、「人間の本当の生活、物の感じ方および考え方、風習、物の評価の仕方」は、ヨーロッパ文明の産物を受け容れただけで変わるものではないのである。

レーヴィットの理解するヨーロッパ精神とは、「まず批判の精神で、区別し、比較し決定することを弁えている」。「およそ現存するもの、国家および自然、神および人間、教義および偏見に対する批判――すべてのものを取って抑えて質問し、懐疑し、探求する判別力、これはヨーロッパ的生活の一要素であり、これなくしてはヨーロッパ的生活は考えられない」。しかし、東洋は、こうした容赦のない批判が自分に加えられるのにも他人に加えられるのにも、堪えることができない(26)。「ヨーロッパ的精神の対照をなすものは何かといえば、境界をぼかしてしまう気分の中でする生活、人間と自然界の関係における感情だけに基づいた、したがって相反を含まない統一、両親、家庭および国家への批判を抜きにした拘束、自己の内面、自己の弱点を露わさないこと、論理的帰結の回避、人との交際における妥協、一般に通用する風習への因襲的服従、万事仲介による間接的な形式等である(27)」。

レーヴィットはこの指摘を日本人に分かりやすく伝えるために、ひとつの比喩をもち出している。「色と物の固いはっきりした形が、すべてを包み、すべてに滲みこむ靄と霧の中に消えてしまうような日本の湿潤な風土に比べると、ヨーロッパの精神生活の空気は乾燥して潤いがない」。「アクロポリスの裸の巌の上に立つ大理石の神殿と、伊勢の杜なる木造作りの神宮を拝したことのある人には、筆者のここにいう意味がわかるであろう(28)」。

法学受容の土壌

これほどの峻厳な区別の視点ではないにせよ、第二次世界大戦中の研究に基づいて書かれた『菊と刀――日本文化の型(29)』の中で、ルース・ベネディクトが指摘する日本の特異性も、連続的に捉えることができる。ベネディクトは、太平洋戦争においてアメリカが「西洋の文化的伝統に属さない」、「はなはだしく異なった行動と思想の習慣」をもつ敵と戦ったことを述べている。[30]

また、チェンバレンの次の世代に属するイギリスの代表的日本研究者であるサンソムが一九五〇（昭和二五）年に刊行した『西欧世界と日本』においても、日本社会についてハーンと類似した分析を示し、「伝統的に日本社会における単位は、家族であって個人ではなかった」として、祖先崇拝の継続を目的とした「家」制度について論じている。[31] また、「権利の概念は、日本が七世紀にシナから借用し、日本の法制がのちにはみなそれに立脚していたところの法律学には、無縁だった」ことも指摘している。[32] この点は、ハーンが日本社会と西洋との異質性の重要な根拠としている特質である。

これら日本を知る外国人たち（ただしベネディクトは実際の日本を訪れたことがない）の日本社会の分析を見るにつけ、果たして西洋法学を受容しうる土壌が日本にあったのかという疑念が生ずる。

太平洋戦争前の日本では、西洋式の法典が整備されたあと、社会問題化したさまざまな紛争を解決するために調停制度が相次いで創設された。激化してきた労働争議を処理するための労働争議調停法（一九二六〔大正一五〕年）、小作争議に対する小作調停法（一九二四年）、借地借家紛争に対する借地借家調停法（一九二二年）である。法学者の村上淳一は、「凡そ社会問題の解決には、白黒をはっきりさせる訴訟よりも納得ずくの調停の方が適しているとされた」ことを指摘している。[33] 「日本ハ西洋ノ如ク総テ法律ニ依テ事ヲ極メルコトヲセズニ、人情道徳ヲ主トシテ事ヲ極メナケレバナリマセヌカラ、一体カラ言ヘバ調停主義ト云フモノハ、日本固有ノ主義デアル」とは、明治・大正期に活躍した弁護士・政治家の高木益太郎の議会での発言である。[34] このような社会と、官制の道徳読本『国体の本義』（一九三七〔昭和一二〕年）にある「渾然たる一如一体の和の栄えるところ」である家を重視する精神とをあわせ、村上は、「これでは、西洋で生まれた法文化が定着する可能性はほとんどない」という。[35]

村上は、先の高木発言も言及している聖徳太子の一七条憲法以来の「和」の精神が、「西洋起源の法的思考と両立し難いニュアンスがある」という。

もっとも、村上が、日本の法文化の独自性を説いた法学者の文献として取り上げているのは一九四二年刊行の小野清一郎著『日本法学の樹立』である。しかし、真剣な西洋法学の日本的受容が試みられていた時期と、小野清一郎らが日本独自の法学を説いた時期の間には、時代思潮に違いが見られる。村上は「少なくとも、戦前の日本には、西洋起源の法が定着するには不利な条件が多すぎた」というが、(36)「戦前の日本」といっても明治維新以来八〇年近い長さがあり、決してひと色ではない。他方で、太平洋戦争の敗戦によって日本国民が入れ替わったわけではないから、そこには連続的な変化のプロセスをたどることができるはずである。

さしあたりここで問題としたいのは、西洋法学が日本に入ってきた明治一〇年代から三〇年代(西暦でいえば一八八〇年頃から一九〇五年頃)、つまり日露戦争あたりまでの日本である。これから西洋法学を受容しようとしていたこの時期、「法学者」という職業自体がまさに生まれようとしていた。したがって、頑なに西洋法を拒絶する守旧派はいても、日本に固有の「法文化」や「法学」があるなどと主張する「法学者」はまだ存在しなかった。西洋法学を学ぶエリートたちは、まず西洋法学を理解することに全力をあげ、次いで、それを異質な土壌にいかにして移し植えるかに苦慮していたのである。

しかし、彼らに立ちはだかったのは、土壌の異質さだけではなかった。陳重が帰国する頃の日本には、さらに受容のハードルを上げる事情が生まれはじめていた。西洋化に対して厳しい目を向ける、知識人たちのナショナリズムである。

2 ナショナリズムと条約改正

高まるナショナリズム

陳重の帰国は一八八一（明治一四）年であるが、この年は、いわゆる明治一四年の政変が起きるなど、日本の政治にとってひとつのターニングポイントだった。「自由民権運動は、八一年「明治一四年」の沸騰を頂点として、その後弾圧と内訌とのために急速に分裂凋落」[37]していく。その反面で、条約改正問題を一つの契機とする外交危機に際して、対外強硬派の主張が、民権に優位する国権の強調となって国論をわかせていくのである。[38]

一八八九（明治二二）年二月一一日、大日本帝国憲法が発布されるが、まさにその日に、その後の「日本型ファシズムの実践と結びついた段階とはいちじるしくちがった、むしろ社会的役割において対蹠的といいうるほどの進歩性と健康性をもった」日本主義、と丸山真男が評した[39]陸羯南《くがかつなん》の新聞「日本」が誕生している。陸の「国民主義」は文化の面での日本の独自性維持を主張するが、政治においては欧米の制度の積極的な導入を肯定していた。[40] 陸羯南は陳重より二歳年下で一八五七（安政四）年に弘前で生まれ、陳重が留学に出た一八七六（明治九）年に上京して司法省法学校に入っている。西洋法学へと吸引された当時の秀才の一人である。しかし、一八七九年にいわゆる賄征伐（寄宿舎の学生が調理場を荒らす行為）をめぐる首謀者の処分をめぐって学校側と対立して退学になり（このとき一緒に退学になったのが原敬である）、その後いったん太政官（その後内閣官報局）に勤めるが、「伊藤内

鹿鳴館の舞踏会（錦絵）

閣の欧化主義とくにその条約改正に対する反対運動が国民的な規模において高まったころ[41]」官を辞して新聞の発行を始めた。それが一八八八年のことである（当初発行したのは新聞『東京電報』）。

また、三宅雪嶺らの雑誌「日本人」も一八八八年に創刊されている。そこでは、西洋文化を否定するのではなく、日本人の精神で咀嚼して受容することを強調していた[42]。西洋に学び西洋精神を正しく理解することを目標とした感のある「戦後」の知識人とはおよそ異なった知的指向をここに見ることができる。

このような健全な日本主義のほか、国粋的な日本主義も含め、鹿鳴館に象徴される欧化政策に対して日本の独自性を強調する議論が、陳重の同世代の知的階層によって展開されていた。これが、法典や法学といった西洋法文化を受容する際のハードルを著しく高くしたのである。そのハードルにまず阻まれたのが、条約改正である。

悲願の条約改正[43]

明治政府にとって最大の外交案件は、不平等条約の改正だった。当初、政権を担った人々の中には、一八七一（明治四）年の岩倉遣外使節団による交渉で改正を進めようという考え方があった。最初の訪問国のアメリカでその交渉が開始されたが、冒頭から、天皇の委任状がないという手続的瑕疵を指摘されて、大久保と伊藤が国書委任状を取りに帰国するという失態を演ずる。法的思考の欠如がその一因といってよい。しかし、国書委任状を持ち帰ったのちも交渉は埒が明かず、結局、現状のままでは列強がまともに条約改正交渉など取り合ってくれないという現実を思い知ることになる。国の近代化、すなわち西洋化を進め、かつ国力を高めることなしに、条約改正を実現できないことを悟るのである。この経験が、帰国後の明治政府の関心を、富国強兵と並んで憲法制定などの西洋式の法典整備へと振り向けるとともに、留守政府組との意識の食い違いを生むことにもなった。

不平等条約の「不平等」とされるゆえんとして、関税自主権がないことと治外法権の存在が挙げられる。しかし、当時の国際環境のもとで、日本が結んだ条約が実質的に見て「不平等」であったのかには疑問も呈されている。(44) 締結当初は不平等だと考えられていたわけではなく、「押しつけられた不平等条約だから改正しなければならないというのは、明治政府が言い出したこと」だとの指摘もある。(45) しかし、重要なことは、実質的に不平等と評価すべきかどうかではなく、対等の国家と認められていないという不平等意識が当時の国政を動かし、西洋の法制度や法学の導入を促進したという事実である。

条約改正に向けて、まずリーダーシップを発揮したのが井上馨である。井上は、長州の下級武士時代、一八六三（文久三）年に伊藤博文らとともにイギリスに密航し（いわゆる「長州五傑」）、国力の差を知って攘夷から開国に転換した話は有名である。岩倉使節が欧米を回っている間は留守政府組であったが、その後、一八七六(明治九)年から一八七八年にかけて夫人と娘を伴って再び欧米に滞在し、条約改正には欧化政策をとるしかないと確信する。すでに西郷、木戸、大久保が世を去っていた日本に帰国した井上は、翌一八七九年外務卿に任命され、欧化政策を推進した。井上の欧化政策は、一八八三年に落成した鹿鳴館に象徴されるが、条約改正に向けての必須の政策として彼が推進したのが、西洋式の法典編纂だった。

法典編纂

一八八五(明治一八)年、第一次伊藤内閣のもとで外務大臣に就任した井上は、翌一八八六年、外務省に法律取調委員会を設置した。それまで、法典編纂は元老院が担当し、お雇い外国人ボワソナードを中心とする民法典編纂の作業が進行していた。しかし、これをいったん中断し、その作業を外務省に引き取る形で法律取調委員会が設置されたのである。外務省が法典編纂を所管するという不自然な動きの背後には、外務省で進行していた条約改正交渉の進展があった。当時、条約改正会議で交渉の対象となっていたのは「英独案」と呼ばれる改正案だったが、(46) これを軸に交渉を進展させるためには、ドイツ人ロエスレルが起草しすでに草案ができていた商法典もあわせ、列強の意向に沿った形で、西洋式の基本法典の編纂を井上が統括することが欠かせないと考えられたのである。翌一八八七年には、「泰西の主義(Western Principles)」による諸法典の制定が条約改正の前提条件であることが欧米との間で明文で確認され、できあがった法典をただちに英訳して列強政府に通知し、泰西の主義に合致しているかどうかの検証を求めることまで合意された。また、外国人裁判官(法官)の採用も盛り込まれた。こうして列強の強硬姿勢の前に譲歩を重ねざるを得なかったのである。(47)

ボワソナード

これに疑問を抱いたのが「日本ヲ愛スル者」としてのボワソナードだった。それを知った井上毅は、ボワソナードに意見の文書化を求め、それを伊藤博文や山田顕義司法大臣に見せるなど、改正阻止に向けての裏工作の黒幕役を演じた。[48] 結局、ボワソナードの文書が洩れて世論に囂々《ごうごう》たる反対論が巻き起こったが、それを誘導したのは井上毅だと考えられている。[49] こうして条約改正は中断し、井上馨は外務大臣を辞任せざるをえなくなった。それにより、民法典の編纂作業も司法省に移されることになった。

この頃になると、条約改正交渉を受け止める日本社会の方に変化が生じていた。ナショナリズムの高まりである。

大隈遭難

井上外相辞任のあと、総理大臣伊藤博文は、いったん自ら外務大臣を兼任するが、翌一八八八（明治二一）年、あとを大隈重信に託した。あえて政敵を外務大臣に据えたのは、その外交手腕を評価してのことである。大隈は改正交渉に尽力し、そのかいあって交渉は進展した。[50] 内容的にも、法典編纂が「泰西ノ原理」によることは明記されず、外国政府の承認を求めるという要件も消えた。外国人の法官を任用する点も、井上案より限定され、井上案では大審院のほか、控訴院、横浜・神戸の始審裁判所に外国人判事および検事を置くこととしていたのを、大審院に限り、かつ判事のみを置くこととした。しかも、井上案のように外国人がかかわる事件は常に外国人判事が多数を占める裁判所で取り扱うのではなく、外国人が被告となるときに限ることとした。このようにそれなりの改善が見られたが、大隈は、井上案を葬り去った国民感情の中にある、外国人裁判官が裁判官席から日本人を見下ろすこと自体に対する反感を過小評価していた。

同年四月一九日、ロンドンタイムズに日本の条約改正案の大綱が掲載され、大審院判事に外国人を任用するといった譲歩を含んでいることが報じられると、五月三一日から六月二日にかけて陸羯南が主宰する「日本」にその記事が訳載された。それを契機に、井上条約案に対して生じたのと同様の反対輿論が再び沸騰することとなり[51]、それが政治テロを生む。

一八八九年一〇月一八日、大隈外務大臣は宮城での閣議を終えて馬車で外務省に戻ってきた。外務省の門の前に達したとき、待ち伏せしていた玄洋社の元メンバー来島恒喜が車上の大隈めがけて爆弾を投げつけた。馬車の上で爆弾が炸裂し、これを見た来島は暗殺の成功を確信する。警官が駆けつけると、そこに平然とたたずむ来島がいた。警官が犯人はどっちへ行ったかと問うと、来島は虎ノ門の方へ逃げたと答え、警官が去ったあと懐から短刀を取り出して、その場で喉を掻き切って自決した。このとき二九歳である。他方大隈は、海軍軍医高木兼寛やドイツ人医師ベルツらの治療により命はとりとめたが右足切断の重傷を負った。

来島恒喜のこと

この事件を今日から振り返って奇妙に感じるのは、外務大臣を殺そうとしたテロリストのその後の扱いである。被害者である大隈自身が、のちに、「爆裂弾をほうりつけた者を、狂気の人間で憎い奴とは少しも思っていない。（中略）いやしくも外務大臣であるわが輩に爆裂弾をくわせて、当時の世論をくつがえそうとした勇気は蛮勇であろうと何であろうと感心するのである」と語っている。[52]明治の政治家を感じさせるエピソードとも言えようが、大隈は、来島追悼会の度に弔詞や供物料を贈り、首相になったのちは、東京谷中の来島の墓に墓参に訪れたとの記録もある（『読売新聞』二〇〇一年九月四日付西部版朝刊）。被害者大隈のここまでの対応は、来島が単なるテロリストではないことを物語っている。

来島は、中江兆民のもとでフランス語を学んだ経験を持つ人物で、その後玄洋社に参加した。彼の大隈暗殺計画には、当初、玄洋社幹部月成功太郎も加わっていた。しかし、老母や妻子を持つ月成の身を思い、来島が単独で決行した。来島は、月成だけでなく、出身母体の玄洋社にも累を及ぼさないための周到な配慮をしていたようである。ちなみに、月成の次女静子が、極東国際軍事裁判（東京裁判）で一切の弁明を拒み、A級戦犯として処刑された唯一の文人政治家広田弘毅首相の妻である。[54] 広田の父徳平は来島の墓碑を作っており、広田弘毅も玄洋社総帥頭山《とうやま》満の葬儀委員長をつとめているから、広田家も玄洋社と関係があったと考えられる。[55]

ところで、来島には、博多の玄洋社の墓地（崇福寺）のほか、東京の谷中霊園にも墓があるが、当初その墓碑を建てたのは勝海舟である。来島は生前、勝のもとを訪れ、両名は手紙のやり取りもしていた。[56] その後墓碑は玄洋社の頭山満によって建て替えられている（勝が建てた墓碑はいまも横倒しの形でその場に残されている）。博多の墓も、頭山満の墓の隣にある立派なものである。政治テロとはいえ、殺人未遂犯がここまでの扱いを受けるというのは、異様な印象を与える。事件の背後に、多数の共鳴者がいたことを示唆しており、このテロの時代背景を物語っている。

この事件により条約改正は再び中断する。続いて外務大臣に就任したのは青木周蔵である。彼も条約改正に奔走し、ロシアのアジア進出を嫌忌するイギリスの理解を得て改正交渉が進展するかに見えた。その矢先、交渉はみたび中断のやむなきに至った。世にいう「大津事件」が勃発したためである。

大津事件

一八九一(明治二四)年五月一一日、日本を訪問していたロシア帝国皇太子ニコライが、琵琶湖を見物したあと、京都の宿舎に戻る途上、現在の滋賀県大津市を人力車で通過した際、警護の巡査津田三蔵にサーベルで斬りつけられ負傷するという事件が発生した。大津事件である。国力の隔絶したロシアを怒らせると日本が消滅してしまいかねないと、国じゅうが驚天動地の騒ぎとなった。ちなみに、皇太子ニコライは、のちにニコライ二世となって日本と日露戦争を戦い、その後、ロシア革命によって一家全員とともに虐殺される運命のロマノフ王朝最後の皇帝である。

犯人津田三蔵は、このとき、日本国中の憎悪の的となった感がある。彼は安政元年一二月二九日の生まれであるから、西暦では一八五五年二月一五日生まれであり、西暦上は穂積陳重と同い年である。三重県津藩の藩医津田長庵の次男であり、長庵の江戸詰の間に武蔵国豊島郡下谷柳原にあった藤堂和泉守上屋敷で生まれた(57)。父の不祥事により伊賀に移住し、藩校(富岡多恵子は、津藩の藩校有造館の分校である崇廣堂であろうと推測する)で学んでいる。藩校に学んで明治を迎えた元士族である点も陳重と同じである。ただ、陳重と違い、新しい時代に社会の階梯を昇るための武器となった学歴はなく、一八七一(明治四)年に「召募」されて陸軍兵士となり、西南戦争に従軍し、除隊ののち、秩禄処分後の生活苦を巡査の給料で凌ぎつつ家族を養い老母に仕送りをする生活だった。維新後の士族の運命の対照的な一例である。

陳重はこの事件に深く関わることになる。

事件後、大国ロシアを怒らせることを恐れた日本政府は、ニコライの滞在先のホテルに天皇が直接出向いて見舞うなど最大級の誠意を示すと同時に、犯人の津田を厳罰に処す方針を固め、事件を皇室に対する罪として裁くべく、大審院の特別法廷で審理することとした。通常であれば大津で起きた傷害事件であるから大津地方裁判所の管轄であるが、皇室に対する罪だということで、大審院が特別法廷を大津に設置し、大審院判事が大津まで出向いて裁判することになったのである。

そして、総理大臣松方正義、内務大臣西郷従道、司法大臣山田顕義らが、当時の刑法一一六条を適用すべく圧力をかけた。同条は次のように規定していた。

「天皇三后皇太子ニ対シ危害ヲ加ヘ又ハ加ヘントシタル者ハ死刑ニ処ス」

三后とは、天皇の后である皇后と、母の皇太后、祖母の太皇太后の三人を指す。

大審院長児島惟謙《いけん》は、この条文の「皇太子」は「天皇」と並べて規定されており、「天皇」は日本にしか存在しないから、この規定の「皇太子」に外国の皇太子が含まれるとする解釈には無理があるとして、一般人に対する謀殺未遂罪（刑法二九二条）を適用するよう主張した。条文解釈としては最も自然な解釈といえる。ロシアの報復を恐れ、「国家あっての法律だ」と主張した政権幹部に対し、児島が意見を聴取した大審院の部長や主な判事は一一六条の適用に消極であったという(58)。

結局、特別法廷を構成する裁判官たちは、児島の解釈を採用して津田を無期懲役に処した。この事件は、以前は、政治的圧力から司法の独立を守った事件として語り継がれ、児島惟謙は「護法の神」とたたえられた。また、この裁判に対し、ロシアをはじめとする欧米の反応も好意的であったことから、日本が法治国家として認められたという評価もされてきた。

しかし、政権の要人や大審院長が次々に担当裁判官を説得すべく面会を求めるという事態は、今日からすれば、司法権の独立が確保されていたと言えるかどうか疑わしい。この事件の間接的な背景事情として、明治初年から軍部や行政部は薩長閥が牛耳り、志を得ない他藩の人材が競って司法部に集まったため、「司法部は薩長以外の人材の淵藪であ」り、「その遺風はこの頃まで多少残っておった」といわれる(59)。政府と司法部の対立には、そのような事情も多少は影響したのかも知れない。

興味深いのは、当時、在野法曹が、刑法の厳格解釈を主張し、死刑に反対したことである(60)。政府部外にいた法曹もまた、政治判断と法の解釈を区別する態度を身につけていた。東京と大津の代言人たちは護法運動を起こし、津田三蔵を無償で弁護するため東京の著名な弁護士(森肇)が大津まで出向くというようなこともあった。最終的には、津田三蔵自身がその弁護士を解任したため、大津の弁護士二人が弁護人として付いた。

もっとも、「世論囂々止む時を知らざるの勢いなり(61)」といわれる状況となった背後には、ロシアの圧力に屈服するなというナショナリズムがあり、刑法一一六条適用の不可を主張した実務法曹の意見も、実際にはナショナリズムと結びついていた(62)。司法権の独立が侵されることが、国際的信用の失墜を招き、最大の外交懸案である不平等条約改正に新たな障害となる恐れがある、したがって、司法権の尊厳維持は国家的利益に叶う、というわけである(63)。

被告人津田三蔵自身、法廷での陳述の最後に、次のように述べた。

「このたび露国皇太子殿下の御頭部に二刀を加え奉りその心を寒からしめ、後来省る所あらしめんとしたるに、もとより死を決してなしたるものなれば、自殺し能わざりしは残念なれども、今日に至ってはやむをえざれば、国法に依って処断せらるるのほかなし。ただ願わくはその国法に依って処断せらるるについては、何とぞ露国に媚びるが如きことなく、我が邦の法律を以て公明正大の処分あらんことを願うのみ」。

三蔵の最後の一言は「満廷をして粛然たらしめた」(尾佐竹猛)[64]。初任地の大津地方裁判所で予審を担当した裁判官三浦順太郎は、「実に寸鉄殺人《ひとをころす》の感があった」と述べている[65]。

児島惟謙と陳重

ところで、この事件で歴史に名を残すことになった児島惟謙は、一八三七(天保八)年に生まれた元宇和島藩士であり、幕末に脱藩して京都で勤王派として活躍し、戊辰戦争にも従軍している。政府中枢から維新の元勲が次々姿を消す中で、この「天保の老人」[66]の存在が、司法権独立を守る上で大いに意味があったと考えられる。児島は事件当時元勲と呼ばれた前首相山縣有朋より一歳、伊藤博文より四歳、内務大臣西郷従道より六歳年長であった。三蔵を皇室に対する罪で裁くという方針を貫徹すべく、山田顕義司法大臣とともに秘書官・属官を従えて現地入りした西郷従道内務大臣が、「予は法律の議論は知らざるも、果してしかる処分に至るときは、露国の艦隊品川沖に顕れ、一発の下に我が国家微塵となるやも測り難し。区々たる法律論のため国際間の平和を破壊し、国家の危険を招致するは何事ぞ」と凄んだのに対し、「今ここに感情を以て法律の正文を左右せば露国を怖るるの余り、我が法律の正文を枉《ま》ぐるの処分をなすこととなり、露国はもちろん、世界各国の軽侮を招き、大いに我が帝国の面目を失し、将来拭うべからざる屈辱を甘ぜざるをえざるに至らん」と応じることができたのも[67]、「天保の老人」ならではのことだろう(もっとも、「老人」といっても事件の年に児島は五四歳である)[68]。

その児島にとって陳重は、一八歳年下の同郷の後輩であり、児島は将来を嘱望されるこの後輩と歌子夫妻の婚礼において媒酌人を務めている(69)。また、陳重の兄の重顕は、最初の妻が病没したあと、一八七九（明治一二）年に児島の妻の妹種子と再婚している(70)。つまり、陳重と児島は姻戚関係でもあった。当時法科大学の教授兼教頭であった陳重はその児島から事件の処理について意見を求められ、外国の先例などを挙げて刑法一一六条の適用を不可とする児島の意見を強く支持したのである。児島は意を強くした(71)。陳重はさらに、見解を同じくする大学教授一〇名の総代として、木下広次《ひろじ》、富井政章《とみいまさあきら》とともに松方首相を訪ねて意見の申入れを行なっている。その際、「並の謀殺未遂犯に処する訳にも行かざるべければ、寧ろ既往に遡るとも、緊急勅令を発して刑罰を定むる方よろしきとの事」をも具申しているが、その点も児島と意見を同じくしていたといわれる(72)。

同郷の後輩陳重への児島の信頼がいかに強かったかは、判決の日に、大津局発で児島が陳重宛に「カチヲセイスルニイタレリアンシンアレ」との有名な電報を打ったことからも窺える(73)。しかも、打電は午後五時五〇分とされているが、裁判官の合議のあと判決が法廷で言い渡されたのは午後六時四〇分である(74)。打電の時刻が正しければ、言渡し前に判決を知っていた大審院長から、開廷前に東京の陳重に宛てて打電されたわけである。おおらかというか、いまなら考えられない話である(75)。

児島惟謙

ちなみに、この事件の顚末を記録として書き記した児島は、その手記を手元に置いて秘匿したが、今日基本文献となっている尾佐竹猛の大津事件についての研究にはこれが使われたと考えられている。法制史学者尾佐竹は、当時、現職の裁判官であり、大津事件の研究を含む著書『明治秘史　疑獄難獄』が公刊された時点では大審院判事だった。しかし、独自に児島院長の手記を入手し得たとは考えにくい。尾佐竹に手記を見せたのは、児島の手記の写本を手元に持っていた陳重であろうと推測されている。(76) 陳重はこのほか、吉野作造の明治憲法起草過程の研究（「明治文化研究」）にも資料面で協力していたとみられ、法学者堅田剛は、「吉野と尾佐竹を支援した穂積の思想史的役割はもっと注目されてよい」という。(77)

ところで、大津事件で陳重が同郷の先輩に助言をするに止まらず首相に直接意見を具申したこと(78)は、彼が学者の分を超えたと評するべきだろうか。のちに述べる日露戦争に際しての七博士意見書の公表、さらには太平洋戦争末期の南原繁ら東京帝国大学法学部七教授による終戦工作(79)など、やはり当時の東京帝国大学の法学部教授の地位を踏まえなければ理解できない行動だろう。陳重は、そのような地位を持つ教授たちの先頭にいる人物であった。(80)

新条約締結

大津事件をめぐるロシアとの交渉の中で、青木外務大臣は、皇室に対する罪の適用の密約をしていた。それが明らかになったとき、青木は、伊藤博文と井上馨の指示によると主張して伊藤の釈明と齟齬が生じた。結果的に自らの責任が問われることになった青木は、「自分の手記が発表されれば二人の首と胴が離れる。それは伊藤と井上だ」と放言して井上らの逆鱗に触れ、(81) これがその後の彼の政治家としての不遇の原因となる。外務大臣を辞した青木は駐独公使に転出させられた。しかし、青木は、青木のあとの榎本武揚外務大臣を継いで伊藤内閣の外務大臣になった陸奥宗光のもとで条約改正委員に任命され、イギリスとの条約改正交渉を強力に進め、ついに新条約の調印にこぎ着けた。[82] 条約改正に対する青木の執念を感じさせる。

日英通商航海条約は一八九四（明治二七）年八月二四日に批准書を交換し二七日に公布された。治外法権はこれにより撤廃されたのである。このとき、新条約の有効期間は一二年とされ、調印の五年後に実施されるものと定められた。そしてその際、公表はされなかったが、日本は条約の発効の一年前までに西洋式の法典を整備し施行することを約束した。[83] 西洋法文化の受容が対等な国際関係の条件だったのである。米・伊・露・独・仏・墺とも次々と新条約が調印され、条約発効は一八九九年七、八月だった。その一年前が民法典を含む法典整備の事実上のデッドラインとなった。このため、陳重らによる民法典および、それに続く商法典の起草作業は凄まじいスピードで進められることになった。

その後、関税自主権を完全回復して条約改正がようやく目的を遂げたのは、これらの条約の有効期間が切れた一九一一（明治四四）年のことである。このとき日本は、すでに日露戦争にも勝利し、帝国主義世界の中で、新興勢力として一目置かれる存在になっていた。

3　法典論争

旧民法・旧商法

ナショナリズムが高いハードルとなって立ちふさがったもうひとつの国策が、法典編纂である。

当初、明治政府は、西洋からしかるべき学者を招聘し、条約改正の条件となった法典編纂を彼らの起草で一気に進めようとした。そのようなお雇い外国人法学者のひとりが、一八七三（明治六）年に来日したフランス人法学者ボワソナードである。フランスからしかるべき学者を極東の小国に招聘するために明治政府が支払った報酬は破格で、正教授への昇進待ちの「アグレジェ」と呼ばれる身分だったボワソナードがフランスで得ていた年俸の六倍を超える報酬が支払われている。[84] 彼は司法省法学校の教師、また政府の法律顧問として重要な役割を演ずるが、法典整備にも大きな貢献をした。不平等条約の改正を急いだ明治政府は、ボワソナードに刑法や刑事訴訟法、民法の起草を委ねた。ボワソナードはこれらの法典を起草するほか、外交顧問として明治政府にさまざまな助言を与えた。フランスでは一八九六年に法学校の教授資格が私法、経済学、法制史、政治・行政学の四部門に分割されたが、ボワソナードはそれ以前の時代の教授資格者である。彼の時代までの一九世紀フランスにおいては、法学の研究と実務は分離せず、法学は社会に関するゼネラルな知と認識されていた。[85] 実務との未分離という点はドイツと異なるにせよ、法学教授が狭い専門分野に閉じこもってはいないという点は共通しており、ボワソナードも当時のヨーロッパの法学者像を体現していた[86]（ドイツ人のお雇い外国人ロエスレルも、憲法の起草に関与するとともに商法典を起草している）。

ボワソナードは、まず刑法と刑事訴訟法（当時は治罪法と呼んだ）を起草し、一八八〇年に刑法、治罪法が制定された。一八七九年には民法の起草を委ねられる。[87] フランス人にとって、民法は市民社会の憲法に等しく、[88] ナポレオン自身が主導して制定したフランス民法（ナポレオン法典）はフランス人にとって世界に誇る文化遺産でもある。その民法典の起草をゆだねられたことを彼は意気に感じ、約一〇年を費やして草案と詳細な理由書を作成した。それをもとに、日本人委員によって基本的にボワソナード草案を翻訳する形で民法典の草案が作られた（一日何カ条というノルマがあり、実質審議をしている余裕は与えられていなかった）。ただし、家族法の部分は日本固有の慣習も多いため、日本人起草者が起草したが、ボワソナードの指導があったことは容易に想像できる。こうして起草された民法が一八九〇年に公布され、九三年一月一日から施行されることとなった。法典の構成・内容ともに、フランス法系の民法である。

同じく、一八八一年に商法の起草がドイツ人ロエスレル（発音からするとレスラーと表記すべきであるが伝統的にこのように表記されてきた）に委託され、約二年で脱稿した彼の草案が日本語に訳された。こちらはヨーロッパ各国の商法を参照した内容になっており、必ずしもドイツ法に倣ったものではない（編成はフランス式である）。[89]なお、ロエスレルはこのあと憲法の起草にも大きな役割を果たす。[90]

商法は民法とともに一八九〇年に公布され、民法より先に一八九一年一月一日から施行されることとなった。民商法が公布されたとき、同じ年に国会を開設することがかねてから決まっていたが、政府は、その前に両法典を公布し、議会の審議に委ねることによる公布の遅れを避けようとしたのである。

ところが、その公布前から、法典の施行に対する批判が巻き起こる。陳重によって主導された大学での法学教育がようやく軌道に乗った頃のことである。法典論争と呼ばれるこの論争の結果、民法・商法は、開設されたばかりの国会で施行延期が審議されることになった。

論戦は、まず商法の施行を民法の施行日の一八九三（明治二六）年一月一日まで延期する法案の審議をめぐる「明治二三年の商法延期戦」と、民法・商法の施行を九六（明治二九）年一二月三一日まで延期する法案（商法は再延期）をめぐる「明治二五年の民法商法延期戦」の二つがあった。陳重に言わせれば、前者は「言わば天下分け目の関ヶ原役」であり、後者は「大阪陣の如きもの」だという。

結局、民法・商法の施行は一八九六年末まで延期された。その間に日本人起草者によって新たに民法、商法を急遽起草することとなったのである。これら新法典との関係で、当初公布された法典は、旧民法・旧商法と呼ばれる。まず、民法が旧民法を修正して起草され、財産法の領域に属する第一編から第三編までが一八九六年に公布された。しかし、家族法（第四編親族・第五編相続）はこの時点でまだ修正の審議が終わっていなかったので、一八九六年中に、商法とともに施行がさらに一年半再延期された。そして、この延期期間中である一八九八年六月に親族・相続編も公布されたため、結局旧民法は施行されることなく、新民法が同年七月一六日から施行されることとなった。これが陳重が起草者として関わった民法である。今日では明治民法と呼ばれる。

他方、商法は衆議院解散のために一八九八年に成立するに至らず、再延期もされなかったので、旧商法が九八年七月から施行されたが、翌九九年三月に新商法の法案が成立し、六月一六日から施行された。それまでの一年弱の間は旧商法が施行されたことになる。

民法・商法の施行延期をめぐる法典論争において、日本に育ちつつあった法学者が一気に政治の表舞台に登場することになった。法学者陳重、八束のデビューである。

施行延期派の主張

論争の契機となったのは、東京大学（帝国大学）法科大学出身者を中心に組織された「法学士会」による「法典編纂ニ関スル法学士会ノ意見」の公表であり、一八八九（明治二二）年五月のことである。

この時期は、大隈外相による条約改正案に対して世論の批判が沸騰していた頃であり、大隈遭難の五カ月ほど前である。学士会意見は、民法はフランス人に、商法・訴訟法はドイツ人にと、起草を委託した外国人が異なり、法系も異なることを婉曲にではあるが痛烈に批判している。

法典論争は、民法の場合、英米法の教育を受けた英米法派（東京大学出身者が中心）とフランス法の教育を受けたフランス法派（司法省法学校やフランス法系私立学校出身者が中心）の対立という側面があったことはよく指摘される。[91] 発端となった意見書を出した法学士会も、もとは一八八四年一一月に親睦団体として設立されたが、司法省法学校を併合してできた仏法科の卒業生の参加は認めなかったようで、英米法系の卒業生の団体という性格をもっていた。それが前記意見書につながっている。[92]

法学の党派とは離れたところにいたように見える福沢諭吉も次のように言う。

「抑《そもそ》も民法の如き大典は皆その国の宗旨慣習より来るものにして、其宗旨慣習が社会上に働きをなせばこそ、始めて之を是非し之を制裁するの法を設くるのみ。即ち其国の事情に迫られて形を成すものなり。（中略）若《も》しも西洋にして東洋の性質に適せしめんと欲し、東洋にして西洋の主義に同じうせんとするに至ては、是ぞ所謂法の精神を誤るものにして、東西おの〳〵宗旨慣習を異にするに於ては、法律も亦異ならざるを得ざること固より明白なる道理なり[93]」。

この福沢の延期論は、建前としての原則論を説いているようだが、開設を間近に控えていた慶應義塾大学部の法律科が英米法教育を中心に据えていたことと関係していると

福沢諭吉

いう。[94] また、彼の延期論の背後には別の政治的思惑も存在した。もともと福沢は、当時進行していた大隈の条約改正案に反対だった。しかし、井上馨の条約改正外交の際に、これを批判して時事新報社説に「条約改正は時宜に由り中止するも遺憾なし」という一文を掲載したために(一八八七〔明治二〇〕年六月二四日)時事新報が発行停止になった。[95] そこで、今回は、内政問題である法典編纂に批判の矛先を向けることで統制を免れ、しかも、法典編纂を条件としている条約改正にも間接的に影響を与える、というのが福沢の戦略だったというのである。[96]

民法出テヽ忠孝亡フ

日本の国情を知らない外国人が民法を起草した場合に、最も問題が生ずると考えられる領域は家族法である。このため、施行延期派の議論が集中したのも家族法だった。旧民法では家族に関する規定のうち相続以外は人事編という編に置かれていたため、「人事編民法を延期せしむ」の言葉も生まれたほどである。[97] そして、この領域における延期派の心情に表現を与えた絶妙のキャッチフレーズが「民法出テヽ忠孝亡フ」[98]である。

留学帰りの気鋭の憲法学者穂積八束が一八九一(明治二四)年に施行延期を求めて書いた論文のタイトルであるが、この論文は、その内容によってよりタイトルによって有名となり、施行延期派のスローガンとなった(八束はこの種のキャッチフレーズ作りの才のある人だった)。

実際には、旧民法の家族法の部分(人事編と財産取得編中の相続に関する規定)は日本人委員の手で起草され、[99] 日本の家族制度に相当程度配慮した内容になっていた。決してフランス流の個人主義をそのまま持ち込んだものではなかったが、それでも日本固有の文化が十分顧慮されていないという反応が生じた。そして、それが全体を覆う印象となって延期派に勢いを与えたのである。

八束の論文の内容は、古代ギリシア・ローマに遡る西洋法制史の知識をもとに、祖先崇拝とキリスト教の関係を論ずるものである。短いものだが、西洋法学についてのそれなりに深い理解なしには書くことができない。日本に受容された西洋法学の知識が、まず、西洋式の法典を批判するための理論として使われた、という事実は興味深い。またこの論文は、単に外国人の起草に反対するというのではなく、「忠孝」という表現で、日本の家族制度がキリスト教文化と相容れないとの主張を前面に出した点で、西洋的価値に対する対抗理論を提示するという側面を持っていた。この点は、八束の憲法理論につながっている（第八章で論ずる）。

陳重の参戦

この論争のさなかである一八九〇（明治二三）年三月、陳重は『法典論』と題する著書を世に問うた。陳重最初の著書である。刊行の動機は、かねて書き置いていた原稿に折に触れ手を入れていたところ、法典論争が起きたことから、法典編纂論に関して「公平無私の断案を下すの原料」となるように公刊を決意したと、序文で述べている。

陳重は帰国直後から、当時進行していたボワソナードによる民法草案起草に関心を寄せ、一八八二年に学生と研究会（東京大学法律研究会）を設けて、当時公表されたボワソナード草案の研究をしていた。しかし、ボワソナードの「民法案の如き陳腐なる自然法主義について論究するよりは、一の学会を起こして大いに法律学の新興を計る方が宜い」として、のちの法学協会の設立に至ったという。[100]

つまり、この頃からすでに陳重はボワソナードの民法草案に対して批判的視点を持っていたわけである。[101] ちなみに、法学協会はその後財団法人の時期を経て現在も東京大学法学部で任意団体として継承されている。[102]

陳重が公刊した『法典論』は、批判や論争を主眼に置いた著作ではない。法典のあり方、その起草の仕方や手続、考慮すべき事柄等々について、該博な比較法的知識を縦横に用いつつ、周到に検討した研究書である。法典がいかに作られるべきかについての示唆に富む水準の高い研究で、[103] 今日でも玩読すべき内容を持っている。当時の日本の法学界において、他を圧倒する西洋法学の学識に裏付けられた著作であり、同書は、日本に西洋諸国に対抗できる法学者が存在することを宣言する著書と評することができる。

この著書の中で陳重は、サヴィニーを意識した歴史法学の立場から法典のあり方を論じている。それは、英米法か仏法かという派閥対立を超越した、高度に学問的な議論である。しかし、日本における西洋法学の最高権威者といってよい人物の手になるこの著作は、施行延期を正当化する学問的業績として延期派のバイブルとなった。[104] もっとも、「最高権威者」といっても刊行の時点で陳重はまだ三四歳である。あたかも無人の雪原を行くかの如く、「僕の前に道はない、僕の後ろに道は出来る」という状態だった。

ところで、『法典論』はきわめてアカデミックな著作であるが、陳重は、もう少し実践的な面でも論争に関与しようとした。八束が先の論文で問題としたのはもっぱら家族法だったが、陳重も、家族法の位置づけに関して旧民法に不満を感じていた。そのような問題意識に立って陳重は、翌一八九一年に『隠居論』という、やはりアカデミックな著作を刊行するとともに、旧民法の規定を具体的に批判する論文も書いている。

さらに、これとは別に、陳重は、旧民法の法理上の欠点を指摘する意見を延期派の事務局に送って意見書に盛り込むよう請うた。しかし、これに対して事務局からは、内容的には「至極尤もではあるが、この際利目が薄いから御気の毒ながら」と戻してきたという。陳重は言う。「激烈な論争駁撃の場合に、法典の法理上の欠点を指摘するなどは、白刃既に交わるの時において孫呉を講ずるようなものので、我ながら迂闊千万であった」。「要は議員を動かして来るべき議会の論戦において多数を得ることであった[105]」。

論争はすでに政治の領域に戦場を移していたのである。しかし、その議会の論戦においても、陳重は重要な役割を演じた。

貴族院での演説

彼は、商法の施行延期をめぐる審議がなされた貴族院第一回通常会（一八九〇〈明治二三〉年一二月二二日）において、施行延期を支持する演説を行なっている[106]。

その中で彼は、ヨーロッパの商法は商慣習を集めたもので、立法者が押しつけたものではないことを述べ、「此千有余条の様な大法典は、神武この方人民の夢にも見たことのないやうなものが、上からしてどさりと落ちて来たと云ふことは、決して立法史にあるまいと思ふ」という。上程されている千条を超える大法典が、その国の歴史や伝統とは無関係に押しつけられるようなことは歴史上例がない、というのである。「法律制度には必ず歴史がなくちゃ行かぬ」とも言っている。歴史法学派の面目躍如というところである。

しかし、議場の議員の心を動かしたのは次の発言だった。

抑々《そもそも》この法典と云ふものゝ起草を外国人に委托したと云ふことは、独立国ではギリシヤを除くの外はないことゝ私は思ふ。

のちに陳重は、「国民行為の典範たる諸法典を外国人に作ってもらうのは国の恥であると述べたのは、幾分か議員を動かしたように見えた」と振り返っている（「ベンサムの法典編纂提議」『法窓夜話』第七二話）。商法典はドイツ人ロエスレルの起草にかかる。日本の慣習を無視して外国人が起草した法典だとのイメージは、法典論争の施行延期派に広く共有されていた。(107) 陳重は、民法施行延期法案を審議した第三回議会では演説者として立っていないが、(108) フランス人ボワソナードが起草した旧民法についても、延期派の心情にこの点があったことは間違いないだろう。

日本の実情に合わせて作れと主張する側も、とりわけ財産法の領域において、例えば売買や賃貸借などの市場取引の法的ルールについて、西洋法に対抗できるような体系的で合理的な内容の法規範の日本版を提示することができたわけではない。それにもかかわらず日本の実情に即した民法を作れという一般論が支持を集めた理由は、単に英米法派の派閥意識だけではない。やはり、最も大きな理由は、陳重がまさに指摘したとおり、外国人が起草したことに対する心情的反発だった。

陳重は、功利主義に基づく立法の推進をめざして各国政府に自分を起草委員に任命するよう繰り返し働きかけたベンサムには、この国民感情が理解できなかったとして、次のように書いている。

彼が再三再四各国政府に書を寄せ、また各国人民に勧告し、その度ごとに失敗して毫もその志を屈せず、ますます老豪の精神を振うて世界の人民に対《むか》ってその抱懐するところを訴え、遂にこれを容れられざるに至って、なおその原因を悟らなかったのは、これけだしベンサム氏の気宇濶大、世界を家とし、人類を友とし、かつて国民的感情などの存することを知らなかったのに由るものである。(「ベンサムの法典編纂提議」『法窓夜話』第七二話)

陳重は、「ベンサムの眼中に国境なきことを」指摘し、「ベンサムのベンサムたる所以」として学者としての共感を失ってはいないが、立法にかかわった身として国民感情の重要性を実感していたであろうし、起草者の国籍だけではなく、内容的な面でも、歴史法学派として、国民の意識の重要性を感じていたはずである。

しかし、延期によって改めて日本人起草者によって作られることになった民法や商法の内容は、必ずしも日本の慣習や国民意識を根拠にしたものではなかった。条約改正との関係で日本が置かれていた国際政治上の位置は、そのような固有の慣習法の反映としての法典を作る自由と時間を日本の立法者に与えてはいなかったのである。陳重の内面の葛藤が想像できる。

ドイツとの違い

のちに陳重はこの論争を振り返って、「単に英仏両派の競争より生じたる学派争いの如く観えるかも知れぬが、この争議の原因は、素《も》と両学派の執るところの根本学説の差異に存するのであって、その実自然法派と歴史派との争論に外ならぬのである」といい、「ザヴィニー〔陳重は「ザヴィニー」と表記している〕、ティボーの法典争議とその性質において毫も異なる所はないのである」という。(109)

実際、陳重は、ドイツの法典論争におけるサヴィニーを強く意識した議論を展開して、延期派に理論的支柱を提供した。

しかし、ドイツの法典論争と日本のそれとの間には、前提からして大きな違いがある。すでに述べたように、ドイツの法典論争で議論された法典とは、ドイツ圏の統一民法典であった。多くの領邦に分かれていた当時のドイツで、国家の統一の前に、ドイツ圏に共通に妥当する民法典を作ろうというのがその主張である。しかし、各領邦はそれぞれ自国に適用される民法を作ることができたし、実際に、プロイセン、オーストリア、ザクセン、バイエルンのように、「非常に完備した」とティボーが評した法典やその草案を持つ領邦も存在していた。ティボーの主張は、これらの蓄積を踏まえて統一法典を作ろうというもので、サヴィニーはそれに反対したのである。

サヴィニーの考えでは、法典を作るためには、法典の中に結晶化させるにふさわしい規範を固有の慣習や伝統の中から認識し、適切な概念を用いてそれを表現し、体系的に整序するための、いわば法的認識のための思考枠組が必要である。それを提供するのが法学であり、サヴィニーは、古代ローマでひとつの成熟期に達した法学から、普遍性のある概念や論理を抽出し、それを体系化することで、そのような思考枠組としての法学を樹立することができると考えたのである。法典起草の前に、先ずそのような法学の樹立が必要だというのがサヴィニーの主張だった。

これに対して、日本の法典論争は随分様相を異にする。そこでは、およそ民法に相当する領域の法が未発達であった社会で、どのような法典を作るかが争われた。しかも、自前の民法を構想できるような法学など、もちろん存在しなかった。ドイツには、一三世紀に成立した「ザクセンシュピーゲル」と呼ばれる文書など、中世以来のゲルマン社会の慣習法を編纂した文書が存在し、ローマ法とゲルマン法のいずれを重視するかという選択が法典編纂で問われていた。これに対して、日本では、自らの歴史の中に法典化可能な私法規範が慣習法として存在するかどうかすらまったく不明だった。およそドイツの法典論争とは前提条件が異なるのである。

もしドイツにおける法典論争と似ていた点があるとすれば、民法についていえば、フランス的であることに対する反発くらいだろう。もっとも、それ自体は意外に重要な要素かもしれないが。[110]

歴史法学の意味

サヴィニーは自らが提唱した歴史法学について、法典論争の際には次のように述べていた。歴史の感覚こそ「自分に固有なものを直ちに一般人間的なものと考える一種の自己欺瞞を防ぐ唯一の保障である」。[111]「今日でも、自分の法律上の概念や意見を、それが本来どこから由来したのかを知らぬばかりに、純粋に理性的なものだと考えている人に毎日出会うのである」。「われわれを護るものは、ただ歴史的感覚あるのみである」。[112]

また「歴史によってのみ、民族の原初の状態との生きた連関が保持されうるのであって、この連関を失うことはいかなる民族にとっても精神生活の最良の部分を抜き去られることを意味する」という。[113]

サヴィニーは、「民法は、言語や習俗や政治体制と同様に、民族に固有な、特定の性格を必ずもっている」と述べている。[114] このように法を言語とパラレルにとらえる歴史法学に、陳重は魅力を感じた。法は、自然法論が説くような、西洋の専売特許ではない。歴史法学は、極東アジアの小国にも、そこに高度に発達した言語の文化がある以上、西洋法と遜色のない法が存在しうることを認めるはずである。

歴史法学は、陳重の関心を、日本の歴史の中にある、日本人の意識の反映としての法に振り向けることになった。とはいえ、日本は、自らの歴史的伝統から切り離して外来の法典を継受しようとしていた。しかも、陳重はそれを主導する立場にあったのである。そのような現実の中で、歴史法学は陳重にとってどのような意味を持ち得たのだろうか。

西洋法を継受しなければならない立場の陳重にとって、法が「民族の共通の確信」を基礎とするという理論は、無条件に左袒《さたん》できる理論ではない。また、法が言語と同様に歴史的に生成されるという理論も、法典論争の際の延期派の論拠としてさしあたりは援用しえたとはいえ、条約改正のために外来の法典を継受せざるを得ない日本の現実とは衝突を来してしまう。

法典論争のあと、陳重は西洋法のコピーとしての民法典の起草作業に携わることになるが、歴史法学を信奉する彼の内面に精神的葛藤を引き起こす作業であったに違いない。自然法論者のように、ヨーロッパにある法こそが普遍的に正しい法であり、日本はそれをそのまま受け入れることが正しいことだと信じることができれば、どんなに楽だったかと思われるが、それは陳重が帰国以来排撃してきた立場だった。それに、陳重に限らず、当時、西洋法の受容を主導する立場にいたエリートたちのプライドや、また、ナショナリズムが高揚しつつあった国民感情は、西洋法の無批判な受容を許さなかった。ほんの二〇年ほど前に江藤新平がフランス民法を翻訳してそのまま日本民法にしようとしたのは極端だったとしても、次々とヨーロッパから学者を雇い入れて法典の起草を委託していた頃とは、明らかに時代は違っていた。

では、陳重はその葛藤をどのように克服したのだろうか。

第六章　法学の受容

西洋法学の受容はどのように進行したのか。本章では、穂積陳重の学問的な軌跡をたどりつつ、西洋法学の受容をリードした人物が何を考えていたのかを探る。

1　啓蒙の時代

法学部教授・法学部長

陳重は一八八一（明治一四）年六月一六日、約五年ぶりに故国の土を踏んだ。七月二八日には文部省御用掛を命じられて東京大学法学部勤務となり、八月に法学部講師となる。そして、翌年二月、陳重は法学部教授かつ学部長となった。学部長への抜擢の背後に東京大学総理加藤弘之の後押しがあったことは疑いない。こうして陳重は、日本での西洋法学の教育と研究の責務を一身に担うことになったのである。

東京大学は、一八八六年の帝国大学令により帝国大学となり、学部が分科大学となったが、このとき、各分科大学に学長が置かれ、それまでの各学部長が横滑りで学長となった。ところが、法科大学だけは帝国大学総長が法科大学長を兼任することとされ、当時の総長の渡辺洪基が法科大学長を兼ねている。学部長であった陳重は教頭となった。その理由として、教育学者の天野郁夫は、伊藤博文と森有礼の手でドイツに倣って構想され創設された帝国大学が、法科大学を最も重視していたためだという(1)。

実際、帝国大学創設の際の学生定員の最大数が法科大学に割り振られ、法科、医科、工科、文科、理科の五分科大学全体の定員四〇〇人中法科大学の定員は一五〇人だった。帝国大学になる前の、東京大学時代の法学部の卒業生と文学部政治学系の卒業生(両者を併せるとのちの法科大学の対象領域に等しい)(2)の一八八三年までの合計が七三人でしかないことを考えると(3)、その拡充ぶりが分かる。「国家ノ須要ニ応スル学術技芸ヲ教授シ、及其蘊奥ヲ攻究スルヲ以テ目的トス」と定める帝国大学令(第一条)のもとで、法科大学は官僚養成機関としての期待を担った。法科出身者が官僚エリートを独占するドイツ型の法科主義(Assessorismus)の採用である(4)。法科大学卒業生には、無試験で高等官(勅任官・奏任官)の試補となる特権、司法官任用試験・弁護士試験の免除の特権が与えられた(5)。

その後、一八九三年に規則が改正されて陳重が法科大学長となっている。

啓蒙の時代

陳重は、留学から帰国したあと、一八九三(明治二六)年に民法の起草者に選ばれるまでの約一〇年あまりの間、自分を招聘した加藤の期待に応えるべく、西洋法学の紹介や啓蒙活動のために、精力的に執筆し講演を行なった。
その際、彼の議論の基調となったのが、「自然法論の排撃」と「進化主義の称揚」である。進化論が人類や社会に関する学問に大変革をもたらしている中で、法律学は「依然として祖先伝来の自然法説の迷園に彷徨し、古哲学士の正理説の深淵に浮沈し、古心理学派の自由意志説の架空楼に睡眠するは、甚だ憐むべき状態にあらずや。後進の法理学士、奚《なん》ぞ早く長夜の眠を醒して進化主義の楽園に遊び、法理学の基礎を大盤石の安きに置かざる」（「法律学の革命」〔一八八九年『遺文集二』〕）といった具合である。

陳重が傾倒した歴史法学が対峙した最も強固な啓蒙主義的自然法思考は、自らの普遍性を頑強に主張していた。それを受容することは、西欧文明とは異質な日本の歴史や文化の否定につながりかねない。福沢諭吉が『文明論之概略』で述べた、日本の「学者の僥倖」[6]を踏まえれば、自己の拠って立つ世界観を崩しかねない一八世紀的自然法論を拒絶するのは、西洋法学の受容を主導する知識人の態度としてありうる選択だった。

しかし、陳重の激しい自然法批判の背景には、もう少し現実的な理由もあっただろう。それは、対峙すべき敵が国内にもいたことである。日本には司法省法学校以来の伝統で、フランス法の教育が行なわれ、フランス流の自然法論に親近感を持つ法律家が少なからず存在していた。そして何より、自然法論の立場に立つお雇い外国人のボワソナードが、フランス流の民法典を起草中であった。陳重がヨーロッパで学びとった法学は、この自然法的法典をとうてい容認できなかったのである。

他方で、陳重の進化主義の背後には、「転向」によって天賦人権論を捨て去り、進化論を採用した加藤の存在がある。加藤の期待に応えて進化論で歩調を合わせつつ、彼は、歴史法学的視点から日本の法学教育を主導したのである。

陳重の教育

一八八一（明治一四）年七月に東京大学法学部勤務となった陳重は、ドイツ式の法学教育を導入すべくただちに動き出した。八月六日、加藤に上申して、法文学部一年課程に「法律ノ種類及其旨趣ノ大意等ヲ講授スル」ための科目として「法学通論（エンサイクロペディア・オブ・ロウ）の開講を求める。(7)これはドイツの大学で開設されている同種の講義（Enzyklopädie der Rechtswissenschaft）にならったものである。法学入門の講義であるが、日本語で行なわれたことが当時としては画期的だった。『法窓夜話』（第四八話「法律の学語」）で陳重は次のように述べている。

「邦語で法律学の全部の講述が出来るようになる日が一日も早く来なければならぬということを感じて、先ず法学通論より始めて、年々一、二科目ずつ邦語の講義を増し、明治二〇年の頃に至って、始めて用語も大体定まり、不完全ながら諸科目ともに邦語をもって講義をすることが出来るようになったのであった(8)」。

法学通論がどのような内容であったかについて、陳重自身は詳しい記録を残していない。しかし、一八八八年から翌年にかけてこれを受講した安達峰一郎の毛筆の講義ノートが慶應義塾図書館に残されている。安達は個人的にも陳重を師と仰ぎ、進路について助言を受けたりしていた。卒業後、外交官となりオランダのハーグの常設国際司法裁判所（国際連盟の機関で、今日の国際司法裁判所の前身）の所長をつとめた。満州事変後、日本は国際連盟を脱退したが、それにもかかわらず、安達がその翌年一九三四年にオランダで亡くなったときは、オランダ政府は国葬をもってその功績に報いた。

安達のノートによると、「法学通論」では法学の各派（分析法学、歴史法学、比較法学、哲理法学と、陳重らしい名称の学派が解説される）、法律の種類、解釈、適用、制裁などについて、概要が詳細に講義されている。ちょうどこの頃、私立大学でも法学通論と称する法学入門の講義がされていたようで、「法学通論」と題する書物が複数公刊されている。おそらく陳重がスタンダードを提供したものと推測される。

法理学の担当

法学通論と並んで、陳重は、法理学の講義を一貫して担当した。陳重は、"jurisprudence"を法理学と訳したが、この科目はドイツでは"Rechtsphilosophie"と呼ばれており、西周が英語の"philosophy"を哲学と訳し、これが一般化していたので「法律哲学」とすることも考えたという。しかし、「哲学というと、世間には往々いわゆる形而上学（メタフィジックス）に限られているように思っている者もあるから、如何なる学派の人がこの学科を受持っても差支ない名称を選んで、法理学としたのである」と述べている（『法窓夜話』第四九話「法理学」）。

このように、理学という訳語は、当初"philosophy"についても用いられていた。儒学での「理」の追求と共通するところがあると考えられたからである。しかし、西周が儒学の意味での理学が西洋の"philosophy"と異なることを意識して、これを区別する趣旨で哲学という用語を造語した。[9] これ対して、中江兆民は「理学」に固執した。その理由は、ルソーの政治思想を儒教の用語で表現することによって「儒教の文化的エートスの中で理解されることを企図し」たからだという。[10] 他方、摂理の探究という意味では、理学は"science"の訳としても使われており、理学部という表現に残っている。この意味での当初の理学は、現在の工学の観念も含んでいた。その後、東京大学で理学部から工芸学部が分離し、帝国大学となった一八八六年に、工部省所管であった工部大学校が、工部省の廃止に伴い工芸学部と統合して東京大学に吸収され工科大学ができた。この時から、理学は工学を除外した意味の概念になったといえる。

陳重の法理学という訳語は、法の理学と理解できようが、理学が窮理の学、現代風に言えば法則を究明することであるとするなら、法に関する普遍的法則を探求する法理学は、陳重の理解する「学問としての法学」そのものである。陳重は法学は科学でなければならないと考えており、彼にとって科学とは、普遍的な法則の探求だった。それは陳重が吸収した一九世紀ヨーロッパの知的雰囲気を映している。(11) したがって、法理学は、今日の一専門分野としての法哲学と同義ではなく、個別の法分野ごとに成立する実践的な法学（憲法学や民法学など）の前提となる「法学」という意味で理解されていたと思われる。もっとも、その後、専門分化が進み、法哲学も、専門化された憲法学、民法学、刑法学等の各法学領域と並ぶ一専門分野となった。このため、今日の教育科目としての「法学」は、単に法学入門または各専門領域の初歩的知識を集めたものであり、個別領域の前提となる学問領域としての「法学」が存在するとは、もはや考えられていない。

翻訳語の整備

日本で法学教育を行なうためには、西洋法学の術語に対応する専門用語を日本語で作り出さなければならない。これまでも、漢学の素養を基礎に「社会」、「自然法」、「国際法」、「法理学」などの用語が作り出されてきたことを述べたが、個別の法分野の教育をするためには、それぞれの分野の膨大な基本用語を日本語に置き換える必要がある。

陳重はその翻訳語創出の経緯を次のように語っている。

「明治一六年の頃から、我輩は宮崎道三郎、菊池武夫、栗塚省吾、木下広次、土方寧《ひじかたやすし》の諸君と申合わせて、法律学語の選定会を催したのであった。その頃九段下の玉川堂が筆屋と貸席とを兼ねておったが、その一室を借りて、ここで上記の諸君と毎週一回以上集会して訳語を選定したのであった。また一方にあっては、明治一六年から大学法学部に別課なるものを設けて、総べて邦語を用いて教授することを試みた[12]」。

玉川堂はいまも九段下で営業を続けている筆墨硯紙の老舗である。当時は貸会議室業もやっていたようで、法典論争の発端を作った法学士会が設立されるときも、一一名の発起人が集まったのは玉川堂だった[13]。一八八四（明治一七）年一一月のことであるから、翻訳語選定会とほぼ同じ時期である。

陳重らのこうした努力により、東京大学でも、明治二〇年頃になると日本語での法学教育がほぼ可能となった。そして、明治三〇年代になると、基本的な法典が整備され、法学教育は、日本法を対象とする教育となっていったのである。

陳重は『法窓夜話』の中で、幕末から陳重らの時代までに作られた用語として、「憲法」「民法」「国際私法」「自由」「国際法」を挙げている。「憲法」は、聖徳太子の時代から存在する言葉だが、英語・フランス語の constitution、ドイツ語の Verfassung の訳として利用した。当初は、福沢諭吉は律例、加藤弘之は国憲、津田真道は根本律法、国制、朝綱、井上毅は建国法などを用いたが、箕作麟祥が憲法を当て、伊藤が「憲法取調」の勅命を受けた頃からこれが定着した。「民法」は、津田が最初に用い、箕作が使ってから一般化した。太政官制度局の民法編纂会で箕作が Droit Civil を「民権」

と訳したときは、会員から「民に権があるとは何の事だ」との議論が出たという。

また、陳重の息子の重遠が編集した『続法窓夜話』では、明治憲法で使われた「臣民」という言葉も新たに作られた用語であることが紹介されている（第六話「臣民」）。

こうして、帰国してから約一〇年間、陳重は、基本用語を一から作りながら西洋法を語り、法学教育の国産化を実現していった。

女性の地位

帰国後約一〇年間の「啓蒙の時代」の陳重の活動の中で、特筆すべき事柄の一つは、彼の啓蒙的活動の対象に女性が含まれていたことである。彼は、一八八七（明治二〇）年に東京高等女学校で女子教育の重要性について講演を行なっており（『女学雑誌』に掲載された当初のタイトルは「女学生に告ぐ」である）、また同じ年、法学協会で「婦女権利沿革論」という講演を行なっている[14]。これらを研究した神野潔は、陳重の「進歩的な傾向」を指摘し、陳重の妻となった歌子の影響も指摘している[15]。

陳重が女性の法的地位について関心を持ったのには、メインの影響が考えられる。メインは女性を考察の対象とした点において、当時としては稀有な存在だった。著書『古代法』の第五章「原始社会と古代法」の中で、メインは、女性の法的地位の処遇の変化の中に、社会進歩の重要な徴表を見出そうとしている[16]。これは、「婦人の位地は文明の寒暖計」で、「文明の度が進めば進むほど婦人の位置が昇る」という陳重の理論とまさに軌を一にする。

もっとも、陳重が講演の中で援用する歴史的事実については、例えば、御成敗式目が「女権」を尊重している理由など、陳重の次世代の歴史学者三浦周行から実証的な批判がされている。その意味で、学問的にはきめの粗い進化論にとどまっていることは否めない。

また、陳重の進歩性といっても、あくまで当時の一般的な通念の枠組の中での話であることも指摘しておかなければならない。陳重は二年後にもう一度東京高等女学校で「婦人の財産」と題する講演をしており、そこで彼は、夫婦財産制度が妻の財産が夫に帰属する「帰一主義」から、やがて、夫婦が別々に財産を所有する「別産主義」へと至るという進化の図式を示している。しかし、夫人の「智識徳行」が進歩しない間は「とても別産主義は行はれ難きことゝ思はれます」と述べている（『遺文集二』）。

陳重がこの講演のあと起草を担当した明治民法は、財産の帰属という点では別産主義に属するが、妻の財産は夫が管理するという制度を採用した。最も進化した段階に至るほど日本女性の「智識徳行」が進歩していない、ということなのだろう。

また、その後の民法編纂作業の中で、隠居に関して女性に男性と対等の権利を与えるかどうかが議論された際にも、対等とすることに陳重は強く反対し、「ソレコソ新民法出テ人倫紊ルト云フコトニナルト思フ」と述べている。(17) 夫婦財産制における進化の遅れの理由を、女性の能力に求めようとするかのような立論とともに、陳重が当時のジェンダー意識の中にいたことを物語る。

ちなみに、現在の民法は、夫婦は財産の管理もそれぞれが行なう別産主義である。しかし、夫婦の財産に対する国民の意識が西洋と同質かどうかは議論の余地がある。たとえば、フランスでは使われている「夫婦財産契約」という制度が、日本では西洋に倣って導入されたもののほとんど使われていないことも、違いの存在を示唆しているだろう。

陳重の講演は、シェークスピアを援用するなど、知識欲のある女学生たちに興味を持たせようとの苦心の跡が窺える。そうやって一八八七年頃に女性の法的地位の進化論的な重要性を女学生に対して説いたことは、やはり注目に値する。平塚らいてうを中心とする青鞜社が結成されるのは、彼の講演から二〇年以上を経た一九一一（明治四四）年のことである。「智識徳行」を持ち出した陳重も、当時としては十分進歩的だったといえるかもしれない。

2 生きている遺制

陳重の葛藤

留学から帰国後一〇年余り、啓蒙と教育に没頭していた陳重は、法典論争を経て、自らの手で日本民法を起草する役割を担うことになる。一八九三（明治二六）年に民法・商法の起草作業を担当する法典調査会が設置され、彼は、富井政章、梅謙次郎とともに民法の起草委員に選ばれたのである。このとき彼はひとつの葛藤を抱え込んだ。

帰朝後の陳重を待っていた母国は、文字通りゼロから西洋法学を受け入れようとする新興国だったが、同時に、自身の長い歴史と文化に対するプライドに溢れた国だった。日本の法典論争の原因も、つきつめればそのプライドに求めることができる。そして、それゆえに、自国の歴史を重視する陳重の歴史法学も支持されたのである。ところが、陳重は、歴史法学を唱道する立場にありながら、日本の歴史とは切り離された西洋式の法典を自ら起草しなければならない立場に置かれた。法典論争の際に陳重は、歴史法学の立場から旧民法・旧商法の施行延期を主張し、拙速を批判していた。しかし、いまや彼は、条約改正のために猛スピードで民法の起草を進めなければならなくなった。とりわけ、翌一八九四年に批准書が交換された日英通商航海条約により、新法典施行のデッドラインが一八九八年に設定されたため、駆け足で起草を進めながら審議に付すというスケジュールとなった。[18]

では、陳重はその葛藤をどのように克服したのか。

民法のうち財産法と呼ばれる領域は、市場取引のルールを定めるという性格があり、日本が西洋的な市場経済を導入する以上、そのような市場に不可欠な法的インフラとして、西洋式の民法のルールを導入することは現実には不可避の選択だった。日本の歴史を踏まえた慣習を反映させるとしても、西洋式の民法に共通にみられる原則の先にある細則部分に限られざるを得ない。そこで、陳重たち起草委員は、ボワソナードが起草した旧民法の特殊フランス法的側面をそぎ落とし、比較法的視野に立って支持できる原則を、できる限りシンプルに定めた条文にすることで対応しようとした。[19] 当時起草が進行していたドイツ民法の草案からも強い影響を受けたとはいえ、フランス民法、ドイツ民法がともに二四〇〇条前後の条文数であるのと比べて、陳重らが起草した日本民法はその半分にも満たず（制定時で一一四六条）、しかも各条の文字数も少ない。比較法的にも珍しいほどシンプルな民法が作られた。これは、日本の実情に適した細部のルールを確定するには与えられた時間が短すぎるという現実への賢明な対応だった。

ところが、このような対応では対処できない領域があった。それが家族法である。家族法は法典論争の最大の

民法起草委員（右から穂積、梅、富井）

争点であり、そこでは、日本の「家」制度と西洋的（近代的）な民法との調整をいかに図るかが問われた。この分野で、陳重の歴史法学と近代化・西洋化の方向、つまりは「進化」の方向がまともに衝突することになった。

「家」制度と隠居

日本の法典論争における最大の争点のひとつは、「家」制度の位置づけだった。旧民法においても家族法（人事編および財産取得編の中の相続法）は日本人によって起草され、当時の日本の指導者層を構成していた武家階級にとって伝統的制度である家制度も維持されていた。とはいえ、旧民法は近代的な（フランス的な）公法と私法の区別の上に立って起草されていたから、家制度は純粋な私法上の権利義務関係として定められていた。これに対し、西洋法学を学んだうえで、西洋法学の観念をもって日本の伝統的家制度を改めて眺めた人たち（代表は陳重の弟の八束である）からすると、家制度は、戸主による家の構成員に対する支配権を内容とする制度であって、むしろ、公法的色彩を持った制度と見る方が実態にあっていると思われた（そのような考え方がドイツにも存在していた）[20]。そのような立場からは、旧民法はあまりにフランス的であり容認しがたい内容を含んでいたのである。

例えば、家制度を支える中核的制度のひとつである隠居[21]について見ると、その規定は財産取得編の中にあり、財産権移転の一原因として位置づけられていた。つまり、相続は財産の取得原因であり、隠居もその一種というわけである。ここには、隠居が戸主の地位、つまり家の支配権の移転であるという側面が抜け落ちていた。「民法出テヽ忠孝亡フ」という八束の論文タイトルは、このような旧民法の家制度理解に違和感を持つ人達の感情を代弁するキャッチコピーだった。
しかし、明治維新の「旧来ノ陋習ヲ破リ天地ノ公道ニ基クヘシ」(五箇条の御誓文)の方針のもとに、「天地ノ公道」としての西洋文明の導入を主導する立場にいる陳重にとっては、日本の伝統に反するというだけの理由で西洋化を批判するような態度をとるわけにはいかない。日本の伝統的家族制度の存続も、グローバルな普遍性をもった理論枠組、つまり西洋的理論枠組の中での正当化を伴わなければ支持することができないのである。ここにおいて、日本の伝統という「歴史」が、西洋的価値という「進化」と衝突することになった。

ここで陳重が採用した学問的戦略は、日本の伝統的制度に、西洋諸学から抽出した「進化」という普遍的理論枠組の中での位置づけを与えたうえで、現時点での伝統の維持を、歴史法学の立場から正当化する、というものだった。

法典論を公刊した翌年(一八九一〔明治二四〕年)、陳重は、このような視点で隠居を論じた。それが『隠居論(初版)』である。刊行の理由として、彼がその緒言において述べているのは、維新以来文物制度が急速に変化して「古例旧慣の廃絶に帰せんとするもの」が頗る多く、隠居制度も、「今や殆んと其旧態を存せさるに至[22]」っている。そこで、消滅しようとしている遺制の資料を残すためにこの本を書いたというのである。同様な研究動機は、のちの五人組制度の研究に際しても述べられている[23]。とはいえ、緒言に付された「明治二四年一一月」という日付は、この書物が法典論争のさなかに刊行されたことを物語る。遺制の資料を残すためという動機は、額面通りには受け取ることはできない。では、論争の中において、この書物はどのような意義を持ち得たのだろうか。

隠居と進化

『隠居論（初版）』において陳重は、隠居制度そのものが文明諸国に広く行なわれているわけではないにせよ、社会進化の中では「普通現象」（普遍的現象）であると述べる（同書六四頁）。そして、それが社会の進化とともに一定のパターンで進化してきたことを述べ、やがてその進化の中で隠居制度は消滅する運命にあるという認識を底流として示す。陳重は、日本歴史学の泰斗である重野《しげの》安繹《やすつぐ》の隠居廃止論を紹介して、「我輩も亦た博士に同感を表し、此習俗の一日も早く廃滅せん事を望む者なり」とまで言っている（二三六頁）。しかし、久しく行なわれてきた慣習であるから「一編の法律」で廃止することはできないと、のちに法典調査会において採ったのと同じ立場を表明し、旧民法が隠居制度を残していることを評価している（二四四頁以下）。法制度は社会の進化にあわせて変化するものだからである。こうして、日本の伝統的な制度の存続を法律進化論という西洋法学の枠組の中で正当化したのである。

同書で陳重が展開した隠居制度の進化過程についての考察について、のちに本人がこんなことを述べている（『法窓夜話』第六三話「舶来学説」）。

「我輩が拙著『隠居論』の始めに隠居の起原を論じて、『隠居俗は食老俗、殺老俗、棄老俗とその社会的系統を同じうし、これらの蛮俗が進化変遷して竟に老人退隠の習俗を生ぜり』と述べたが、この説もその根本思想をドイツのヤコブ・グリムの説に得たものだという人がある。我輩はドイツでは老人を棄てる習俗が後世退隠俗を生じたというグリムの『ドイツ法律故事彙（Rechtsalterthümer）』中の記事を引用して、自説の支証とするつもりであったが、これもまた舶来説と思われたと見える」。

当時も今も、欧米の権威を援用すると箔が付き、オリジナルな研究も、欧米の権威の引き写しに違いないと考える傾向は変わっていないが、自ら幅広い比較法的・歴史的研究をしている陳重にとっては不満だったのだろう。しかし、陳重がゲルマニステンのグリムを援用したことには必然的な理由があった。隠居の慣習がヨーロッパに存在した古い慣習と同じ進化過程にある制度であることを論証することが、彼の理論においては是非とも必要だったからである。

旧民法批判

陳重は『隠居論（初版）』刊行の直後に、旧民法の隠居規定を批判する論文を書いている。「隠居により移動すべき権利義務（旧民法財産取得編第三百十一条批評）」（一八九二〔明治二五〕年一月、『遺文集第二冊』）であり、隠居論とほぼ同時に執筆されたと見てよいだろう。同論文で、旧民法の隠居規定が但し書で隠居者の終身を限度とする権利義務を消滅させないと規定しているのを批判し、隠居者の一身に専属する権利義務は隠居のために消滅せず、と改めるべきだと論ずる。

これは、戸主には戸主としての地位に由来する権利義務と、一個人としての権利義務があわせて帰属しているという制度的たてまえを明確にするとともに、旧民法の隠居規定が人事編ではなく財産取得編に置かれ、もっぱら財産上の権利義務に関する制度と位置づけられている思想を暗に批判したものであろう。[24] 隠居が戸主としての支配権を移すものであることが徹底されていないということであり、本来、家制度の問題だとの問題意識である。[25] この点は、家族の規律が独立せずに「人事編」の一部になっていることと並んで、法典論争における延期論の重要な論拠のひとつだった。[26]

しかし、日本の現実を根拠に隠居制度の存置を主張し、かつ旧民法が日本の現実を十分反映していないことを批判する一方、[27] 隠居制度は社会の進化とともにいずれ消滅する制度だと論ずる。やはり、彼の内面における一定の葛藤を感じさせる。その葛藤は、陳重の内面にとどまらず、日本社会の葛藤でもあった。それを法典調査会での応酬にも見ることができる。

法典調査会

旧民法の隠居規定は、相続による財産取得の一形態として規定されていた（財産取得編三〇六―三一一条）。しかし、法典調査会においては、「親族編」の規定として審議された。すでに「予決問題」として親族編に置くことが決まっていたからである。[28] 予決問題として隠居が取り上げられたのは、法典調査会が設置されて間もない一八九三（明治二六）年六月九日の民法主査会第五回会議においてである。[29]

当日の会議においては、そもそも隠居制度を存続させる必要があるかという根本問題が、議長をつとめていた副総裁の西園寺公望から提起された。西園寺は、隠居も戸主も「封建時代ノ余習」であって「自ラ封建ト共ニ消滅スベキモノデアラウ」との意見とともに、削除動議を出したのである。当時、小野梓なども、隠居が四〇代、五〇代の働き盛りの世代で語られていることを挙げて、個人の自由な社会的活動を妨げる弊風であることを批判していた。[30] 西園寺はこのような時代の空気を代弁したのである。

これに対して、隠居規定の起草担当者である陳重は、戸主制度の私法上の意味が乏しくなってきたので「隠居ト云フモノハ是非共置カネバナラヌト云フ程ノ必要ハ殆ド無イ」と述べつつ、従来、必要なものとして数百年続き、今日、その必要性の大部分が消滅してもいまだ一般に行なわれているから、削除は尚早であると答えている。ただ、民法に規定したからといって隠居せねばならぬというわけではなく、隠居したい者はこの要件を満たす必要があると規定するだけだという。

さらに、第八回の主査会（六月三〇日）で戸主制度が議論された折にも、西園寺が改めて議論を蒸し返した（このときの議長は総裁の伊藤博文である）。すなわち、起草委員も趣旨には賛成と言いながら時期尚早との理由で「私ノ説ハ抹殺セラレテ」しまった。しかし、国体や行政法に関する事ではなく、民法のような一人一人の私権にかかわる法律で、「利益ハ認メテ居ルガ尚ホ早シト云フ事ガ立法人ノ口カラ言フテ宜イコトデアルカナイカト云フコトヲ私ハ甚ダ疑フ」ときつい調子で問題が提起され、次男は養子ができないとか、子が親の承諾を経なければ婚姻をすることができないなどと「此様ナとんちんかんナ事ガ何処ニ有リマセウカ、此ノ如ク大体カラ間違ツタ事ト思ヒマスカラ戸主ト云フ字ハ民法カラ取除カレン事ヲ希望致シマス」と述べた[31]。

これに対して、陳重は、戸主も隠居も法律で廃止しても人民の生活を変えることはできず、「法律ヲ以テ人民ノ生活ヲ酷ク矯メルト云フコトハ出来マセヌ」と応えつつ、「固ヨリ之ヲ保存スルノ主義ヲ取ル者デハアリマセヌ」と理解を示す。「故ニ何時デモ家族生活ヲ破ツテ個人生活ニ進ムコトノ出来ル様ナ便宜ヲ与ヘテ置テ、個人的能力ノ進ムニ従テ或ハ分家ヲ為シ独立生活ヲ為スト云フ様ナ便宜ハ此規則ニ設ケテ置ク、即チ御望ミナサル方ノ門戸ハ開イテ置キタイト云フ希望デアリマス」と述べている[32]。

西園寺公望

生きている制度

ここで擁護された戸主制度や分家制度、隠居や家を継ぐための養子といった制度は、陳重自身の人生の中で文字通り生きている制度だった。すでに述べたように、陳重は、留学からの帰国後間もなく、入江家との養子縁組を解消している。入江家との養子縁組は、もちろん、男子のいない入江家を継ぐためのものだった。家存続のための養子制度は、陳重にとって、文字通り生きている制度である。

ちなみに、陳重は、一八九九（明治三二）年に行なったローマでの講演『祖先祭祀ト日本法律』の中で、日本の家族制度を特徴づけるものとして養子制度を厚く扱い、婿となる予定の養子が縁組解消によって養家を出る場合についてまで詳しく触れて、「然れども、若し後に至りて当事者間に於て結婚を欲せざるときは、養子の離縁を見ること多し」と述べている。(33) また、もうひとつの海外発信で、のちに触れる一九〇四（明治三七）年のセントルイス万国学術会議での報告「新日本民法典（*"The New Japanese Civil Code"*）」でも養子を詳細に論じ、「日本においては、養子は家族法のかなめ石と見ることができる」と述べている。(34) 養子が子の養育のための制度として機能している西洋とは、明らかに制度の位置づけが異なる。

また、父重樹（当時は改名前で重舒《しげのぶ》と称していた）が隠居して兄重頴《しげかい》が穂積家の家督を相続したのは、陳重が開成学校で学んでいた明治五年のことであり、(35) 兄が家督相続して旧藩主に対する穂積家の義務を一手に引き受けてくれたおかげで、明治という新たな可能性が開けた時代に、陳重、八束という弟たちが自由な人生を歩むことができた。それゆえに陳重の長兄に対する恩義の念は強烈であった。(36) 隠居もまた陳重自身の人生に深くかかわる制度だったのである。

片や、法典調査会で隠居制度のみならず戸主制度の廃止にまで言及した西園寺公望は、パリに約一〇年間留学し、民法の勉強もしていた。彼は留学から帰国後の一八八一（明治一四）年に松田正久や中江兆民らとともに、フランス急進自由主義をとなえる東洋自由新聞を発行し、西園寺は社長を引き受けた。困った政府は、彼に社長を辞めさせるために明治天皇の内勅まで出されている。(37)

フランス流の教養と法学の素養を身につけた貴人からきわめてリベラルな意見が表明されたとき、陳重は、それに十分な理解を表明しつつも、自らの人生の中で生きている制度を否定することはできなかった。(38)

西園寺との間で展開された主査会での論争は、その直後の一八九三年七月四日に開かれた第三回法典調査会総会において、今度は実業家との間で再現された。実業家委員の末延道成が戸主の廃止を提案し、陳重の義父である渋沢栄一がこれを支持したのである。(39) 渋沢は、「全体戸主ノ制度ハ余程古イ制度デアルカラ之ヲ廃スルニ就テハ随分強イ反対モアリマセウケレドモ日本ノ将来ノ為メニハ無イ方ガ宜イト思ヒマス」と述べている。

採決で否決されたとはいえ、西園寺公望や開明的な実業家たちによって表明された驚くほど自由でリベラルな思想は、その後二〇世紀に入ってから家族国家観が政治的意図のもとで強化されていく中で、次第に抑圧されていく。(40)

渋沢栄一

しかし、以上のような葛藤をはらんだ陳重の隠居制度論は、その後驚くべき変化を遂げる。これについては、次章でみることにする。

3 伝統への沈潜

法典後の法学

陳重らの努力により基本的な法典の編纂が終わったあと、日本の法学は急速に法実証主義に支配され、西洋から継受された法典を解釈することに精力が注がれることになった。そこでは、サヴィニーとその後継者たちが築き上げたロマニステンのドイツ概念法学が圧倒的な影響力を持った。日本の若き法学者たちはドイツの精緻な法概念を、日本法の条文とは無関係に日本に持ち込んで「解釈理論」を構築し、裁判官たちは概念と論理だけで結論が導かれるかのような判決を書いた。しかし、陳重は、そのような法学とは一線を画する法学を指向していたように見える。

古俗・遺制への沈潜

民法の起草を終えたあと、陳重の研究は日本の古俗・遺制に振り向けられる。

一八九三（明治二六）年に法典調査会が設置され、民法の起草者の一人に選ばれると、「万事を拋擲して民法典の起草にかかり切」りになる時期が続く[41]。陳重が再び学術的刊行物を世に問うのは、五年に及んだ民法の起草作業を終え、新民法典が施行された翌年の一八九九年である。

同年の一〇月に、彼はローマで開催された万国東洋学会に招かれて研究報告を行なった。法学者としての陳重の国際デビューである。その際彼が選んだテーマは日本の「祖先祭祀」であり、彼の報告は、西洋から見るときわめて異質に見える日本の伝統的な家制度や祖先祭祀について、その積極的意義を論じたものだった。日本独特の養子制度についても記述が厚い。陳重がのちに明確にする彼自身の家族国家観の萌芽もここに見ることができる。[42] 報告原稿はその後、一九〇一（明治三四）年六月に“*Ancestor-Worship and Japanese Law*”というタイトルで英語で公刊されたが、国際的にも注目され、ドイツ語、イタリア語にも翻訳された。一九一二（大正元）年には第二版（訂正補訂再版）が、一九一三年に第三版が出ており、一九一七年には甥の穂積厳夫（兄の穂積重頴の長男）による日本語版『祖先祭祀ト日本法律』（英文第三版の翻訳）が公刊されている。

民法典の施行後の一九〇二（明治三五）年には『五人組制度』を公刊し、彼の伝統的制度への学問的沈潜は続く。啓蒙の時代の著作とは異なり、彼の研究者としての業績の重心が、日本の伝統的な古俗・遺制を対象としたものへと移っていくのである。

このため、今日では彼を法制史学者、あるいは法哲学者と分類することが多い。しかし、彼は今日の学者のように、自分の関心の赴くままに研究テーマを選べる立場にいた人ではない。陳重は、日本で最初の法学者として、日本への西洋法学の導入を主導することが期待されており、彼は、日本の法学研究者のロールモデル的な役割を担った人物のひとりである。そのような立場にあった学者が、なぜ、今日から見れば浮き世離れして見えるような歴史研究に没頭したのだろうか。

陳重の研究を知れば知るほど、西洋法の継受に彼が果たした歴史的役割と、彼の学者としての研究内容とのギャップを感じさせられる。これまでは、両者が暗黙のうちに区別され、研究者としては、いわば好事家的な研究をしていた人物と捉えられていたように思える。今日彼の名が出るのは、民法の起草者の一人としてと、秀逸なエッセー（『法窓夜話』）の筆者としてくらいである。しかし、もし彼が死の床に至るまで精魂を注いだ研究が、単に趣味的な研究ではなかったとしたら、言い換えれば、彼が西洋法継受に果たした役割と連続性を持つ問題意識に導かれていたのだとしたら、われわれは陳重の学問を理解しえていなかったことになる。そして、そのことは、日本への西洋法学の受容をリードした人物が何を考えていたかを理解しえていなかったことを意味するだろう。逆に言えば、彼の一貫した問題意識を理解しえたとき、われわれははじめて、日本の西洋法学受容の姿を理解できるのではないか。

そんな彼の問題意識を感じさせる業績がある。

『五人組制度』を公刊した二年後、陳重は再び国際舞台に招かれた。セントルイスでの万国学術会議である。この会議は、そこでの陳重の学術報告の内容が、彼の学問的関心の所在を示すものとして興味深いだけではなく、この会議で起きた予想外の出来事が、陳重の研究の背後にある、当時の日本の知識人の欧米に対する心情を物語るという点でも興味深い。そこで、少し立ち入ってこの会議について触れておきたい。

セントルイス万博

一九〇四（明治三七）年、アメリカのミズーリ州セントルイスで、万国博覧会が開催された。万国博覧会は、一八五一年のロンドン万博以来、西洋の先進国がその文化と産業の進歩を誇示する国家的イベントとして開催されてきた。そのような意味での万博は、第二次世界大戦をもって意味を失ったといわれるが、日本人にとっては、一九七〇（昭和四五）年に開催された大阪万博が記憶に刻まれている。これはアジアで初めて開催された万国博覧会であり、高度経済成長を続ける日本を世界に向けて誇らしく披露するイベントだった。

セントルイス万博は、アメリカがフランスからルイジアナを購入して百周年になるのを記念して未曾有の壮大な規模で開催された。敷地面積を見ても、先行する一九〇〇年開催のパリ万国博覧会の一倍に及び、参加国は四四カ国を数えた。[43] アメリカでは、ハーバート・スペンサーの社会進化論が本国イギリスよりはるかに広く受け入れられており、「社会においても競争の結果適者が勝てば、それだけ社会が進歩する」[44]と信じられていた。セントルイス万博は、そのような進化と進歩の成果を誇示するイベントだった。世界は帝国主義の時代であり、フィリピンとハワイを併合して植民地を持つ帝国へと変貌していたアメリカは、この万博の人類学部門で「インディアン」や「フィリピン人」を「展示」して評判を呼んだ。悪名高い「人間の展示」である。[45] 日本も台湾館を建設して欧米列強と肩を並べる帝国主義国としての存在をアピールし、「アイヌ人」を展示した。[46]

ところで、万博の開催された一九〇四年は、日露戦争のさなかである。当時、「黄禍（Yellow Peril）」論が渦巻くなか、日本にとって万博への参加は、戦争の正当性に対する世界各国の理解を得るため、とりわけアメリカの好意的中立を獲得するために重要な国家戦略だった。黄禍論とは、中国人や日本人が白色人種に脅威を与えるという主張で、当時、ドイツ皇帝ヴィルヘルム二世などが喧伝していた。[47]「黄禍」という表現を最初に使ったのがヴィルヘルム二世だったわけではないが、彼の黄色人種排斥思想と、当時流布し始めた「黄禍」というキャッチフレーズが結びつき、ヴィルヘルム二世の創案による寓意画（次頁）が「黄禍の図」と呼ばれるようになった。[48] 日本としては、日露戦争を人種間の戦い、西洋対東洋の戦いという枠組で捉えられることを防ぐ必要があった。[49] このため、ロシアが戦争を理由に万博への参加を中止したのに対し、日本は非西洋国からの唯一の参加国として数多くの

黄禍の図
(寓意画「ヨーロッパの諸国民よ、諸君らの最も神聖な宝を守れ」、ヘルマン・クナックフース画)

出品をすることで文明国であることをアピールするとともに、日本についての正しい理解を促そうとした(50)。それが一定の効果を上げたことは、翌年のポーツマス条約交渉でのアメリカの仲介に現れている(51)。

日清戦争に勝利し、一八九九(明治三二)年に、明治維新以来の念願であった条約改正の課題のうち治外法権撤廃を達成し、一九〇二年に日英同盟を締結した日本としては、アジアに西洋に匹敵する文化があるという自負と、アジアの盟主は日本であるという意識を持って臨んだ万博だった(52)。出品展示についても、国際社会の中での日本の評価を高めることに注力した(53)。

万国学術会議

この万国博覧会の開催にあわせて、万国学術会議(Congress of Arts and Science)と称する会議が開催された(54)。そこでは、博覧会のような物品の展示とは別に、当時のほぼすべての学問分野の指導者を集め、諸学問の成果の統合がめざされた。[55] ハーバード大学のミュンスターバーグ教授の構想に基づく学問の分類と分科会構成は次の七分野二四部門に分かれていた。[56]

まず理論的学問として、A：規範諸学（哲学・数学）、B：歴史学（政治経済史・法制史・言語史・文学史・芸術史・宗教史）、C：物質科学（物理学・化学・天文学・地学・生物学・人類学）、D：精神諸科学（心理学・社会学）。さらに実践的学問として、E：実用科学（医学・工学・経済学）、F：社会管理（政治学・法学・社会科学）、G：社会文化（教育・宗教）である。

この分類自体、さまざまな批判を受けたが、それはともかく、当時の学問分野を網羅して、世界中から著名な学者が招待された。この会議に日本人が四人参加している。

そのひとり、岡倉天心は、日本の学者として招待されたのではなく、パリのルーブル博物館長が出席できなくなったため、その代理として岡倉が招聘されたのである。岡倉は、当時、ボストン美術館から招聘されて米国滞在中だった。すでに国際的な知名度を得ていたことが分かる。岡倉は和服姿で登壇し、「絵画における現代的問題（"Modern Problems in Painting"）」というタイトルで絵画を素材に日本固有の精神を論じた。西洋諸国によるアジアの植民地化に対する批判も展開し、そのナショナリスティックな講演は流暢な英語もあいまって聴衆を魅了したといわれる。[57]

日本人学者として招待されたのは三人で、ひとりは北里柴三郎である。北里はドイツ留学中に指導教授コッホのもとで頭角を現し、破傷風菌の純粋培養成功やペスト病原菌の発見など、伝染病研究にめざましい成果を上げていた。当時は公表されなかったが、一九〇一（明治三四）年の第一回ノーベル生理学・医学賞の候補にもなっていた。[58] もうひとりは動物学者の箕作佳吉で、日本の動物学の最初の指導者である。"Mitsukuri"の学名を持つ動物も複数存在する。(59) 残るひとり、そして三名の中のリーダー格であったのが、法学者の穂積陳重だった。世界の学界のトップランナーと評価されて招待された日本人学者三人のうちのひとりが法学者であったことは注目に値する。

北里柴三郎

法学者の招待

自然科学のような普遍性の強い学問と異なり、法学という学問は、世界史上、西洋でのみ成立し、西洋の文化と歴史に深く根ざした学問である。ほんの三〇年前までの日本には、法学を論ずるための基本概念すらなかった。すでに述べたように、"society"に対応する「社会」、"individual"に対応する「個人」、"liberty"に対応する「自由」、"nature"に対応する「自然」(自然法概念に不可欠)といった概念はすべて明治以降に作られた翻訳語である。さらには、義務の体系である儒教文化圏にあった日本には、"right"に対応する「権利」という概念もなく、新たに言葉を作り出さなければならなかった。そのような社会で西洋の法学を研究することなど、そもそも不可能に見える。そんな日本から、法学者が国際舞台に招待されたのである。

もっとも、その背景として、当時の日本が置かれていた位置も考えておく必要はあろう。日本はアジアで初めて西洋式の法制度を整備し、急速に西洋化を成し遂げて西洋列強の中に割って入ろうとしていた新興国であり、大国ロシアを相手に戦争を始めて世界の注目を集めていた。学術会議は九月一九日の開会式から始まって九月二五日まで行なわれ、さらにワシントンやボストンでのレセプションなどが続いたが、日露戦争の方は、旅順港のロシア艦隊に対する奇襲攻撃をもって二月八日に戦端が開かれ、有名な旅順要塞攻防戦は八月から翌一九〇五（明治三八）年一月一日のロシア側降伏まで続く。つまり、万国学術会議は旅順要塞攻防戦のさなかに開催されたのである。いわゆる二百三高地の陥落は一二月五日、戦局を決した日本海海戦は一九〇五年五月である。そのような世界の好奇の対象となっていた国で西洋法の継受を主導したのが穂積陳重だった。欧米の法文化の普遍性を信ずる人達からすれば、彼を招いたことにはそれなりに理由のあることかもしれない。西洋文明を忠実に学ぶ生徒がいかに法制度の西洋化をなし遂げたのかは、西洋にとって十分興味深い。(60)

ところが、陳重がこの学術会議で行なった講演は、日本がいかに西洋を師としこれに見倣って法制度を整備したかを報告する「生徒のレポート」ではなかった。陳重は、自ら起草を行ない、六年前に施行されたばかりの日本民法を素材に、「新日本民法典（*The New Japanese Civil Code*）」というタイトルで報告を行なったが、その内容は、フランス法やドイツ法に準拠して起草された財産法の部分（民法典の第一編から第三編）ではなく、家族法（第四編、第五編）を対象とし、そこに規定された制度の独自性を論ずるものだった。

法の領域における日本近代化の旗手として、西洋法の日本への継受を主導し、西洋式の法整備を担っている陳重からすれば、この会議において彼に期待されていた役割を感じなかったはずはない。しかし、陳重は、日本がいかに西洋化したかを西洋に向けて発信するのではなく、西洋から見て最も異質な日本の家族法を取り上げて、しかもその独自性を強調する報告をしたのである。なぜだろうか。

穂積陳重のプレゼンテーション

陳重は、日本民法の成立経緯や特質について紹介した上で、西洋とは異質な領域である家族法を取り上げることを述べて、日本の家族制度と古代ローマのそれとの類似性を指摘する。そして、彼の研究の常套のスタイルに倣って、家族制度の進化の段階を類型として示し、日本が過渡的段階にあることを述べる。例えば、家族制度が家単位から個人単位へと進化していくことを述べて、日本の家制度がその進化の過程にあることを述べ（二四－二五頁）、人の登録制度（戸籍）に関しても氏族の登録、家の登録、個人の身分登録という進化の段階を示して、日本は第三段階に入ったばかりで、身分登録とともに家の登録も認めていることを述べる（五二頁）、といった具合である。相続についても祭祀相続から身分相続を経て財産相続に至る進化の三段階を示し、日本が第二から第三に急速に移行しつつあるが第一の要素も残していることを述べ（六〇頁）、日本固有の要素である家督相続と西洋の考え方である財産相続を併存させている点で日本が過渡的段階にあることを述べる（六五頁）。

このように陳重は、日本の家族法が進化の過渡的な段階にあるという。しかし、彼の目的は日本の後進性を指摘することではない。社会の進化の仕方が一様ではない以上、その社会を反映した法である日本の家族法は、西洋と同じでなくても合理的な存在理由があることを主張したのである。そして、日本民法には古代的要素と現代的要素、東洋的要素と西洋的要素が混在していること、民法の最初の三編は西洋的だが、あとの二編は西洋と非常に異なること、外国法の継受の順番は、固有性の小さい債務法、動産法が先に来て、次に不動産法が来るが、相続法・親族法は土着の要素が強いことを述べる（七一－七二頁）。

このように陳重は、新しく制定された民法の家族法が西洋的ではない理由を進化論の観点から論じた。ここには、彼がなぜ日本の伝統的古俗・遺制に並々ならぬ関心を寄せるかを探るためのヒントがある。

しかも、彼は、以上の議論を裏付けるための学問的方法の先進性について、並々ならぬ自信を持っていたようである。陳重は、法は国民的で地域的だが、「法科学」は普遍的である、と言う。彼は世界の法制度とその歴史についての該博な知識を背景に、比較法学の新たな枠組を提唱した。すなわち、法の比較法的系統をあらわす法系（Legal genealogy）という概念や、法の継受によって生ずる関係を示す母法（parental law or mother law）と子法（filial law）という概念を提唱し、世界の法族（Families of Law）を中国法（Chinese）、ヒンズー法（Hindu）、イスラム法（Mohammedan）、ローマ法（Roman）、ゲルマン法（Germanic）、スラブ法（Slavonic）、英法（English）の七つに分類する比較法理論を提示した。このような法系の存在自体が、法の進化が単線的ではないことを物語っている。

そして、日本の民法については、日本の西洋化とともに中国法系からローマ法系へと移行したと述べ、日本民法を普遍的な比較法の枠組の中に位置づける。しかし他方で、家制度に関しては土着の性格を強調し、その非西洋的独自性に学問的位置づけを与えようとした。

陳重は、「日本民法典は歴史法学及び比較法学の交差点に位置する」と述べ（一頁）、「日本民法典は比較法学の果実」だと言う（一一頁）。彼の報告の副題は、「比較法学研究のための素材として」というもので、日本民法の比較法的価値に彼なりの確信を持っていたことを物語る。そして彼の報告は、「我々は過去において西洋の科学的法律家の業績から利益を受けた。今後は、世界の科学的兄弟たちとの相互の援助と協力へと目を向けなければならない」という言葉で結ばれる。法学という学問における日本からの発信に対する強い意欲と自信を滲ませた。

報告のなかで提示された彼の比較法理論は、口頭での報告ということもあって、必ずしも理由が十分述べられていないが、ここで展開された法系理論は、法系に関する世界の研究史の中でも最も早い時期の研究成果のひとつといえる。[61]その後、アメリカの著名な法学者ヘンリー・ウィグモアら、複数の西洋の学者の著作でも言及されている。[62]

しかし、さらに興味深いのは、ここで提示された比較法学の新理論に対する後日譚である。母法、子法という用語について、陳重は自らの独創であると考え、当初はそのように述べていた。[63]ところが、これに対して、自らの教え子の一人で日本法制史の教授である中田薫が、少なくとも一八六九年にドイツで使用例があることを詳細に文献をあげて示し、自らの独創が西洋に逆輸入されたとの陳重の理解を批判したのである。[64]陳重は、自らの著書の改訂版で記述を訂正するとともに、[65]跋で中田論文に謝意をもって言及している。陳重が留学から帰国して三〇年余り、陳重らが育てた日本の次の世代の法学の水準を窺わせる事実といえるだろう。

万国学術会議での出来事

ところで、万国学術会議の冒頭で、日本からの参加者は不本意な出来事に遭遇した。そこでの彼らの対応は、当時の日本人学者の矜持を窺わせると同時に、当時の世界の中での日本という国の立ち位置も感じさせる。[66]

九月一九日の開会式の際、各国の参加者の中から一名ずつ名誉副議長が選ばれて式次第に記載されていた。ところが、日本からは選ばれていなかったため、陳重らは事務局員と面談し、「名誉副議長が、学者その人の功績や学力などによって選定するということならば、我々はもちろん一言も申すべきことはないが、もし参加国に対する敬意という趣旨が含まれているのであれば、日本もまた相応の待遇を期待してもよいのではないか」と問うた。

これに対して、事務局員は驚き、ミスにより印刷の際このような手違いが生じてしまったと、訂正を約した。

ところが、それが訂正されないままに数千人が参加する開会式が始まった。この種の国際会議の開会式では、通例、参加国の代表が国を代表してスピーチをする。この点についても、陳重らは事務局に事前に照会していたが、事務局からは国を代表してのスピーチはないとの応答だった。ところが、開会式で各国代表による挨拶が始まったのである。

すなわち、博覧会総裁や万国学術会議総長らの演説に続いて、式次第ではイギリスのジェームス・ブライス (James Bryce) が、外国の来賓一同を代表してスピーチすることになっていた。ブライスは著名な法学者で、この会議当時はすでに大臣も経験した国会議員だった。ところが、ブライスの到着が遅れる中、化学者ラムゼー (会議が開催された一九〇四年にノーベル化学賞を受賞している) が代わってスピーチを始め、しかも、その内容が来賓一同を代表するものではなく、イギリスを代表しての謝辞と半ばは自国の自慢だった。さらに続いてフランスの委員が立ち上がり、同様なスピーチを始めた。

このような参加国を代表してのスピーチが行なわれるなら、日本にもその機会が与えられてしかるべきなのに、そのような話は事前になく、しかも、名誉副議長の印刷訂正もされていない。強烈な個性の人北里柴三郎などは、その場で立ち上がって詰問演説を始めんばかりの勢いとなった。陳重は「まあまあ待ちたまえ」と北里を押しとどめ、箕作とともに演壇後ろの委員席に行って疑問を質した。

これに対し、会議の事務局を仕切っていた会議部長ロジャーズは、「それは大変な手落ちであった」と謝り、「これを償うようにするからちょっと待ってほしい」と言った。しかし、その間に各国を代表するスピーチが終わってしまい、式次第は次に移ったため、もはや取り返しがつかなくなった。

そこで日本人委員三名はロジャーズに対し、「残念ではありますが、こと個人に関することではなく、国の対外的な面目に関することでありますから、やむを得ずこの座を引き取ります」と告げ、会場では万国学術会議議長ニューカム（Newcomb）博士がスピーチをしていたが、その最中に、前方中央に座っていた三人は「万目注視の中」席を立って退室した。二九年後（一九三三年）の松岡洋右の国際連盟総会からの退場を連想させる。(67)

三人は日本側の事務局に戻り、相談のうえ抗議文書を起草した。いわく、「我々が他国と均しく公然と謝意を表明する機会を得ることができなかったことは我々の甚だ遺憾とするところである。ゆえに我々は、やむを得ずここに抗議書（プロテスト）を呈して、謹んでこの後会議への参加を停止せざるをえないこととなったのである」。

陳重らはこの抗議文書を事務委員長であるシカゴ大学総長ハーパー博士に提出した。これに対して、敏腕家ハーパー博士は、ただちに委員と相談の上、会員が集まっている場で事情を説明して詫び、副議長の件も「さきに委員会において日本からも一人出すことを議決しましたが、議長ニューカム氏と書記との往復の際に手違いを生じ、印刷に漏れたのは、なんとも申し訳ありません。委員会の議事録をご一覧いただき、委員の手落ちであって故意によるものではないことをご了解いただき、引き続きご出席いただきたい。なお、各委員においては、こののち、この不幸な出来事に対して対外的に償うべき処置を怠らないようにしていただきたい」と満座の中で丁寧な挨拶をした。その後会議部長ロジャーズ氏、議長ニューカム博士からも、公式の詫び状が送られてきた。それによると、委員会は当初菊池大麓男爵を日本からの副議長に選んだが、男爵が急に出席を断ったため、男爵の名を消して次席者（陳重）を副議長に充てる決議をしたにもかかわらず、書記に指示することを忘れたこと、式次第も日本の会員からの照会に答えたあとで次第書が変更されたのにそれを書記が通知し忘れたことなどが明らかにされた。こうして、故意に生じたこととは考えられず、まして「日本に対する軽侮」の意図などまったくなく、単なる事務上のミスであることが明らかとなったので、三人とも各自の分科会に出席することとなった。

主催者側の対応

その後の主催者アメリカ側の日本人委員に対する対応は、陳重の語るところを読むだけでも、腫れ物に触るような気配りである。万国学術会議終了直前に開催された晩餐会では、日本の副議長（陳重）はイギリスのジェームス・ブライスに次ぐ上席を与えられ、ドイツ、フランス、ロシア、オーストリアより上席で、かつ、博覧会協会会長のフランシスも特に丁重な言葉でフランス、ドイツ諸国に先立って、日本の学術の進歩に対して祝杯を挙げた。これに対する陳重の答辞は、日露戦争のさなかを感じさせるものである（陳重自身が記した和訳原文を掲げる）。

「我々は外国人が或は日本は好戦国にして、日本人は

穂積陳重（1904年）
この年、万国学術会議に出席

只軍事のみに於て長ずるものであると誤解せんことをおそれるものである。（中略）日本人は戦争のみに於て優つた人民で無いと云ふことは、国事多端の際にも拘らず、此度の博覧会に参同し、且つ此学芸会議に於ても、幸に招待の栄を受けて、喜んで参同したと云ふ一事でも了解せらるゝであらう」。

続いて、陳重は五箇条の御誓文など天皇に言及するが、このスピーチに対する会場の反応も注目に値する。陳重が、御誓文の「智識ヲ世界ニ求メ」云々について述べたとき、および普通教育の就学者が学齢児童百人中九二人に達したことを話したとき、さらに本年七月の東京帝国大学の卒業式に天皇の臨御があり「軍国多事の際と雖も教育の事は忽にすべからず」との御沙汰があったと述べたとき、「満堂八百の会衆悉く起立し、歓声を挙げて拍手し、楼上の貴婦人の如きは、皆ハンケチを出して振つた」という。陳重は、「文事ある者は必ず武備ありと云ふことは、余程好い感じを与へたのであらうかと思ふ」と述べているが、周囲の気遣いが尋常でないことが分かる。

なお、陳重のスピーチは、戦時下にある日本とロシアが交誼を結ぶ唯一の場が学術交流のための会議であるとして、学問研究が国際交流と平和の礎となることを希求する内容も含んでおり、一同に感銘を与えたようである。北里が伝えるところによると、「（スピーチを終えた陳重が）満場喝采に迎へられ席に復すや、露国の代表者たるバックランド氏は穂積博士と握手して相歓語し、満堂の視線を惹き、云ふ可からざる一種の光彩を此盛会に放たしめたりき」(68)。

この陳重のスピーチが、万国学術会議の全体構想（学問の分類の仕方など）を支えるアイデアの提供者であったハーバード大学のミュンスターバーグ教授（会議の主席副会長）にも強い印象を与えたことが、彼の伝記にも書かれているという(69)。ミュンスターバーグはユダヤ系ドイツ人としてアメリカとドイツの文化交流と相互理解に尽力した人物である。

会議の終了後、ワシントンのホワイトハウスでルーズベルト大統領のレセプションに招かれた際にも、議長のニューカム博士は、オーストリアの副議長の次に日本の副議長(陳重)を紹介した。陳重は、「これも多分前の出来事に対し、特に栄誉の地位を与へたのであらう」と述べている。さらにボストン、ケンブリッジを訪れ、ハーバード大学などに招待された際も、「いつでも日本の副議長を一番の上席に置いて、例へば饗宴などの時でも、主人の夫人の手は日本の委員に引かして食卓上一番の上席を与ふると云ふやうな風に、何処までも気を付けて居つた」という。

当時の国際社会における日本という国の立ち位置を窺わせるエピソードである。開国して間もない極東の小国が、清国を打ち破ったかと思う間もなく、大国ロシアに挑んでいる。その国からやってきた学者たちは、全身に刺々しいほどのプライドをみなぎらせていた。

当時アメリカには中国人排斥移民法(一八八二年)が存在し、一九〇〇年代には中国人の入国審査も厳しくなっていた(70)。かつて眠れる獅子と呼ばれた清国すら、いまや単に労働力を供給する後進国でしかない。それが帝国主義時代のアジアのイメージだった。しかし、セントルイス万博に参加する日本としては、欧米とは異なる文明がアジアにあることを示し、その盟主として国際的影響力を拡大すべく、アジアの文明の理解を得なければならないとの使命感があった。日本が「アジアで唯一近代化に成功した国であり、アジアのリーダーとしての資質があることを国際社会で示そうとしたのである(71)」。当時の知識人たちが背負っていたこのような意識は、単にナショナリズムと呼ぶには狭すぎるだろう。陳重らの態度は、名誉を重んじ恥を何より嫌う武士文化の残影を感じさせる。西洋法学は、このような人たちによって受容されたのである。

4 陳重の変化

陳重の古俗・遺制の研究は、その後も彼の生涯にわたって続く。日本の古い伝統へのこだわりは、仇討ち、忌み名、末期養子、祖先祭祀などへと広がっていった。しかし、伝統への沈潜を続ける彼に、驚くべき変化が訪れる。

隠居論の変化

すでに紹介したとおり、陳重は、一八九一（明治二四）年に『隠居論』を刊行したが、その中で彼は隠居を進化の過程で消滅すべき制度と位置づけ、戸主や隠居の制度の廃止論に反対はしつつも、それに理解を示していた。しかし、陳重の隠居制度の位置づけは、その後大きく変化する。

『隠居論』初版の刊行から二四年を経た一九一五（大正四）年に、陳重は『隠居論』の改訂版を刊行した。A5版二六一頁であった初版が、菊判七八三頁と大幅に内容が拡充され（頁数は三倍であるが、版面が拡大されているので、文字数はさらに多くなっている）、改訂というより別著といってよい[72]。そして、隠居制度の捉え方も一変する。

内容の変化をもたらした大きな理由は二つある[73]。第一に、明治民法が施行されたことである。陳重は条文の解釈論をほとんどしなかったと言われ、穂積重行も「その膨大な著作のうちで、個々の法文の解釈を主題としたものは皆無といっても過言ではないのである」と書いている[74]。しかし、これは事実に反する。『隠居論』改訂版においては、自ら起草を担当した隠居に関する条文について、起草の趣旨を援用しつつ詳細な解釈論が展開されている。第二の理由は、ヨーロッパにおける養老年金制度の整備、つまり、日本の進化の方向を示す先進国における状況の変化である。陳重は、新たに入手した英国の資料をもとに、一九〇九（明治四二）年に法理研究会で「英国に於ける養老期金法と社会権」と題する報告を行なっている。[75]『隠居論』改訂版の最後に配された「第八編　隠居の将来」は、その研究会報告の結果も踏まえて執筆されており、初版の七倍の頁数を費やしている。

そして、隠居制度はまったく新たな観点からその存在理由が正当化される。すなわち、養老年金制度を「社会権」として位置づける観点が示され、同じ観点から隠居制度に新たな位置づけが与えられるのである。[76]「家族制社会」においては自活の能力を失った高齢者（陳重は「老衰者」という言葉をあてている）は家においてこれを養うが、「個人制社会」においては国においてこれを養う。[77]家族制社会において高齢者は「家の隠居者」であるが、個人制社会においては「国の隠居者」である。したがって、家制度を持たない個人制社会においても隠居に存在理由があることになる。「隠居制度は其基礎を社会的道義に発し」、社会の構成員の社会に対する権利であると同時に、社会の側の義務である。こうして隠居は老人の社会に対する権利としての性格づけを与えられることになり、この点が、高齢化社会を迎えた現代、陳重の先見性として再評価され、[78]その問題意識は現代にも引き継がれているのである。[79]

このように、陳重は、隠居制度の老人扶養という側面に光を当てて現代的な位置づけを与えることにより、新たな普遍的理論枠組の中での正当性を付与した。隠居制度の理解は旧版から一変した。しかし、日本の伝統的制度を西洋の普遍的な理論枠組の中に位置づけ、進化論上の積極的な意味づけを与えるという彼の学問的戦略は、一貫して貫かれている。

隠居に見られるように、法制度の進化を捉える視点を転換することで、消滅すべく運命づけられていた遺制に新たな生命を吹き込むという手法が用いられた制度がもうひとつある。それが五人組である。

五人組の研究

陳重が五人組を最初に取り上げたのは一八九八(明治三一)年のはじめで、法理研究会で報告し、そこで受けた批評やその後の資料を踏まえて、一九〇二年に『五人組制度』が公刊された。つまり、民法起草作業の直後に(あるいは並行して)取り組んだテーマに、祖先祭祀とならんで五人組制度が含まれていたことになる。著書に書かれた陳重の直接の研究動機は、市町村制度の整備とともに姿を消そうとしているこの歴史的遺制について、自治的団体のひとつのあり方として、法律進化論上の位置を論じておきたいというものだった[80]。

用いられる手法は、陳重の著作の多くに見られるもので、行政区画が、血族や種族に基づく団体から地域団体を経て、国家の地方行政組織の確立とともに、個人単位に目的ごとに形成される団体へと至る進化の図式を示し、五人組制度が血族団体から地域団体に進む過渡的段階にあることを、ドイツで法人類学の先駆者とされるアルベルト・ポストの著作をも引用しつつ論じている。

つまり、近代西洋の学問的知見をもとに構成された進化の図式に日本の遺制を当てはめ、その固有の性質を明らかにしつつ、過渡的制度であることを指摘するという、いつもの陳重の手法である。とはいえ、単に進化の中で消滅すべき「原始機関」であることを示すためにこの作品を書いたとは思えない。

五人組帳

五人組制度では五人組帳が作られ、前書・証文（請書）・連判の三部から構成されるようになっていったが、その前書で規範が箇条に分けて明文化される。その中には、（陳重の表現で言えば）あたかも「民約主義」によるかのように、つまり社会契約論が想定する契約のような形態をなすものがあった。とりわけ、陳重が大きな関心を抱いた幕府の代官山本大膳五人組帳の前書では、それが一四七カ条に及び、法典のような体裁をそなえているうえに、規定内容もきわめて細密かつ周到だった。

江戸時代には法度などの法規範が大量に存在したが、少なくとも建前としては、法を執行する一部の役人にしかその内容を知らせない秘密主義がとられ、人民に対しては、「民は之に由らしむべし。之を知らしむべからず」が統治の基本とされてきた。[81] 先に紹介したセントルイスでの講演でも、陳重は、法を公布するという西洋の伝統が入ったことで、法が特定の者にしか開示されなかった日本の封建時代の「法の観念」が変化したことを述べている。[82] ところが、五人組法規は人民を招集して誦読させ、民衆の教科書としても用いられていた。日本の法のあり方についての一般的な通念を覆しかねない内容を持っていたのである。

幅広い視野で法のあり方（形式、文体、周知方法等）について比較法的考察を加えた研究である『法典論』を書いた陳重としては、以上のような特色を持つ五人組制度の記録を残すことに使命感を感じただろう。のちに検討するように、陳重は、法のスタイル（形式・文体）や公布の方式に強い関心を寄せた。法律といえば法文らしい文体の条文が並んでいて、官報で公布されるという状態を当然のこと感じる現代の日本人には、陳重の問題意識を理解することは困難かもしれない。しかし、明治維新以前の日本には、法はあったにもかかわらず、それは西洋法とは形式においても民衆への周知の有無の点でも、まったく異なっていた。それを、単に日本が遅れた社会だからという説明で片づけることに納得できない日本の知識人が、その違いに対してなぜだろうかと問うのは自然なことである。そのような問題意識をもって陳重は、五人組帳に注目したのである。

しかし、この時点では、彼にとって五人組制度は、日本社会が単に進化の過程で遅れているだけの原始社会ではないことを示す一事例でしかなかった。

「五人組」理解の変化

ところが、その一九年後の一九二一（大正一〇）年に陳重は改めて『五人組制度論』を公刊した。初版の本文二四一頁が五八四頁と二・四倍に増え、改訂というよりほとんど新著の観があるため、タイトルも「論」を付けて旧著と区別したと「序」で述べている。進化の過程で消滅すべき原始機関の記録を残すための書物であるはずが、改訂されて倍以上の分量に増え、タイトルも改められたのである。五人組という制度に対する陳重のスタンスの変化を感じさせる。

改訂版では、中国やイギリスの類似制度との比較が加わっている。西洋法との比較にとどまらず、広く世界の法の比較が必要であるとの陳重の考え方の反映であり、歴史的に日本と関係の深い中国を比較の対象に加えることで、比較法におけるオリジナリティーが追求されている。(83) ただし、行政区画の進化に関する旧著の基本枠組は維持され、五人組制度は、「血族団体時代より地域団体時代に進まんとする変遷時期に於て発生し、地域を以て国の行政区画の通則と為すに至るの後尚ほ遺存するもの」だとの初版と共通する理解が述べられる。ところが、その直後に突然、「世界は循環す」という言葉が登場する（五八〇頁）。

すなわち、過去を見れば、「今や比鄰［近隣］団体の制度は既に過去の現象に属して、僅に史家の感興を牽くに止まり、政治、宗教、経済、其他社会上各般の共同生活は、概ね皆個人を単位とする目的団体を以て其基礎と為すに至れり」とこれまでの進化を要約したあと、「然るに、第二十世紀の初期に於ける世界戦は、人類の思想を根底より震撼し、人生の全般に亙りて改造論高唱せられ、就中《なかんずく》国家改造論及び社会改造論は其至大至要なる題目として学者、経世家の間に論議せらるるに至れり」と続く（五八二頁）。

極端な個人主義のもとにおいては各個人が独立併存して群居するが、その間に組織的連合がないために、個人は事実上自由意思の主体としての能力を欠き、あるいは統制のない群集心理に支配され、あるいは組織のある政党などの集団に抑圧されて存在を滅却させられる。そこで、新国家は各個人が完全にその固有の人格を保有し、しかも社会と調和して生活しうる真正のデモクラシーであるべきだとの考え方が出てきていることが紹介される。大正デモクラシーの時代背景を感じさせる。

そして、政党や自治体のような大集団、および極端な個人主義の弊害が顕著となった時代において、近隣の人的つながりを基礎とする集団主義によって社会改造を図ろうとする議論が生じていることは注目に値すると述べ、「今や五人組制度は既に過去の現象に属せりと雖も、少くとも比鄰集団の制を復興し、之に依りて現制の欠陥を補ひ、教化、勧業、衛生、保安、共済、其他諸般の社会的の協同生活を進め、各種民級［階級］の融和調和を図るも亦文化政治の一方策に非ずと為す可からず。経世家三たび思を此に至して可なり」という言葉で著書が結ばれている。

何という変化だろうか。ここでも、進化の枠組に新たな視点を加えることによって、消滅すべき日本の遺制に新たな位置づけを与えることが試みられている。しかも、これまで普遍的な進化の枠組の中に位置づけて存在意義を示しつつも、消えゆく過去の遺制として愛惜の対象でしかなかった五人組制度に、まったく新たな光を当てる可能性が生じたのである。そのために、およそ進化論には似つかわしくない「循環」に言及し、それまでの叙述とは明らかにトーンの異なる結論が付け加えられることとなった。

陳重は学者としてはきわめて慎重な部類に属すると思われるが、[84] これほど敏感に時代の思潮に反応したというのは、行きすぎた個人主義への反省の思潮に、彼の中で共鳴する部分があったのだろう。そして、五人組制度は、陳重の予言通り、その後の日本の政治状況の変遷の中で確かに再発見されるに至る。すなわち、一九三七（昭和一二）年から始まる国民精神総動員運動において、新たな位置づけを与えられて甦るのである。[85] 官主導の隣保組織である隣組の整備がそれである。その政治的評価については厳しい意見もあろう。しかし、その責めを陳重に帰するのは酷というものである。「人はその考えた観念の後世における経歴については責任はない。ましてや、そこから派生した逸脱には責任はないのである[86]」。

仇討ちと進化論

日本の古俗・遺制に対する陳重の進化論的視点の、文字通りの「進化」を感じさせる研究が、復讐の研究である。陳重が復讐（敵討ち）という問題を初めて論じたのは非常に早く、一八八八（明治二一）年の大学通俗講演会と称する一般向けの講演会で、「刑法進化の話」と題して話をしている。[87] 陳重が復讐に関心を持ったのは、おそらくは、「仇討ちもの」に個人的に興味があったせいもあろう。妻の歌子とともに歌舞伎をこよなく愛した[88]陳重は、後述のように、趣味的にたくさんの仇討ちものの史料を集めていた。

講演の中で彼は、復讐に関する規範が、「復讐の時代」から「復讐制限の時代」「賠償の時代」を経て「刑罰の時代」に至るという進化の流れを語る。彼の常套の手法の嚆矢といえよう。しかも、陳重は自然科学の比喩を多く用い、また「復讐の念はちょうど動物の尾のようなものでありまして、社会が虻蜂を逐《お》うてくれて、痒いところに手が届くようになれば入〔要〕らなくなるものであります」と、生物の進化論の比喩も用いている。そして、刑罰が単純な復讐から種々変遷を経て、近世の複雑な刑法に至ったことを、法律もまた「進化の大則」に従って変化することを示す現象と説明している。

聴衆がどのような人たちだったのか不明であるが、通俗講演会と銘打っているところから、非専門家の一般聴衆が対象と推測される。しかし、それを考慮したとしても、文字通り「通俗」的な進化論の印象を否めない。

一八八八年といえば、陳重が帰国して七年、三三歳のときの講演であるが、この時の論調は、まさに自然科学的進化論の単純な適用という印象を与える。

再度の講演

その二八年後の一九一六（大正五）年一一月一八日に陳重は、「法の起源に関する私力公権化の作用[89]」と題する講演を東京弁護士会館で行ない、再び復讐について語っている。かつての講演と大筋は異ならないが、その内容は、個々の社会における道徳規範などにも目配りがされ、はるかに洗練された理論枠組へと、まさに文字通りの進化を遂げている。

冒頭、自らを「迂闊なる老学究」と呼び、なぜ講演を引き受けるに至ったかの経緯が語られる。すなわち、先日東京弁護士会の塩谷会長その他数名が来訪された際、自分は近頃、「隠居論」の実行をしていて、老人はなるべく引っ込んで若い者の足手まといとならないようにと心がけ、講演なども一切お断りをしていると述べたのだが、さすがはお仕事柄、巧妙な交渉と「人を動かすに最も力ある諸君の友情の切なるがためとによって」、ついお引き受けをしてこの席に立つことになりました、云々。このとき陳重は研究に専念するためにすでに大学も退職していたが、まだ六一歳である。

なぜ陳重は再び復讐をテーマに選んだのだろうか。前述のように陳重は敵討ち物語に興味を持ち、多くの史料を集めていた。陳重の死後刊行された『復讐と法律』(90)に付された、息子の穂積重遠の筆になる「序」では、陳重が蒐集した日本の敵討物語本が紹介されており、二八の敵討について合計一七八冊に及んでいる。しかし、個人的興味を超えて、陳重は、浄瑠璃や芝居に枚挙に遑がないほど取り上げられている日本の敵討ちという風習を、コーランからアフリカのボゴス人の風習にいたるまで、それこそ世界のありとあらゆる復讐に関する事例を渉猟することを通して、普遍性のある理論枠組の中に位置づけようとしたのである。

復讐に関する法制について、陳重は、復讐公許時代から復讐制限時代を経て、復讐禁止時代へという進化の過程を経るという。そして、「文化の進度に比較して、永くこの現象の持続したのは本邦を以て第一とすべきである」(91)と日本の独自性が指摘される。特に元禄の赤穂浪士の敵討ちのあとは武士だけでなく平民の敵討ちも多くなったという。このように日本で敵討ちが盛んに行なわれた理由として、彼は三つを挙げる。第一に武士道を重んじたこと、第二に儒教の影響。『礼記《らいき》』の「曲礼《きょくらい》」等が挙げられているが、例えば「曲礼」には、「父の讐《あだ》には与《とも》に共に天を戴かず、兄弟の讐には兵に反《かえ》らず、交友の讐には国を同じゅうせず」とある。第三に封建制度のゆえに法権の統一を欠いたこと。殺人を犯した者が他国の領地に逃げると公的な権力によっては制裁ができない事情が語られる。

他方、復讐が制限される場合も、アングロサクソンの身位賠償のように、片目はいくら、両目はいくら、手はいくら、足はいくらと生命や身体の各部分について賠償額の標準が定まっていて、「あたかも正札附の有様であった」[92]という例も紹介される。この賠償による制限は西洋にのみ存在し、東洋、ことに「本邦や支那」にはない。その理由として、経済思想が発達せず財産観念が薄かったこともあるかもしれないが、「苟《いやしく》も金銭を以て臣子の義務を売るを潔しとせぬ道義的観念に主として因る」という[93]。

陳重にとって、日本の敵討ちは、否定されるべき前近代の野蛮ではない。その時代の社会的状況や、思想的条件（儒教の影響）の下において、ひとつの合理的な制度として敵討ちが位置づけられている。他方、西洋もかつては、その後否定されることになる復讐の風習や規範を持っていたが[94]、それもそれなりの歴史的理由があるのである。

遺稿での理論的進化

陳重は、最晩年に至るまで復讐についての考察を続けた。一九二一（大正一〇）年前後に最終の推敲がされたと推測される[95]遺稿「復讐と法律」（実際の刊行は没後の一九三一〔昭和六〕年）は、ヨーロッパで復讐俗が早く縮減していったのに日本ではそうではなかった点について、一〇世紀の平貞盛から一八世紀の赤穂浪士に至るまで、武士道の影響を示す事例を挙げながら論じているが、仇討ち物への個人的な好みはともかくとしても、復讐俗の残存を否定的には捉えていない。日本で復讐が禁止された理由を維新後の法権統一に求めているが、陳重は、それについても進化における遅れとはとっていない。つまり、世界的にみれば進化の大きな流れは存在するにしても、進化の仕方や時期は多様で、そこには倫理的・思想的要因の働く余地も大きい、と見ていたのである。

こうして、陳重の進化論は、もはや単線的なものではなく、しかも、進化にかかわる要因として倫理的思想的要因が重視されており、適者生存や自然淘汰といった生物学的進化論を連想させる理論ではなくなっている。陳重は、「法の実質は社会力」であるとし、社会的条件のないところで復讐を「禁圧せんとするのは、自然の理に背反するものといわなければならぬ」と述べる。(96) 社会的条件のない法を作ったところで実効性はないというのである。そのような観点から、法を主権者の命令と考えるオースティン流の法実証主義法に対して、「形式に付て言ふのみ」と批判している。

こうして、「社会力」という概念で倫理的価値観なども取り込み、彼の進化論は複層的な「進化」を見せている。

ところで、森鷗外が名作「護持院原の敵討」を書いたのは、陳重の前記講演より少し早く、一九一三年一〇月のことである。折から世間は、日露戦争のあと忠君愛国の機運に溢れていた。鷗外は、父の仇を探す旅をあてどもなく続けてきた倅の宇平に、同行の叔父に対して次のように言わせている。「神仏は分からぬものです。実はわたしはもう今までしたような事を罷めて、わたしの勝手にしようかと思っています」。

そのまま宇平は行方知れずとなった。武士倫理の美徳と賛美された敵討ちを、それを実践する者の立場から淡々と描くことによって、鷗外は、時代の風潮に対し醒めた視線を放ったのである。

その少しあと、陳重は、東京弁護士会での講演でやはり敵討ちを取り上げ、復讐についての規範というきわめて普遍的な観点から論じた。彼は、自分たちが整備した近代法によって否定された敵討ちを、歴史的・社会的コンテクストの中に位置づけてみせ、単に前近代的な野蛮ではないことを示しつつ、しかし同時に、その倫理的価値を、進化論的枠組の中で相対化してみせたのである。同時代の二人の知識人の、時代思潮に対する態度として興味深い。

5 法律進化論

法律進化論の全体構想

古俗・遺制の研究を含め、陳重の個別の業績の多くは、ライフワークである『法律進化論』の準備作業だった。ある部分はそのまま『法律進化論』の一部に収まり、他の部分は改訂を経て組み込まれた。畢生の大作となるべき著書『法律進化論』は、一九二四（大正一三）年に第一冊、第二冊を刊行したが、第三冊を執筆中、「大正」が終わりを告げる年（一九二六年）に、著者は世を去った。明治・大正時代とともに生きた学者人生だった。

想定されていた各部分の大きさは不明であるが、全体構成だけからみれば、彼の全体構想の中の六分の一程度しか完成することができなかった。「若し此研究の結果を発表するに至らずして瞑目するが如きことあらば死すとも死せず」と嘆声を発した(97)研究は、結局、完成しなかったのである。

しかし、彼の書き残した原稿は、子息の重遠によって整理され、『法律進化論第三冊』（一九二七

法原論	原形論：法はいかなる形態において発生するか 原質論：いかなる種類の規範（統制力）が法のもとになるか 原力論：法の統制力（規範的拘束力）はどのようにして発生するか
法勢論	発達論：法の内因的進化を論ずる 継受論：法の外因的進化を論ずる 統一論：法の世界的進化を論ずる

年）のほか、法律進化論叢という一連の著作の形で『神権説と民約説』（一九二八年）、『祭祀及禮と法律』（一九二八年）、『慣習と法律』（一九二九年）、『復讐と法律』（一九三一年）の四冊に分けて刊行された。穂積重遠自身も優れた民法学者であったため、重遠の伝記を書いた民法学者の大村敦志は、「この作業のために費やした時間が重遠自分の研究に振り向けられていたら、と思わないわけではない」という[98]。しかし、その努力のおかげで西洋法学受容の最初期をリードした学者が何を考えていたかを垣間見ることが可能になった。

陳重が描いていた「法律進化論」の全体構想は、上の表のようなものだった。明治時代が終わりを告げることになる一九一二年の三月、陳重は五六歳で大学を退職してまで研究に専念しようとした。しかし、その後も、枢密顧問官、帝国学士院院長、枢密院副議長そして議長と、公職から逃れることはできず、生前に公刊できたのは原形論の二冊だけだった。それを刊行した一九二四年は、陳重が六九歳になる年であり、その「自序」において、

> 今や〔数え年で〕齢既に古稀に達し、老耄将に至らんとするに及んで、全部六巻の計画中、僅に第一部の上巻二冊だけを公刊し得たる如き遅緩なる功程にては、生前に於て計画の半ばを成すことも不可能かと想はれて、今更ら過去の怠慢を愧ぢ、又立法事業等の為めに純学業に力を専らにすること能はざりしを悔い、徒に日暮れて途遠しの嘆を為すのみである。

と述べている。二年後に人生を終えるとまで覚悟していたかどうかはともかく、いつ研究活動を終えることになるやも知れない段階に至っていることは自覚していた。したがって、公刊されたのは全体構想のごく一部であるにせよ、「せめては第一巻だけでも纏つたものとして、之を世に公にしたいと考へ、昨年の秋に至つて辛うじて脱稿したのが即ち本書である」と述べているように、一つの完結した研究として纏められている。

陳重の「法律進化論」は、彼独特の用語で分類すると、法原論と法勢論の二つに大きく分けることができ、法原論は法の発生を扱い、法勢論は法の変化（進化）を扱う。

法原論のうち、公刊された原形論に続く原質論は、法規範がどのような社会規範から生まれるかを論ずる部分であるが、陳重によると、社会規範には、民衆の超自然力信仰によって形成されるもの（信仰規範）、徳義観念に基づいて設定されるもの（徳義規範）、社会生活状態より生じた慣行によって漸成するもの（習俗規範）がある。

そして、原始的な信仰規範のうち、主として法の原質となったのは、タブー、祖祭、トーテムの三種であるという。陳重の死後、息子の重遠が整理して法律進化論第三冊として刊行されたのは、このうちのタブーに関する部分であり、しかも、いまだ完成していない原稿であった。

この構想に当てはめると、陳重が明示的に論じた日本の伝統的制度のうち、祖先祭祀は信仰規範であり、隠居や五人組は習俗規範に由来し、忌み名はタブーに、復讐は徳義規範にあたる。また、陳重の死後刊行された「神権説」「民約説」は、原力論に属する研究であるが、未完に終わっている。

未完の法律進化論の構想は、やはり未完に終わったドイツの刑法学者フォイエルバッハの「普遍法史（世界法史）」の構想を思わせる。近代刑法学の父といわれるフォイエルバッハは一八世紀末から一九世紀にかけて活躍したが、当時の偉大な法学者にとって、このような壮大な研究構想を追うのが夢だったのかもしれない。[99]

これまでの評価

こうして未完に終わったとはいえ、日本で最初の法学者による気宇壮大な研究は、これまでどのように評価されてきたのだろうか。

陳重の学問的業績は今日ではほとんど顧みられず、稀にその名が引用されることはあっても読まれることはほとんどない。[100] その理由の少なくともひとつは、陳重の理論について、これまで、ステレオタイプ化された評価が存在していたからである。

団藤重光『法学入門』は、進化論という「生物学上の原則を社会科学にあてはめたところに根本的な誤謬があった」と断じている。[101] 野田良之は穂積について「かれは専ら直線的進化論を信奉していたようで、日本は進化の段階で遅れていると考えていたのであろう」[102]と述べ、この時代を、外国法制度を「盲目的に模倣」する「比較法的に無自覚な時代」[103]と呼ぶ。また、長尾龍一は、「彼は、基本的には、人類学の当時の段階の共通の前提（迷信）たる単線的人類発展史観の信奉者であった」と述べている。[104]

そのような陳重像が語られるとき、よく援用されるのが、陳重がロンドン留学時代に友人の化学者桜井錠二[105]に語ったとされる、「法律進化に関する調査研究を以て自分の生涯の事業としたい」[106]という言葉である。福島正夫は、「彼の学問的運命はこのとき決定した」という。そして、陳重に対するダーウィンやスペンサーの影響が語られてきた。三谷太一郎「日本近代化とハーバート・スペンサー」も、陳重の「法律進化主義」「法律学の革命」「婚姻法論綱」「婦女権利沿革論」『祖先崇拝と日本法(邦訳・祖先祭祀ト日本法律)』をとりあげて、スペンサーの影響を直接受けていることを指摘している。[107]

しかし、桜井に前記の言葉が語られたのは、桜井によると一八七七（明治一〇）年頃のことであるから、渡英後まだ間もない時期であり、二二歳の陳重がイギリスの先進文化に圧倒されながらダーウィンやスペンサーを耽読していたであろう頃の話である。その後に続くイギリスとドイツの留学生活の結果を踏まえて語られた言葉ですらない。このとき学問的運命が決したというのは、ストーリーとしては面白いが、七〇歳を超えるまで学問に邁進した陳重の生涯を評価する上で、この言葉にどこまで重みを持たせるかは慎重に考える必要があろう。

また、スペンサーの影響が指摘される著作の多くは（三谷の挙げる最後のものを別として）、明治二〇年代半ばまでに書かれたものであることにも注意する必要がある。洋行帰りの「啓蒙の時代」の著作である。

しかも、この時期においても、生物学の進化論をそのまま法律学に適用することが難しいことを陳重が自覚していたことは、穂積重行も指摘しているし[108]、前記の桜井が次のように語っている。[109]

人事に関する法律などと云ふものは、之に関する材料を蒐集整理することもなかなか困難であるが、自然界の現象と違ひ要領を得ない材料を集めて、さうしてそれから要領を得るやうな結論を出すといふことは非常な困難でなければならぬ。是は穂積君自身も能く承知して居つたことでありますし、又私共からも始終さう云うことを言つて居つた訳であります。

また、「盲目的」な「模倣」という評価についても、陳重自身は、西洋の模倣に対して鋭く警鐘を鳴らしていた。例えば、一八八九（明治二二）年に書かれた「英仏独法律思想の基礎」（もとは学生に対する講演）のなかで、現実には歴史や文化を異にする国ごとに法学が異なるから、一国の法理が万国に通用すると考えて「我国体に適せざる法理を移植せば、其弊害や将に測るべからざらんとす」といって、「熱帯の草木を移して之を寒帯に繁茂せしめんとする如く、時に枯槁の虞なしとすべからず、慎まざるべけんや」と述べている(110)。

もちろん、各国で法学が異なる理由を、「法理学」の「発達幼稚」のために一定の原理を見出せないためだとするところは、究極においてはグローバルな統一に向かうという彼の理想論が背景にある。しかし、模倣に対する警戒は怠っていない。そして、このことは、この時期の日本の優れた知識人に共通する意識であったように思われる（第五章2参照）。日本が置かれていた国際政治上の位置のゆえに、西洋の模倣のような法典が作られたが、その事実からただちに当時の法律家の意識もそれを是認するものだったと推測することは、当時の知識人たちの内面の葛藤を見逃すおそれがある。

陳重の法思想を語るときによく引用される作品の多くが、帰国時から民法の起草に関わるまでの一〇年あまりの間に書かれたもである。確かにこの時代は、パターン化された主張が展開されることが多く、「進化論主義者」「反自然法論者」「歴史法学信奉者」といったレッテルを張りやすい。しかし、この時期の著作は、帰国後の舞台で彼に期待されていた役割という要素も加味して評価する必要がある。

陳重は、不本意な時期に人生を閉じたとはいえ、七〇年あまりの人生を生き、最後の瞬間まで現役の学者として活動した。しかもその人生は、幕末・明治・大正の大きな変動期にまたがり、三度の戦争を経験し、一九世紀後半から二〇世紀初頭という、西洋における思想の転換期を含んでいる。その間、片時も怠ることなく世界の動きを吸収し続けた学者の、法についての考え方に変化がなかったと想定する方が不自然である。これまでのステレオタイプ化された理解は、陳重の法律進化論を単純化しすぎてはいないだろうか。

実際、陳重の法律進化論には明らかに変化が見られる。(111) 少なくとも陳重の「法律進化論」を論ずる際には、彼が最晩年になってようやくにして刊行した『法律進化論第一冊』『法律進化論第二冊』が重視される必要があるが、これらの研究が評価に十分反映されているようには見えない。

時代背景

陳重の法律進化論のキーワードの一つ、しかも核心的なキーワードは「社会力」である。法律進化論第一冊の冒頭は、「法は力である。法は社会力である」から始まる。では、社会力とは何だろうか。

一九一八（大正七）年（四月二八日）の講演「禮と法との関係」の中で彼は、社会力を「人類が社会的協同生活を為すの結果として生ずる力、即ち社会の組織より生ずる力であって、其社会を組織する個人の意思力を超越して之を統制するものを云ふ」と述べている。(112) 例えば、人々が共同で生活する中で一定の慣習が規範的な力を持つようになるのは、個々人の行為や意思の集積ではなく、それを超える集団の力が働くためだと考えているわけである。

もっとも、陳重は当初から社会力という観念を用いていたわけではない。彼が社会力を強調するようになるのは、「仏蘭西民法の将来」（一九〇四（明治三七）年）あたりからである。セントルイス万博での日本民法についての報告もこの年であり、この頃が陳重の法思想の転換点を示すといえるだろう。その背景には何があるのだろうか。

一九世紀の世紀末から、ヨーロッパには、それまで陳重が知っていたのとは明らかに異なる思想が出現していた。一九世紀の価値が揺らいでいたのである。そして、それに続く第一次世界大戦は、ヨーロッパを物的にも精神的にも混乱に陥れた。ロシアでは革命が起き(一九一七年)、ドイツでも革命が発生して共和制が宣言され、ヴィルヘルム二世がオランダに亡命した。かつて世界に覇権を誇り、日本に目指すべき目標を提供したヨーロッパ文明が、明らかに行き詰まっていた。

法学の領域でも、フランスではフランソワ・ジェニーやレイモン・サレイユらの自由法学が勃興し、「法律の社会化」がいわれた。一九世紀初頭の、ナポレオン法典(フランス民法典)に代表される法典編纂以来、厳格な条文解釈に終始していたフランス法学も、もはや条文に拘束されていては変動する社会に対応できなくなり、規範を自由に発見することを容認せざるを得なくなっていたのである。ドイツでもルドルフ・シュタムラーの「内容の変化する自然法」が主張され、急激に変動する社会の現実に対応し得ない硬直的な法律を克服するための柔軟な解釈が支持を集めていた。一九世紀に作り上げられた法制度は、進化の到達点であるどころか、もはや変動する現実についていけなくなっていたのである。

他方、日本では、西洋式法典を編纂する直接の目的だった条約改正はなし遂げられ(一九一一年には関税自主権も得た)、維新以来四〇年余りを経て、ついに日本は西洋先進国と法的に対等の地位に立った。当時の国際社会はヨーロッパ中心の格差社会であり、大使を交換できるのは大国同士に限られていて、日露戦争までの日本の在外公館は公使館レベルだったが、ようやく日本は大使を交換できる一等国（The First Class Powers）になった。[113] さらに第一次世界大戦を終結させるパリ平和会議では、日本は五大国の仲間入りをし、新設された国際連盟の常任理事国となった。

しかし、その日本も、幾多の困難に直面していた。戦勝国として臨んだはずのパリ平和会議で日本は何らのリーダーシップもとることができず、これを目撃した政治家・外交官・知識人の間に、日本の政治外交の遅れが国家的発展を妨げているとの認識を生んだ。帰国した政界人や言論人は、ただちに日本改造同盟会をつくって、国民の力による政治で日本の進路を開拓すべきことを主張し、おりからのデモクラシー運動の一翼を担った。[114] また、一九一八年の米騒動に代表される一般民衆の存在感の拡大は、「国民」をターゲットとした社会政策の必要性を政治の重要課題として認識させるようになった。

こうして、社会改造や統治機構の再編が盛んに議論されるようになる。歴史学者の成田龍一は、一九二〇年前後からの時期の社会改造の潮流として四つを指摘している。[115] 第一に、民本主義者の議論の継続と進展、第二に、社会主義運動や被差別者の視点からの改革、第三に、国体に立脚した改造を目指す国家主義、第四に、国家や市町村による新たな方策を用いた社会編成の試みである。陳重はこれらの潮流に、学問的にも実践においても深く関わることになる。[116] とりわけ、第一と第三の潮流のせめぎ合いを、立法を素材に見ることにしよう。

臨時法制審議会

第一次世界大戦後の新しい社会情勢を背景として、一九一七（大正六）年に教育に関する重要事項の審議を行なうべく臨時教育会議が設置された。注目されるのは、同会議が一九一九年一月一七日、教育に関する答申とは別に、「教育ノ効果ヲ完カラシムヘキ一般施設ニ関スル建議」を行なったことである。

同建議は「我国固有ノ淳風美俗ヲ維持シ法律制度ノ之ニ副ハサルモノヲ改正スル」ことを「要目」として挙げ、その理由として、継受法と日本の「国風民俗」との乖離、とりわけ家族制度における問題を指摘して次のようにいう。

「諸般ノ法令ニ於テ我国家族制度ト相矛盾スルノ条項著シキ者アリ。教育ニ於テ家族制度ヲ尊重シ、立法ニ在リテハ之ヲ軽視スルガ如キハ撞着ノ甚シキモノト謂ハザルベカラズ」。

条約改正を成し遂げた日本で、大急ぎで継受した西洋法を見直す動きが生ずることは十分想定されることである。法と現実との乖離は、ヨーロッパ以上に、外来の継受法が規律する日本で意識される理由があるだろう。しかし、臨時教育会議の建議は、もっぱら家族法を対象に、外国伝来の継受法と日本の「国風民俗」との乖離を問題とし、日本固有の「淳風美俗」を反映させる改正を求めた。ヨーロッパ文明やその法文化が行き詰まりを見せている中で、日本が固有の文化に自信を持ち始めた徴表でもある。

同時に、第一次世界大戦を契機とした日本の資本主義経済の飛躍的発展が、工場での労働運動、農村での小作人の農民運動、都市での無産階級による借家運動を活発化させ、日本ははじめて大規模な「階級闘争」を経験していた。危機感を持った保守勢力は「家族制度イデオロギー」を強化する必要を感じていたのである(117)。

この建議を受けて、一九一九年七月に陳重を総裁とする臨時法制審議会(副総裁は陳重の教え子の平沼騏一郎)が、原敬首相の下で内閣に設置された(118)。「古来の醇風美俗」と「固有の美風良習」による法改正の対象は、民法（家族法）のほか、一九二一年には刑法にも拡大された(119)。興味深いことは、この審議会に、いわゆる陪審制度の導入も諮問されていることである。陪審制は政友会の原敬が以前から導入を主張していたもので、原内閣の成立に伴って現実の立法過程に乗せられることになった(120)。ここから窺えることは、法と現実の乖離を理由とする法改正を後押しする勢力として、日本の醇風美俗を旗印に掲げる保守勢力のほか、国民参加という、近代西洋の価値に親和的な立法を求める勢力もあったことであり、大正デモクラシーの時代の二面性を見ることができる。

民法・刑法の改正作業は、改正要綱の策定にまで至ったが、戦況の悪化により結局法改正には結びつかなかった。しかし、国民の司法参加を可能にする陪審制度は、幾多の抵抗と障害（その中には推進者原敬の暗殺もあった）を乗り越えて一九二三（大正一二）年に法案が成立・公布され、準備期間を経て一九二八（昭和三）年一〇月から施行された。戦況悪化を理由に一九四三年三月に停止されたが、大正デモクラシーを象徴するひとつの成果といえる。この法律の成立に陳重は力を尽したのである。この陪審制度は、裁判での採否につき、被告人の選択を認める仕組になっていたが、陪審制が選択される事件数は次第に減少し、結局日本の文化には定着しなかった(121)。しかし、六〇年以上を経て、二〇〇九（平成二一）年の裁判員制度導入に際して、貴重な先例として改めて注目を集めた。

家族法改正と社会力

他方、民法（家族法）の改正に関しては、臨時法制審議会で「民法親族編中改正ノ要綱」（一九二五〔大正一四〕年五月）と「民法相続編中改正ノ要綱」（一九二七〔昭和二〕年一二月）――あわせて「大正改正要綱」と呼ばれる(122)――が作成された。これについても、陳重は、前者が採択される直前の一九二五年四月三〇日の総会で総裁を引退するまで、要綱策定に向けて尽力した。このとき陳重の息子の重遠も審議会の幹事として審議に参加したが、重遠の活動を通して大正改正要綱について研究した大村敦志は、「様々な限界・制約はあるとしても、大正改正要綱は変化しつつある家族のあり方に棹さす方向に向かった」と指摘している。[123] 要綱の準備のために重遠が準備した「調査要目私案」（一九一九年九月一七日付）の冒頭には、次のような文章が掲げられている。

穂積重遠

按ズルニ諮問第一号ノ「我邦古来ノ淳風美俗」ト云フハ、主トシテ家族制度ヲ指スモノナルベシ。然レドモ我国古来ノ家族制度的風習法制ガ必シモ総ベテ淳風美俗トハ称シ得ザルベク、或ハ既往ニ正当ニシテ将来ニ適応セザルモノ亦少ナカラザルベシ。蓋シ我邦古来ノ淳風美俗ニシテ将来モ亦淳風美俗タルベキモノハ、結局一家ノ親密平和ニシテ正当公平ナル共同生活ソノモノニ外ナラズ。[124]

わが国古来の淳風美俗といっても、将来も価値を持つのは、結局、一家が親密平和で正当公平な共同生活をすることに尽きる、というのである。このように、「国体ノ本義ヲ明徴ニシ之ヲ中外ニ顕影スル」ことや「我国固有ノ淳風美俗ヲ維持」することを掲げて教育改革を提言した臨時教育会議の建議を契機として審議が始まったにもかかわらず、大正デモクラシーの時代の流れの中で、当時の日本の知識人たちの思想傾向も反映して、[125]都市化とそこにおける労働者の増大という現実社会の家族の実態を反映した家族法改正案が作られた。建議とは思想的には逆方向に見えるが、そもそもわが国固有の淳風美俗や美風良習なるものが、政治的スローガンとしてはともかく、法制度として何を要求しているかが明確ではなかった。制度改革が、スローガンではなく現実の方に目配りをするのは当然の成り行きだった。

以上の立法作業を主導した陳重は、政治的スローガンがどうあろうと、結局法制度は社会の中に生まれたある種の力によって形成されていくことを身をもって体験していた。後期の陳重が「社会力」に注目したことは、ヨーロッパの先進思想の受け売りではなく、西洋法の継受のあと、引き続き日本の法制度の整備にかかわり続けた自らの体験から生まれた理論だったといえる。その意味では、インドでの立法への関与という実務体験によって自らの理論を深めていったヘンリー・メインと重なる側面を見ることができる。

君主の位置づけ

社会力への注目は、主権者としての君主に対しても、冷めた学問的視線を向けることになった。

陳重は、君主、族長、酋長、民会その他、法を語ることのできる社会権力者（立法権を持つ主体）は、「必竟社会力の機関たるに過ぎぬもの」だという。[126]なぜなら、君主の意思がただちに法となるときも、その法が統制力を持つゆえんは「人民が君主に畏服又は心服し、其意思には絶対に服従せざる可らずとする公共感」を持つからであり、結局は、「人民一般が君主なる国家の最高機関を認めるから」だという。君主の意思も社会力の表現にほかならないのである。

この記述からは、彼のいう社会力とは、法に服する人民総体の規範意識という意味に近いように思われ、その意味では、サヴィニーの民族精神あるいはルソーの一般意志を連想させる。しかし、現実の法制度を動かす力であって理念的性格が希薄な点で一般意志とは異なり[127]、個々人の理性による介入を退けて働く歴史のなかの力という意味では、まさに歴史主義の思考といえるだろう。しかし、陳重はドイツの「民族」概念が排他的な優越思想につながったことに批判的であり（本章6（3）参照）、「民族」という表現は用いなかった。

法を制定する権力を有する君主も社会力の機関だという理論は、普遍性のある理論として提示されているから、日本の天皇にも当然当てはまる。この記述を含む『法律進化論第一冊』の刊行は一九二四（大正一三）年であり、弟八束やその弟子上杉慎吉と美濃部達吉との憲法論争が行なわれた後であるが、天皇の位置づけに関して、陳重の考え方は八束の理論とは距離があるように見える。もっとも、のちに見るとおり、天皇制に関する両者の思想は重なる部分が大きく、むしろその距離は、兄弟で繰り返し行なった天皇に対する御進講が影響している可能性もある。八束は五度にわたって晩年の明治天皇に御進講を行なっているのに対し、陳重の四度の御進講は大正天皇であった。そして、大正三、六、八、一一年の四度のうち、少なくとも後半二回は大正天皇が脳の健康を害し、次第に国民の目から隔離されていった時期である[128]。

陳重が死の床にあってなお執筆を続けていた「原質論」の前篇は、子息重遠によって編集され『法律進化論第三冊』として刊行されたが[129]、タブーを扱った同書において、陳重は興味深い記述を残している。「原始的社会に於て首長の権力を不可侵ならしめるものは『タブー』である」という彼は、首長をタブーによって民衆から隔離する理由を次のように述べている。

首長は必ずしも勇武群を抜く者ではない。故に若し衆民の濫に之に近づくことを許さば、何時危害の其身辺に及ぶやも測られぬ。首長は必ずしも智徳衆に勝れたる者ではない。故に若し群衆をして濫に狎《な》れ近づかしむるときは、直ちに其首長の敢て自己に異なりたる超自然力を有するものに非ざることを発見し、輒《やや》もすれば其短所、悪癖等を曝露して軽侮を招き、威信を損ずるの虞れが無いとも限らぬ。(中略)近づければ狎れ、狎るれば軽んずるに至るは、人の常情である。(130)

陳重が、天皇の存在を抽象化された機関として捉える方向に向かう契機は、自らの体験にあるとも思われるのである。

一九三五(昭和一〇)年、菊池武夫議員が貴族院で美濃部の天皇機関説を不敬として問題にし、そこから政治的弾圧としての天皇機関説事件が始まる。(131) 陳重の理論は、必ずしも憲法上の主権の所在を問題としたわけではないにせよ、天皇を機関として捉えていた陳重は、幸いにもと言うべきか、すでにこの世を去っていた。

成文法の限界と社会力

社会力概念を軸に法の進化を論ずる陳重にとって、法は主権者の命令であるとするオースティンの理論は、文明が発達した社会における成文法を形式的に観察したものでしかない。陳重のいう「原始社会」では、法が宣言される前にまず慣習規範が生じていた。「君主と雖も、只管《ひたすら》古に則り、敢て濫りに新たなる抽象的一般命令を発して事前に人民の行為の規範を定めることは無かつた」という。[132]
しかし、法が社会力であり「法現象は常に社会の変遷に伴随する」[133]といっても、成文法の時代になると、法は固定静止する一方で、社会は常に推移変遷するから、法規範と社会の実態との間に間隙が生ずる。実際、二〇世紀に入って世界は激動期にあり、西洋では一九世紀に制定された成文法が社会の変化に対応できず、自由法論のような柔軟な解釈による法発見を主張する思想が有力化していた。
成文法が西洋からの継受法であった日本では、このような法と社会の乖離は一層顕在化しやすい。そこで日本の裁判所は、条文にない概念を援用してこの間隙を埋めようとしていた。[134]
例えば、大審院の一九一五（大正四）年一月二六日判決（民録二一輯四九頁）は、婚姻届を提出する前の事実上の夫婦関係（内縁関係）を婚姻予約と捉えて婚姻に準ずる法的保護を与える判断を行なったが、その際、「正義公平ヲ旨トスル社会観念」を援用して成文法の制約を乗り越えた。同じく一九一五（大正四）年一〇月二八日（刑録二一輯一六六七頁）の大審院判決は、長期間予測困難な負担を負い続けることになる身元保証契約について、「身元保証契約ノ性質ニ徴シ契約当事者ノ意思ヲ推測シテ」、保証人からの解除を認める判断を行なった。これについて鳩山秀夫は、継続的契約の本質という観点から正当化を行ない、民法の契約観念には存在しない継続的契約という社会の実態に即した概念を用いて、継続的契約の特質を持つ消費貸借・賃貸借・雇用・組合の規定を類推することで解釈の制約を乗り越えようとした。[135]さらに一九一九（大正八）年三月三日の大審院判決（民録二五輯三五六頁）は、汽車の煤煙によって路傍の松の樹を枯死させた事件で、汽車の運行という適法な権利の行使も「社会観念」上被害者が認容すべき限度を超えると権利の濫用として不法行為責任を生じるという判断を行なった（この事件は枯れた松の木が武田信玄が旗を掛けたという由緒ある樹と主張されたことから、信玄公旗掛松事件として有名である。ただし、樹齢の鑑定の結果信玄とは関係のない松であることが後に判明した)。これも、社会観念を手がかりに成文法の限界を解釈で超えた例である。さらに一九二〇(大正九)年一二月一八日の判決(民録二六輯一九四七頁)では、大審院は、買戻権の事例で提供された金銭に「些少ノ不足」があった場合も有効な買戻しになるとして、買戻しの効力を否定した原審を破棄したが、その際、「債権関係ヲ支配スル信義ノ原則」に言及した。[136] こうして、社会観念、権利の濫用、信義誠実の原則といった、当初の民法にない柔軟な概念を用いて社会の要請に応える判決が生じ始めたのがこの時代である。一九四七(昭和二二)年に至って、これら判例で形成された法理が条文に取り込まれ、民法第一条の二項に「権利ノ行使及ヒ義務ノ履行ハ信義ニ従ヒ誠実ニ之ヲ為スコトヲ要ス」、三項に「権利ノ濫用ハ之ヲ許サス」という規定が追加された(二〇〇四年に現代語化され平仮名の口語文になった)。

陳重は、そのような時代の変化を敏感に法理論に反映させていた。それが、後に立ち入って論ずる自然法論の再評価の背景をなしている。

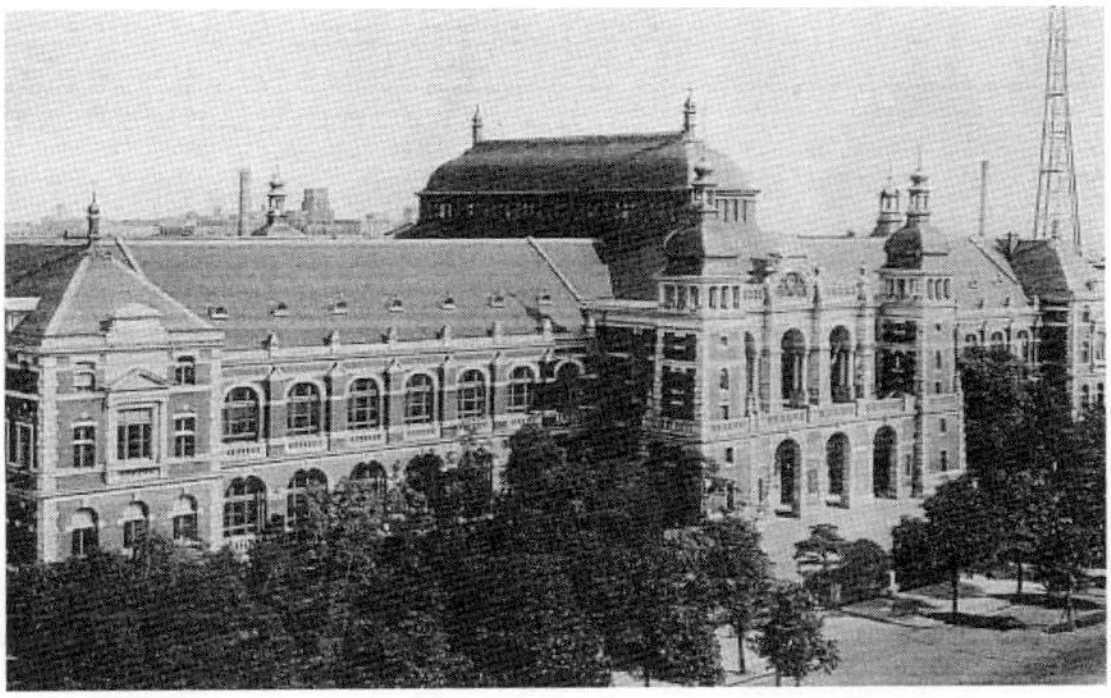

大審院庁舎

進化論と科学

陳重は、法学も科学であるべきだと考えていた。[137] 彼にとって法学とは、「法現象の普遍素の知識を目的とする」学問である。

これは、法学の目的は法における普遍的法則を発見することだとするメインと共通し、これこそが彼の理解した西洋法学だった。当時めざましい発展を遂げていた科学の一分野という理解である。では、陳重にとって、科学的な法学研究とは、どのような研究を意味していたのだろうか。

日本の法学界では、第二次世界大戦後、戦前への反省から、法を科学にすることへの強い動機づけが働き、法学者たちは「科学性へのせつないまでの憧憬」を抱くことになった。(138) 川島武宜の『科学としての法律学』(139) はその代表的な業績である。その後、このような偏った科学信仰は批判されたが、(140) この論争を経た現代の目で、戦後の日本の法学における、自然科学と同じ客観性を求める特異な「科学主義(141)」の走りを陳重の中に見るのには慎重を要する。

星野英一は陳重の法思想について、「基本的立場として、法律学も自然科学と同じ方法であるべきだという、実証主義ないし『科学主義』とでもいうべきものを挙げることができる。この点は彼の一生を通じて変わっていない」と述べている。(142) 確かに、法学も自然科学の方法で研究されなければならないという信念は、陳重の生涯を通じて変わらなかった。最晩年の講演「日本学術協会第一回大会開会式に於ける演説」(一九二五〔大正一四〕年一〇月)においても、自然科学者を相手とした講演であるとはいえ、「人理」の学問もその研究方法は、「能ふだけ謂はゆる自然科学と同一でなければ、真の進歩を見ることは出来ぬ」との持論を展開している。(143)

しかし、他方で彼は、人間を扱う社会科学において、自然科学の方法の単純な適用が困難であることは、すでに初期の論文「法律学の革命」(一八八九〔明治二二〕年、遺文集第二冊)において指摘している。この論文は自然法主義を批判して進化主義を主張するものとして引用されるものであるが、(144)「社会は有機体中最も複雑なる組織を有する人類の集合体なるに依り……社会的諸学科は物理的諸学科に比すれば、其原理を看出すことも亦た甚だ困難にして、仮令《たとい》之を定質的に看出すことを得るも、之を定量的に確知するは尚ほ一層困難なりとす」と述べている。(145)

では、陳重のいう自然科学と同じ研究方法とは、どのような方法が想定されているのだろうか。そんな彼の方法論を示していると思われる研究の一つが、末期養子に関する「由井正雪事件と徳川幕府の養子法」(146)(一九一三(大正二)年)である。この論文は、江戸幕府がいわゆる末期養子禁止の原則を緩和した理由を、一六五一(慶安四)年の幕府転覆謀議事件である由井正雪の乱に求める仮説を立て、それを論証するために、各種史料のほか、末期養子の禁止による浪人の数の増加と、その緩和後の減少を統計上の数値で示して仮説を検証し、かつ仮説に対する反証を検討したものである。結論として、科学的検証の結果を、「不然、或然、蓋然、眞然」に分けた上で、「此結論は或は或然則の域を超え、少なくとも仮定説として蓋然則たる価値を要求するの敢て不当ならざるべきを信ずる」と論文を結んでいる。これこそ陳重の考える科学的方法の実践と見ることができるだろう。そして、仮説を立ててデータで検証し、その正しさを四段階で測るというその方法は、今日の社会科学の手法から見ても違和感のないものである。なお、その後の国史学では、陳重の右の推論を覆す研究は出ていないようである。(147)

このような手法はその後も用いられ、忌み名の慣行が本邦固有の習俗ではないとする本居宣長説への反証を試みた『諱に関する疑』(148)(一九一九年刊)においても、仮説を立てて証拠で検証するという作業を経て、「必然は素より期す可らず。蓋然は或は幸にして之を希ふことを得べきか。若し然らずとするも少くとも或然は之を望むことを得べきか。敢て識者の教を俟つ」と結ばれる。

これが、一般論ではなく学問的実作を通じて実践された彼の自然科学的方法である。

6　西洋法学の深層への接近

（1）法学の源流

東洋に法学はなかったか

陳重は、西洋法学の深い知識のみならず、非西洋を含む広範な比較法の知識を背景に、日本で最初の法学者として「法律進化論」というオリジナルな理論を構築し、西洋の第一線の法学者に引けをとらないアジアの法学者として存在感を示した。しかし、そんな彼には、当初から心に引っかかり続けていた疑問があった。それは、なぜ東洋（中国）に法学が成立しなかったのか、という疑問である。中国では、西洋に学ぶものはないとのプライドを生むほどの高度な精神文化の発達を見たし、法も古代から存在していた。それにもかかわらず、である。

陳重は東洋に法学はなかったというが、彼も指摘するとおり、中国には古代から法による統治の思想があり、実際に法が整備されていた。とりわけ日本の律令国家成立の契機となる大宝律令（七〇一年）の母法である唐の永徽律令《りつれい》（六五一年）は、きわめて精緻な法体系だった。当然、それを解釈するにはそれなりの専門性を要し、そのための専門家がいた。しかし、律博士、律学博士と呼ばれた法の専門家は高官にはなれず（医博士などより下位に置かれていた）、律学も低い地位に置かれていた。彼ら法家の説には深遠な哲理はなく、律学を身につけた者もあくまで実務的官人との位置づけで、

「人の嫌悪する方面の実際を担当し、しだいに儒吏の下風にたたざるをえなくなった。かくしてついに法は道徳の補助物視され、徳主刑輔の実現こそ王道政治であるとされるにいたった」[149]。

唐から律令を継受した日本には、唐の律学博士に倣った制度が置かれ、のちに明法《みょうぼう》博士と呼ばれた。律令の解釈を担当する専門家であるから、まさに法学者的な地位である。ただ、この身分は朝廷のなかで高い地位を与えられず、しかも、律令の解釈が分かれて収拾がつかなくなるに及んで『令義解《りょうのぎげ》』が編纂され、公定解釈が定まったことや、明法博士の身分が世襲となって特定の家に独占されたことなどにより、明法道のレベルは低下し形式化していった。さらに、南北朝の動乱以後は、律令法という枠組の意義自体が公家社会で低下した結果、法学の端緒であり得た明法道は形骸化し、廃れていったといわれる[150]。その結果、法規範を解釈するための技法や、法の解釈の性質についての知見、さらにはあるべき法についての知見など、今日われわれが法学という学問の内容として理解するような知識が、客観的に理解可能なかたちで理論化され伝承されることはなかった。

さらに考えてみると、東洋（中国）の法である律令は、現代の用語でいえば、律は刑法、令は行政法に対応する。「法は基本的に、支配者が秩序を維持するための手段であり、互いに対等な立場に立つ人々が相互の関係を規律するための民法を——少なくともその原型を——生み出すことはなかった」[151]。陳重がまさに起草を担当し、日本への受容をリードした民法こそ、古代ローマで精緻な発展をみて、その後ヨーロッパで法学という学問の範型を提供し続けてきた分野だった。ところが、高度な商品経済を発達させた江戸時代においても、日本にはそれに対応するような法分野は発展することはなかった。ヨーロッパの自然法論も、モデルはローマ法以来の市民法（民法）における普遍性の高い規範の体系である。西洋の歴史のなかで中心的な意義を持っていた法の領域が、東洋にはまったく欠けていたのである。

陳重が問うたのは、それがなぜなのかということ、すなわち、そこに、東洋における思想や哲学のレベルでの要因があったのではないか、という問いだった。

「礼」と法

陳重が注目したのは、儒学の基本概念の「禮（礼）」である。一九〇六（明治三九）年の論文「禮と法」や前出（二一五頁）の講演「禮と法との関係」（一九一八〔大正七〕年四月二八日）では、「礼」が「道義の表彰」であって「無形にして把へ難き敬神、仁義、愛敬等の観念を有形にして據《よ》り易き法式に依つて表示し、之を以て行為の規範としたもの」であるという。つまり、宗教、慣習、徳義、権力者の命令などどのような根拠であれ、規範を人々の行為の外形的な形式として定めたのが「礼」である。その形式に従うときの人々の動機や心理には関わらない。しかし、それが慣習化して一定の行為様式が生まれ、やがて規範意識を生めば、既存の規範を変える力も持ちうる。その意味で、「礼」も、陳重の用語を用いれば「社会力」ということになり、「法」と性質を共有する。

そして、原始社会においては、礼の範囲がほとんど人事百般の行為を包含していた。今日の用語で言えば、公法も私法も礼の中で規律されていたのである。これを陳重は礼治社会と呼ぶ。(152) やがて、国家の体制がようやく定まってくるに従い、国家の存在や発展に直接関係のある規範が法律の方に取り込まれていく。その結果、現代語での「礼」は挨拶や神社の参拝などの形式が思い浮かぶ程度に領域が限られているが、もともとはそうではなかった。

「支那」では春秋の時代に力の衰えた周の礼が列国の共通の規範となっていて、いわば国際法の端緒と見られるものが存在した。これはあたかもヨーロッパで、ローマ法の遺法である自然法という共通観念があったために、近世の独立国家が勃興したときに、これに依拠することができたのと同じである。ただ、「支那」の場合は、秦が六国を滅ぼして帝国主義が再び行なわれたために、国際法の発達を見ることがなかった、という。(153)

その秦は、商鞅に代表される法家思想を採用し、法家の術策を用いて天下を統一した。その際、にわかに仁義道徳の礼治を排除し、焚書坑儒まで行なったため、その後、礼治と法治は相容れないという思想を生じた。漢の時代になって儒学が支配的となってからは儒学が法治を排斥したために、法学が生まれず、法家はあっても法学という文字はなかった。

礼法分化(154)

しかし、歴史的には、法は礼から生じた。(155) ヨーロッパでも、その古代法は礼典の中に含まれていたし、紀元前六世紀頃の古代ギリシアのソロンの法典も一種の礼典だと陳重はいう。その後、礼と法の分化が生ずるが、中国では、法術への嫌悪からあくまで礼を本とし、法はその補助的な位置づけにとどまった。「礼義は其れ自身既に徳義の成形であつて、法律は徳義の成形に合はざるより生ずる」。つまり、「法律は徳義の消極的表彰」であり、人の行為が礼に違反したときにはじめて法の世界に入るのである。これに対して、古代ギリシアでは法は正義が現れて規則となったもので正義実行の具であり、正義の形であるという考え方が存在し、礼・法分化は、法を抽象化する形で生じた。

すなわち、礼義は徳が形を為したものとして人の行為に具体的典型を提供し、行為の形式に関わる。他方で、正義は徳の本体であって、人の行為に抽象的標準を与える。交換的正義や配分的正義といった抽象的理想は、理念を提供することで改良進歩の目標となるのである。その正義の表彰が法律とされたため、「法律は、容易に其伴侶たる礼義の羈絆《きはん》を脱して発展の途に上ることを得た」という。「礼義は静的」であるのに対して、「正義は動的」に発展しえたのだという。それが法学を誕生させたというのが陳重の理解である。つまり、現にある法ではなくあるべき法を探求することで、法の学問が生れたというのである。

しかし、ギリシアの正義とは「支那」の文字で云えば義であり、正義の形は法であるというのは、あたかも仁義道徳の形は礼であると「支那」で言っていたのと同じで、その礼から法が生ずるのだから、通ずるものがある。陳重は、このような観点から朱子の解釈が当を得ていたことも指摘している。[156] すなわち、

論語の為政第二、3に

「子曰、道之以政、齊之以刑、民免而無恥。道之以徳、齊之以禮、有恥且格」(子曰く、之を道《みちび》くに政を以てし、之を斉《ととの》うるに刑を以てするときは、民免れて恥なし。之を道くに徳を以てし、之を斉うるに礼を以てするときは、恥有りて且《か》つ格《ただ》し)

とある。

(下村湖人訳「先師がいわれた。法律制度だけで民を導き、刑罰だけで秩序を維持しようとすると、民はただそれらの法網をくぐることだけに心を用い、幸にして免れさえすれば、それで少しも恥じるところがない。これに反して、徳をもって民を導き、礼によって秩序を保つようにすれば、民は恥を知り、みずから進んで善を行なうようになるものである」)。

これに対する朱子の注釈である。

政者、爲治之具、刑者、輔治之法。徳禮則所以出治之本、而徳又禮之本也。此其相爲終始、雖不可以偏廢、然政刑能使民遠罪而已。

（政は治を為すの具、刑は治を輔くるの法。徳礼は則ち治を出す所以の本にして、徳も又礼の本なり。此れ其の終始を相為し、以て偏廃す可からざると雖も、然れども政刑は能く民を罪に遠ざけしむるのみ）。

朱子は、法家のいうような法制度や刑罰だけではなく、徳や礼も重要で徳治と法治のどちらか一方に偏ってはいけないと述べている。陳重は、これが重要だという。

もし法の背後に儒教的な徳があり、それが正義の観念のように理念化されたならば、「あるべき法とは何か」をめぐる学が成立したのではないか、と陳重は考えたのだろう。一九〇六（明治三九）年の論文「禮と法」では礼法分化が生ずる歴史が語られるが、法学の発生についての言及はない。おそらく、このような問題意識は、ちょうどその頃進行していた彼の自然法理解の変化によって促されたのではないだろうか。

「禮と法との関係」は孔子祭典会での講演ということもあるが、明治初期まで日本の知識人の共通教養をなしていた漢学の概念を通して、西洋法学の成立が説明されている。これは、まさに陳重自身が西洋の法学を理解し受容した際のプロセスだったのではないか[157]。同時に、法学の成立が、正しい法、あるべき法を探求するという思考、すなわち、自然法的な思考と密接に関わっていることがわかる。

法学はなぜ成立しなかったか

陳重の死後、一九二八（昭和三）年に刊行された『祭祀及禮と法律』（法律進化論叢第二冊）の中に収められた遺稿「禮と法律」は、子息の重遠が、ほぼ定稿となっていた遺稿を整理したものである。『法律進化論』全体の体系の中で、「原質論」の徳義規範篇に属すべき原稿だと重遠は述べている。実際、その内容は、礼法分化が生ずる過程を比較法的に論じたもので、なぜ法学が西洋でのみ成立したのかという疑問への直接の言及はないが、次のような記述がある。

「礼義は東洋に於て法の基本であり、正義は西洋に於て法の基礎である。礼法の分化が東西其状態を異にするのは、蓋し此基本観念に異同あるが為めでなければならぬ」（同書二〇五頁）。

他方で、講演「禮と法との関係」は、まさに陳重の以上の問題意識に即して礼と法の関係が語られている。そして、ここに現れた、東洋で法学がなぜ成立しなかったかという問題意識は、講演の六年後（死の二年前）に自ら刊行した『法律進化論第一冊』にも現れている。

「西洋に於ては法律改善の目標と為るべき超越的基本法の観念存在し、東洋に於ては古来之を欠いて居つたのが、東西法律進化の現象を殊《ママ》［異］にするの一大原因と為つたのである。西洋に於ては、ギリシヤ、ローマ時代より、中世を経て現時に至るまで、立法、司法共に長足の進歩を為し、東洋に於ては、法律は数千年間殆ど静止の状態であつたのは、主として此超越的理想法の存否に因るものである。西洋に於てはローマ以来法律の学問が大に興り、東洋に於ては法学が特殊の科学として興らず、法律の専攷は主として記誦、解釈に止まつたのも、亦之が為めである」（同書二二三頁）。

自然法観念こそが西洋法の発展と法学の成立を支えたとの理解である。

高度な哲学や政治理論を生んだ東洋でなぜ法学が成立しなかったのか。これは、生涯を通じ、陳重を捉えて放さない疑問であったに違いない。この差を生んだ「超越的理想法」の観念については、陳重は法律進化論の「原力論」で詳論することを予告していたが（『法律進化論第一冊』二二三頁）、それは実現しなかった。

しかし、法学の成立にかかわる以上の議論は、陳重の後期の研究によって深化されたものであり、法学教育のみならず、さまざまな立法に関与するなど、彼が経験を積み重ねる中で、西洋法についての理解が深められ、当初彼の思考を支えた歴史法学の彼方に彼が到達した境地であったといえる。

(2) 自然法

新自然法論の登場

法学の成立についての考察は、自然法の理解の変化と同時進行的に生まれたと考えられる。そして、陳重の自然法の理解を大きく変化させたのは、ヨーロッパでの新たな自然法論の登場だった。

陳重が出会った一九世紀のヨーロッパでは、自然権・自然法思想の批判・克服という一連の過程が進行しつつあった(158)。ダントレーヴは「自然法の放棄、これが近代法律学の興起を劃すものである」と述べている(159)。それをリードしたのがドイツだった。ドイツ歴史主義の総括を行なったマイネッケが述べたように、「問題の中心はすべて、人間の最高の理想の永遠性と人間本性の恒久的同一性を信ずる頑強な自然法的思考を軟化させ流動化させることにあった(160)」。陳重はその時代のヨーロッパ法学を実体験したのである。

しかし、自然法論は死滅したわけではなかった。陳重は、『法律進化論第一冊』の中で次のように描写している。

立法の趨勢、ドイツの歴史法学、イギリスの分析法学の勃興により自然法は危機に瀕したかに見えたが、「此際に在つて、一時蟄伏して他日の騰天を待つた避難所は、第一九世紀の模範法典と為つたフランス民法の第四条であつた」[161]。

同条は次のように定めている。


法律の沈黙、不明瞭又は不十分の口実の下に裁判することを拒否する裁判官に対しては、裁判拒否につき有罪として訴追することができる[162]。


この規定は、法文の背後に、書かれざる規範が存在することを前提としている。それこそが自然法であり、自然法論はこの規定の背後に蟄伏し、反自然法の嵐が過ぎるまで雌伏の時を過ごした、というのである。

やがて、世紀が変わる頃から潮目が変わる。自然科学の進歩と経済の成長は未曾有の繁栄をもたらしたが、その結果個人（労働者・消費者）の自由は組織（企業）の力の前に形骸化し、社会問題は深刻化して階級対立が激化した。しかし、一九世紀の法学が生み出した既存の法は何らの解決ももたらすことができなかった。既成法文の想定を超える事件が日々新たに生じ、もはや既存の法文の適用は正義にかなった結果をもたらすことをまったく保証しなくなった。こうして、人々は実定法よりも高次の指導原理を求めるようになった[163]。陳重の描写はこうである。

「成文法崇拝者たる法典論者も、自然法排斥者たる分析派法学者も、竟《つい》に其節を屈して超越的理想法の存在を認め、立法者も「法の原則」と云へる如き汎称の下に、[164]理想法の存在を公認せざるを得ざる気運に到達したのである。此時に当り、一世紀間に於ける法学界の長夢を破った暁鐘自由法説である」[165]。

自由法論は二〇世紀初年の法学界の「愛好問題」となり、学界の「新思潮」として勢いを増して、ついに「立法者を動かして理想法自由発見を公認する法典の発布を観るに至つた」。

こう述べて、陳重はスイスの新民法（一九〇七年）が総則の冒頭に「法律の適用」と題する次のような規定を置いたことを紹介する。[166]

第1条　1　本法はその文言または解釈により、本法が規定を置いている総ての法律問題に適用される。

2　規定が欠けているときは、裁判所は慣習法に従い、慣習法もないときは自己が立法者であれば設定したであろう規範に従って裁判しなければならない。

3　その際、裁判所は確立した学説及び判例を参照しなければならない。（傍点内田）

歴史法学による自然法批判の時代に西洋法学を吸収した彼には、自然法論の復活は衝撃であったに違いない。しかし、新自然法論に接したのちの陳重は、自然法論を、古代ギリシア・ローマを含めた大きな歴史的視野の中でとらえなおし、自然法に新たな位置づけを与えようとした。そのような変化の兆しを感じさせるのが、フランス民法百周年を機に彼が行なった講演である。

フランス民法百周年

一九〇四（明治三七）年にフランス民法が制定百周年を迎え、日本でもフランス公使などを招いてそれを祝う式典が開催された。外国の法典の百周年を祝うところに、ボワソナード以来の日本とフランス法との強い縁を感じさせる。[167] その折の陳重の講演が「仏蘭西民法の将来」である。

セントルイスでの万国学術会議が開催されたのと同じ年、アメリカに出発する前に行なわれたこの講演で、陳重は、フランス民法の歴史を振り返り、フランス法学の現状を比較法的に位置づけた上で、もはやナポレオン法典が時代の要請に応じられなくなっているのに「仏国人民は此世界的大法典に対して未練の残るありて、容易く之を棄つるに忍びず、去りとて解釈は既に其作用を尽して余力なきを以て、新事態の急需に応ずるには第二自然法説とも称すべきものを案出して解釈以外の調和力を求むるの必要あるが為」に、フランソワ・ジェニーらの新自然法論が登場したと分析する。

法律の規定を離れた自由な法発見を主張するこの新潮流は、「自由法論」としてドイツにも波及した。陳重は、この新たな自然法論の復活に対して並々ならぬ関心を示した。

もっとも、この講演自体は、フランスの法典を賞賛する趣旨のものであったことから、フランスは時代遅れの法典と「自由な学問的探究（libre recherché scientifique）」によって発見された法との国法の二重性を容認することはなく、やがて日本にとっても新たなモデルとなるような第二のフランス民法典を制定するに違いない、との期待を述べて講演を締めくくっている。

しかし、彼がこの講演で論じたような、法と社会との乖離を克服するための法の発展は、社会の変動期を迎えていた当時の日本にとっても切実な実践的課題だった。同時にまた、陳重の法律進化論にとってもきわめて重要なテーマだった。問題は、それをいつ論ずるかだった。

このテーマは、陳重の法律進化論の壮大な構想の中では、「法勢論」と彼が名づけた、法の変化（進化）を扱う領域で論じられる。[168] しかし、それを論ずるのはいつになるかわからない。そこで陳重は、「老著者の残年は果して法勢論の脱稿を許すべきや否やは素より不可知にして、而も非蓋然の事であるから」と言い、その内容を先取りする形で、『法律進化論第一冊』の中で、付録的に、九〇頁近くを割いて法勢論の一部を論じた（第一編無形法）。それが「法の第二次発見」に関する一連の記述である。

法の第二次発見

陳重は、法と社会の乖離が生じたとき、法を修正して両者を接近させる要因を「調和力」と呼ぶ。メインはその調和力として擬制、衡平[169]、立法を挙げていたが、すでに法が成熟している社会においては、立法（法改正）と並んで衡平が援用される。これは既存の法を補充する形での法形成であり[170]、原始社会で最初に法が誕生したときに行なわれる「法の発見」とは別の意味での法の発見である。これを彼は法の「第二次発見」と名付けている。

たとえ法と社会の調和を図るための立法が行なわれても、立法者は全知でなく、成文法は全能ではないから、やがて立法と社会の発展との間で乖離を生ずるに至る。当初は、類推解釈、精神解釈（目的論的解釈のこと）などの法の解釈が行なわれる。しかし、文化がさらに進んで法規が整備されると、法規の外に規範法の原動力たるべき基本法が存在することを前提として、裁判官は、その基本観念である衡平（Aequitas）、正義（Justitia）、自然の理（Naturalis ratio）といった抽象的観念を体現する権能・職務があると考えられるようになる。このとき、第二次的に発見される対象としての法が理想法としての自然法だという。

こうして、実定法の外にある法形成の原動力としての衡平と自然法について考察が進められる。

法形成の原動力

「恰《あたか》も古代に於て自然法説が万民法（Jus gentium）の発達を促したる如く、近世国際法発達の直接原因と為り、国法に関しても、第一八世紀の頃に及んでは、学者は概ね自然法の効力は国法の上に在るを以て自然に抵触する国法は無効であると為て居つた」[171]と陳重はいう。

万民法とは、ローマ帝国の範図がイタリアを超えて異民族の間へと拡大したときに、ローマ市民に適用される市民法と区別して、万民に適用される法が観念され、それに付けられた名である。しかし、万民法という言葉自体は、このような法律用語となる前に、古い通俗語として「人類の共通法（common law）ないし共通慣習——実際にすべての人に承認されている諸ルール——を意味していた」と、法制史学者のフレデリック・ポロックは述べている。[172] 自然法の発想は、そのような共通法の形成を促したのである。そして、その思想は二千年を経て受け継がれている。

一八〇四年のフランス民法に続いて一八一一年に制定されたオーストリア民法は、前世紀の自然法思想の影響下にあり、その第七条は、法規の解釈によって決することのできない事項は「自然法の原則」（natürlichen Rechtsgrundsätzen）に従って判断せよとの規定を置いている。これについて陳重は、「広き意義に於ける自然法の観念は、常に超越的基本法発見の対象と為り社会と法律とを調和する原動力と為つたものである」という。[173] 一九世紀に排撃の対象となった一八世紀の啓蒙期自然法論に新たな歴史的位置づけを与える議論といえる。

では、彼がこれまで述べてきた自然法の衰退の歴史は、どのように捉え直されるのだろうか。

自然法史の捉え直し

一八世紀に有力化した自然法論について、ダントレーヴは次のように言っている。

近世の政治哲学者のいわゆる「自然法」(jus naturale) はもはや中世の倫理学者の「自然法」(lex naturalis) でもなければ、またローマの法律家の「自然法」(jus naturale) でもなかった。これら三つの概念は別異のもので、ただ名称を共通にするにすぎない(174)。

一九世紀にイギリスやドイツで批判を浴びていた自然法論は、この一八世紀の啓蒙主義的自然法論であり、自然法の歴史の中でもやや特異な思想といえた。しかし、それを含め、ヨーロッパには、古代ギリシアや古代ローマ以来自然法の観念が存在しており、それがヨーロッパの法学の通奏低音をなしている。西洋法学の成立と発展における、そのような自然法観念の決定的役割に、陳重は気がついたのである。

陳重は、「自然」の観念は、法の第二次発見の対象として衡平と「相並び相伴うて顕著なるもの」だという(175)。「ギリシヤ哲学に於ける自然法と制定法との対立は、実に爾来二千有余年間西部世界に於ける法律進歩の原動力と為つたのである(176)」。ところが、一九世紀になると「二大敵」が現れる。

その第一がドイツの歴史法学派であり、ティボー対サヴィニーの論争を契機として、法の自然性・普遍性に反対して、「法の国民性、特殊性が高唱せられ、歴史派の法学者は法の基礎は「国民の意識

(Volksbewußtsein)・国民の確信(Volksüberzeugung)」であることを力説した」[177]。歴史派は一時、ドイツ系の法学を風靡したが、「其間に於て自然法学説も決して其根拠を失はず、種々の新しき装ひに於て学界に現はれ」た。カント、シェリング、フィヒテ、ヘーゲル等がプーフェンドルフ以来の自然法説に代わり、近年は新カント派、新ヘーゲル派等の現出をも見て、これらがその国の法発見の対象となり立法・司法に影響を及ぼしたという。

これもまた、初期の著作からすれば驚くべき視点の転換であるが、西洋法学の深層を流れる水脈に陳重の目は届いている。

今日では、歴史法学による自然法批判について、自然法のドイツ法学への影響が「見せかけの断絶」を呈したに過ぎず、実は一貫して自然法の影響は続いていたという捉え方が一般的である。何より歴史法学は「自然法から『概念法学』・『構成法学』への架橋的役割」を果たしたもので、実は「偽装された自然法(Kryptonaturrecht)」だとも評価されている[178]。これは、第二次世界大戦後にナチスを否定し自然法論を再生する中で生じた歴史法学の自然法的把握である。陳重の理解はそこまでは至っていないとはいえ、これに近い認識に到達している。

第二の敵は、イギリスの分析学派である。「分析派の学説は、前世紀(一九世紀)の後半に至る迄は殆ど英米に於ける法学界を風靡し、学祖オースチンが痛罵排斥した自然法は其名を称へることさえ恥づるが如き有様であつた」[179]というが、陳重はまさにこの時期にイギリスに学んだのだった。

しかし、ベンサム、オースティンやミルなどの功利派は、もとより幸福の最高実現をもって法律の目的とするから、「自然法の名称こそ無けれ、之に代るべき理想法は存在して居つたものと言ふ事が出来る」[180]という。これはポロックの影響を感じさせる記述である。ポロックは、「功利主義がとにかく倫理学ないし政治学の他の独断的体系に劣らず自然法の体系であることは、今までにも指摘されてきている」と述べている。[181]

陳重は、イギリスで自然法を説いたブラックストンを、「戯言を吐くもの」「児戯に類するのみならず有害」「無政府主義を鼓吹するもの」と激しく批判したオースティンに対して、「其視界を形式的成法論に局限して、法律の動的現象を閑却し、是等の観念［自然法論］が法律進化の原動力として、重大な意義有る事に気付かなんだ事に起因するものである」と批判する。[182]

ポロックが指摘するとおり、イギリスでは「合理性（reasonable であること）」をもって法の理想とする。これは呼び名を変えた自然法ともいえる。なぜなら、大陸法の自然法はイギリスでは「道理の法（Law of Reason）」に当たるから、その意味では自然法は「文明人の理性（reason）の集成体現したもの」といえるのである。つまり、イギリスでは自然法という名称に対してベンサム的毛嫌い（the Benthamite aversion）はあれども、自然法的思考そのものは確かに継承されているのである。[183]

衡平法も自然法も「必竟法の理想的基本観念の汎称たるに過ぎぬもの」で、別物ではない。[184]「広き意義に於ては超越的理想は自然法であると言ふことも出来る」。これが陳重の到達した自然法観である。こうして自然法論の機能を大きな歴史的視野の中で捉える視野を獲得した陳重が、なぜ東洋に法学が成立しなかったのかという疑問に至るのは、先に述べたとおり、まさに自然な流れだったといえるだろう。

翻訳語としての自然法

では、陳重が五〇歳になろうとしていた頃に到達した自然法観は、日本に受容されたのだろうか。

それを考える前提として、「自然法」という翻訳語について、改めて考えてみよう。

ヨーロッパ語の"Nature"という言葉には、"the basic or inherent features, character, or qualities of something[185]"、すなわち、最も基本的で本質的、内在的な性質、本質的な要素といった意味があり、同時に、"the innate or essential qualities or character of a person or animal[186]"すなわち、人や動物の生まれながらの本質的な性質、といった意味がある。"natural law"の"nature"にはこれらの意味が含まれている。

この含意を伝えるために、当初は儒教的概念を用いて性法や天律などと訳された。朱子学においては[187]、物質の根元が「気」であるとされ（陰と陽である）、気の運動によって万物が発生する。気を運動させるのは理であり、万物が、その原因者である理から受けとってきたものが性である。物事が発生すれば必ずその物事の性（天性・本性・個性）がある、とされる。万物は、各自の性に照らして、その根元たる理の命ずるところを知り、それを規範として運動し、また行動するのである。

Jus naturale（natural law）とは、まさにそのような「性」を内容とする法であると理解して、西周らはこれを性法と訳したのである。本質をついた翻訳とはいえるが、それによって、ヨーロッパの伝統の中の自然法は文字通り朱子学的に理解されることになり、両者の相違が見えなくなる。さらに、朱子学の素養が多くの知識人の教養の中から失われてしまったその後の日本では、朱子学の「性」と自然法の異同を問う前に、性法という訳語の持つ儒教的含意を伝えることも困難となっていった。

その後、"natural science"という言葉の翻訳として「自然科学」という訳語が使われる。「自然」という熟語はもともと中国にあり、日本でも使われていたが、「人為の加わらない、ありのままのさま」といった意味である。これが転用されたのである。一八八一（明治一四）年刊のボワソナード

『性法講義抄』は、一八七四年に行なわれた講義を、のちに司法省法学校の井上操がまとめたものであるが、その中で、すでに、「性法」と並んで「自然法」という用語も使われている。つまり、この頃、自然法という言い方が次第に性法にとって代わりはじめていたことが窺える。[188]

しかし、“natural science”の“natural”とは人間と対立する対象のことである。つまり、“nature (natural)”という原語が持っている重層的な意味のうちのひとつの意味の訳語として「自然」が使われた。その「自然」が“natural law”の“natural”にも使われ、「自然法」と訳されることになった。しかし、「自然法」という翻訳語には、“nature”に含まれていた重要な要素が抜け落ちており、英語（ヨーロッパ語）の“natural law”が持つ、ギリシア・ローマに起源を有する文明史的な含意を伝えることは、ほとんど不可能である。同時に、ここには柳父章《やなぶあきら》が「カセット効果」と呼んだ翻訳語のリスクを見ることができる。cassette（カセット）とは小さな宝石箱であり、中身が何であるか分らなくても人を魅惑し引きつける。漢字で表記された翻訳語は、しばしば正確な意味を伝えることなく、よくは分らないが重要な意味のある舶来の言葉として読者に受けとられてきた、と柳父は言う。[189]自然法もその一例といえそうである。

自然法論は受容されたか

陳重の自然法理解に影響を与えたと推測されるポロックは、国際法は本当に自然法に基づくのか、それとも文明諸国間の慣習に基づくのか、という論争は、根本的な考え方の違いというより表現の違いだと述べて、次のようにいう。

「他の場面と同様、ここでも我々はアリストテレスの原理を適用しなければならない。そして、資格の十分な人々にとって合理的と見えるものを合理的とみなさなければならない。資格ある人々の広くゆきわたった同意が存在しなければならず、そのような同意の最良の証拠が、継続的でかつ思慮ある慣習なのである[190]」。

ここでポロックは「合理的(reasonable)」という言葉を使っている。イギリスのコモン・ローで過失の判断基準として用いられる合理人(reasonable man)という概念(「過失とは平均的な合理人に期待しうる慎重さを欠くことである」などといわれる)や、商取引法でしばしば登場する合理的価格(reasonable price)、合理的期間(reasonable time)といった概念が、ローマ法学者や教会法学者が自然法の名のもとで理解する諸観念とつながっていることをポロックは指摘している[191]。

また、"reason"という言葉は理由とか理性などと訳される(陳重は「道理」と訳している)。しかし、ポロックは、自然法の意味で"the reason of the thing"という表現を使っている。これを「事物の理性」と訳すと今日の日本語として意味が通じない(儒教的観念として「事物の性」といえば意味をなすが、今日では理解できない)。ポロックはまた、この"the reason of the thing"をグロチウスのいう"*natura rationalis*"と同視している。ポロックの論文を訳した深田三徳はこれを「自然的理性」と苦心して訳しているが、ラテン語の原文通り訳せば「合理的な自然」であるし、"*natura*"は英語の"nature"と同様、性質・本性・本質とも訳されるから、「合理的本性」とも訳すことができる。しかし、ここには明らかに翻訳の限界が見える。

自然法の観念とつながるとされる"reasonable"という観念は、日本の法律家にとって、実感を伴っての理解が困難なものである。日本の法律立案過程において「合理的」という概念を用いようとすると、実務家から、基準が不明瞭で恣意的運用の恐れがあると反対が唱えられることが少なくない。このような批判に対して、合理性の基準は「合理的自然」「事物の本性」に照らして判断されるのだと言えば、ますます意味不明との批判を受けるだろう。

適切な訳語が造られなかった、ということは、それに対応する観念が日本には存在しない、ということを意味する。しかも、古代ギリシア・ローマから、中世の教会法学、啓蒙主義を経て伝えられ、一九世紀の雌伏を超えて現代的環境のもとで再生した観念であるとなれば、もはや言葉の問題ではない。西洋法学の根幹をなす思想といえるだろう。晩年に至って陳重が伝えようとしながらも伝えきれなかった西洋法学の一面である。

自然法論は、当時は梅謙次郎が支持し、その後も何人かの有力な学者が支持したが、そのような個別の例を別にすれば、結局、実務を含めた日本の法学には受容されることはなかったのである。

(3) 法の文体

「詩と法」

陳重は、自然法に加えて、もうひとつの西洋法学の深層に目を向けている。サヴィニーにより創設された歴史法学に忠実に研究を進めた、サヴィニーの弟子のヤーコプ・グリム(Jacob Grimm 一七八五－一八六三)への関心から目を啓かれたものである。グリム童話で有名なグリム兄弟の兄である。

グリム兄弟は一年違いでマールブルク大学で学び、ともにサヴィニーの教えを受けた。サヴィニーの問題意識に共鳴したふたりは、ドイツの慣習法の研究へと進んでいく。しかし、その後のサヴィニーやその後継者たちの学問的活動は、ローマ法の法源の精緻な研究を通して、のちに概念法学と批判される概念体系の構築に向かっており、グリム兄弟が期待したようなドイツの歴史を重視した法学とはならなかった。歴史法学派の中でも、ローマ法を重視するサヴィニーたちはロマニステン（ローマ法派）と呼ばれ、これに対してドイツの歴史や慣習の研究を重視する学者たちはゲルマニステン（ゲルマン法派）と呼ばれる。ドイツの古い歴史の中に固有の法を求めたグリムの研究は、ゲルマニステンの代表的な業績である。

ところで、法の歴史的性質の強調は、法の詩的側面への関心を呼び起こした。かつて法は詩のように表現されていたからである。J・グリムには『法における詩について』[192]という書物があり、法と詩歌は共通の起源を持つと主張している。[193]こうしてグリムの法の歴史への関心が、文学への志向と交錯することになる。

陳重はこの主張に早くから関心を抱いていた。彼は、一九〇六（明治三九）年に「禮と法」という論文を書いているが、同論文の冒頭付記によると、もともとは「詩と法」という論文を書くはずで、すでに腹案もできていたが、「偶々大学事件の生ずるあり、筆硯に親しむ能はざること旬日、刊期愈々《いよいよ》迫つて督促倍々急なり」。それでやむを得ず著書の資料（『法律進化論』の準備のためのメモと思われる）の中から礼と法律の関係を論じた部分の梗概を摘記し、「詩に代ふるに礼を以てし」、その責めを塞ごうとしたのだと書かれている。

上記の「大学事件」とは戸水事件である。日露戦争に対する東京帝国大学教授戸水寛人《ひろんど》の無責任な扇動的言動が、文部省による戸水に対する休職処分からさらに山川健次郎総長の辞職にまで発展した。これに対し陳重は、大学の自治を守るために、東京、京都の両帝国大学の教授たちとともに、文部大臣の辞職と処分の撤回を求め、要求が容れられなければ両帝国大学教授が総辞職するとの態度を示した（この事件については第八章4で触れる）。陳重がこれに忙殺されていた時期である。

ところで、一九〇六年の段階で公表されるに至らなかった論文とは、その後一九一一年に法学新報に掲載された論文「詩體法」ではないかと思われる。この論文はさらに改訂されて、最晩年の『法律進化論第一冊』（三四五頁以下）の中に組み込まれた。

法の記憶法

『法律進化論第一冊』の後半三分の一弱は、法の記憶法を扱っている。文字がまだ存在しない時代、あるいは識字能力が人民に行き渡っていない時代には、法は記憶を通して保存され伝達された。そのために、法が格言のような形で表現されたり、詩の形をとったり、韻文の形をとったりした。詩の場合は、節をつけて歌われることも多かった。このことはメインも指摘している[194]。

グリム兄弟。右がヤーコプ

陳重は、法を詩・絵画・韻文と並べて、記憶法という観点から考察しているが、法がかつて詩であり、法学者が詩人であった時代に深い関心を寄せており、メインの業績や、ゲルマン法の膨大な記録を収集したJ・グリムの『ドイツ法古事誌』（一八二八年）などの著作に触発されて、陳重自身も、ヨーロッパのほか、日本を含むアジアや中東にまで及ぶ事例を収集した。事例収集への強い関心という点では、J・グリムに通ずる志向がある。

ところで、法の詩的側面へのグリムの関心は、一九世紀ヨーロッパの表舞台を支配した数学的知に対立する、もう一つの知的伝統につながっている。陳重は、グリムの中に姿を現しているその思想の、ヨーロッパにおける知的系譜についても関心を向けている。それは、陳重たちの後の世代の日本人が積極的に受容した、一九世紀ヨーロッパを特徴づける科学思考とは全く異なる思想的鉱脈に属する。科学万能の時代にあって、ほとんど絶えたかに見えながらも、ヨーロッパの知的世界で脈々と受け継がれてきた潮流である。すなわち、数学的知識のみを確実な知識とするデカルトの考え方に対抗して独自の歴史哲学を提示したジャンバッティスタ・ヴィーコ（一六六八－一七四四）の『新しい学』[195]、その問題意識のフランスにおける承継者である歴史学者ジュール・ミシュレ（一七九八－一八七四）の『フランス法の起源』[196]など、法の表現や象徴に関心を寄せた碩学たちの業績を、陳重は丹念に渉猟して、その実例を整理分析している。そこで扱われる問題は、明治以降の日本の法律家たちが紹介した西洋法学の主流の中には顔を出さない。しかし、陳重は、西洋の学問の底流を脈々と流れてきたこの地下水脈に触れ、そして、間違いなくそれに共感しているのである。

その後ヨーロッパでは、一九世紀末以降各法領域の規範の法典化が進行し（判例法国の英米でも成文法化が進行する）、法学の関心は、法実証主義的に、法典の内在的解釈へと視野を狭めていく。しかし、その直前の時代、きわめて広い視野をもって法を捉えようとしていた時代の西洋法学を、陳重はトータルに捉えようとしていた。

法の文体論

グリムの研究を通して法の詩的側面への関心を深めた陳重は、西洋法学を理解するうえで不可欠ともいえる重要な視点へと考察を進める。それは、法の文体への関心である。

法は言葉である以上、どのような言葉で表現するかに関心を払わざるを得ない。そして、言葉と生活とが一体であるとすれば、法の文体もまた人々の生活や心と不可分である。人々の生活が進化するとともに、法の文体も進化するだろう。これが陳重の関心を引いたのである。

陳重は『法律進化論第二冊』で法の認識を論じ、法の公示の仕方や文体を取り上げた。法規範をいかに表現するかについて、原始的な絵画による方式、文字による方式が検討される。続いて、法を知らしめる方法について、法が秘密とされた時代から、法が官吏に対する訓令と位置づけられ官吏に頒布される時代を経て、人民に対して公布される時代へと進むが、法の公布の態様についても、呼唱方式、朗読方式、通達公布方式、掲示公布方式（日本の高札による公布が詳細に紹介される）、登録公布方式、そして官報などへの印刷公布方式へと進展していくさまが、古今東西の事例で示される。

これらも興味深い内容を含むが、注目されるのは第二冊の後半に置かれ、第二冊全体の約三割の分量を占める「法の文体」と題する章である。

「法律の文章用語の変遷は、一国の人民の法的社会力自覚のメートルとも謂ふべきものであって、法文の難易は国民文化の程級［水準］を標示するものである。難解の法文は専制の表徴である。平易なる法文は民権の保障である。故に概して之を言へば、法律の文章用語は社会の進歩に連れて難解より平易に赴き、随つて法の認識可能性は文化と共に上進するものである」(197)という。

日本法の文体

陳重は、日本の法の文体について、興味深い考察を加えている。日本の法の文体は、律令時代（奈良朝から平安朝）の「漢文時代」に始まり、武家時代初期（北条時代、足利時代）の「漢字邦文時代」

を経て、江戸時代の「仮名交り邦文時代」へと変遷してきたという。

いうまでもなく、漢文とは中国語であるから、日本の法は外国語をそのまま使用して法を継受することからスタートしたのである。当初は、中国（唐）の「律」を編目の名称および順序、条文の配置等から用語文章に至るまでほとんどそのまま継受したという。[198]外国法を外国語のまま継受するというやり方は、明治維新のあとフランス民法をそのまま日本語に直訳して表題を日本民法に差し替えようとした江藤新平と比べても「一層果断なる外法継受」といえる。しかし、漢文を解する者が朝廷の官吏の一部や僧侶に限られ、それらの者にとっても律令の理解が困難であったために、条文の解釈について種々異説が生じ、一部はついに実施されない死法となったという。そもそも、人民にとっては、法文の言語が理解できない以上、法が秘匿されている「秘密法」の状態と何ら変わりはない。この記述の背後には、自らが中心となって、大量の西洋法学の専門用語に対応する日本語の術語を作った苦心がある。

西洋に成立した法や法学を日本語にして受け入れようとすることは、当時の日本社会と西洋社会との異質さを考えたとき、ほとんど無謀ともいいうる挑戦であったに違いない。しかし、西洋伝来の法が日本の人民に認識可能な社会にするためには、これをなし遂げる必要があった。陳重はそれを主導したのである。

日本法の文体は「進化」したか？

陳重によれば、漢文からスタートした日本の法の文体は、次第に固有法化、民衆化し、江戸時代の仮名交り邦文時代になると、比較的読みやすい文体になっていった。例えば、一七一〇（宝永七年）

年の武家諸法度の冒頭は次のような文体である。

「一《ひとつ》、文武之道を修め人倫を明かにし風俗を正しくすへき事」

まさに陳重の考える法の文体の進化に沿った変遷といえるだろう（もっとも、陳重は言及していないが、新井白石の起草による宝永七年の和文体は、その後八代将軍吉宗により、以前の和漢混交体に戻された）。

ところが、このような平仮名交りの法文スタイルは、明治維新で一変する。文体は幕府時代の通用文体が俄かに漢文体に改まり、用語は幕府時代の公用語に代えて漢語を用い、用字は幕府時代の平仮名が片仮名に変わった。一八八六（明治一九）年には、初代内閣総理大臣となった伊藤博文のもとで、法律、勅令、閣令、省令等の法形式や公布方法を定める「公文式」が制定された（一八八六年二月二四日勅令第一号）。これ以降、法文はすべて片仮名交り漢文体となる。[199]

「公文式」は一七箇条からなり、法令制定の手続などを定めたものであるが、片仮名交じりの漢文書き下し調で書かれていた。その第一条は、

「法律勅令ハ上諭ヲ以テ之ヲ公布ス」

と定め、「朕……ヲ制定スルノ必要ヲ認メ茲《ここ》ニ……ヲ裁可シ之ヲ公布セシム」という形式の前文上諭をもって発せられることとなった。その後、公文式に代わって制定された一九〇七（明治四〇）年の公式令（明治四〇年勅令第六号）で、憲法、皇室典範、皇室令、法律、勅令、国際条約及び予算はすべて、上諭を付して公布することとなり、閣令、省令は大臣が署名して公布する、といった形式が定められた。

文体が平仮名交りの通用文から片仮名交りの漢文書き下し調になった原因として、陳重は、「政権者の更迭」を挙げている。それまでの政権者は門閥で選任され、慣用の文例を知悉して職務にあたっ

たが、新政府の立法に当たった江藤新平、大木喬任《たかとう》の両司法卿、刑律の編纂者の水本成美、軍事法の起草者西周らは「漢学の大家」であり[200]、新政府の官吏がおおむね漢学出身者であったことにより、漢文体が主流となり、とくに王政復古で、もともと漢文で書かれていた「大宝令」に倣った官制、同じく中古律に倣った刑事法から、漢文崩しの法文体が始まった。とくに、内容として西洋の軍律を採用しながら、文体は「支那律」に倣っている西周起草の海陸軍刑律については、陳重は「洋身華服」と評している[201]。

江戸時代の平仮名に代えて片仮名を用いるようになった理由は、「字形丸くして和文、消息文に似合はしい平仮名を棄てヽ、角形にして漢字を連結し、又は漢文体に書き下すに相応はしい片仮名を用ふるに至つた為め」だという[202]。用字の変化とともに江戸時代の公用文に用いられた「御家流《おいえりゅう》」の書体が廃れて「唐様」が行なわれるようになった。

しかし、以上の理由だけで片仮名交じり漢文体への突然の転換を説明することはできない。陳重は、王政復古が叫ばれた当時の風潮について、次のように書いている。

「社会一般に革命気分が横溢して居つて、『五箇条ノ御誓文』中にも『旧来ノ陋習ヲ破リ』の語有り、又民間には『旧弊』及『因循姑息』なる標語が盛んに行はれ、何事によらず、旧例に依ることを『頑固』なりとして之を排斥し、日常社交の談話及び書翰にも、漢語を使用する事が流行した位であつた[203]」。

この雰囲気は、当時の政府要人たちの書簡の文体からも窺える。

その結果、法律用語も、「御触書」「御書付」「御法度」「御定目」等は「法令」「布告」「布達」「達」「条例」などの用語に改められ、「公事」も「訴訟」、「役人」を「官員」というなど、法制の用語をことごとく従来の慣用語を棄てて漢語に変えた。

これらの明治以降の法令の文体の変化について、のちに見るとおり、陳重は批判的である。

法令の三つの文体

以上の流れの中で、日本の法令の文体には三つの系統が形成された、というのが陳重の理解である。第一が、一八七〇(明治三)年の「新律綱領」以降の刑事法令の文体(刑法系)、第二が、帝国憲法、皇室典範等の公法に属する法令(公法系)、第三が、民法、商法などの私法に属する法令(民法系)である。刑法系は、中古の律を遠祖としていることから、純漢文をもとにして仮名交じりに書き下した文体となった。他方、帝国憲法の文体は、伊藤博文がその起草者に文章用語に関して典故を質さしめつつ慎重に起草されており、自ずから荘重森厳で、これが公法系法令に引き継がれた。私法は、法規の性質からも、平易通俗である必要があり、とくに民法は法典調査会の編纂方針の第一として、「一、民法ノ文章用語ハ其意義ノ正確ヲ缺カザル限リ通俗平易ヲ旨トスベキコト」としている。このため、政府は、民法の法案を議会に提出する際、当時の法制局の了解を得て、憲法系の諸法令の文体と揃えることをせず、議会でもその文体を改めることなく可決した。[204]

こうして、三系統の文体が併存し、送り仮名に至るまでその用法を異にすることとなった。例えば、憲法系で「其ノ」「此ノ」「但シ」と送る場合も、民法系・刑法系は単に「其」「此」「但」と表記し、主語について民法系は「所有者カ」「株主カ」と「が」を送るが、憲法系・刑法系では「帝国議会」「被告人」などのように単に主格を表記して送り仮名を付さない、といった具合である。[205]

法の文体の進化

陳重は、私法の文体が平易通俗であるという。もっとも、「今より之を観れば、民法が果して此要求を満足に充したや否やは疑問であるが」といいつつ、当時においては他の諸法令と比較して「著しく平易であったことは争はれぬ」と言っている[206]。しかし、国民の教育から漢学の素養が薄れるにつれて、法文と日常の日本語との乖離は、私法においても拡大の一途をたどった。

民法では、二〇〇四年に現代語化されるまで、例えば、

「債務者カ其債務ノ本旨ニ従ヒタル履行ヲ為ササルトキハ債権者ハ其損害ノ賠償ヲ請求スルコトヲ得債務者ノ責ニ帰スヘキ事由ニ由リテ履行ヲ為スコト能ハサルニ至リタルトキ亦同シ」(旧四一五条)

などと表記されていた。ここには、専門用語の難解さ以前の問題として、文体上の問題があったと言わざるを得ない。

陳重は、日本における法の文体に関する以上の考察を総括し、一般に文化の向上とともに法文は平易通俗になり、可知性を増していくことからすると、維新後は「進化の趨勢に逆行して、俗衆の理會［解］に遠ざかつたとも謂ひ得るであらうが、維新後に於ける文運の進歩、殊に明治五年の学制頒布以来に於ける国民教育の普及に依り、人民一般の理會力が年と共に著しく増進して居るから、之を主観すれば法の認識可能性は相対的に進歩したものと云ふことが出来る」と結論づけている[207]。苦しい正当化であり、法の文体に関する限り、日本は、陳重の理解する進化のプロセスを正しくは歩んでいなかったというべきだろう。

問題はその理由である。陳重はその点には踏み込んでいないが、法学という新たな学問が登場し、法律家という専門家階層の新たな出現は、法文は自分たち専門家が読めれば十分であり、素人には読

めなくてもよい(むしろその方が専門家が有り難がられる)という心理を生んだことは否定できない。民法の条文に関しても、古風で分かりにくいことが、改められるべき立法的課題であると意識されるまでに、一〇〇年以上を要した。

ようやく二〇〇四年に、民法の文体の現代語化が図られ、片仮名をひらがなにして口語体に改められた。そして二〇一七年には、債権関係の規定が制定以来はじめて抜本改正されたが、その改正の諮問が二〇〇九年に法務大臣から法制審議会に対して行なわれた際、改正の目的として「国民一般に分かりやすいものとする」ことが明示された。ここにおいてようやく陳重のいう進化のプロセスが進展したといえるだろう。この改正までにすでに民法施行から一一九年が経過していた。

ドイツ法への批判的視線

法の文体論の中で、陳重は、外国の例としてイギリスとドイツを取りあげている。とりわけ彼が並々ならぬ関心を寄せたのが、ドイツである。

ドイツは国家統一によって法の統一を実現した。そこで制定された民法典をはじめとする法典は、日本に大きな影響を及ぼした。しかし、陳重は、その法の文体について、きわめて批判的な視線を投げかけている。なぜか。「吾輩が此進化論の終篇に述べんとする如く――若し幸にして余命と脳力が之を許すならば――法律の人類化[すべての民族に妥当する共通化の趣旨のようである]は法律進化のゴールである」。それにもかかわらず[208]、「ドイツに於ける近世立法の努力は、法文の排外的国民化であった」、というのである。

ドイツが継受したローマ法は法の世界的統一を図ろうという思想を持っていた。しかし、ドイツはこれに倣わず、かえってローマ法を民族的国民的統一に応用し、排外的な国民運動によって国家統一を成し遂げた結果、「法の形態に於て顕著なる排外的特性を有するに至つた」という。

ここには一九世紀末以降のドイツのナショナリズムに対するきわめて醒めた視線があり、後述の弟八束と好対照をなす。陳重は、法文の国語化と排外主義を明確に区別し、世界各地の法の歴史の比較研究を通じて、法が国語化により民衆の認識可能性を高める方向に進化すると同時に、その内容は国際的な共通化へと進化していくことを確信していた。しかし、ドイツはこれに反する道を選択したのである。

ドイツ民法典の国語化(209)

ドイツの国家統一後、その法統一を象徴するのが民法典の制定だった。その起草をゆだねられた委員会の中心人物がヴィントシャイトである。彼は、ローマ法を基礎にした精緻な法学（パンデクテン法学と呼ばれる）の権威であり、ロマニステンの泰斗であったが、同時に、国語擁護論者だった。このため、ドイツ民法の草案には民法の民衆化への期待が強かった。

ところが、できあがった草案（第一草案）があまりに学問的であったことから、法曹界を挙げての批判を招き、その批判や反対草案は「実に汗牛充棟も啻《ただ》ならず、『優に一書庫を為すに足る』」と言われた(210)。

オットー・フォン・ギールケ（代表的なゲルマニステンである）らの激しい批判に対し、ヴィントシャイトは、「法典は裁判官のために作るものである。俗人のために作るものではない。ゆえに法典の価値は裁判官に解りやすいということに存する。俗人がこれを理解する必要はない」と応じた。陳重

はこれを引用し、

「法の国民化と民衆化は必ずしも同一でなく、而も此人［ヴィントシャイト］の指導の下に成つた民法第一草案は、二者の分岐点であつた事を知ることが出来る」

と述べている。[211]

なぜなら、第一草案は、規定の内容についてはあまりにローマ法的（学問的）と批判されたが、他方で、用語や文体については称賛されたからである。一八八五年に一般ドイツ語協会（Allgemeiner Deutscher Sprachverein）[212]が設立され、国語のドイツ化、国語純化の運動、外来語排斥運動を推進した。ヴィントシャイトはこれに共鳴する法学者のひとりで、彼らにより法律用語の徹底したドイツ語化が図られ、ローマ法起源の伝統的用語が次々とドイツ固有の用語に置き換えられていった。民法の第一草案はこれを実践したのである。しかし、これは国民化（ドイツ語の"Nation"は日本語でいえば「民族」という語感であるから[213]、「民族化」ということもできよう）であっても民衆化ではないと陳重は批判する。

ドイツの国語運動は、「民族統一運動の余勢であって、国運の隆盛より生じた国民的自負心と排外的愛国熱とに起因したことが推知される」[214]。その影響を受け、帝国民法の起草に当たっても、委員は、法文にはやむをえない場合を除き、「純ドイツ語」を用いるべきことを決議し、民法という法律名も、従来慣用されてきたZivilgesetzbuchではなく、オーストリア民法、ザクセン民法の例に倣ってDas Bürgerliches Gesetzbuchを用いた。[215] そのほか、ドイツ語化された例として、債権や債務を表す用語はObligation（債務）がほとんど欧米の共通語というべき法律用語となっているにもかかわらず、これを外来語であるとして棄て、Recht der Shuldverhältnisse（債務関係法）という三語を用いたこと、

Adoption（養子）という用語もラテン語由来であるとしてこれを棄て、Annahme an Kindes Statt（子の代わりに取ること）という四語をもってこれに当てたことなど、「外来語除去の為めには、如何なる犠牲をも払ひ、如何なる不便をも忍んだ[216]」。その結果、第一草案は、規定の実質はローマ法に偏しているとして非国民的と非難されたが、用語は純潔にして国民的だとの好評を受け、学問的過ぎる点が第二草案において修正されるに及んで、国語純化論者の熱烈な称賛を博し、国語純化の模範と言われた。

こうして、各領邦ごとに分裂していたドイツの民法は「一民族、一帝国、一法律」（ドイツ民法制定を祝すドイツ法曹新聞の表現）を実現するとともに、文体は極端にドイツ化され、民衆的性質を失った。この国語純化運動は「国民的自尊心と誤れる愛国心」から生じたものだと陳重は言う。「自負心と愛国心とは、動《やや》もすれば排他賤外の思想に傾き易いものであるから、此自負心と愛国心との現れなるドイツ国語純化運動が、国語を醇美ならしむるの意義に非ずして、国語中より外来語を排除するの意義であつたのも必竟之が為めである」。こうしてドイツ民法は、ナショナリスティックな群集心理により「国民化」されたために、「民衆化」は犠牲にされた[217]。

ドイツ民法の国語化を日本に置き換えて言えば、民法を「たみののり」商法を「あきなひののり」などと言い換えるようなものだと陳重はいう。それは決して民衆にとって平易通俗とはいえず、「法の国民化、民衆化の二者は、其途を異にするに至つたのである[218]」。

排外思想への姿勢

陳重は、「事物の世界化は社会進化の大勢である」と考える。彼からすれば、ドイツの法文の国民化はこの趨勢に逆行するものである。その国民化が排外的となるときは、「仮令《たと》ひ一時は大に其国威を発揚するが如き外観有るも、其終局に於ては、其国民は却て世界的進歩に落伍し、甚だしきに至つては孤立衰亡の原因を成すことあるに至る[219]」と鋭い先見を示す。

「国語専用、外来語排斥は鎖国主義に非ざれば唯我独尊主義である」。「若しドイツ帝国の立法が国語運動の横流に投じなかつたならば、其精整周到なる諸法律は、現時の如く国民的、排外的なる代りに、倍々民衆的、国際的であり、他国の立法に好模範を与へることが一層大なるものがあつたであらうと思はれる[220]」。それにもかかわらず、「ドイツに於ける国語純化運動が法の形体進化の常径に逆行したものである」。

かつて称賛したドイツの法学に対して、これほどの批判を投げかけるということは、彼の法律進化論の批判理論としての深化を感じさせると同時に[221]、日本国内で進行しつつあった同種の傾向への警鐘でもあったろう。

ドイツ法学を厳しく批判した陳重は、返す刀で日本を批判する。

「翻つて、本邦近時に於ける法文体の趨勢を観れば、亦反対の方向に於て誤りつつあるものに非ずやとの惧れを懐かざるを得ぬ」。片仮名交り漢文崩しの文体につき、「通俗と卑賤を同一視し、一般人民の容易に理解しうる言葉は下品なりと考へ、厳めしき漢語を使用するは即ち法の威厳を保つ所以であると信じたものである」と喝破する。平易な通俗語が存する場合にも、ことさらに漢語に改め、あるいは新しい熟語を作るなど、「恰もドイツに於ける国語純化運動と正反対であつて」、「彼は法の国語化の為めに民衆化を犠牲とし、我は法の威厳の為めに其民衆化を犠牲とするものである」と批判する[222]。現代にも当てはまる批判である。

陳重の遺言？

『法律進化論第二冊』の末尾、第三編「法の認識」の最後に、「結論」と題された章が置かれている。わずか四頁強のこの章は、もはや自らの手で残りの巻を公刊する可能性がないという現実を見据えた、彼の学問を締めくくる遺言ともいえる。陳重はそこで、「法は社会力であつて、其発現は人文の発展するに随うて自覚状態に進むものである」と述べる。社会力の自覚、つまり、法が何によって生まれ変化するかを自覚する状態へと社会は進んできた。「法律の進化は社会力の自覚史である」。

巻を閉じる最後の言葉は、次のようなものである。

成形法公布の時代に達して、始めて朝曦暁霧《ちょうぎぎょうむ》を破つて東天に昇り、各人仰いで陽光に浴し、俯して自己の身影を見るに至つたのである。

朝日が朝霧を払って上り、人々がその光を浴びて自らの影を見るというこの一文は、民衆が法を自覚するという民主的社会への進化の確信を述べたものと解することができるだろう。『法律進化論』の最初の二冊が刊行されたとき、日本では、艱難辛苦を乗り越えて陳重らの尽力で陪審法が成立し、また、固有の「淳風美俗」を反映させよとの排外主義的な圧力に抗して、陳重が総裁をつとめる臨時法制審議会で家族法改正の審議が進行していた（第六章5）。陳重は、彼の信ずる進化の方向へ向かって社会力が作用するとの確信が裏切られる時代を迎える前に、この世を去ったのである。

第七章　祖先祭祀と国体——伝統の進化論的正当化

陳重の変化と不変

陳重の歴史への執着から見えてくるのは、日本の伝統的法制度を、単に前近代的（あるいは非西洋的）として否定し去るのではなく（そのような動きが明治初期には顕著に見られた）、世界に広く目を配り、人類の歴史という視野の中で進化論的に正当な位置づけを与えようとする姿勢である。そして、西洋にもかつて同様な制度が存在したことを指摘し、一定の社会的条件の下で合理性を有することを論証しようとする。西洋法学はそのための武器だった。

初期の陳重は、その進化論的図式の中で、日本の伝統的法制度を、進化のある段階から次の段階に移行する過渡的な制度であることを述べて、やがて消えていく制度であるという結論に至ることが多かった。これは、西洋の法制度導入を主導する立場にいた陳重が、日本の伝統の価値を否定することなく西洋的制度への移行を正当化するために必要な議論だった。

しかし、その後、一九世紀末から第一次世界大戦後にかけて激動期を迎えた西洋の思想の変化を吸収し、また、日清戦争・日露戦争を経験する中で日本自身が（自信をつける形で）変化していったことをも反映して、陳重の進化についての見方にも変化が生ずる。日本の伝統的制度を捉える視点を転換することで、進化の過程で消え去るべき制度との位置づけは大きく変化し、進化の過程で変容するにせよ、新たな時代においても意味を持ちうる制度として再評価する立場へと変化するのである。

この変化は、ひとり陳重の変化にとどまらず、西洋法学を受容する日本の変化を表している。実際、陳重が去った後の日本の法学は、西洋的な枠組、すなわち、普遍性のある枠組の中での正当化という、陳重が背負っていた重荷から解放され、日本精神の独自性を強調する方向へと軌道がずれていく。そこでは、変化する現実への法の対応を導くために、普遍的な拠り所を探求するという姿勢は希薄となっていった。自然法の伝統の欠如がもたらした逸脱という見方もできるかもしれない。

ところで、以上のように陳重が変化する中でも、初期の頃から一貫して変化しなかったものがある。それが祖先祭祀についての考え方であり、時代の変化は、むしろ彼の一貫性を強める方向で作用した。

祖先祭祀への関心

すでに紹介したように、民法の起草作業を終えた陳重は、一八九九(明治三二)年一〇月に、ローマで開催された万国東洋学会に招かれて研究報告を行なった。その内容は一九〇一年六月に"*Ancestor-Worship and Japanese Law*"として公刊されたが、この研究は、西洋の一部の学者からの批判も招いた。陳重自らが紹介するところによると、「此名望ある教授は、熱心に自国の伝説を愛重するが為めに、祖先祭祀に対する自己の信仰の駆《かけ》る所と為り、得々として自己が祖先祭祀者たるを誇ること、真に駭《おどろ》くべきものあり」といった批判であり、この種の批判を回避するために表現に細心の注意を払った陳重としては、「吾人が殆ど此種の人士より期待すべからざる語句を以て論評を下せり」と憤懣を押さえかねている。[1]

しかし、彼はその後も日本の祖先祭祀を論じ続けた。

ところで、陳重は、ローマでの講演の前に、その準備とも目される講演をしている。「祭祀と法律」という表題の講演で、遺文集第二冊序では「明治二九年七月」に「東京の某所」で行なった旨記されている。新民法の審議が、財産法と親族法を終えて、終盤の相続編に入っている時期の講演である。[2]民法施行後の一八九九年にも、同様の内容の講演を「祖先教と法律」と題して和仏法律学校で行なっている。また、英文書刊行後には、一九一二（大正元）年一二月二日に松山中学校で開かれた愛媛教育協会総会で「祭祀と國體」と題する講演を、また一九一九年一月九日の大正天皇に対する御講書始でも「祭祀と政治法律との関係」というタイトルでクーランジュの『古代都市』を取り上げ、やはり同様な議論が盛り込まれている。陳重の遺稿を整理した子息の重遠によって刊行された『祭祀及禮と法律』（一九二八年）も内容的には重なるものである。このように、この問題についての陳重の思想は、論じはじめた当初から一貫している。

陳重の問題意識は、祖先祭祀が日本特有の風習であるとの理解が誤りであることを示すとともに、祖先を祭る風俗が国家の成立、進歩および法律発達の上にどのような関係があるかを明らかにすることにある。

陳重によれば、どの社会にも、社会の団結を維持するために祖先を祭るという風習が存在する。しかし、他の種族を征服した結果、血族を国民団結の基本とすることができなくなったり、あるいは外国との交通の激しい国々は、早くから祖先祭祀の風習が廃れた。その結果、西洋はそのような風習から遠ざかっている。これに対し、日本において、他の文物が発達しているにもかかわらず祖先を祭る風習が長く存続していることは珍しいことで、この点で「我々は西洋人などよりも此問題を判断する力が多い」と述べる。この命題は彼の作品で繰り返し登場する。そして、以上のような理論には、フュステル・ド・クーランジュの影響が見て取れる。

クーランジュ

フュステル・ド・クーランジュ（ヌマ・ドゥニ・フュステル・ド・クーランジュ Numa Denis Fustel de Coulanges。姓がフュステル・ド・クーランジュであるが、以下ではクーランジュと記す）の主著である『古代都市（*La Cité Antique*）』は、キリスト教以前の古代ギリシア・ローマにおける祖先崇拝の宗教を論じ、これが当時の様々な制度をいかに規定していたかを描いている。古代史が関心を集めていた時代に、あたかも物語を語るような文体で生き生きと古代社会を描いたこの書物は、一躍脚光を浴びることになった。しかし、間もなく、ヘンリー・メインの『古代法』と同様、実証的歴史学からの批判を受けて史料的根拠の薄弱さを次々と指摘され、いまでは学問的には忘却の彼方にある。しかし、メインの場合にそうであったのと同様、重要なのは、日本が西洋法学を受容しようとしていたまさにその時期に、ヨーロッパで脚光を浴びていたという事実である。日本では、陳重と八束がいち早くこの著書に注目し、自らの理論の基礎に据えた。(3)

邦訳初版(4)（一九四四年）に薦辞を寄せた民法学者の中川善之助は、「かつて岡村司博士はフュステル・ド・クーランジュの本書を読み、『恍として思えらく、これ我が家族制度を説明するものに非ざるか。』と感嘆されたのであるが、岡村博士ならずとも……、恐らく本書を繙く者は悉くこの感を同じくするに違いないと私は思う」と書いている。それほど、日本の伝統を彷彿とさせる内容だった。

岡村は京都帝国大学教授時代の一九一一（明治四四）年に講演で家族制度の不要を説いて譴責処分となり、大学を辞めて弁護士となった人物である。

『古代都市』の初版は一八六四年の刊行であるが、陳重が最初にクーランジュに言及したのは、帰国直後に書かれた「婚姻法論綱」[5]で、同論文は一八八一（明治一四）年一〇月から翌年一、二月にかけて「明法志林」という雑誌[6]に掲載された。帰国が一八八一年六月だから、すでに留学中に同書を読んでいたのだろう。ただし、この論文ではギリシアの婚礼の方式を記載した文献として引用するに過ぎない。しかし、その後、祖先祭祀の習俗の世界史上の重要な先例を明らかにする文献として、重みを持って引用されるようになる。ちなみに、メインが著作でクーランジュに言及したのは*Dissertations on Early Law and Custom*（一八八三年）が最初ではないかと思われ、陳重がクーランジュに着目したのはメインの影響というわけではなさそうである。

前記のような陳重のクーランジュ体験を踏まえれば、八束も、留学に出発する時点ですでに兄を通じてクーランジュに接していた可能性がある。八束は、帰国直後の「法史ノ我法学社会ニ冷遇セラルヽヲ怪ム」（一八八九年四月）、「民法出テヽ忠孝亡フ」（一八九一年八月）、「耶蘇教以前ノ欧洲家制」（一八九一年八月）等でクーランジュに言及しており、帰朝前にクーランジュを消化し、自らの家族国家観の論拠とする意志を固めていたと見られる。

クーランジュ

陳重の祖先祭祀論

古代ギリシア・ローマと対比しつつ、日本に祖先祭祀の風習が残っていることに理由があることを論ずる陳重の議論は、祖先祭祀の風習が単線的な進化の過程をたどるわけではないことを前提としている。陳重は、同じ論法を、復讐（敵討ち）の風習の残存についても用いている（『復讐と法律』）。つまり、西洋の人類学・社会学等の成果に依りつつ、日本の伝統に世界史上の普遍的な位置づけを与え、大きな進化の流れは指摘するが、その中での日本社会の現状にふさわしい進化の段階として、当該伝統の存在が正当化される。これは、必ずしも日本が西洋と比べて進化の段階において遅れていることを意味しない。

祖先祭祀については、それがキリスト教の到来とともに失われて久しい欧米と異なり、日本こそその存在理由をよりよく理解できる、と陳重は考える。そして、祖先を祭る風習を霊鬼に対する恐怖心で説明する西洋の学説[7]を批判し、むしろ父母への敬愛の延長で理解すべきだという。これが彼の祖先祭祀論を貫く持論である。もともと英文で書かれた『祖先祭祀ト日本法律』[8]では、ロンドンでハムレットを観たときの、ハムレット役ヘンリー・アーヴィングの父の亡霊に対する恐怖戦慄の表情に意外の思いを抱いたことを書き記している[9]。

陳重は、戸籍、氏、婚姻、離婚、養子、家長権、所有権、相続、刑法、証拠法などさまざまな法領域を祖先祭祀の観点から説明している。祖先祭祀は、社会の根幹をなす法制度の基礎をなしているという理解である。そして、「実に祖先を祭ると云ふことの制度、道徳等に及ぼす影響と云ふものは莫大なものであります」と述べ、また、「祖先祭祀と云ふことが社会に如何なる効用のあつたものかと云ふことを知らなければ、法律の発達が分らぬ」という（「祭祀と法律」）。

そして、すべての氏族を統率する、氏の上としての天皇を戴く大日本帝国憲法の根拠が次のように説明される。

国民の伊勢神宮を崇敬するは、其天皇陛下の御先祖たる天照大御神を奉祀せる故のみに依るに非ずして、実に天照大御神を以て全国民の先祖と為すに依るものなり。抑《そもそ》も我等日本全国民は一大家族を形成するものにして、皇室は実にその宗室たり、臣民は総べて其分家たる関係に在るものなりと思惟せらる。(10)

日本という国がひとつの家族をなし、その共通の先祖が天皇家の祖である天照大御神であるから、国民は自分たちの共通の祖先に対する崇敬の念をもって統合されている。すなわち、祖先祭祀の観念が天皇を頂点とするわが国の基礎をなしている、という。まさに同旨を説いたラフカディオ・ハーン『神国日本』に、陳重は賛意を表している。(11) そして、この家族国家観は、後述の八束の国家観と重なる。

西洋で祖先祭祀の伝統を廃れさせた要因として、陳重は「外国との交通」の激しさなどを挙げているが、クーランジュが指摘するキリスト教については、のちに述べる八束と異なり、陳重は対決姿勢を取らない。『祖先祭祀ト日本法律』に収録された「原序」においては、祖先祭祀とキリスト教は矛盾するものではないとすら述べている。それほど祖先祭祀は彼にとって普遍的であり柔軟である。彼の法律進化論においては、たとえ日本社会の西洋化が進行しても、祖先祭祀の風習が廃れる方向での「進化」は必然ではなかったのである。

陳重の一貫性

以上のような祖先祭祀に関する彼の理論は当初から一貫しており、この点に関する限り、陳重の思想に揺らぎはない。確かに、公刊されたものをみると、陳重が国家論と結びつけて祖先祭祀や家族制度を論じるようになるのは、日露戦争後だということはいえる。[12] "*Ancestor-Worship and Japanese Law*"も、第二版（一九一二年）で、日本の法制度と祖先祭祀の関係を論ずる第三編に「皇室（The Imperial House）」と題する章（第三章）が新たに追加され、皇室親族令（一九一〇年）に言及するとともに、前述の家族国家観に基づく記述が加わっている。

当時、日本の戦勝の要因として家制度が取り上げられ、家族国家観が国内外で注目されていた。この点の記述の追加には、そのような時代背景がある。しかし、家族国家観自体は、のちに見るように、八束はもっと早い時期から論じていたし、陳重も、祖先祭祀に関する彼の思想から見て、この時点から家族国家観を持つようになったとみるのは正しくないと思われる。

他方で、当時の国内が家族国家観一色であったわけでもない。一九一一（明治四四）年に夏目漱石は次のように述べていた。

「吾々は日に月に個人主義の立場からして世の中を見渡すようになっている。したがって、吾々の道徳も自然個人を本位として組み立てられるようになっている。すなわち自我からして道徳律を割り出そうと試みるようになっている。これが現代日本の大勢だとすれば、ロマンチックの道徳、換言すれば、我が利益のすべてを犠牲に供して他のために行動せねば不徳義であると主張するようなアルトルイスチック一方の見解はどうしても空疎になってこなければならない[13]」。

西洋の影響を受けた新しい道徳と伝統的道徳とが激しく衝突していた。植物学・細胞遺伝学者の藤井健次郎は、「今四十年代は所謂新道徳の精神と、歴史的国民思想とが、愈々《いよいよ》其の中堅と中堅、根柢と根柢との真剣勝負をするやうになつたのである」と述べている。[14] このような思想状況も、陳重をして新たな章を付け加えようとの意欲を持たせた一つの理由であったかもしれない。また、初版のあとでラフカディオ・ハーンの『神国日本』が刊行されたことの影響もあっただろう。

このように社会の関心が家族制度に向いたことで、陳重がこれに対する自らの学問的立場を開陳しようとの動機づけを与えられた可能性はある。しかし、彼の思想に何らかの変化や新たな展開があったというわけではない。あらゆる法制度の背後に祖先祭祀があるとの立場から、彼はそれまで自らの専門である私法領域の制度を取り上げてきた。しかし、一九〇一年刊行の初版でも、「皇室の皇祖先の祭祀は国民的祭祀である」ことを述べており、すでに家族国家観は顔を出している。もともと一八九九年のローマでの講演が国家論を対象とするものではなかったために、そこまで踏み込んだ記述がされなかっただけで、思想的には当時の陳重の祖先祭祀論はのちの家族国家観を当然に予想させるものだったといえる。彼の思想は、この点では一貫しているように思われる。

そして、祖先祭祀が彼の法学にとってきわめて重要な位置を占める論点であったことは、彼の世界デビューとなるローマでの講演のテーマとしてこの問題を選んだことからも窺える。維新後の改革や社会変動の中で否定されようとしている日本の伝統的制度に、歴史法学の立場から普遍的位置づけを与える、という彼の問題意識にとって、守るべき要となる伝統が祖先祭祀だったのである。

戦後の日本の法学は、概ね、陳重をリベラルな尊敬すべき学者として描いてきた。[15] 陳重がリベラルな学者と見られた理由は、ドイツ法の文体論で紹介したような、排外主義を嫌い、民衆に視点を据える彼の法学がある。また、彼の温厚で常識的な人柄、[16] 学生に対する面倒見の良さ[17]に加えて、改訂版『隠居論』に見られる老人問題に対する先見性や、女性の地位についての進歩的な立場[18]などによるのであろう。

そのようなリベラルな学者像で陳重の法学を肯定的に評価しようとする戦後の法学者にとって、喉に突き刺さった骨が彼の祖先祭祀論だった。

陳重の家族論を論じた福島正夫は、「祭祀と法律」(一八九六年)の陳重の議論が「冷静な態度がつらぬかれ、祖先祭祀についての国粋的なイデオロギーはほとんどない」という。また、陳重が八束の慣用語である「祖先教」という言葉を使ったのは上記の一八九九(明治三二)年の講演だけであり、「国体」という言葉を表面に掲げたのは一九一二(大正元)年の講演だけであると述べて、何とか陳重を八束と区別しようとする。[19] 講演「祖先教と法律」については、末尾の「円満なる祖先教の下に忠愛慈仁の道行はれて、皇室と臣民とは恩義ある親密ある関係を有するは、吾人の最大幸福なりと謂ふべし」に触れつつも、内容は一八九六年論文と同様だという。また、「祭祀と国体」についても、「祖先祭祀と結合する国体の優越性を強調し、家を強調する」ことを指摘しつつも、「基本的には彼の学者的態度がつらぬかれて、内容上はとてもやさしいものではない」という。[20]

しかし御進講「祭祀と政治法律との関係」(一九一九〔大正八〕年一月九日御講書始において進講。遺文集第一冊)では、次のような言葉が登場する。

皇室の祭祀と国民の祭祀との合一、即ち皇室の祖先祭祀が各氏族各家族の祖先祭祀と相重畳し其上にありて之を包括するが如きは実に我全国民の精神が或崇高なる一点に集中する所以にして、此の如きは外国に其類例を見ざる所なり。我皇国の国体が万国に卓越する所以も此に存し、（中略）国家隆昌の基も、実に此皇祖皇宗の祭祀と国民の祭祀との合一に依りて統一されたる国民の団結力に因るものなり。(21)

これについて福島は、その内容が一九一一（明治四四）年の八束の明治天皇に対する御進講とほぼ同じであることは指摘しているが、内容に対する改めての分析は示さず、ただ、「彼の従来の学説をみごとに整理簡約している」と述べるにとどまる。(22) 八束と差別化しようとの努力は、涙ぐましいばかりである。

しかし、リベラルな学者像と、「祖先祭祀と結合する国体の優越性を強調し、家を強調する」陳重を何とか調和させようと努力した福島正夫も、結局、陳重に「二つの顔」があったと言わざるを得なかった。「その一つは、ロンドン留学時代に生まれ終生つらぬいた法律進化説の学問体系、その一つはいかなる形成と発展の過程があったのか明らかにしえないが、祖先祭祀と家制の信念である」(23)。そして、「陳重の内容にある二つの要素（二つの顔実体）はどのようにして共存しえたか、はたして矛盾はそこになかったか、問題は複雑である」という。

陳重をめぐる幻影

穂積重行も、陳重と八束の思想上の違いを強調し、その要因のひとつとして、幼少時に八束が狂信的国学者の山内老墓に預けられたことなど挙げる。この点は八束を論じた長尾龍一も指摘している。[24]しかし、祖先祭祀や家族国家観、万世一系の天皇への崇拝に関しては、陳重の論調は論じはじめた当初から一貫しており、八束との差は、八束の扇動的な文体に由来する部分や家族制的国家イデオロギーを推進する政治的役割を担っているか否かの意識の差、または学問的方法論の差に由来するものであって、この点に関する限り両者は思想的にきわめて近いと思われる。[25]

実際、陳重は、旧主君に対する忠誠と、父親・長兄に対する敬愛、そして、自分の先祖に対する尊崇の念のきわめて強い人だった。[26]また、宇和島の恩師に対する敬慕も格別で、一九一二（大正元）年に故郷に錦を飾ったとき、兄と恩師への祭祀を行なっている。そのような親兄弟、そして祖先に対する敬愛の念の延長として理解される家族国家観は、まさに彼の実感であったろう。

国家観に関して陳重と八束の間に質的相違を見ようとすることは、「思想史上のモンスター」[27]として八束を見、日本の法学の父としての陳重との間の「思想・学風の違いは驚くべきほどであって、文字通り世界観の次元において対比されるべきもの」[28]と考える先入観の生み出した幻影ではないだろうか。

また、陳重に二つの顔があるように見えたのは、彼の思想をトータルに理解することができないような、現代のイデオロギーを投影した枠組で彼を評価しようとしていたからではないだろうか。逆に言えば、陳重の顔が一つに見える視点を獲得したとき、われわれははじめて、日本への西洋法学の受容をリードし、日本で最初の法学者となった人物を理解しえたことになるのではないだろうか。

法律進化論との緊張

では、福島が感じた「矛盾」は、陳重の中でどのように回避されたのだろうか。

祖先祭祀や国家論に関しては、陳重は間違いなく明治国家を支える思想の擁護者であり、それゆえに天皇の最高諮問機関である枢密院の議長にまで推挙されたのである。しかし、例えば、陸羯南は徳富蘇峰の「家族的専制論」に反論して、日本の伝統的家制度を「愛」「恩」の共同体として擁護したが、これは「(従来の)伝統からみれば明らかに革新的なのである」[29]との評価もある。同様な意味で、陳重は、家制度を中核とする家族国家観の擁護者ではあったが、その中で、革新的であったともいえるのではないか。

前述の大正天皇に対する御進講「祭祀と政治法律との関係」では、クーランジュに依りつつ、祖先祭祀が「人文進化の或程級に於ける普遍的現象にして、何れの人種と雖も、其社会的生活の初期に於ては必ず之を有し、若し此習俗無くんば、社会もその発展の途に上ることは能はざりしものなり」と述べて[30]、それが普遍的現象であることを強調し、家・社会・国家の起源が祖先祭祀にあることを述べるが、他方で、相続法の進化を、第一期祭祀相続時代、第二期家督相続時代、第三期財産相続時代の三つの期に分け、祖先祭祀を残していることが進化の過程において過渡的な段階であることを示唆している。ここには、家族国家観を称揚しつつも、それを支える価値を相対化する視点が示されているわけで、陳重の法律進化論のもつ批判理論としての側面も顔を見せている。

もっとも、以上のように陳重を擁護したとしても、「二つの顔」の距離をわずかに縮める効果しか持たない。大正天皇に対する御進講の結論部分で、彼は、皇室の祭祀と国民の祭祀との合一こそ「我皇国の国体が万国に卓越する所以」であると述べる。御進講という場にあわせた言い回しという面はあるにせよ、この結論と西洋社会を含む世界各国の歴史的比較法の考察から抽出された進化過程の理解はどのように整合するのだろうか。ここには彼の内面にのっぴきならない緊張を生み出しかねない契機が含まれている。

しかしながら、その相克の顕在化を回避させたのが、おそらくは、彼の理解した歴史法学だった(31)。祖先祭祀の存続に関して、陳重は、進化の過程を単線的なものとは捉えていない。一定の社会的条件のもとで祖先祭祀が衰退するという進化が生ずるにせよ、別の社会的条件のもとでは、祖先祭祀の維持には十分な合理性がある。それはそれで一つの進化のあり方だ、というのが彼の歴史法学の帰結だった。

八束への視線

仮にそのように考えて、西洋とは異なる進化のあり方を認めることで法律進化論との矛盾を回避できたとして、陳重の「顔」は一つになるだろうか。そこに不自然さは残らないか。

ここで視野に入ってくるのが、弟八束である。二つの顔のうちのひとつは、間違いなく、八束の顔だった。その顔がネガティブな価値しか持ち得ないなら、仮に一つの顔を構成し得たとしても、消したいアザのある顔でしかない。では、八束の顔は、福島正夫や穂積重行が想定していたような否定されるべき顔なのだろうか。

五歳年下の八束もまた、陳重のすぐあとを追走しながら日本への西洋法学の受容をリードした学者のひとりだった。陳重の法学を全体として理解し、それを通して明治の西洋法学の受容を理解するためには、われわれは八束にも目を向ける必要がある。その際重要なことは、いまわれわれが彼の思想を支持できるかどうかではない。解明すべきは、日本に西洋法学を受容する役割を担った人物として、当時の彼がどのような課題に取り組み、何を考えたのかである。

第八章　国家主義の法理論――明治国制の法的正当化

1　八束という「イデオロギー」

弟八束

穂積八束は陳重の五歳年下の弟であり、三兄弟の末弟である。日本で唯一の大学であった帝国大学で最初の憲法担当教授となり、「天皇即国家」と説いて、国家主義的な憲法理論を展開した。明治憲法制定後の時期の「『国体論』の最強のイデオローグ」[1]とか、「明治憲法体制における最高のアポロジスト（護教家）」[2]などと呼ばれる。穂積八束という名そのものが、ほとんど一つのイデオロギーの名称と化している。八束は、東大の後継者である上杉慎吉とともに、美濃部達吉の天皇機関説を批判したことでも知られ、狂信的な国家主義者・天皇崇拝者というイメージが定着している。しかも、美濃部と上杉の論争は美濃部が勝ったというのが学界の評価で、八束・上杉師弟は学界で孤立していった。

もっとも学界の外では、例えば伊藤博文のもとで明治憲法の起草にかかわった金子堅太郎は、「憲法発布以来世間には日本の歴史も知らず日本の国体をも弁えず、徒らに欧米の憲法の理論にのみ依つて日本の憲法を解釈しようとする者のあるのは、独り日本憲法の精神を理解し能はざるのみならず、之を誤まるものと信ずる」と述べており、(3) それらの人々の間で八束の名は重みを持っていた。

しかし、今日では、兄の陳重の名は敬意をもって語られるのに対し、八束の学問は忌避され、マイナスのイメージで語られる。陳重の孫の重行は、「身内ながら極端にいえば『思想史上のモンスター』のような印象すら禁じえなかった(4)」という。

今日の法律家の間では、陳重も八束もほとんど読まれることも引用されることもないが、学問的業績が忘却の彼方にある兄の陳重と違って、八束は、いまなお歴史学、政治思想史、哲学、文学の世界で関心の対象であり続けている。その理由は、八束を「徹頭より徹尾まで矛盾せる白痴の穂積博士(5)」と批判した北一輝と同様、彼の理論の異様さゆえであろう。

一九三〇年代以降の、文字通り異様な国粋思想に直結したように見える八束の法理論は、第二次世界大戦後全否定された。そのような八束について、すでにいくつも研究があるが、最初の本格的研究として興味深いのは、アメリカ人の日本研究者として穂積八束に取り組んだリチャード・マイニアの研究である。

穂積八束

自説を本気で信じていたのか？

マイニアの研究は、第二次世界大戦後の日本の知識人の思考を支配した西洋近代思想を引照基準とする八束研究の代表といえる。現代から古典にまで及ぶ日本の関係文献を広く渉猟してマイニアが到達した結論は、八束が「自説を真に信じていたか、他の目的のために伝統的象徴を操作するシニックにすぎないか」との懐疑だった。(6) マイニアにとって、到底まともな知識人がまじめに展開する理論とは思えなかったのである。しかし、「彼の反動思想がシニカルなものであることを示す証拠は何もない」。そこでマイニアは、再度疑問を呈する。

「彼は自説を本気で信じていたのであろうか」。

マイニアはいう。「彼は市井の民と異なって最善の近代的教育を、東大予備門で六年、東大で五年、ドイツ留学でまた五年受けたではないか。それがどうしてこういう視野の狭い思想に陥ってしまったのか」。(7)

こんな思想を本気で主張しているとすれば、ほとんど正常な神経とは思えない、と言わんばかりである。それほど、西洋近代思想の目から見れば、八束の思想は理解しがたい。しかし、西洋近代思想の信奉者が八束に対して感じるこのいらだちは、八束の理論がある意味で成功していることの証しかもしれない。例えば、マイニアも、幕末の志士たちに影響を与えた水戸の思想家会沢正志斎の『新論』に対しては、八束に対するような感想は漏らさない。

『新論』では、日本は神の国(「神州」)であり日本の天皇は「固《もと》より大地之元首」であるとか、世界を人体にたとえれば日本は首(頭)にあたり、それゆえ大きくはなくても万国に君臨するが、西洋諸国は「股脛」(ももやすね)で、だから世界中を船で駆け回っているとか、アメリカは「背後」(背中)で、だからその国民は愚鈍で無能だとか断定して、「是皆自然之形軆也」という。これがマイニアに共感できる論理であったはずはない。しかし、もともと異質な文化に分け入っている以上、異次元の世界の論理や概念を、異質さ故に拒絶していては埒が明かない。彼も会沢に対しては内在的に理解すべく根気よく努力する学問的態度をとっている。(8)

これに対し、八束に対するいらだちは、八束が西洋法学の概念と論理で語っているからこそ生まれる。日本固有の統治構造を西洋法学の概念と論理を用いて正当化すること、それこそが八束のめざしたことだった。それゆえに、西洋の近代的政治理論からはあり得ない帰結が「理解不能」との反応と苛立ちを生む。そのことはなにも西洋人の場合に限らない。西洋的知性を獲得した日本の法学者、例えば美濃部達吉からも「非論理的な独断」と嘲笑された。

他方で、彼を支持した人々もいた。明治憲法を運用して日本の舵取りを担っていた政権中枢の政治家たちや国民の道徳教育に関わる人たちである。そこから、体制に阿《おもね》る曲学阿世の徒との批判も生じた。留学時の「転向」経験を経て八束の忠実な承継者となる上杉慎吉が、次のように言っている。

予ハ大学ニ入ルノ前ヨリ穂積八束ナル人ハ便佞卑屈高官に阿附シテ其ノ説ヲ二三ニシテ富家ノ駙馬トナリテ栄達ヲ図ルトノ評判ヲ耳ニシ一図ニ是ヲ唾棄スヘシト為セリ。(10)

その上杉は留学時に、宗教的回心にも匹敵する、思想的な転換を経験する。「先生が言っていたのはこれだったのか」と思い至るものがあったらしい。「明治四二年夏、帰朝シタル予ハ別人トシテ先生ニ見ミヘタリ」。(11)

学界では、八束も上杉も、孤立していた。しかし、八束が、中央・地方を問わず、当時の政治を担う人たちの相当数から評価されていたという事実は、学問を曲げてそのときどきの権力者に阿ったという可能性のほか、西洋の理論では割り切れない日本の現実に適合した理論を提供しようとしたという可能性も示唆する。

それに、八束を評価する際に留意を要するのは、八束が陳重と同様に、法学のパイオニアであったという事実である。のちに見るように、八束は、日本にまだ憲法も憲法学も存在しなかった時代に、日本人として最初の憲法学説を生み出すことを期待された人物だった。その意味で、彼の学説をその後の学説と同列に並べて優劣を論ずるのでは、彼の学説が当時において担った役割を評価することができない。日本で最初の憲法理論がどのような意図で生み出されたのか、という視点も必要である。

仮に八束が「モンスター」でも狂人でもなく、当時を代表する知性の持ち主のひとりとして、西洋の憲法学・国法学の日本への受容をリードしなければならないという自らの国家的使命を意識しつつ法理論を展開していた、という想定を置いたとしたら、彼の理論から何が見えてくるだろうか。

上杉慎吉

八束の再評価

そのような再評価が少しずつ生まれている。八束を内在的に理解しようとする最初の本格的研究といえるのが長尾龍一の研究である。長尾は自らの助教授時代の「穂積憲法学雑記」(法哲学年報一九六九巻、一九七〇年)、評伝「穂積八束」(『日本の法学者』日本評論社、一九七五年)に始まり、東大を定年退官した後に書かれた「八束の髄から明治史覗く」(同編『穂積八束集』(信山社、二〇〇一年)所収)まで、その学問的活動の中で折に触れ八束に回帰し、内在的理解を試みている。

行政法学者で元最高裁判事の藤田宙靖《ときやす》は、八束がヨーロッパの一八、一九世紀的自由主義や個人主義に限界を見て、これを克服しようとしたこと、彼が提起した真の問題は「自由」をとるか「経済的福祉」をとるかの選択だったことを指摘している。[12] また、三井須美子の「国民道徳」「家族国家観」をキーワードとする一連の研究[13]は、公刊された著作からは見えない八束の政治的動きをも丹念に追うことにより、彼が何に取り組んだのかを明らかにしている。さらに、最近では坂井大輔の論文「穂積八束の『公法学』[14]」が八束の思想の包括的な把握を試み、その公法学の内在的理解を進めている。

法学の世界でも、八束の理論を忌避する時代を脱して、思想史的な批判の目を維持しつつも、冷静な内在的理解をなしうる時代に入ったといえそうである。八束も陳重同様、日本が西洋法学を受容しようとしていた最初期の法学者の一人だった。今日の目にいかに異様に映ろうとも、それが日本の最初の憲法理論として提示されたということは、日本における西洋法学受容のひとつのかたちであったことを意味する。

本章では、西洋法学の受容という観点から彼の法理論に迫ることにする。

人物

穂積重行著『明治一法学者の出発』は陳重が留学から帰るまでを描いた伝記であるが、そこに、八束の結婚についての発見が記されている。

谷中霊園内にある宇和島藩主伊達家の墓所の周囲には、在京の元家臣の墓が主君の墓所を守るように配されている。その一つである西園寺公成《きんなる》の墓に詣でた重行氏は、偶然、西園寺家の墓所の一角にある苔むした古い墓石に「穂積八束妻郷子墓」と書かれているのを発見する。[15] そこにはさらに「明治

一四年八月一七日　西園寺公成長女　生年一八歳」と彫られていた。

八束は一八七三（明治六）年に宇和島から上京した。長兄の重頴は藩主伊達家の「家従」として一八七一年頃には上京しており、弟の八束を引き取ったのである。八束は英語を学ぶため共立学校に入学するが、父は隠居し長兄も経済的余裕はなかった。この点で貢進生として恵まれたスタートを切った次兄陳重とは異なる。当時、共立学校でともに学んだ高田早苗が、八束が没した翌日の読売新聞に次のような回想を寄せている（一九一二〔大正元〕年一〇月六日）。

共立学校時代は宇和島の人で西園寺某と曰ふ家から通学して居たが、学資も裕でなく、書生でもして居たらしい。(16)

そうやって西園寺家の書生であった頃、四歳年下の西園寺家長女郷子との間に恋が芽生えたのだろう。八束は学生時代に郷子と結婚した。しかし、間もなく（おそらく結婚の翌年に）新妻を失ったのである。重行は、これが八束が晩婚になった理由ではないかと推測している。

その後八束は、渋沢家の仲介で、(17)一代で大財閥を築くことになる浅野総一郎の長女松と一八九一年三月七日に見合いをし、翌年二月に結婚している。八束はこの一五歳年下の妻に「奉ずること頗る厚く」、「家庭円満常に春風に充てり」といわれた。(18)

八束は大学に近い小石川の自宅から二頭立ての馬車で大学に通った。当時、大学で八束の講義を受けた美濃部達吉が次のように語っている。

其の講義は、音吐朗々、口をついて出る語が、おのづから玲瓏たる文章を為して居り、其の荘重な態度と共に、一世の名講義を以て知られてゐた。(19)

もっとも、その直後に、「論理などには一向拘らず、力強い独断的の断定を以て終始せらるるのであつた」という文章が出てくるのは、八束と美濃部の思想的立場の相違のしからしむるところであろう。

のちに商法の教授となり、第二次世界大戦後は幣原内閣の国務大臣として憲法改正問題を担当した松本烝治は次のように回想している。

> 法科大学入学後、まず度肝を抜かれたのは、憲法教授の穂積八束先生であった。二九番教室の大講堂前まで、馬を乗り付けられたあご髭のある、痩せ形の青白い顔色の教授が先生であって、教壇に泰然と構えて、筆記のできる程度に緩くりと講義された。その講義は、すなわちいわゆる穂積憲法であって、一言にしていえば、天皇即主権者、即国家というのであるが、その論法は鋭利、論理は精明で、毫も異説をいれないものがある。われわれ学生は、只平伏盲従するのみであった。(20)

確かに時代がかってはいる。しかし、八束のあと行政法講座を担当した筧克彦のように、研究室に神棚を奉り、教室で柏手を打って講義をした(21)というような神がかりではない。その筧は、八束の死の直後に東京帝国大学法科大学三二番教室で開かれた追悼会において、「先生に逸事なし、謹厳を以て一貫す」と語っている。[22] 趣味は読書、運動もせず音楽も好まず、服装に無頓着で髭も剃らず、学生は田舎神官とあだ名した。

社会的活動

彼の憲法学説は、明治憲法の文言には忠実であったが学界では孤立し、条文の文言から離れても西洋の近代法思想と調和的な美濃部学説が定説化していた。彼自身このように語る。

予ノ国体論ハ之ヲ唱フル既ニ三十年、而モ世ノ風潮ト合ハス、後進ノ熱誠ヲ以テ之ヲ継承スルモノナシ、今ハ孤城落日ノ嘆アルナリ。[23]

しかし、八束は山縣有朋に接近し、政権内部、とりわけ山縣閥の政治家や、皇族からは支持されていた。皇族講話会で一九〇一（明治三四）年から翌年にかけて、憲法の講義を三二回にわたり行なっている。[24] そして、国民教育の方面では、小学校の修身教育のテキストを執筆するなど、この方面の権威者であった。

八束は一八九七年から帝国大学法科大学長（官選）を一四年近く務めたが、これは他の教授と比べて非常に長い。また、公職を嫌った兄の陳重と異なり、政府の官職を兼任することが多かった。帰国後間もない一八八九年には法制局参事官（九〇年まで）、臨時帝国議会事務局書記官、一八九一年には枢密院書記官（一九〇八年まで）、一八九三年には教科用図書審査委員（文部省）、法典調査会査定委員、一八九六年には条約実施準備委員（内閣）、一八九九年には貴族院議員、帝室制度調査局御用掛、一九〇七年には高等教育会議議員（内閣）、一九〇八年には宮中顧問官（一九一二年八月まで）、教科用図書調査委員会委員（内閣）といった具合である。

帝室制度調査局は伊藤博文を総裁とする格の高い皇室関係諸制度の審議機関であるが、大学からは八束が梅謙次郎とともに任命されている。[25] 教科用図書に関連する委員は、後述の国民教育との関係で重要な意味を持つ。貴族院議員は、兄陳重も法典論争の時期に任ぜられたが、一年半足らずで願い出て退任している。しかし、八束は議員を終生つとめた。

彼は明治天皇に気に入られていたようで、[26] 一九〇八年から毎年、天皇の崩御（そして自らの死）まで連続五回にわたって新年講書始での御進講を行なっている。ちなみに、陳重の御進講は大正天皇になってからであり、すでに述べたように（第六章5「君主の位置づけ」）、この差が兄弟の君主の役割についての考え方に影響を与えた可能性がある。

以上の履歴からは、それなりに行政能力もあり、政権中枢とつながって、大学外での活動にも熱心であった人物像が浮かぶ。とりわけ国民教育に関しては、さまざまな裏工作を含め、活発な活動をしていた。[27]

もっとも、短命であったことからも知れるとおり、彼は健康には恵まれなかった。生来病弱で「蒲柳の質」と形容され、病を理由に一九一二（大正元）年八月に東京帝国大学教授を退いて、鎌倉材木座の別荘での療養生活に入った。最終講義「憲法制定ノ由来」は八月二〇日に行なわれている。ところが、彼の辞職直前、七月二九日に、彼が五度にわたって御進講をした明治天皇が崩御した。[28] 天皇崩御にあわせるかのように大学を退いた八束は、同年九月一三日、明治天皇の大葬に病をおして参列して寒気にさらされ、直後に高熱を発して、翌一〇月五日に五二歳で世を去った。長尾は「乃木ほど壮絶ではないが、「準殉死」ということもできよう」という。[29] 乃木希典が妻静子とともに自刃したのは大葬の日の九月一三日である。

さて、本書にとっての関心事は、八束が西洋法学をどのように受容したのか、それは兄陳重とどう違うのかということである。

八束は、兄がはじめた東京大学での法学教育を受けている。しかし、国内の法学教育はまだまだ手探り状態の時代であり、やはり本格的な法学教育は留学によって受けたと見るべきだろう。彼も兄と同様、西洋の法学を自らの頭脳に収めて持ち帰った最初の法学者の一人だった。では、西洋法学に本格的に触れる機会となったドイツ留学時に、八束は何を経験し、それが帰国後の彼の法学にどのように反映しているのだろうか。

2 八束の西洋体験

ドイツ留学

八束は、一八八四（明治一七）年から八九年までドイツに留学した。同じ船で横浜港を発った留学生の中には陸軍軍医の森林太郎（鷗外）もいる。八束と鷗外の人生は、その後幾度か交錯する。八束の留学は兄陳重より八年遅いだけだが、このときすでに法学はドイツの影響が強まっていた。

興味深いのは、出発する前、八束が伊藤博文と面談していることである。このとき八束は二四歳で、東京大学文学部政治学科（当時、政治学科は文学部に属していた）を卒業し、研究生となっていた。まだ世に出る前の八束を伊藤に紹介したのは井上毅である。井上は、多忙な伊藤に宛てて、時間を割いてくれるよう頼む次のような書簡を書いている。

扨《さて》穂積陳重弟八束事、今度文部省文學部より獨乙留學之命を蒙り、西航候ニ付而《つきて》者《は》、學科上之目的等ニ就き、先進之指示を得《え》度趣《たきおもむき》ニ而《て》小生へ相談有之《これあり》候。右者此際要用之事件ニ而有之候へハ、可相成者《あいなるべくは》臺下ニ拝接を得、教を受候方可然《しかるべし》と存付候間、御繁劇中恐縮奉存《ぞんじたてまつり》候へとも、瞬間之清暇を以而《もつて》御面命被賜度奉冀《たまわられたくねがいたてまつり》候、猶委細本人より可奉願《ねがいたてまつるべく》[30]候。

井上毅

右の書簡の日付は八月一五日であるが、八束が留学に出発したのは八月二四日である。まさに出発直前に面談が実現した。伊藤は、前年の一八八三年八月にドイツ・オーストリアへの一年余りの憲法調査の旅から戻り、翌年三月に憲法制定のために宮中に設置された制度取調局長官に就任して、憲法起草の準備に入っていた。井上は、伊東巳代治《みよじ》・金子堅太郎らと共に伊藤の下で御用掛となり、伊藤の補佐役をつとめていた。

多忙な中、時間を割いて八束と面談した伊藤は、まさにドイツ留学に出ようとしているこの若者に対して、「憲法ノ研究ニ関シテ望ヲ先生〔八束〕ノ将来ニ属シ、周到ナル注意」を与えたという[31]。このときの面談が契機となったのであろう、もともと八束が指示を受けた留学目的は「欧州制度沿革史及公法学研究」という一般的なものであったのが、伊藤の「内意」により「憲法専攻」に特化されたという。[32] いよいよ憲法を制定するに際して、日本の憲法学を託すべき人材としての国家的期待を帯びて八束はドイツに旅立ったのである。

一八八〇年代ヨーロッパ

日本の学問のドイツ化が進むなかで、しかもプロイセン憲法をモデルとした憲法の起草が準備される中で、憲法専攻の八束が留学先にドイツを選ぶのは自然なことだった。兄の陳重の留学と比べると、陳重のドイツ滞在は一年にすぎず、しかも一八八一（明治一四）年三月にドイツを去っている。これに対し、八束のドイツ滞在は一八八四年から四年余りに及ぶ。この差は意外に意味を持っている。ヨーロッパはまさに一八八〇年代から本格的な帝国主義の時代に入り、世界分割に乗り出していくからである。

一八九〇年代半ばからのヨーロッパは「ベル・エポック」（良き時代）と呼ばれ、突然の戦火によって断ち切られるまで、にわか景気による豊かさの中でパリを中心に独特の文化が花開いた。しかし、陳重や八束が留学した時期のヨーロッパは不況の時代だった。世界経済は一八七三年以来前例のない景気の変調と沈滞に陥り、[33] 深刻なデフレを経験していた。社会には賃金労働者が大量に出現し、消費者という大衆が誕生した。貧富の格差が開き、資本主義の矛盾が露呈するとともに、民主主義が政治を停滞させ、それが社会主義への道を開きかねないという危惧を生んだ。労働者大衆の増加は、「彼らが、一階級として政治的に組織化されたら一体どのような事態が生ずるであろうか」という不安を人々の間に生んだ。[34] とりわけドイツでは大衆政党の組織化が早く、ドイツ社会主義労働者党（のちのドイツ社会民主党）は選挙で一目置かれる存在になっていた。八束たちは、そのようなヨーロッパの現状を、日本の近未来を見るように、つぶさに観察することになった。

国際政治面では、一八八〇年代は帝国主義で特徴づけられる。またこの時代は、「自らを公に『皇帝』と称したり、西欧の外交官が『皇帝』の称号にふさわしいと考えた国家元首の数が、近代世界史の中で一番多かった時代である」[35]。ドイツ、オーストリア、ロシア、トルコ、(インドの君主という資格で)イギリス、そしてヨーロッパ以外では中国、日本、ペルシア、エチオピア、モロッコなどが挙がり、フランスにもごく最近まで皇帝がいた。日本はそのような時代に、皇帝(天皇)を戴く国として西洋と伍していこうとしていた。

新しい型の帝国主義は、征服、併合、統治といった形で、アメリカ大陸をのぞく世界の大半を植民地として分割していった。西洋列強と対峙した国の政府やエリートにとって、自ら西洋化するかそれとも屈服するかしかないことは自明のことだった[36]。支配するかされるかの選択を迫られたこの時代に、日本は徹底した西洋化により、支配される側に組み込まれることを回避しようとしたのである。

この頃、ナショナリズムという言葉が登場する[37]。

ナショナリズム

「今日、われわれは人種＝言語による国民[38](ネイション)の定義にあまりにも慣れ親しんでいるため、この定義が本来、一九世紀末に創案されたものだということを忘れている」とホブズボームはいう[39]。もっとも、ある集団の中で共有されたイメージとしての国民という観念、すなわち、ベネディクト・アンダーソンのいう「想像された共同体」(imagined communities)としてのナショナリズムが政治的力を持ったのはもう少し早い[40]。しかし、帝国主義国家間の競争の時代に権力者によって生み出された

「公定ナショナリズム」[41]の誕生は、確かにこの時期である。「国家が国民を作るのであって、国民が国家を作るのではない」[42]。民主化が進行する時代の政府当局は、もはや、社会的身分が上の者に下の者が自発的に従うといった伝統的社会秩序や、服従を効果的に保証してくれた伝統的宗教などに依存できなくなっていた。そこで、政府の転覆計画や反体制的意見に対抗しうるような結束を人々の間に生み出す手段が必要だった。ここで「国民」という概念が登場する。

それは、国にとって伝統的宗教に変わる新しい市民宗教だった[43]。布教のために活用されたのが、初等教育である。「とりわけ一八七〇年から一九一四年までの時代は、ほとんどのヨーロッパ諸国は初等教育の時代であった」。この政策は、ほぼ同時進行で、日本でも採用された。

国家形成が遅れたドイツでは、統一国家成立後の課題は、国民国家の形成だった。すなわち、それまで各領邦への帰属意識を持っていた民衆に、ひとつの国の国民としての意識を醸成し、周囲を取り囲む競合相手の国民国家（とりわけそのうちのひとつであるフランスとは不倶戴天の敵の関係にあった）に対抗していかなければならなかった。このため、ナショナリズムの醸成が組織的に行なわれたのである[44]。

以上の点は、種々相違点はあるとはいえ、各藩への帰属意識を持った人民を明治国家に統合して国民国家の形成を急がなければならなかった日本と似た面があった。日本は、新生ドイツがナショナリズムを組織的に作り上げ、国民意識を生み出していくさまを見ながら、それを自国で実践したのである。

こうしてナショナリズムは、工業化の進展とともに急拡大した新中産階級を統合するための世俗的宗教として、教会や王室などかつて国を統合していた伝統に代わる、新たな「創られた伝統」となった。[45]

愛国の精神と民族

このようなドイツにおけるナショナリズムの隆盛を八束はどのように見たのだろうか。八束の留学時代の心境を窺わせる資料は見出せない。しかし、同時期に留学し、帰国後の国体論や国民教育において盟友の関係にあった井上哲次郎（年齢は八束より四歳上）がその頃のことを語った文章がある。

当時独逸国民の愛国心の極めて旺盛であったことは自分のしみじみと体験したところである。而して翻って我が日本の事を考へてみれば、維新以後二十年間は欧米崇拝の時代で、忠君愛国よりは寧ろ外国崇拝の念の方が遥かに多大で、眞に憂ふべき傾向を生じて居った。所が自分は独逸の愛国心の極めて旺盛なる雰囲気の中に於いて教養せられたが為に、何《ど》うしても帰朝後は忠君愛国の精神の大に振起せられざるべからざることを痛感して帰朝した次第である。[46]

一八八〇年代のドイツに留学した青年が、ドイツの愛国心の昂揚をみて刺激を受け、母国に忠君愛国の思想を確立することの必要性を感じた、というわけである。[47] しかも、八束や井上の見たドイツのナショナリズムは、フランスなどと比べると、やや特殊な要素があった。ドイツでは、組織的にナショナリズムが醸成されていくが、その際、一体感を認識する範囲が一つの問題だった。新生ドイツはプロイセンを中心としつつも諸君主国家の連邦の形をとっており、フランスのような完全な中央集権の国民国家ではなかった。しかも、ドイツの統一は小ドイツ主義によってオーストリアを排除する形で実現されたが、多民族国家オーストリアにはドイツ語を話し自分たちをドイツ人と自己認識する人たちが存在していた。このような状況の中で、ナショナリズムの境界を画する範囲が問題となったのである。その難問に対して与えられた新たな答えは、エルンスト・モーリッツ・アルントが一八一三年に書いた歌「ドイツ人の祖国とは何か?」の歌詞にあるように、「ドイツ語が響き、天上の神がドイツ歌曲を歌うところすべて、これがドイツ人の祖国であるべきだ」、つまり、ドイツ語という言語を共有する言語共同体だった。これが「人種と文化の共同体(48)」としての民族共同体(Volksgemeinschaft)として、民族概念を通して自己認識されるようになった。

このようなドイツの状況は、ナショナリズムにおける「民族」という要素の重要性を、ヨーロッパの地に異邦人として住む東洋民族の日本人留学生に強く意識させたに違いない。

国家間の生存競争

陳重が見た一八七〇年代までのヨーロッパ、とりわけイギリスでは、「ある国民国家の利益が必ずしも他の国民国家の損失とはならない」と主張することが可能だった。しかし、その後の大不況期を経て、「あけすけに他国を厄介者もしくは犠牲者とみなす、ある種のナショナリズムが優勢になってきた(49)」。こうして、ヨーロッパの外交は、国民国家の「神聖なエゴイズム」が支配するようになる(50)。国民国家相互間の対立はしばしば社会ダーウィン主義の装いをまとって「原則」にまで高められた。すなわち国際政治の基調はもはや「諸国家間の利益の調整」ではなくなり、かわって諸国民間の「生存をめぐる闘争」こそが基調となった。一九世紀末から二〇世紀初頭は、世界分割による市場の確保と、相対立する国民経済相互間の生存競争が展開される時代となるのである。

八束は当時の世界を、国家間の生存競争と認識し、次のように述べている。「個人智にして且つ富むと雖合同して民族社会を成し其の独立を維持するにあらざれば、以て世界の生存競争に対峙する能はざること知るべきなり[51]」。

世界の生存競争、これがまさに彼が見た当時のヨーロッパの現実だった。その生存競争を生き抜くための、当時のドイツの組織的「ナショナリズム」と「民族」という観念は、八束に強い印象を残したであろう。

忠君とナショナリズム

もっとも、以上のドイツ的ナショナリズムは、民族の観念とは一体であるが、必ずしも「忠君」を不可欠の要素としていない。例えば、陳重の長男の重遠は、ドイツ留学中であった一九一三年に、皇帝誕生日祝賀学生大会に出たときのことを次のように日記に書いている。大学総長の祝辞などにも「カイゼルと云ふ言葉は一度か二度出たきりで「ファーターランド」（祖国）と云ふ言葉が二言目には出て来ると云ふ次第。即ち皇帝の誕生日は云はば愛国心鼓舞のダシにつかはれて居る様なもので同じ帝国でも我国との国体の相違は実に雲泥と云はねばならぬ[52]」。そして、ここはプロイセンだからまだよいが、「他の連邦ではカイゼルの幅の利かぬこと一層だという[53]」。

ドイツのナショナリズムは、このような特性のゆえに、第一次大戦後の帝政廃止を乗り越えて、ワイマール共和国時代の一九一九年後半以降に、民族的ナショナリズムとして驚くべき激しさで甦ったのである[54]。当時は、「多数の社会主義者や知識人までをも含むほとんどすべての人々が、優生学と遺伝学が登場した一九世紀文明の根底にある差別的人種思想を心底まで吹き込まれていたため」、「人々は自分の所属する階級もしくは国が他の者に比べて、本来的に優れていると信ずることから生ずる誘惑を間接的に受けやすかったことも間違いない」[55]。

そのような時代の国際的生存競争を、人種的に差別される側にいる日本が勝ち抜かなければならなかった。いかにして国民の忠誠心を調達し、西洋列強と伍していけるだけの国民国家としての求心力を生み出すか。この課題を突きつけられたのが、明治政府を担っていた政治的リーダーたちである。彼らは薩長の下級武士を中心とする勢力であり、自分たちに対する国民の忠誠は期待できない。そこで伊藤博文は、幕末の尊王思想を利用して天皇中心の国家を前面に押し出し、その「伝統」を意図的に「捏造」したのである。八束に期待されていたのは、その法的正当化だった。これについては後に改めて論ずる。

植民地主義

一八八〇年代以降の帝国主義を特徴づけるのが植民地獲得への熱狂である。「植民地領有が、いまや国民の偉大さや生命力や現代性の基準となった」。植民地獲得は、国内政治の対立を忘れさせ、国民の一体感を生み出したのである[56]。

このような熱狂は、単に付和雷同しやすい一般大衆の心理にとどまらず、当時のヨーロッパを代表する知性をも巻き込んだ。マックス・ウェーバーは一八九五年に行なったフライブルグ大学教授への就任講演「国民国家と経済政策」で次のように述べた。

「もし、経済のイロハがわかっていたとしたら、ドイツの国旗があちこちの海岸にひるがえることが、ドイツの遠洋通商にとってどのくらい大きな意味をもつかを、かれら「大ブルジョワジー」は理解したはずであります」。

「もしも、ドイツの統一が、ドイツの世界権力政策の終りであって出発点ではないとするならば、ドイツの統一は、国民が過去の日に犯した若気のあやまちであり、そのために払った犠牲の大きさを考えると、むしろ、なくもがなの仕業であったこと、われわれはこのことをハッキリと知らなければなりません」[57]。

この点で興味深いのが、八束の国体論である。それは、日本民族の結束を固め国際的生存競争に備えるという防衛的な理論であり、植民地獲得による帝国主義的拡張に対応するものではなかった。このため、韓国併合後の国体の説明には窮することになる。彼の国体論がアイデンティティの根拠を置いた民族信仰では「風呂敷」が小さすぎる事態となったのである[58]。韓国併合直後に行なわれた文部省主催の全国師範学校修身科教員講習会で講演したあと、受講者からの「新領土の人民をして、本国領土の国民の確信をいだかしむる方法如何」という質問に対して、八束は次のように答えるほかなかった。

永遠を期して謂へば内外歴史の教示する通り、新附の民をして我民族と同化せしむ方策を取るの外なし、永遠の後には遂に混同して一民族の観念を有せしむるに至るべし[59]。

彼の理論がもともとどのような現実を見ていたかを窺わせる[60]。「永遠」というタイムスパンでなければ達成し得ない併合は、欧米の植民地経営と異なり、とうてい現実的とはいえない。「同質的な国民への囲い込み」[61]という理念先行の同化策は、当然のことながら、朝鮮人民の激しい反発を生んだ。

一八八〇年代のドイツで当時のヨーロッパを観察しながら危機感を持って自らの理論を構想した八束は、日本がほんの二〇年余りのちに欧米と肩を並べて帝国主義的拡張を始めるとは想像していなかったのかもしれない。

3 国民国家の形成と法

新憲法の解説

伊藤博文の主導で起草された大日本帝国憲法が一八八九(明治二二)年二月一一日に公布された。八束は公布の一三日前である一月二九日に帰国し、三月には法科大学教授に任ぜられた。その八束が、帰国直後に新憲法についての解説を二つ公にしている。ひとつは、帰国後「未タ行李ヲ解」かないうちに書かれた「新憲法ノ法理及憲法解釈ノ心得」である。憲法発布前の執筆であり、八束は「我邦ノ新憲法ハ余未タ之ヲ拝読スルノ栄ヲ得ス」と述べている。憲法の条文を知らずにその法理と解釈を論じた大胆さに驚かされる。もちろん、八束は新憲法がどのような原理に基づいて起草されたかを知っていたともいえるが、同時に、当時の日本で西洋法学が持っていた地位を窺い知ることもできる。条文の細部がどうあれ、普遍的に妥当する理論が存在し(もっとも八束自身はそれを否定しているが)、西洋法学を修めた者はそれを知っていると見られていたのであろう。もうひとつの解説は、憲法発布直後に帝国大学の渡辺洪基総長の求めにより法科大学で行なわれた講義「帝国憲法ノ法理」である。

興味深いのは、八束と同じ年にドイツに留学して八束より一年遅れて帰国した井上哲次郎もまた、帰国直後に、一八九〇年一〇月三〇日に発翰された教育勅語の解説の執筆を求められていることである。この時期にドイツに留学した俊英に国家がいかに期待していたかを物語る。八束がその辺の事情について語った資料は見出せていないが、井上の回想が残されている。

「教育勅語」を解釈するには、唯々皇漢学者の立場から解釈しただけでは迚《とて》も社会の信用の得難い時代であつた。換言すれば、何うしても西洋の知識を有して居るものでなければ認容されない時代であつた。

しかし、皇漢学と西洋の知識の双方に通じている人材が少なかった。

西洋の知識を有して居る者は、多くは皇漢学に暗く、兎角自由、民権にあらざれば博愛・人道といふやうなことを唱道して、忠孝・節義の道徳を軽視する傾向がなか〳〵多大であつた。(62)

このような自覚を持って井上が展開した国体論は、その後、八束と連携しつつ第二期国定修身教科書(一九一〇年)に反映され、(63)また文部省教学局『臣民の道』(一九四一年)へとつながっていく。

「新憲法ノ法理及憲法解釈ノ心得」

「新憲法ノ法理及憲法解釈ノ心得」は、「政理」と「法理」を区別するところから始まる。

「政理ハ利害得失ノ弁ナリ、須ラク国情ニ照シテ之ヲ議定スヘシ。法理ハ性質作用ノ弁ナリ、須ラク公法ノ元則ニ拠リテ之ヲ解釈スヘシ」。

憲法の規範について、政治理論はその利害得失を論ずるものなので、国情に照らして論ずればよい。しかし、法理論は、法規範の性質作用を論ずるものなので、「公法の原則」に基づいて解釈しなければならない、という。

政治から区別された法の固有の領域を認めるのは、まさに法実証主義を宣言するものであり、日本にも法典解釈の時代が訪れたことを告げるが、同時に八束がドイツで師事したラーバントの影響を強く感じさせる。法理においては、固有の論理が存在する。もっとも、固有の論理といっても、次の論文「帝国憲法ノ法理」で述べられているように、ヨーロッパ各国の憲法はそれぞれ特殊の法理を有するので、各国共通の法理を述べるのは困難であるという。大日本帝国憲法については、立憲君主制という点でドイツ憲法と類似性があり、プロイセンの公法学者が数十年来憲法の法理を研究して憲法の法理を明晰にする技術を発展させている。それは倣うに値するので、それに依拠しつつ大日本帝国憲法の法理を論ずる、というのが彼のスタンスである。

八束の憲法論は、マイニアに見られたように、西洋の近代法思想の観点からは理解しがたいものと評価されてきた。しかし、西洋に倣って制定された憲法を「法理論」として論ずる以上、その議論の土俵が西洋法学にあることは明らかである。八束は、ドイツ憲法の「法理」(ドイツ憲法の解釈の前提となる様々な概念や原理)をいわば道具として用いて、大日本帝国憲法の解釈のための基礎理論を提示しようとしたのである。

注目されるのは、大日本帝国憲法の制定を、日本という国の憲法の「改正」と捉えた点である。日本が範としたプロイセン憲法(一八五〇年)は、欽定憲法という点で独裁制の昔時と連続しており、したがって、プロイセン建国以来の成典に対照参酌して解釈すべきものとされている。それと同様に、日本の帝国憲法も欽定憲法という点で建国以来の国体と法的に連続しており、日本古来の「立君独裁制」の不文憲法が「立憲君主制」の成文憲法に改正されたのだというのである。[64]

国体変革の有無

明治維新を体制の変革と捉え、明治憲法を、旧体制を打倒した政治勢力による政治的宣言文書と理解すると、明治維新は革命になる。しかし、八束は、江戸時代の武家政権から政体は変わったが、天皇独裁という日本の政治体制の根幹（国体）は一貫して維持されてきたという。そして、およそ憲法という法的思考を持たなかった過去に不文憲法を読み込み、この不文憲法を成文化したのが明治憲法であるから、憲法改正だというのである。ここには、皇室公家をも自己の統制下に置いていた軍事政権としての徳川幕府を立君独裁制と読み替え、「我国の人民は、数百年の間、天子あるを知らず、ただこれを口碑に伝うるのみ」[65]であったにもかかわらず、万世一系の天皇による統治が綿々として続いてきた、という歴史的伝統の「捏造」による権威の創出がある。それが意図的になされていることは言うまでもない。

実は、憲法調査から帰国した頃の伊藤は憲法制定により国体も変わると考えていた。[66]このとき伊藤が理解していた「国体」とは、“National Organization”の意味だった。これに対し、金子堅太郎の回想によると、金子は国体に対応する概念は西洋にはなく、わずかにエドマンド・バークの“Fundamental Political Principle”がそれにあたると見うるが、日本独特であること。日本の国体概念は、水戸烈公の『弘道館記』に見え、藤田東湖が『弘道館記述義』を書いて初めて日本の国体を明瞭に解釈したこと。日本では政体は変わったが国体は変わっていないことを主張し、制度取調局で伊藤と論争になったという。金子は、その後一九〇八（明治四一）年に開かれた憲法発布二〇年を祝する園遊会の折の伊藤の演説が金子説を採用したものであったことを紹介しているが、伊藤を含め、起草者たちは、憲法発布の時点で国体不変という理解を持っていたと考えられる。(67) これは、伊藤と金子の論争を黙って聞いていたという井上毅も同じであろう。

伊藤の名で公刊された『憲法義解』も、第一条の解説で、「我が日本帝国は一系の皇統と相依て終始し、古今永遠に亙り、一ありて二なく、常ありて変なきことを示し、以て君民の関係を万世に昭《あきら》かにす」と述べており、このような理解と整合的である。(68)

こうして、明治憲法の制定は新たな体制の宣言ではなく伝統的不文憲法の成文化による改正にすぎないという八束の説明は、明治憲法起草者の意図に添うものだったと評することができ、これは同時に、プロイセンの憲法解釈に倣ったものだった。

そして、八束が行なったことは、たとえ意図的に作り出されたものであれ、日本の「伝統」を西洋の国法学の土俵の上で正当化することだった。その点において、まさに陳重が行なった日本の古俗・遺制の位置づけとつながる思考を見ることができる。

陳重と異なるのは、それを社会進化に伴う法の進化の枠組で説明するのではなく、あくまで憲法内在的な「法理」で説明しようとする点である。八束には法と社会を結びつける思考はない。そこに見られる法実証主義的思考は、単にドイツ法学の影響というより、陳重の時代と異なり、すでに日本に解釈の対象となる法典が存在しているという前提条件の違いが大きい。八束に求められたのは、西洋憲法学そのものの導入ではなく、制定された日本の法典の解釈だった。そして、八束の解釈は、その法典の立法者意思に添うものではあったが、立法者意思を根拠とはしていない。彼は立法者意思説について、「其ハ法理以外ノ解釈法」であるから論じないと述べている。(69) また、西洋の憲法理論や政治理論に直結する説明を与えるのでもなく、あくまで明治憲法に内在的な法理の体系として解釈しようとするのである。これこそ彼の学んだドイツ憲法学の手法の応用だった。

八束の「法理」

では、八束のいう「法理」はどのようなものだろうか。それは、基本概念を厳密に定義し、その概念の論理的操作によって解釈理論を体系化していくという概念法学的手法である。先に紹介したように、美濃部達吉は八束の講義について、およそ「論理などには一向拘らず」独断的であると述べていた。これは、例えば、国家とは団体にほかならないから、「天皇即国家」という命題のもとでは天皇イコール団体(組織)になるではないかとの批判であるが、八束特有の言い回しに対する単なる揚げ足取りである。「美濃部の論理」ではなかった、という意味ではその通りかもしれないが、法解釈学的に見れば、八束の理論はきわめて論理的であり、自己完結的な論理で貫かれた概念法学である。これがラーバントの法学方法論の適用だった。『ドイツ帝国国法』第二版序文でラーバントは次のように言う。

> ある特定の実定法の教義学が有する学問的任務は法制度の構成、すなわち個々の法命題を一般的概念へと還元することであり、そして他方で、このような概念から生じた帰結の導出にある。(中略)このことは純粋に論理的な思考活動である。(70)

ラーバントのいう教義学（Dogmatik）は日本では「法解釈学」と呼ばれる。ラーバント自身は、教義学が法学のすべてではなく、その一部に過ぎないと断っており、歴史学や国民経済学、政治学、哲学が法にとって有する価値を否定するわけではない。しかし、八束の目には、西洋法学の最も法学らしい側面がこの教義学であったに違いない。八束の言う「法理」とは、現在の用語でいえばまさに法解釈学のことである。

その「法理」が展開された、憲法公布直後の講義「帝国憲法ノ法理」においては、「君主ハ即チ国家ナリ」(71)、「制限セラレタル主権ハ則チ主権ニアラス」(72)など、その後の八束の憲法学の特色がすでに現れている。この論文が公表されると、そのあまりに国家主義的な主張に対し、八束と同い年で社会学・国法学を専門とする有賀長雄の激しい批判「穂積八束君帝国憲法の法理を誤る」が書かれた。有賀はいう。

是れ亦何の妄言ぞ、氏や帰朝の日尚ほ浅く、日本に政治思想の如何ほど進み居るやを、測知する能はざるが故に、此の如き言を為すならん。(73)

有賀は、日本で最初の体系的な社会学の著作を刊行するほか、多方面で活躍した才人であるが、文学部哲学科を卒業後、八束より二年遅れてドイツ、オーストリアに留学し、八束より一年早く帰国した。ウィーンでは伊藤博文が師事したシュタイン教授のもとで学んでおり、留学期間は短くとも、憲法は自分も専門だとの意識があっただろう。この批判論文は、八束に対する並々ならぬ対抗意識を感じさせる。これに対して八束は法学協会雑誌に掲載した論文「有賀学士ノ批評ニ対シ聊《いささ》カ主権ノ本体ヲ明カニス」[74]で反論しているが、有賀論文に見られるような感情的な表現を用いない落ち着いた論調である。

有賀は、明治憲法を西洋の立憲制の理念を反映させて解釈しようとしている。その意味では、後の美濃部憲法学にも通ずる。しかし、八束に対する批判には、前記のような感情的表現のほか、揚げ足取り的な批判も多い。何より有賀論文の問題は、八束の言う「法理」の内在的論理を理解し得ていないことである。八束が「予ハ同学士ノ批評ヲ得テ益スル所多シ。深ク同学士カ此煩労ヲ取ラレタルヲ謝」すと余裕の応答をしえたのは、八束の論理が「法理」内在的には一貫しており、有賀の批判がそれに対する攻撃たり得ていなかったためであろう。「学士カ攻撃ヲ試ラルヽノ敵ハ講者ニアラスシテ講述ノ法理ナリ。余カ主張スルトコロノ公法法理学派ナリ。然ラハ法理ヲ以テ法理ヲ討ツ可シ」と反論している。

ラーバントにおいては「分割不能、至上、無答責の国家権力が主権と呼ばれる」[75]。八束の議論は、このような主権概念を、大日本帝国憲法第一条で「大日本帝国」を「統治する」と明文で規定されている天皇に適用した論理的帰結に過ぎない。これは八束の依拠する法理における、主権の定義から導かれる論理的推論である。それを否定するには、条文との整合性を捨てるか、または前提とされた主権概念を否定しなければならない。しかし、この主権概念は、一定の国家論からの論理的帰結であり、その国家論を否定しなければ主権概念の有効な批判たり得ない。こうして、ひとたび八束の「法理」の土俵に乗ると、ドイツ国家学に通暁せずして有効な内在的批判を加えることが至難となるのである（ちなみに美濃部は、後に見るとおり、条文との整合性を放棄することで八束に対抗した）。

八束の理論を八束と同じ土俵で批判しようとするなら、最も有効な攻撃は、ラーバントに対する批判がそうであったように（カール・シュミットによる批判がよく知られている(76)）、彼の法理が依って立つ前提（天皇が主権者であること）のフィクション性や政治性を暴くことである。しかし、真っ先に八束を批判した有賀も、この点については、「帝権の重きは、余輩といへども豈に之を思はざらんや、苟も皇室の尊厳特権に関することは、余輩に於ても世界風潮の如何を顧みず、力の有らん限り之を主張する」というのであるから、結局八束に打撃を与えるには至らなかったのである。

「我國ノ機軸」

八束の「法理」は、立法者意思とは切り離された法内在的な理論、という位置づけである。しかし、そのような「法理」を展開した八束の動機のレベルにおいて、八束が留学に出発するに当たって「周到ナル注意」を受けた伊藤博文の天皇制理解が存在していたことは明らかなように思われる。

伊藤は、憲法草案審議のために新設された枢密院の第一回会議（一八八八〔明治二一〕年六月一八日）の冒頭で、憲法原案起草の大意を説明している。

よく知られたその発言において、憲法制定においてはまず国家の機軸を定めることが必要だと述べて、次のように言う。

抑《そもそも》欧洲ニ於テハ憲法政治ノ萌芽セル事千余年、独リ人民ノ此制度ニ習熟セルノミナラス、又タ宗教ナル者アリテ之ガ機軸ヲ為シ、深ク人心ニ滲潤シテ人心之ニ帰一セリ。然ルニ我国ニ在テハ宗教ナル者其力微弱ニシテ、一モ国家ノ機軸タルヘキモノナシ。仏教ハ一タビ隆盛ノ勢ヒヲ張リ上下ノ人心ヲ繫ギタルモ、今日ニ至テハ已ニ衰替ニ傾キタリ。神道ハ祖宗ノ遺訓ニ基キ之ヲ祖述ストハ雖、宗教トシテ人心ヲ帰向セシムルノ力ニ乏シ。

ヨーロッパでは宗教が国家の機軸をなしているが、日本には国家の機軸となるべきものがないという。仏教も神道も使えない。ではどうするか。

我国ニ在テ機軸トスヘキハ独リ皇室ニアルノミ。是ヲ以テ此憲法草案ニ於テハ専ラ意ヲ此点ニ用キ、君権ヲ尊重シテ成ル可ク之ヲ束縛セサランコトヲ勉メリ。（中略）敢テ彼ノ欧洲ノ主権分割ノ精神ニ拠ラス。

日本で国家の機軸となりうるのは皇室だけだ、という。それゆえ君権を尊重し、西洋流の権力分立制を採用しなかった、と述べている(77)。

伊藤博文

ここには、西洋で人心を統合するための役割を果たしているキリスト教の機能的等価物(78)として、天皇制が意図的に選択されたことが、驚くべき率直さで語られている。宗教に代替するものであるから、君権を憲法で制約するようなことはあえてしなかったというのである。

「荒唐」で「奇怪」な宗教

西洋においてはキリスト教が国家の機軸をなしている、と伊藤は述べる。しかし、高度の文明を達成した西洋で、聖書に書かれているようなキリスト教が信じられているということは、当初、伊藤らにとって信じがたいことだった。

伊藤は憲法調査のために欧州滞在中、ヨーロッパ大陸の立君政治の精神は上流階級の貴族の中に見出すことができること、そして「貴族上等社会の君権を主張する者、十中八九皆宗教信仰者」であることを述べる。ただ、知的な彼等がそれを本気で信じているのかどうか、「其脳裏の虚実は知り難しと雖も、精神方略共に臣民を賀御するの必要具たるを以て、殆んど密邇《みつじ》［間近に接すること］して離る可らざる者の如し」と書いている。[79]

「其脳裏の虚実は知り難しと雖も」とは、幕末維新を通じて日本の知識人たちの実感だった。明治初年に西洋を歴訪した明治政府の要人たちが、西洋社会におけるキリスト教の実情を目の当たりにして驚いた様子は、久米邦武の『特命全権大使米欧回覧実記』に生々しく記録されている。

> 新旧約書ナルモノ、吾輩ニテ之ヲ閲《けみ》スレハ、一部荒唐ノ談ナルノミ。天ヨリ声ヲ発シ、死囚復《また》活《い》ク、以テ瘋癲《ふうてん》ノ譫語《たわごと》トナスモ可ナリ。彼ノ異端ヲ唱ヘテ、磔刑ニ罹《かか》リシモノヲ以テ、天帝ノ真子トナシ、慟哭《どうこく》シテ拝跪《はいき》ス。我其涙ノ何ニ由テ生スルヤヲ怪ム。欧米ノ各都、到ル処ニ紅血淋漓《りんり》トシテ、死囚十字架ヨリ下ルヲ図絵シ、堂壁屋隅ニ掲ク。人ヲシテ墓地ヲ過キ、刑場ニ宿スルノ思ヒヲナサシム。是ニテ奇怪ナラズンバ、何ヲ以テ奇怪トセン。[80]

岩倉は西洋の発展とキリスト教に深い関係があることを知り、使節団の中に「宗教取調べ掛り」というポストを設けて皇漢学者の久米邦武をこれに任じた。久米は、見聞記録の編纂とあわせて、特に宗教についての観察を命じられていたのである。このため久米は詳細な記録を残している。前記の「奇怪」談も、単に批判しているのではなく、これに続けて、西洋人が「勉強競励ノ心ヲ興シテ、相協和スル」のはこの信仰に基づいていることを観察している。(81)

忠誠心の調達

西洋では宗教が現に国民を統合する機能を営み、道徳を維持する役割を担っている。これが伊藤ら、西洋を知る明治政府のリーダーたちの理解だった。岩倉使節がまずアメリカを訪れた際、自分たちは宗教などこれまで信じていないが、西洋で無宗教の人間は「獰悪で、智恵を持つた虎狼のやうなもの」と見られるから、宗教を問われたら何と答えるべきかを真剣に悩んだ。イギリスで、パークスに教会に連れて行かれた岩倉、木戸、大久保らは、「どうもあんなに宗教を信じて居るのかといふやうな少し冷笑の気味で、パークスもアレを信ずる所がどうも妙だと言ふ風で、其頃まで矢張り宗教を信ずるのは馬鹿な事と思ひながらも、併し何でも宗教といふものは訳の有るものだらうといふやうな思想に移つた」。(82)

では、どのような「訳の有るもの」かといえば、要人たちの信仰は「愚民」の人心を掌握するための、「意識的なあるいは無意識の見事な仮面の演技」と見たのだと渡辺浩は言う。(83) そして、そのような問題意識を踏まえて起草された憲法において、西洋のキリスト教に代わる「我国ノ機軸」、つまり国家統一の拠り所として天皇制が意図的に選択されたのである。

明治政府は、西南戦争程度の内戦を鎮圧するだけの軍事力はあったが、問題は、西洋列強に対抗しうる軍事力だった。それを持つためには、日本の人民が日本国の「国民」として、国家のために命を捧げる気持ちになるような忠誠心を調達し、国家を統合する権威が必要だった。しかし、明治維新までの一般の日本人にとって、主君とかお殿様といえば藩主であって、その上に徳川家というご公儀があったが、日本国に対する忠誠という発想はなかった。しかし、必要とされたのは、まさにそのような忠誠心であり、そのために、仏教も神道も全然使えない、と伊藤は冷静に分析している。そこで伊藤は、人民を「国民」として統合するための権威は、万邦無比の古さを誇る天皇しかないと考えたのである。

伊藤が憲法調査に際して助言を受けたグナイストは、次のように語ったという。

兵ノ死ヲ顧ミズシテ国ノ為メニ身ヲ犠牲ニ供スルモ亦只此義ニ外ナラザルナリ。静ニ欧州ノ内、富強ト称スル国ヲ見ル可シ。先ズ寺院ヲ興シ、宗教ヲ盛ニセザルハナシ。皆宗教ニ依テ国ヲ立ツルモノト知ル可シ。(84)

この談話を通しても、伊藤は宗教の役割を認識させられた。(85)渡辺浩は、徂徠以来の日本的な儒教観と、そこにおける宗教についての理解を背景に、キリスト教に代わる政治的な「術」として、つまり、かつて徂徠が用いた言い回しを使えば一種の「陰謀」として、伊藤が天皇制を選択したと論じている。天皇制に対する伊藤の冷めた現実主義は、渡辺も紹介しているこんなエピソードからも窺える。

伊藤は、ドイツ人医師エルウィン・ベルツとの会議の席上で、同席していた有栖川宮威仁《たけひと》親王の方を半ば向いて、「皇太子に生れるのは、全く不運なことだ。生れるが早いか、到るところで礼式（エチケット）の鎖にしばられ、大きくなれば、側近者の吹く笛に踊らされねばならない」といいながら、操り人形を糸で踊らせるような身振りをして見せたという。(86)

一般国民の国家に対する忠誠を調達することが、当時の日本のリーダーたちにとってどれほど切実な問題だったかは、自由民権の闘士である板垣退助の、戊辰戦争時の体験の中にも見ることができる。官軍を率いて会津戦争を戦った板垣は、当時の経験を次のように語っている。

既にして兵を進めて会津に入らんとするに当り、自ら以為《おもえ》らく、会津は天下屈指の雄藩にして、政善に民富む、若し上下心を一にし、戮《りくりょく》力以て国に尽さば、我が三千未満の官軍、如何ぞ容易に之を降さんや、唯だ宜しく若松城下を以て墳墓と為し、斃れて後ち已まんのみと。漸く豨突《きとつ》して其境土に臨むや、豈《あ》に料《はか》らん一般の人民は妻子を伴ひ家財を携へ、尽く四方に遁逃して、一人の来て我に敵する者なきのみならす、漸次翻て我が手足の用を為し、賃銀を貪て恬として恥ちざるに至る。我れ深く其奇観なるを感し、未だ曽て懐に之を忘れず。(87)

官軍を率いていた板垣は、このとき受けた衝撃から、人民がすべて国家と運命をともにするような体制を作る必要を痛感した。板垣にとってそれは、「四民均一の制を建て、楽を共にし憂を同ふせんのみ、而して後ち始めて百年の大計成る可き也。富強の基礎固かる可き也」(88)ということであり、それゆえ彼は自由民権運動に立ち上がった。(89)現実政治における方向は伊藤とは正反対であったが、動機は共通していたのである。

同じ思いは、「日本は古来未だ国を成さずというも可なり」と述べ、「日本には政府ありて国民（ネーション）なし」[90]と警鐘を発していた福沢諭吉にも共有されていた。それゆえに日本のリーダーたちの辛苦は、「寸刻をあらそって、日本民衆を『国民化』するという事業に傾注された」のである。[91]

法学的正当化

こうして絶対的な君主制が採用された日本で、次に必要となるのはその正当化である。求められたのは、普遍性のある西洋世界の思考に照らしての正当化であったから、必要なのは「法学的」正当化だった。八束に期待され、実際に彼が取り組んだのは、まさにこの仕事だった。

政治的権力の法学的正当化は、一一世紀のイルネリウスのローマ法学以来、西洋の法学者が取り組んできた仕事である。西ローマ帝国滅亡後、断片化されていたローマ法が初めて体系的に講じられたのが、一〇八八年にイタリアのボローニャでローマ法を講じたイルネリウスの講義とされ、この時がボローニャ大学の創設とされている。当代きってのローマ法の権威となったイルネリウスは、教皇と皇帝の権力争いの中で皇帝の権力の正当化にローマ法を用いた。このため彼は教皇から破門されている。[92]西洋世界では、政治権力の正当化は、伝統的に法学という学問が担ってきた役割である。太陽の女神（天照大神）の神話では西洋に通用する正当化とならない以上、八束に期待されたのは、西洋法学の学識による正当化だった。

八束の理論は、リベラルな西洋法理論の信奉者たちから非論理的な天皇崇拝、国家主義などと厳しい批判を受けた。しかし、彼の理論がいかに西洋法学的なものであったかを知るためには、明治憲法の「憲法発布勅語」と「上諭」の前に置かれた「告文《こうもん》」を見ればよい。告文とは神に告げ奉る文を意味する。神である天皇が自らの先祖である神霊に申し上げるという形をとった[93]その文章は、次のように始まる。

皇朕《すめらわ》レ謹《つつし》ミ畏《かしこ》ミ
皇祖《こうそ》
皇宗《こうそう》ノ神霊ニ誥《つ》ケ白《もう》サク皇朕レ天壌無窮ノ宏謨《こうぼ》ニ循《したが》ヒ惟神《かんながら》ノ宝祚《ほうそ》ヲ承継シ旧図《きゅうと》ヲ保持シテ敢テ失墜スルコト無シ……

これは天壌無窮の詔勅、すなわち、『日本書紀』神代の巻において、天照大神がその孫に下したとされる「勅」を天皇統治の究極の正統性根拠とするものであり、政治学者の渡辺浩はこのことを次のようにいう。

一八八九年、間もなく二〇世紀を迎えようとする頃、千数百年前に王権を説明した太陽の女神に関する説話が、「近代国民国家」の統治権の正統性を根拠付けるに至ったのである。「君権」は太陽の女神による無期限・無限定の委託である。[94]

この憲法ができるちょうど一〇〇年前に議決されたフランス人権宣言の前文は、次のように始まる。「国民議会として構成されたフランス人民の代表者たちは、人の権利に対する無知、忘却、または軽視が、公の不幸と政府の腐敗の唯一の原因であることを考慮し、人の譲りわたすことのできない神聖な自然的権利を、厳粛な宣言において提示することを決意した」。

また、一〇二年前にはアメリカ合衆国憲法が制定されたが、そこには次のような前文が置かれていた。

「われら合衆国の人民は、より完全な連邦を形成し、正義を樹立し、国内の平穏を保障し、共同の防衛に備え、一般の福祉を増進し、われらとわれらの子孫のうえに自由のもたらす恵沢を確保する目的をもって、アメリカ合衆国のために、この憲法を制定する」。

近代的理性に訴えて憲法の正統性を述べる、これら世界の憲法における先例を十二分に意識した上で起草された明治憲法の前文（告文）の宗教性は、注目に値する。憲法起草者の、日本国民に対する憲法制定の意図が示されているといえるだろう。明治憲法の起草に関与したロエスレルは、告文における天皇制の神話的基礎づけに対して否定的意見を述べていた。しかし、「合理主義者」である井上は、神話による基礎づけを意図的に選択したのである(95)。

とはいえ、「国民国家形成のための宗教」を国民に与えるという国内向けの意図とは別に、明治憲法は、西洋諸国に対して日本が近代的立憲国家であることを示すという使命も担っていた。前記告文だけでは、これをいかにうまく翻訳しても、天皇の「国家統治ノ大権」（上諭）の正統性を西洋の知識人に理解させることはできない（上諭では、「国家統治ノ大権ハ朕カ之ヲ祖宗ニ承ケテ之ヲ子孫ニ伝フル所ナリ」とある）。そこで、告文で表現された憲法の宗教的正統性を西洋法学の概念と論理に写し替えること、これこそが日本で最初の憲法理論に期待された役割だった。

君権の無制約

伊藤は枢密院での発言において、君権の濫用を恐れて主権を分割するという主義はとらなかったことを次のように述べている。

或ハ君権甚ダ強大ナルトキハ濫用ノ慮ナキニアラスト云フモノアリ。一応其理ナキニアラスト雖モ、若シ果シテ之アルトキハ宰相其責ニ任スヘシ。或ハ其他其濫用ヲ防グノ道ナキニアラス。徒ニ濫用ヲ恐レテ君権ノ区域ヲ狭縮セントスルガ如キハ、道理ナキノ説ト云ハサルヘカラス。

首相その他の天皇を支える周囲の者が君権の濫用を防止する方法はあるから、君権を束縛しないように勉めたという。このように君権を制約しなかった理由は、ひとつには天皇制にキリスト教に代わる宗教性を持たせるためには、神である天皇に実定法上の制約を課すのはおかしいという理論的理由もある。しかし、それに加えて、伊藤が実際に見聞したプロイセンの現実もあった。西欧では、国王も法のもとに置く方向での政治体制が整備されていた。プロイセンですら、例えば、予算の決定に議会の承認が必要であり、この制約が、自由主義勢力や社会主義勢力が躍進したプロイセンで、国政上の支障を生んだ。(96) このためグナイストも、憲法起草について助言を求めて訪れた伊藤に対し、兵権と会計権等に国会が喙《くちばし》を容れることを認めては「忽ち禍乱の媒囮たるに不過、最初は其微弱の者を作るを上策とす」(97) などと、予算についての権限を議会に与えて君権に制約を課すようなことは避けるべきことを助言した。(98) これに対して伊藤は、グナイストの説が「頗る専制論」だと述べていたが、(99) 実際に伊藤たちの起草した明治憲法は、予算について次のように規定している。

第六四条　國家ノ歳出歳入ハ毎年豫算ヲ以テ帝國議會ノ協贊ヲ經ヘシ
第七一条　帝國議會ニ於テ豫算ヲ議定セス又ハ豫算成立ニ至ラサルトキハ政府ハ前年度ノ豫算ヲ施行スヘシ

これらは、プロイセンの経験から学んだ起草者伊藤の苦心の産物である。たとえ議会が予算の成立を阻んでも、政府は前年度の予算を用いることができるのである(100)。そして、憲法発布後、『憲法義解』の英訳を携えて明治憲法に対する評価を探るために欧米に派遣された金子堅太郎は、欧米の専門家から、特にこの予算に関する規定への高い評価を引き出している(101)。

八束は、これらの規定を解釈して、予算は法律ではないとされていることから（法律のような天皇の「裁可」も要求されていない(102)）、会計検査上の「下拵《したごしら》え」だという（「予算ノ法理」初出一九九一〔明治二四〕年一月）。一切天皇（およびその意を体現して機能する行政機構）による行政の実施を制約しないのである。これは、ラーバントの予算論を明治憲法の解釈に持ち込んだものといえる。ラーバントは、その代表作の一つである『予算論』において、次のように述べていた。

「予算は形式的意味の法律であって実質的意味での法律ではない。それは一つの計算であり将来に対する見積りである。ゆえに予算は実質的には立法には何ら関係がなく、本質的に行政である(103)」。このような論理により、ラーバントは、プロイセンの憲法争議においてビスマルク政府の行為を合法化する理論を展開した。この争議は、ビスマルクが予算なしに軍備拡張のための財政を処理したことにより巻き起こったものである。伊藤博文がドイツで憲法起草に関して受けた助言は、このような経験を踏まえたものだった(104)。

八束の予算論はこのラーバントの理論の延長上にある。そして八束は、このようなスタンスから、議会の権限を広く捉える梅謙次郎の予算論を批判している[105]。予算に関する八束の解釈論が、伊藤ら立法者の期待に応えるものであったことはいうまでもない[106]。

井上毅の評価

こうして、八束は、明治憲法の起草者たちの意図を最大限反映しうる解釈理論を提示したように見える。ところで、憲法が公布された一八八九(明治二二)年の二月から三月にかけて、明治憲法の公定解説書である『憲法義解』稿本の共同審査の会合がもたれた。ここには穂積陳重、富井政章、末岡精一の各帝国大学教授に、阪谷芳郎大蔵参事官[107]などが参加したが、日本初の憲法学者である八束は選ばれなかった。当初渡辺洪基総長は、ドイツから帰朝したばかりの八束を伊藤に推薦したが、それにもかかわらず憲法学者の八束を選ばなかった理由を問われた井上毅は、「八束はラバントの新説に心酔せる男なり寧ろその兄陳重こそよけれ」と語ったという[108]。これに対して、朝比奈知泉が八束を加えるべきことを進言したところ、伊藤が理解を示した。しかし、「何も兄弟二人を出すには及ぶまい」という言う者が出て沙汰止みになったという[109]。朝比奈は、このあと東京日々新聞の主筆として、伊東巳代治社主のもとで活躍するジャーナリストで、法典論争の際には施行延期派として八束と同じ陣営に立った人物である。

このことをもって井上が八束を評価していなかったと言われることもある。確かに、帰国直後の八束の論文を読んだ井上が、立法者意思(つまり井上の意思)への配慮が欠け[110]「法理」内在的論理に終始している点に不満を抱いた可能性はある。しかし、井上の牧野伸顕宛書簡(一八九〇年五月二二日付）では、前記論文に続いて八束が書いた「国家全能主義」（一八八九年九月）を絶賛している。この小論でも、八束は自分の議論が「欧州目下輩出スルノ法理大家ノ定説ニ拠ルモノニシテ」と言い、日本独自の憲法理論は、あくまで（彼の主張する）西洋の有力な理論の文脈の中で正当化されている。井上書簡は、八束について、「時に偏見も有之候へども」と言いつつ「当時〔現在〕難得卓論ニ有之候」、「先ツ一大家と存候」と評価している。「法理」内在的論理による八束の解釈論が、西洋法学の概念を用いた緻密な論理で明治憲法体制に正統性を付与しうる強力な武器であることを、井上の慧眼が見抜いたのであろう。この評価は、のちに井上が文部大臣になったときに、教科用図書審査委員に八束を用いたことにつながっている。これにより八束の理論は国民教育へと浸透していくことになる。

のちに八束が健康上の理由で大学を辞めるとき、学生に対して行なった最終講義「学生諸君ニ対スル告別辞」の表題として八束は「憲法制定ノ由来」を選び、明治憲法に至るまでの歴史を詳細に語っている。そして、暗に美濃部のような憲法理論を批判して、このようにいう。

「凡ソ宇宙ノ事物トシテ歴史ナキハナシ、路傍ノ石片モロアラバ開闢以来ノ来歴ヲ語ラン、況ンヤ一国ノ政体憲法ニ於テオヤ。然ルニ我ガ学者ノ憲法ヲ視ル、外国憲法ノ翻訳ヲ視ルガ如クス。一ニ彼ノ法制注釈ヲ直ニ以テ我ニ擬セントスルナリ」。

こうして西洋憲法学直輸入の解釈論を批判し、「此ノ如クセバ、維新以来元勲重臣ノ惨憺タル苦心ヲ如何セントス」と述べている。「制定の歴史」、つまり起草者の意図を踏まえた解釈をすべきだというのである。そして、その際、井上毅が憲法起草に深く関わったことを示唆し、「人多ク氏ヲ知ラス、故ニ茲《ここ》ニ一言ヲ加フ」と述べ、「憲法ノ事小生教ヲ此ノ人ニ受ケタルコト多し」と振り返っている。八束が憲法起草の意図を井上から直接聞かされた可能性は大いにある。ただし、その種の裏話については、「尚多ク政府ノ秘事ニ属シ之ヲ審《つまびらか》ニスルヲ得サルハ遺憾ナリ」と述べて立ち入っていない。法理としては法実証主義の立場から立法者意思説を排除した八束は、あくまで起草者の意図を忠実に反映した法理論を構築しようとしていたのである。

法典論争

今日、八束の名は、法典論争とのかかわりにおいて語られることも多い。留学からの帰国直後に始まった法典論争に彼は積極的に関与し、施行延期派のイデオローグとなった。陳重も延期派であったが、八束の方が積極的に旧民法の施行に対する反対運動に関与した。このとき彼が執筆した論文「民法出テヽ忠孝亡フ」（一八九一〔明治二四〕年八月二五日）は、前述の通り、タイトルのキャッチコピーとしての卓抜さによって有名となり、延期派のスローガンとなった。

施行延期を勝ち取った八束は、兄らの作成した新民法の草案を審議する法典調査会の委員に加わる。そして、財産法に属する第一編から第三編が一八九六年四月二七日に成立したあと、第四編親族、第五編相続の起草が進む同年五月に、「法ノ倫理的効用」と題する論文を執筆した。同論文で八束は、「法典ヲ作為スル者ニ寄語セントス」と起草者にメッセージを送り[111]、家族法が祖先教という日本社会の倫理から乖離すべきでないことを強調した。

八束は祖先教という表現を好んで使った（陳重もごくたまに使った）。八束にとって、祖先崇拝を宗教として捉えることは、古代ギリシアやローマの祖先崇拝を宗教と捉え、ギリシア・ローマの法制度や慣習を物理的力ではなく宗教の力によって説明しようとしたクーランジュの理論に倣ったものである[112]。同時に、キリスト教に代わる宗教的権威として天皇制を捉えた伊藤博文の意図に忠実な理論といえる。

彼は、「祖先教ニ根由スル倫理」こそが「固有ノ倫理ノ大本」であるとして、次のように言う。

社会ニ於ケル民俗カ確信スルノ大本ニ準拠セサル法律ヲ作為スルコトアラハ、法律ハ社会生存ノ用具トナラスシテ却テ之レヲ破壊スルノ害アラン。(中略)外邦ノ法典顧ルニ足ラス。須ク標準ヲ国民道徳ニ取ルヘキナリ。(「法ノ倫理的効用」)(113)

後に見るとおり、ここに登場する「国民道徳」は彼の思想のキーワードのひとつである。さらに彼は、民法の親族編相続編の成立直前の一八九八(明治三一)年四月(法案成立は同年六月二一日)にも、『家』の法理的観念」を執筆して、兄らの辛苦の末にまとまった新民法に反対し、次のように述べた。(114)

欧州法ノ範型ニ鋳造セラレタル新法典ハ、将ニ其成ヲ告ケントス。今ニシテ日本固有法ヲ説クハ死児ノ齢ヲ数フルノ愚ニ似タリ。然レトモ、予ハ好テ法ノ過去ヲ論ス。死児ハ蘇スヘカラス。我数千年ノ民族固有法ハ他日天定テ人ニ勝ツノ時ナキヲ絶望セサレハナリ。

また彼は、「余ハ公用物ノ上ニ『此ノ所民法入ルヘカラス』ト云フ標札ヲ掲ケ新法典ノ実施ヲ迎ヘントス」と書いた(「公用物及民法」)(115)。これも卓抜したキャッチコピーであり、よく知られた言い回しである(ただし、公用物上の所有権をめぐる論文での公法と私法の区別という文脈での表現である)(116)。

八束のいう「民族固有法」の内容ははっきりしないが、親族法が公法に属するという主張を反映したものと考えられる。もっとも、江戸時代の武家階級の習俗に範をとった家制度が、武家階級以外の日本人(武家階級は全人口の七%程度といわれる)にとってどこまで固有法といえるのか、実証的に主張されているわけではない。[117] それに、民法の家制度が公法的側面を有することは起草者の陳重も否定していないわけではない。

のちに八束は、井上哲次郎と歩調を合わせる形で、国民教育における家制度に関する自説の論拠として民法を援用するようになる。一般国民に対しては、現行法である民法を否定して実証的証明の困難な固有法の優越を説くより、民法が規定している家制度に仮託して自説を展開する方が、はるかに説得力があったからであろう。[118]

4 明治国制の法的正当化

西洋法学受容の観点から

ドイツ法を専門とする村上淳一は、西洋法学受容という観点から見たときの八束の位置づけについて、興味深い指摘をしている。

村上によると、社会進化論へと転向を遂げた加藤弘之は、国家の生存競争において重要な階層として、財産と教養のある中産階級を挙げ、「一国社会ノ中流ニ居ル所ノ精神力最モ優大ナル徒」である彼らの「精神力」が重要であるにもかかわらず、日本にはそのような階層が欠けていることを嘆いていた。ところが、加藤は、日清戦争の直前あたりからアジアの人種の中における日本の優秀性を強調しはじめ、「天皇陛下は国家である」[119]といい、やがて天皇を頭脳とする有機体としての国家という観念へと展開していく（『自然と倫理』一九一二年、『国家の統治権』一九一三年）。

そして、国体を論じて、次のようにいう。

> 吾が日本の国体は言ふまでもなく、万世一系の皇室を上に戴き、而も君民同祖、君臣にして父子の関係を形づくり、吾輩の名《なづ》けて族父統治といふ世界無比の国体を成してゐる。（中略）父子の関係は親である。義では足らぬ。感情であって、理屈ではないのである。[120]

加藤は、転向前の議論で、維新直後に二、三の藩の先導で全国の大名が一斉に廃藩置県に応じたことなどに見られる、「大義名分ノ尊皇勤王」を「卑屈主義」と呼び、恥辱と捉えていた。ところが、いまやその卑屈主義の方向へと方向転換していったのである。[121]

村上は、「加藤における真の『転向』は、天賦人権論から社会進化論への移行ではなく、その移行後の、闘争モチーフを含む社会進化論の実質的な断念に存した」[122]と捉え、次のように言う。

> 加藤弘之における社会進化論の変質は、西洋起源の法と法学をわが国に移植することの困難を象徴的に示すものであった。対立・抗争に社会進化の原動力を見る立場を棄てたとき、加藤は対立・抗争の前提としての自他の区別から目を背けたわけだが（「君民同祖」）、まさにそのことによって、実は、対立・抗争を前提として法規範を設定し秩序を組み立ててゆくための法的・論理的な思考を否定した（「感情であって理屈ではない」）のである。こうした没論理性を法的に構成する

パラドクスに取り組んだのが、東京帝国大学教授（憲法）穂積八束であった。(123)

では、八束はそのパラドクスを乗り越えたのだろうか。

正当化プログラム

八束が目指したのは、新たに成立した国民国家を西洋法学の法理論によって正当化することだった。伊藤は憲法の骨格をヨーロッパに学びながらも、宗教の機能的等価物としての天皇制をそれに接合しようとした。かろうじて整備された新生日本の国制には、西洋的外観の中におよそ西洋的ではない内実が混在していた。八束は、それを西洋法学の論理で正当化しようとしたのである。

彼が当初からそのような意図を持っていたかどうかはともかくとして、彼の短い生涯を振り返って評価すれば、四つの段階を持った正当化プログラムとして彼の活動を理解することができそうである。（1）まず八束は、法に内在的な世界としての「法理」概念を創出し、明治憲法の規定と整合的な解釈理論を呈示した。（2）同時に、それを価値的に正当化してみせ、解釈論としての現代的意義を示すことも忘れなかった。その上で、（3）憲法が認めた天皇の絶対的権力が、実は個人としての天皇の恣意を許すものではないことを、天皇をも拘束する超越的規範を導入することで示した。最後に、（4）以上によって正当化された新たな国家への国民の忠誠を調達するため、彼は宗教的国家論を用意して国民教育へと向かった。

以下、順に論じることにしよう。

法理の確立

第一は、法に固有の領域としての「法理」の確立である。

政治的理論(「政理」)から区別された、法の独自領域が存在し、そこでは自己完結的な論理が支配する、という発想は、法学の存在しなかったそれまでの日本にはない発想である。八束は、法を諸科学の中であくまで学際的に捉えようとした兄の陳重とは異なり、法を他の学問領域から独立した領域としてとらえるという発想によって公法学の日本への受容を試みた。そして、「法理」として、主権者は法による制約を受けないという公理を設定する。ラーバントの理論を踏まえた主張である。その論理的帰結として、天皇主権の大日本帝国憲法においては天皇の絶対が導かれる。

天皇の権限に制約を課さないというのは、明治憲法の立法者意思に忠実な解釈である。しかし、それは伊藤らの政治判断であり、政治的に同調しない勢力を服従させる力を持たない。これに対し八束は、政治的主張とは区別された法の領域の解釈理論として、天皇の絶対的権力を導いた。そしてこれが「天皇即国家」という八束の好む標語的表現で表された。この命題はおびただしく誤解されたが、法(憲法を含む)は主権者の命令であるとする彼の法概念を前提とすれば、主権者が法より上位に立つのは当然の帰結であり、主権者たる天皇の意思がすなわち国家の意思となるのも論理的帰結である。その意味では、彼の言うとおり、政治的理念の如何とは切り離された「法理」なのである。

同時に彼は、自らの理論に、法理と政理の区別と並ぶ、もう一つの区別を導入する。それが国体と政体の区別である。[124] これは、「伝統の捏造」には不可欠の概念装置だった。これまでの日本の歴史上、政治体制としての政体に変化はあっても、主権者天皇をいただく国体は不変であるとの命題が成り立ってはじめて、明治憲法が伝統的な不文憲法の改正であるとの主張が可能になるからである。国体の不変がいえなければ、明治維新は国体の変革であり、明治憲法は革命による新憲法の制定だとの主張の余地が生ずる（もともと「王政復古の大号令」は、そのようなものであったはずだが）。これでは伝統による正当化が成り立たなくなるのである。

他方、八束は法と道徳を分離しない。彼は、「法ハ当時［その時代］ノ社会ノ倫理ノ大本ヲ代表スル者ナリ。法ハ社会ノ公認シタル道徳ナリ」という（「法ノ倫理的効用」三五五頁）。その意味で、法と道徳を区別する典型的な法実証主義ではない。しかも、八束は、普遍的法理の存在を否定し、法が歴史的文化的産物であることを主張する。これは陳重の歴史法学と共通である。「吾人ハ却テ其古今内外ニ通スル不易ノ性格ヲ有セサル所ハ即チ倫理及法理ノ本色ナリト思惟ス」（「法ノ倫理的効用」[125]）。この点で、彼はドイツ歴史法学の土壌で法理を展開しており、フランス的自然法論はもちろん、「先王の道」を奉ずる儒教的規範理念とも決別するのである。

価値的正当化

第二段階は、法理の価値的正当化である。

たとえ憲法の条文と整合的な法理からの論理的帰結として天皇の絶対的権力が導けたとしても、その帰結に価値的な正当化が伴わなければ、解釈論としての説得力に乏しい。なぜなら、法の解釈の説得力は、条文との整合性に加えて、その解釈がどれだけ価値的な魅力を持ちうるかにかかっているからである。[126] 美濃部の憲法学説は、憲法の条文との整合性という点では八束に劣ったが、価値的正当化の点で、西洋の近代法理論を奉ずる人たちに訴える力をもっていた。すなわち、イェリネックの国家法人説に基づき、国家はひとつの権力団体であって、その権力（主権）は国家という共同団体それ自体に属していると考える。そして、およそ団体には機関が不可欠であり、天皇は国家の最高機関として統治の大権を行使する。このような美濃部学説は、やはり国家の機関としての国会を通じて国民が君主と共同して国家権力を行使することを肯定し、天皇を共同団体の根本規範としての憲法に服させる点において、立憲主義を奉ずる人たちにとって魅力的な理論だった(127)。

では、八束の解釈論はどのような価値的正当化を試みるのだろうか。八束の「法理」の弱点と見えるのは、主権の無制約、すなわち、主権者としての天皇の絶対性だった。彼に課された課題は、なぜ日本国民は、西洋的な権力分立や人民主権ではなく、天皇の絶対性を受け入れなければならないのか、その必然性を価値的に正当化することだった。

八束が用いた正当化の論理は二つの次元に分かれる。すなわち、宗教的正当化と功利主義的正当化である。

祖先教

まず第一に、彼は「祖先教」という言葉を用いて、天皇への崇敬の念を正当化しようとする。これこそ、伊藤がキリスト教の機能的等価物として天皇制を選択した意図に沿うものといえる。八束が援用するのは、陳重と同様な家族国家観である。

父母ヲ同ウスル者カ相依リテ家ヲ成ス、是社会ノ原始ナリ。其思想ヲ推拡シ、祖先ヲ同ウスル民族カ始祖ノ神位ヲ崇拝シ、其威霊ノ下ニ相依リ相倚リテ血族的団結ヲ成ス、是レ我民族的建国ノ基礎タリ。(「憲法ノ精神」)

人は自らの父母やその先祖に対して尊崇の念を持つ。西洋では、キリスト教の影響で、この祖先祭祀の伝統が廃れたが、日本には今も承継されている。そして、日本という国家は、父母を同じくする家が重層的に重なり、それを遡っていくと、万世一系の天皇家につながる。つまり、天皇の始祖は日本民族の始祖であり、日本という国は、その始祖の威霊のもとに国民の家が寄り集まって一つの血族的な団結を形作っている。これこそがわが国の民族的建国の基礎だ、というのである。

ここには、ドイツ・ナショナリズムに倣った民族概念が宗教的装いで援用されている。祖先祭祀が一種の宗教であるなら、日本国民が天皇とその始祖に尊崇の念を抱くのも同じく宗教的であり、それゆえに祖先教という宗教によって天皇の絶対性が正当化されることになる。この部分は、八束の憲法理論の根幹をなしており、彼の正当化プログラムの第三、第四の段階ともかかわる。

しかし、日本のすべての家を包含する、最上位の家の家長としての天皇への尊崇の念が国家の一体性と権威を生み出しているという家族国家観は、日本人にとってすら自明とは言いがたい。これにまず嚙みついたのが、東京帝国大学の同僚であった戸水寛人である。いわゆる戸水事件の当事者として知られる人物である。

戸水寛人

日露戦争開戦時に、東京帝国大学教授寺尾亨、富井政章、戸水寛人、金井延《のぶる》、高橋作衛、小野塚喜平次、学習院教授中村進午の七人が意見書を公表し、ロシア帝国に対する強硬策を主張した。七博士意見書と呼ばれる。戸水らは、さらに日露戦争末期に、賠償金三〇億円と樺太・カムチャッカ半島・

戸水寛人

沿海州割譲等を講和条件とするよう主張した。このような、およそ戦況の実情を踏まえない無責任な煽動に窮した文部省は、一番過激な言動を繰り返していた戸水を休職処分とする。ところが、戸水らはポーツマス講和会議の拒否を上奏文として提出したため、ことは山川健次郎総長の引責辞任にまで発展した（一九〇五〔明治三八〕年）。これが戸水事件である[128]。

　このとき、東京帝国大学法科大学長であった八束は、大学の自治を守るために陳重ら法科大学教授たちとともに戸水、山川の復職と文部大臣の辞任を要求し、京都帝国大学とも連携して、要求が容れられなければ両帝国大学教授たちが総辞職するとの態度を示した。結果的に、戸水を休職処分とした久保田譲文部大臣の辞職と戸水の復職を勝ち取った。

　こうして八束らが職を賭して守ろうとした戸水は、事件の五年前、八束の学説を酷評した人物だった。八束の論文「憲法ノ精神」（一九〇〇年）で述べられている理論が一七世紀イギリスのロバート・フィルマーの説と酷似しており、「若シ二、三世紀以前ニ穂積君ヲ欧州ニ派遣シテ此ノ議論ヲ唱ヘシメナバ「ロバート・フィルマー」ト与《とも》ニ並ヒ称セラレシヤモ知ル可ラズト雖モ」、今日では時代遅れの陳腐な説だという。

　論文は「老耋《ろうてつ》スル神官ヲシテ此ノ論拠ヲ呈出セシメナバ人之ヲ一笑ニ付センノミ。穂積君ニシテ此ノ論拠ヲ用フレバ人ハ之ニ服スト言フカ[129]」、という言葉で結ばれている。当時、八束は学生から「田舎神官」とあだ名されており、戸水の「老耋スル神官」は、それを意識したものだろう。

　戸水は、八束の家族国家観について、日本の庶民におまえの先祖は皇室と同祖だと言ったら、茫然自失して驚くだけだといい[130]、自分に言わせれば「我日本ニ於テハ臣民ガ理ヲ以テ皇室ノ尊厳ヲ説明スルハ非ナリ」という。しかしこれは、八束の「法理」の意図を理解しないすれ違いである。しかも、戸水の八束に対する批判は、陳腐だということに尽き、天皇の権威の正当化については、「我日本臣民ハ先天的ニ皇室崇拝スルモノナレバナリ」というのであるから、これでは西洋には通じない。結局、八束の問題意識は理解されておらず、八束は、戸水の批判に対し何の反論も公表しなかった[131]。

家族国家観は奇矯か

戸水が、八束の理論が酷似しているとして名を挙げたロバート・フィルマーは、一七世紀イギリスの政治思想家で、ピューリタン革命の際に絶対王権を擁護した。彼の家族国家観による君主の権威の正当化については、バートランド・ラッセルが第二次世界大戦中に書いた『西洋哲学史』の中で、「このような理論全体は、現代人にとってはあまりにも奇矯なものであるために、それが真剣に主張されたなどと信じ難いほどである[132]」と言いつつ、日本で今なおそれときわめて類似した説が抱かれ、教育されていることに言及している。

フィルマーの政治理論は、論敵ロックが「口先ばかりのナンセンス」と総括したのちは、ほとんど忘れ去られていたが、二〇世紀半ばに「再発見」され、改めて議論の対象となっている[133]。とはいえ、今日においても「ナンセンス」であることは変わらないし、それと酷似していると評された八束の国家観も同じであろう。まして、八束が法学的正当化を与えようとした、明治憲法告文の背後にある日本国家成立の神話は、それに輪をかけて荒唐無稽である。

しかし、国民が太陽の女神（天照大神）の子孫であるという神話の荒唐無稽さは、神の子が人間の女に宿り、人間に殺された後三日目に甦って天に昇ったという神話の荒唐無稽さと五十歩百歩だと、伊藤博文たちは考えたのであろう。渡辺浩は次のように書いている。

太陽の女神の伝説は、荒唐無稽である。伊藤博文等にとってもそうであったろう。しかし、彼等は、心の中で、「しかし、耶蘇の話ほど荒唐無稽でもなかろう」と思っていたのではないだろうか。(134)

八束のいう祖先教は、伊藤たち憲法起草者からすれば、何ら奇矯な説とは見えなかっただろう。

功利主義的正当化

ところで、興味深いのは、八束が、天皇の絶対性の正当化として、このような宗教的正当化に加えて、功利主義的な正当化を試みていることである。次のように述べている。

道徳法律ノ為ニ社会存スルニ非ス。社会生存ノ用具トシテ倫理ト法理トカ維持セラルヽナリ。(「法ノ倫理的効用」三五五頁)

社会は道徳や法律のためにあるのではない。むしろ、国民の社会的な生存のための手段として、倫理や法理が維持されているのだという。そして、社会生存の目的として、彼は国民の福利を挙げるのである。

実はラーバントも、国家を「定住する民族の公共体を保全する法秩序」と定義することにより、国家の目的を、文化と総体としての国民共同体の利益を促進することにあるとしている。(135) この命題の内実はそれほど明確ではないが、国民全体の生活の秩序づけと援助という国家目的を提示することにより、国民にとっての公共的利益という観点からの正当化が行なわれている。

それを踏まえていると考えられる八束の理論は、内政面では、彼がドイツで見た「民主主義」の機能不全を回避し、抽象化された権威としての天皇を用いて、資本主義の弱肉強食から国民の福利を守ろうとする理論という側面を持っていた。「1」でも紹介したとおり、この点を指摘した藤田宙靖は次のように言う。

> 穂積博士の公法概念は、疑いもなく〝官僚主義的〟であり〝家父長制的〟な思想に支えられている。博士の官僚主義はしかし、決してそれ自体が固有の価値を有するものであるのではなく、結局、国民の〝福利〟にこそ、明確にその根拠が求められていることが、看過されてはならない。穂積博士の主張した公法概念の確立は、基本的に西欧一八〜一九世紀的自由主義・個人主義の克服の試みであり、そこで提起された真の問題は、いわば〝自由〟か〝経済的福祉〟かの選択であったということは、殊に注目に値する。(136)

また八束は、論文「国家全能主義」において、立憲制の採用が一般人民にとって何を意味するかを論じているが、次のような下りがある。

「小民ハ僅ニ暴君汚吏ノ危キヲ免レテ復タ知識ト財産ノ専扛《せんおう》ニ困《くるし》ミ、政治ノ圧制ニ代フルニ社会ノ圧制ヲ以テシ、神聖ナル世論神聖ナル立法議会ハ知識アリ財産アル少数ノ国民カ名利ヲ弄《ろう》スルノ具タルニ過キス」。

立憲制といっても、結局人民は、知識や財産において優越する少数者による社会的圧政に苦しむことになるに過ぎない、というのである。これが自らが見たヨーロッパの民主制の現実であり、それを踏まえた彼の持論だった。彼は、民主制がもたらす弊を回避して人民の福利を増進することを、自らの国体論の目標に据える。

美濃部・上杉論争

八束は、以上のような価値的正当化を加えることで、憲法規範の文言との体系的な整合性を重視した解釈論、すなわち「法理」の説得力を高めようとした。これに対し、美濃部達吉は憲法の文言との整合性を度外視して西洋の近代憲法理論を説いた。その意味で、美濃部はまさに自由法学の時代の人である。

美濃部は次のように言う。

日本の近頃の法律家が法律を解釈するのに唯法律の文字のみに重きを置いて、如何に常識に反して居ようとも、如何に正義の思想に背いて居ようとも、それには少しの頓着もなく、悪法も亦法であるといふやうな事を申して、唯法律の文字を其の文字通に解釈してそれが即ち法であるといふやうに思つて居るのは、大変に間違つた、又社会の為に甚だ危険な思想であります。(中略)法律を極めて窮屈に解釈することは、日本の法律界の通弊でありますが、近来は仏蘭西、独逸等に於いては、此の如き窮屈な解釈法を取るものとは正反対に、法律は非常に自由に解釈しなければならぬ、法律の文字などには強ひて重きを置くに足らないといふことを主張するものが、追々盛んになつて、普通に其の派の事を自由法学派と申しております。（中略）法律の文字のみを金科玉条と心得て、法律の本来の目的を忘れてしまふのは一層甚だしい弊害であります。（『憲法講話』四九七－四九八頁）

一九一一（明治四四）年夏に中等教員講習会で語られ、翌年刊行されたこの講演録は、八束を標的として、その国体・政体峻別論を「断じて誤である」と論ずる。[137] ほぼ同時期に、「回心」後の上杉慎吉の憲法論『国民教育帝国憲法講義』が刊行され、「偶々同じ夏に教員相手の講義の筆記（上杉の本も「某県教育会ノ嘱に応シ」て行なわれた講演をもとにしている）が出版されたところから、両者は相互の距離を知って一驚を喫し、相互批判という仕方で論争が始まることになる[138]」。これが美濃部・上杉論争の発端である。

美濃部達吉

美濃部の憲法学説は、西洋近代の正義の観点から価値的正当化がされたが、明治憲法の条文との整合性の点で難があった。しかし、彼は自由法論を援用してこのハードルをクリアしようとする。これに対して八束は、文言と整合的な解釈論を説いていたが、美濃部はこれを「条文法学」と呼んで「最も忌むべき法学の邪道」だとさえ言った。[139] しかし、実は八束も解釈論の価値的正当化をしていた、というのが先の藤田論文の説くところである。その正当化は、きわめて近代的な功利の観点からなされ、民主制、議院内閣制などに対する自説の優位が主張されていた。このような議論の背後には、歴史の進行に対するペシミスティックな世界観がある。八束は「社会ノ変遷ノ通則ハ進歩ナリト云フノ説ハ容易ニ信ヲ措キ難シ」という。長尾龍一はこのペシミズムを、「文化の発達の歴史は即ち人類解放の歴史である」(140)という美濃部達吉のオプティミズムと対比させ、そこに両者の法思想の違いの根源を探っている。(141)

八束の歴史認識には、一八世紀以来自由主義・個人主義に向かって「進歩」してきたはずのヨーロッパが陥っている現実があった。「極端ナル自由主義ノ結果ハ社会ノ富原ヲ加ヘタルト同時ニ多数ノ貧民族ヲ増シ、平等主義ノ名ノ下ニ貴賤ノ階級ハ社会ヲ分裂セリ」。それに周章狼狽したヨーロッパの立法者たちが極端な社会本位の政策を導入して契約の自由を制限している。そのことは当時盛んに日本でも紹介されていた。右に左に揺れ動くヨーロッパの立法を観察して八束は、日本の立法を「学者ノ閑談ニ付シ漫《すずろ》ニ外国ノ成例ニ依ルコトアラハ必ヤ他日悔ユルコトアラン」という。(142)八束の憲法論やその背後の国家論は、このような現状認識に対する彼なりの応答であった。

家族国家観と国体

法的正当化の第三段階は、天皇をも拘束する超越的規範の導入である。

自由主義・個人主義の限界が語られていた時代にあって、八束は、明治憲法の天皇制に対し、国民の福祉を増進しうることによる価値的正当化を付与した。しかし、それは優れた君主がいればこその話で、主権者である天皇が絶対的権力を持つことは、権力の恣意的行使による弊害の可能性を排除できない。それゆえにヨーロッパでは立憲君主制により、君主の権能を憲法によって制約しようとしてきたのである。当時においてすら八束の理論が学界の支持を得られなかった理由は、このような、ヨーロッパで立憲制が確立してきた歴史的経緯を踏まえた解釈をしていないという点にあろう。伊藤博文は、宰相など天皇を支える者が権力の濫用を制約できるというが（枢密院での前掲演説参照）、それは事実上のことでしかなく、しかも、天皇を支えるべき者が統帥権を根拠に天皇の名において権力を濫用し始めると、もはやそれを押しとどめることができなかったことはのちの歴史が示している。

法学者八束の関心事は、そのような事実上の制約ではなく、法理論としての規範的制約だった。では、憲法をも改変する権力を持つ天皇について、八束はどのようにしてその制約を導こうとするのだろうか。ここで正当化プログラムの第三段階としての国家論が登場する。

日本という国家において、なぜ天皇が主権者の地位にいるのか。これを太陽の女神によって正当化するのではなく、西洋法学によって正当化することが八束に課された使命だった。ここで八束が持ち出すのが、彼が法典論争の際に「民法出テヽ忠孝亡フ」論文で論じた家制度である。帰国後間もない一八九一（明治二四）年の同論文で彼は、「極端個人本位ノ法制ヲ迎ヘントスル我立法家ノ大胆ナルニ駭《おどろ》クナルヘシ」といい、次のように書いていた。

「万世一系ノ主権ハ天地ト共ニ久シ、其由ル所或ハ祖先ノ教法家制ノ精神ニ渉ルナキカ」。

日本には陳重のいう祖先祭祀の伝統があり、ラフカディオ・ハーンが的確に指摘したように、日本社会には家祖に対する祖先祭祀が重層的に重なっている。そして、多くの家を包み込むようにその最上位にあるのが天皇家であり、日本人は日本というひとつの家の家祖としての天皇家を崇拝し、日本という家の家長（民法的に言えば戸主）である天皇を崇敬する。これがその後八束が展開していく家族国家観であるが、それがすでにここに予告されている。そして、そのような家長としての万世一系の天皇を君主として戴く伝統が綿々として続いてきたのが日本の「国体」だという。ここで重要なのは、そのような「伝統としての国体」が日本という国家の存立を支える普遍的価値を持つものと捉えられており、天皇一人の個人的意思によって変更しうるものとは想定されていないことである。

例えば、ある代の天皇が、個人の意思として天皇制を廃止しようと考えても、その天皇の意のままに廃止できるとは想定されていない。その意味で、この国体という規範は、個々の天皇の意思を超越しており、天皇によっても変更することができない超越的規範なのである。[143] 実は、同様な超越的規範についての指摘を、陳重も行なっている。「国家統治の大権は天皇が御一身の大権として之を保有し給ふに非ずして、之を皇祖皇宗の神霊に承けて継紹し給ふものなり」という。[144] そして、この発想が本居宣長にもつながることを長尾龍一が指摘している。[145]

万世一系の天皇のもとで歴史的に形成されてきた日本の国体という政治体制のもとでは、日本という国の家長である天皇は、通常の家における戸主と同じ地位にある。そして、通常の家で子が戸主である親に敬愛の念を持つように、日本では国民が天皇を敬愛し、他方、通常の家で戸主が家族を保護するように、日本という国では天皇が国の家長として国民を保護する義務を負っている。

つまり、日本の家制度において戸主は家の構成員を支配する権力を持つと同時に保護する義務を負う。戸主の権力は、構成員の幸福を図るという義務と裏腹の権力である。同様に、日本という国家の戸主である天皇も、家族である国民の福利を図るためにその権力を行使するという制約を受ける。[146] 藤田の言うように、明治憲法のもとで国民の福利が守られるのは、この国体が維持されるからである。

その結果、「主権ノ鞏固ニシテ強大ナルトキハ国民ノ保護ガ行キ届ク訳デゴザイマスカラ主権ノ大ナルコトヲ厭フテコレガ為メニ国民ガ反抗スルナド云フコトガアツタナラバ甚シキ誤リデアリマス」[147]

ということになり、松本三之介はこれを「倒錯した論理」という。[148] 確かに政治理論としては倒錯している。しかし、「法解釈論」として見れば、公法的性格を有する戸主の権力が、アナロジー（類推）という解釈論的手法により、国家レベルに拡張されたものとして天皇主権を解釈するというのは、可能な論理である（戸主権の強化が政策的に支持されるかどうかは別として）。

権力の内在的制約

家長の権威が内在的制約を持っているという議論は、実は、日本独特のものではない。陳重や八束がしばしば援用するクーランジュによれば、ヨーロッパでもかつては見られた発想である。『古代都市』では次のように述べられている。

注意すべきことは、父の権威が最強者の権利から生じた権力のような、専制権ではなかったことである。父の権威は家族の個々の心の奥にある信仰にその根源をもち、その限界もおのずから信仰そのもののうちにあった。[149]

ここでいう信仰とは、いうまでもなく、祖先崇拝の宗教（八束の言う「祖先教」）のことである。八束の理論は、クーランジュの述べる古代ローマの家長権に重なる。八束は、クーランジュを援用しつつ、支配機構としての（つまり純然たる私法関係ではなく公法関係としての）家制度が、西洋古代にも存在した普遍性のある制度であることを強調する。この点は陳重の主張と重なる。[150]

そして、このような理論の構造、すなわち実定法内在的な論理（「法理」）の体系の外にそれを制約する原理を見出すという構造もまた、ラーバントの理論に見られる。ラーバントの法学は、制定法の枠内で理論を完結させる法実証主義ではなく、制定法を含む法秩序の根底をなす原理を探り、それを法学の主軸にする。[151] しかし、八束の場合、その原理は、ラーバントのように法学的な思索によって構成されたものではなく、歴史的に形成されてきた固有法から抽出された国体という政治原理だった。歴史に価値を見出し、それに規範的な力を認めるという考え方は、まさに歴史法学（歴史主義）であり、一つの民族の歴史の中にこのような原理を見出すのはドイツロマン主義ともつながる。つまり、これもまた西洋的思考の中にあり、非西洋的で異様な独自思想ではない。

もはや天照大神も東照大権現も権威の根源とすることができない明治の世の中で、八束は、まさに西洋の最新の法学を用いて国体の政治的正統性とそこに内在する超憲法的原理を導こうとしたのである。

ちなみに、八束はイギリス型の議院内閣制には反対していたが、アメリカ型の権力分立制を支持しており、彼の国体論は権力分立制という政体と完全に両立するものとされていた。[152] ここにも、彼の天皇即国家という主権論が「法理」レベルの命題であって、政体レベルで専制を許すものではなかったことが現れている。

創られた伝統としての国体

日本の家制度の普遍性をいう八束の主張は、陳重と何ら異ならない。しかし、家族国家観に基づく国体と国民の福利の増進とを結びつける八束の議論は、陳重なら、おそらく、社会力による進化が国民の福利増進に資する方向での国体の変容をもたらすと説明するだろう。この点で、陳重の視点は科学者的・法外在的である。あくまで対象を観察する観察者の視点で法現象を見ているのである。これに対して、八束の視点は法内在的である。つまり、法を適用する側の視点で正当化を試みている。まさに法解釈学的視点であり、その意味で、八束はすでに法制度が整備された時代の法学者である。

その後八束の展開した国体論をはじめとするさまざまな国体論は、一九三〇年代の日本精神論の時代を経て、文部省の『国体の本義』（一九三七〔昭和一二〕年）以降は、皇運扶翼へと収斂される統一的解釈へと転じていく。その変化は、連続的に見えて、やはり質的転換があるように思われる。八束の家族国家観に基づく国体論は、少なくとも最初に構想された時点では、西洋文化に対峙する日本文化を、西洋的な法学および国家論に反映させる試みだったように思われるのである。そしてその点において、陳重の議論と質的な違いはない。

ただし、ここで断っておく必要があるのは、以上は八束の意図ではあったが、現実に彼が想定した家族制度が日本の伝統的な文化であったかどうかは別問題だということである。

西洋の法学や歴史学の基礎のうえに立った日本法制史学を打ち立てた中田薫は、その代表作のひとつである『徳川時代の文学に見えたる私法』において、江戸時代には家督相続の名はあったが古代ローマのような権力（Potestas）としての家長権など存在しておらず、明治民法の「戸主権」や「家督相続」は「前古無類の新制度」だという。そして、庶民の間には財産の分割相続が広く行なわれていたことを指摘して、明治民法が「家督相続なるもの」を創出して相続の原則としたのは、「歴史を無視したるの立法というべし」と述べている。[153]

この中田の見解にはその後批判もあるし、[154] さらに、明治維新のあと、明治民法が制定されるまでの間も、家族をめぐる法制と慣習には動きがあったことが指摘されている[155]。一言で言えば、法制度は戸主権を中心とした「家」を打ち出し、家族生活の実態は父母の親権のもとで現実の生活共同体が形成されていた。法典調査会で梅謙次郎は、「慣習ト云フト寧ロ昔シノ平民社会ノ慣習ガ余計勢力ヲ持ツ方ガ多カラウト思ヒマス」と述べている[156]。このように、家族をめぐる日本の伝統は、そもそもがひと色ではない上に、変化の中にあった。その意味で、日本の伝統的家族制度の中身は自明とは言いがたく、家族国家観に用いられた日本的家族観は、文字通り、「創られた伝統」という側面は否定できないのである[157]。

国民教育と国民道徳

帝国主義化した欧米に対峙しうる国民国家の形成を法的側面から担うことになった八束の役割は、憲法の解釈論を用意するだけにとどまってはいなかった。以上に述べた三つの段階を通して明治日本の国制を正当化しようとした八束のプログラムには、さらに第四段階が用意されていた。それが、以上のように正当化される国家への忠誠心を調達するための国民教育である。

日本が西洋列強に対抗し得る強国となるためには、短期間に強国にのし上がったプロイセンのような、強い軍事力と忠誠心の強い国民を持つ必要があった。後者のためには、健全なナショナリズムを国民の間に育成しなければならない。国民教育は、それを可能にする手段として位置づけられた。すでに述べたように、ドイツをはじめとするヨーロッパ諸国では、一八八〇年代以降、近代的な国民国家を形成するための国民教育、特に初等教育に力を入れた。

当時の日本では、家族国家観に基づく教育が、近代的統一国家の絆を形成し、滅私奉公的結束を可能にするための手段と考えられた。しかし、家族国家観が「創られた伝統」であればあるほど、単にそれを主張するだけでは国民の忠誠心を生み出すことはできない。伝統を国民の心の中に植え付ける教育が必要である。八束は自らの憲法理論を携えて、国民教育に邁進する。井上哲次郎が留学時に抱いた問題意識は、確かに八束にも共有されていたのである。

八束は、国民教育を通じた共通の道徳の創出をめざし、それを「国民道徳」と呼んだ[158]。これこそ、国民国家形成の手段としてドイツの現実から彼らが学んだ手法である。たとえば「国法及普通教育」（一八九四年）において八束は、「国家的自覚心」の開発が教育の目的であるとして、「公法大家ストルク氏ノ伯林ニ於テ為セル国民教育ト題セル演説ハ大ニ世論ヲ動カシタルカ如シ」とドイツの学者を援用している[159]。

国民の創出

天皇を頂点にいただく国家を家族観念で捉えるという発想自体は、古くから存在するが[160]、そのような国民国家を法制化する上で、明治以降の法制上の対応として注目されるのは戸籍法の制定である。一八七一（明治四）年の戸籍法（いわゆる壬申戸籍）は、「一君万民、すなわち天皇の絶対最高の権威のもとに全人民を国民としてとらえる観念にほかならない[161]」。それまで日本には、庶民を対象とした宗門人別改のほか身分ごとの記録があるだけで、すべての国民を対象とした統一的な戸籍は存在しなかった[162]。これを改め、天皇家と皇族以外は、公卿・大名も含め、すべて地域的な統一戸籍に編入したのである。これを戸籍法は「臣民一般」と表現している。国民という観念の創出において、重要な画期ということができる。

同時にそれは、個人としての国民の掌握ではなく、家を通しての掌握であって、「天皇制国家の基礎である「家」の創出を企てたもの」でもあった[163]。そこにおける戸主は「家長でありながら、同時に国家行政組織の最末端としての機能を家族に対して担当し、いわば国家権力の最下層に系列化されていた」のである[164]。

もっとも、これは法制上の話であり、実際の「臣民」の生活はといえば、「家」から独立した直系家族を中心に家族生活が営まれていくようになり、戸籍上の「家」は観念化していった。明治一〇年代はじめには、「地方税の戸数割は戸籍上の『戸』ではなく、生活共同体としての『戸』すなわち世帯に対して課税することが決定されている[165]」。

しかし、戸籍法に表現された家族観は、その後、国民教育の場で意図的に採用されるようになる。その契機をなしたのが、一八九〇（明治二三）年の教育勅語の渙発、とりわけその公定解説といえる井上哲次郎『勅語衍義』の刊行である。井上は、前述の通り、帰国直後に、渙発されたばかりの教育勅語の解説の執筆を依頼された。

こうして、家族国家観が教育に浸透していくなか、八束は小学校教育で用いる修身教科書の策定を通じて国民教育に関わることとなる。

二人の井上と八束

一八九三（明治二六）年、第二次伊藤内閣で井上毅が文部大臣に任命された。井上はこのときすでに結核が進行しており、この公務が彼の寿命をさらに縮めることになった（一八九五年三月に死去）。井上は八束を「教科用図書審査委員」に任命し、同時に師範学校教員のための憲法教科書の執筆を依頼した。のちにその原稿は『国民教育憲法大意』として出版された（一八九六年）。帰国直後の八束を「ラバントの新説に心酔せる男」と評した井上毅は、間もなく八束の理論の威力を見抜く。そして彼の理論の教育への浸透を図ったのである。

これに応えて、八束は祖先崇拝による個人の共同体への同化を説き（「国法及普通教育」一八九四年八月）、論文「法ノ倫理的効用」（一八九六年五月）では「国民道徳」の語を用いはじめて、この概念の普及を図る。翌年書かれた「国民教育」においては、何故に祖先の祭祀を重んじ父母に孝なるべきかの原由を教えること、すなわち国家の成り立ちの全体を教える必要があるといい、「佛獨ノ近年教育主義ノ大変動ヲ回顧セヨ。学校ハ未来ノ政府ナリ国会ナリ地方議会ナリ」という。社会的公徳、公同心という言葉も使われ、「国民教育ハ公同心ノ感化ナリ」と論じた。

井上哲次郎

一八九九年には、井上哲次郎が『勅語衍義』の改訂版を出版するが、初版では「孝悌忠信」と「共同愛国」が柱とされ、「時ノ古今ヲ論セズ、洋ノ東西ヲ問ハズ、凡ソ国家ヲ組織スル以上ハ、必ズ此主義ヲ実行スルモノナリ」とその普遍性が強調されていた。これに対し、増訂版では日本の独自性が強調される。[166] その背景として、一八九七年に高山林次郎（樗牛）と共著で刊行した『新編倫理教科書』の存在が指摘されている。[167] そこでは、

「我邦固有の道徳は、忠孝の二字を以て表はすことを得べし、是れ我帝国の特殊なる建国の事情、及び歴史、君民の関係、及び家族制度のおのずから然らしむる所にして、欧米諸国に絶ちて見ざる所なり、忠と孝とは実に我邦道徳の二大基礎に

して、一切彝倫《いりん》「人の常に守るべき道」の由て来る所なり」（井上＝高山『新編倫理教科書』五－六頁）と述べられている。

こうして、井上哲次郎もまた、祖先崇拝やそれを基礎とする家族国家観を教育の分野に持ち込んだ。以後、八束と井上（哲）は手を携えて、国民教育の推進に邁進することになる。

修身教科書

その活躍の場が修身教科書である。

「修身」という教科は、明治政府が制定した近代教育制度に関する最初の総合的教育法令である一八七二（明治五）年の「学制」にも見られたが、当時のテキストはアメリカの教科書の翻訳が使われ、[168]知識を教授する教科の下位に置かれていた。そのことは一八七九年制定の教育令でも同じだった。しかし、教育令の直前に、元田永孚《ながざね》の起草による教学聖旨が天皇から示され、これは伊藤の反論（「教育議」）に遭ったが、次第に儒教的徳育が普通教育に取り入れられる方向での思想状況の変化が生じた。一八八〇年に改正された教育令では修身は諸教科中の筆頭に掲げられている。[169]

その後も、天皇親政の実現を目標とする天皇側近勢力と政府の官僚勢力との思想的対立が続くが、一八九〇年二月に地方長官会議が「徳育涵養」を文部大臣に建議したことから、同年一〇月の教育勅語発布に向けて大きな流れが作られた。この地方長官会議の直前に「異常な地方長官の大異動」が行なわれており、会議を主催した内務相側の何らかの意図が背後にあるといわれる。[170]

初等教育で用いられる教科書は、一八八三年の認可制、八六年の検定制を経て、国定とすべきだとの議論が起こり、一九〇三年に国定教科書制度が成立した。翌年、初の文部省編纂国定修身教科書が使用されたが、ただちに修身教科書の内容に対する批判が生じた。「国民道徳の経典」（八束の表現）であるべき教科書が、それに相応しい内容になっていないというのである。[171] そこには、西園寺公望・牧野伸顕ラインの「世界主義」の方針に導かれた文部省主導の小学校の道徳教育への不満があった。西園寺はフランス、牧野はアメリカで教育を受け、政権中枢の中にあってリベラル派の代表である。牧野は西園寺文部大臣のもとで文部次官を務め、西園寺首相のもとでは文部大臣となっている。八束は、彼らに対する批判勢力のいわばブレインとして活躍する。一九〇四年一〇月頃には、松下村塾出身の政治家である野村靖ら三名の枢密顧問官の名で久保田譲文部大臣に国定教科書を批判する意見書が提出されているが、これを起草したのは八束だと言われる。[172]

一九〇八年に西園寺の後を受けて桂内閣が成立すると、教科書を国民道徳を教育するものとすべく、野村靖らの働きかけがあり、教科用図書調査委員会が設置された。会長は第一期国定教科書の際に編集委員長をつとめた加藤弘之であるが、八束はこの委員会の修身部会委員に選任されている（「第一部（修身）」の部長をつとめた）。[173] 部会委員には、一木喜徳郎などのほか、八束とともにドイツに留学した森林太郎も加わっている。この委員会で八束は重要な役割を演じた。[174]

修身の部会では、八束が大いに自説を主張し、「他の委員の意見との間には其徳目の選択按配分量等に関して大に径庭ありて、議論討論容易に決」しなかった。しかし、文部大臣小松原英太郎は「高等小学校第三学年用修身教科書編纂に付は穂積博士の意見を採用した」と述べている。[175] 小松原は、かつて内務大臣時代の山縣有朋の秘書官を務めた山縣の忠実な部下である。[176] こうして、八束は「国民道徳の経典」としての第二期国定修身教科書の編纂に深く関与することになる。[177]「国民道徳」という用語も、「国民道徳の経典」という表現も、キャッチコピーの才人八束が積極的に用いた言葉である。[178]

こうして八束は、家族国家観による天皇・国家への忠誠を教育を通じて調達することで、欧米列強との国際競争を勝ち抜ける国民国家の確立をめざしたのである。

八束をどう見るか

以上のように八束の正当化プログラムを理解すると、民主主義の限界の認識、社会主義への警戒、天皇を中心とした家族国家観、そして道徳教育による国民意識の形成などは、すべてラーバントらドイツの公法理論および自らのヨーロッパでの経験につながっていることがわかる。そして、このような理論の展開は国際的生存競争という彼の現状認識のもとではそれなりに理由のあることだった。それゆえに、八束の憲法理論は、学界では孤立しながらも、日本の現実政治を担う保守勢力からは重用され続けた。

一九一一（明治四四）年二月には、いわゆる南北朝正閏《せいじゅん》事件が出来する。国定第二期歴史教科書が南北朝を並立で記載していたことが衆議院で問題とされたのである。[179] これを受けて、八束は、修身教科書に続き、教科用図書委員会の歴史部会に加わり、歴史教科書（小学日本歴史）の改訂についても奮闘した。「北朝」という言葉にすら反対する彼のような極端な意見は部会では少数だったが、しかし八束の主張は山縣有朋やその意を受けた小松原文部大臣の支持を受けていた。

これを、彼が権力に阿ったということもできようが、当時の政治情勢の中で八束が政権中枢の人たちとある種の危機感を共有していたとみることもできる。大学を退職して鎌倉で静養しつつも、死の前年まで八束は政治的に奮闘し続けた。[180]

八束の死後間もなく、日本社会は、八束の「法理」を政治権力が利用する方向へと舵を切っていった。その帰結についてまで彼の意図に沿うものだったと言ってよいかは評価が分かれるだろう。もし八束が長生きをして、一九三五（昭和一〇）年の天皇機関説事件を目撃していたらどのような対応をしただろうか。

それ以前にも時代は重苦しさを加えており、一九二六年には、八束とスクラムを組んで国民道徳を称揚し家族国家論を推進していた井上哲次郎すら、著書『我が国体と国民道徳』で「三種の神器のうち剣と鏡は失われており、残っているのは模造である」とした部分が、頭山満ら国家主義者から不敬だと批判され、翌年に発禁処分となって公職を辞職するという筆禍事件が起きている。これにより彼の社会的生命は事実上終わる。(181) 八束の存命中にも、元文部次官沢柳政太郎が著書で、わが国では天皇と民の祖先が同一であると述べた点を捉えて、大日本国体擁護団から「自ら天照大神の後胤《こういん》として、陛下と同一血系に属すと思ひ居るものの如し」と非難された。(182) この批判は八束にも向けられかねない内容である。このようにひとたび狙われれば、片言隻句を捉えて攻撃が加えられるという時代へと入っていく。

沢柳が新聞「日本」で批判を受けた頃、陸軍軍医総監・陸軍省医務局長の森鷗外が小説「かのように」を書いて、主人公秀麿に次のように言わせた（一九一二年一月）。

「祖先の霊があるかのように背後《うしろ》を顧みて、祖先崇拝をして、義務があるかのように、徳義の道を踏んで、前途に光明を見て進んで行く。（中略）ねえ、君、この位安全な、危険でない思想はないじゃないか。神が事実でない。義務が事実でない。これはどうしても今日になって認めずにはいられないが、それを認めたのを手柄にして、神を瀆《けが》す。義務を蹂躙する。そこに危険は始て生じる。（中略）どうしても、かのようにを尊敬する、僕の立場より外に、立場はない」。

この小説のちょうど一年前、大逆事件で逮捕された幸徳秋水らの死刑が執行されている。この事件に触発されたとみられる作品を鷗外はいくつか書いているが、「かのように」はその一つである。[183] 陸軍の高官でありながら、鷗外は、事実をありのままに語ることが身の危険をまねく時代の空気を作品の中に込めようとした。

ところで、この大逆事件もまた、穂積兄弟と無関係ではない。幸徳秋水がアメリカに滞在していたとき、陳重や八束が、アメリカに留学していた同僚教授と連携して、在米の無政府主義者たちの動きを探って山縣に通報する役割を担っていたことが、残された山縣宛の書簡から窺える。[184] また、長尾龍一の研究[185]によると、上杉家には、美濃部上杉論争の際に八束が上杉に宛てて送った書簡が五通残されており、その中には、読後に火中に投ずるように指示して、自分が文部大臣と連絡を取るなど裏工作をしていることを示唆する内容のものも含まれている。戸水事件の際に大学の自治を守るために職を賭して国家権力に対峙した八束は、ここでは論敵を陥れるために国家権力を使おうとしたのだろうか。[186]

ただ、少なくとも、彼が西洋法学の受容を通じて展開しようとした正当化プログラムは、そのような言論弾圧や権力の行使とは区別されたものとして、すなわち、日本人による西洋法学の最初の受容のありかたのひとつとして、評価することが可能であるように思われるのである。

第九章　近代日本にとっての「法」と「法学」

見失われた時代

明治初期の日本の法学は、外国の法制度を「盲目的に模倣」する「比較法的無自覚の時代」（野田良之）とか、「世界的趨勢」への追随の時代（小野清一郎）といわれていた。しかし、本書で明らかにしたように、西洋の法学を「盲目的に模倣」することなど、当時のナショナリズムや知識人のプライドが許さなかったし、盲目的な模倣は、文化的に容認しがたいほどの法と社会との乖離を招いたに違いない。[1] 現実には、これまでの通念とは逆に、日本の歴史や伝統を否定し去ることなく西洋法文化を導入するための、日本で最初の法学者たちによる知的格闘の歴史があった。彼らの努力の成果があってこそ、次の世代は違和感なく日本語で法学を論じ、継受法の日本的運用に成功しえたのである。

しかし、その時代の存在自体が、次第に見失われていった。

一九四二（昭和一七）年に「日本法理」を主張する立場から明治以降の法律学を振り返った刑法学者の小野清一郎は、四つの時期に分けて論じている（『日本法理の自覚的展開』）。第一に性法学（自然法学）の時期、第二に概念法学の時期、第三に社会法学および自由法論の時期、そして第四に全体主義法学の時期である。しかし、万国公法を必死で知ろうとした「性法学」の時代と、継受された法典の解釈を想定した「概念法学」の時代の間には大きな知的ギャップがある。このような見方では、法典を前提にした概念法学的な法実証主義が支配する前に、そのような法解釈学を可能にする素地をつくった陳重らの役割が抜け落ちてしまう。陳重が留学から戻って活動を開始してからわずか六〇年ほどで、陳重らの時代の記憶が後進の法学者から抜け落ちてしまっているのである。日本で最初の法学者がどのように西洋法学を受容したのか、そこにどのような知的格闘があったのかは、ほとんど実証的に検討されてこなかった。

まだ日本人に専門的な法学の議論に立ち入る力がなかった時代の議論、例えば西周や津田真道らの著作については、政治思想史の研究対象となっている。他方、各専門領域ごとに西洋法学を本格的に導入し始めた時期以降の業績は、法学を縦割りで細分化した各専門分野の研究対象となっている。ところが、法学が専門分化する直前に各専門領域の西洋法学受容の基礎を作った陳重らの時代は、法学の専門的研究でありながら、その後の狭い専門分野の枠に収まらない学問であったため、いずれの専門分野の記憶からも消えて、次第に見失われていった。それどころか、欠落の自覚すらなく、外国の法学が翻訳的に導入されていたとの先入観で捉えられ、それ以上に立ち入ることがなかった(2)。

われわれは、東洋の土壌に西洋法学をはじめて植え付けたこの時期に何が行なわれたのかを、本当に理解していたのだろうか。

法学受容の困難さ

西洋式の法典は、もちろん法学の産物であるが、法典の継受自体はそれほど困難なことではない。

明治初期の日本がそうしたように、西洋人の専門家に起草を依頼すればすむからである。しかし、その法典を運用するには、法典の背後にある法的思考様式を身につけた法律家を養成しなければならない。そのためには、法律家を自前で養成するための、自国語で表現された法学が必要であり、それを生み出せる自国の法学者が必要である。自国語で法学の研究や教育に従事する法学者が誕生したとき、はじめて、法学の受容がなし遂げられたということができる。しかし、法学の受容は、西洋とは異質な文化的土壌においては容易なことではない。

法典整備は条約改正の手段として急いでやらざるを得ず、そこに盲目的模倣の要素がなかったとは言えない。しかし、法学の盲目的受容とは、いわば洗脳である。既存の思想や伝統に対する強烈なプライドが目覚めた日本の土壌で、自然法学であれ歴史法学であれ、盲目的に受容されることなど不可能だった。

しかし、これまで法典の継受については研究されてきたが、それを運用するための思考枠組である法学の受容については、十分関心が払われてきたとはいえない。「学説継受」[3]という言葉で西洋の特定の学説が日本法の解釈論として導入される場面は研究されてきたが、例えば、ドイツの特定の法理論（学説）を継受するためには、その前提として、法の解釈や法的論理のあり方についての基本的な考え方が受容されていなければならない。その基礎がどのように作られたのかについては、十分な研究がなされてきたとはいえないのである。

西洋法学受容の実相

本書を通じて明らかにしたように、穂積兄弟を通して受容された西洋法学とは、ひと言で言えば、日本の伝統を西洋の（つまり普遍性のある）土俵の上で正当化するための武器だった。受容を担った人たちは、西洋法学を文化的背景を含めて深く理解していたと同時に、西洋に対して自らの文化を認めさせようとの意欲を持った知識人だった。彼らは、西洋文明と対峙するなかで改めて自らの歴史や伝統を再認識し、それを西洋法学の理論的土俵の上に位置づけ、その存在理由や合理性を示そうとした。それは、西洋法学が奔流となって押し寄せる中で、日本の独自性を維持するためには不可欠な作業だった。対外的にそうであったと同時に、国内的にも、井上哲次郎が教育勅語の解説を回顧して述べているように、欧米で西洋の学問を身につけたエリートたちには、日本的な独自色を出した産物（憲法、教育勅語、家族法等）を西洋の理論で説明することが求められたのである。

そのためには、西洋法学の伝統を歴史的に理解することが必要だった。陳重はそれを徹底し、驚くほど視野の広い比較歴史法学を方法論として採用した。(4) このような視野の広さは、日本の法学でその後も受け継がれ、日本は比較法学が盛んな国となった。ただし、陳重のような視野の広さは次第になくなり、比較法の対象が欧米先進国に限られていったのは、まさにその後の日本の法学の体質を示すものといえる。

学際的指向の強さも、陳重がモデルを示した方法論だった。進化論的な進むべき方向を幅広い比較法的・学際的研究によって抽出するという手法は、(5) 例えば、陳重の二世代あとの学者である我妻榮の『近代法における債権の優越的地位』（有斐閣、一九五三年）にも見ることができる。

粗さと広さ

もっとも、今日の法学研究の手法の観点から振り返って陳重をみると、その広大無辺な研究対象の設定の仕方は、学問的研究の方法として疑問を抱かせることも否定できない。彼の著作の命題の一つ一つが、論証が不足し、史料的裏付けが十分ではない印象を与える。しかし、この点については、筆者自身にこんな個人的経験がある。

一九九〇年代に中華人民共和国が西洋の法学を本格的に吸収し始めたとき、筆者のもとでひとりの中国人留学生が学んでいた。彼が選んだテーマは担保法だったが、担保制度の社会経済的背景を含めて、あまりに壮大なテーマで論文を書こうとするので、私は指導教授としてもっと対象を絞るように助言した。するとその学生は、いまの中国に必要なのは狭い領域の深い研究ではなく全体を見渡す研究なのだと筆者に説明した。それを聞いて、なるほどそういうものかと感じた。これから近代的な法を整備しようとする国で、重箱の隅をつつくような、深くはあっても狭い研究をすることは、先人の役割を果たすことにはならない。後進の専門家に鳥瞰図を与えるような大きな視野の研究こそが求められているのだと私は理解した。

もっとも、中国は共産党政権下でいったん西洋的価値を排斥したとはいえ、それ以前の清朝末には、制定にまで至らなかったとはいえ、日本人法律家松岡義正の助力によって民法(「大清民律草案」)が起草されるなどの歴史を持っていた。清朝が亡んだあと、国民党の南京国民政府は、日本への留学経験を持つ法律家たちによって独自に民法を制定した(一九三一年に全面施行)。この中華民国民法は、第二次世界大戦後の台湾で、幾多の改正を経つつも効力を保っている。(6)

このように、中国は過去に西洋式の法典制定の経験を持っている。その上に立った西洋法学受容である。これに対し、明治期の日本は、西洋法学との接触経験を持たない土壌にゼロから西洋法学を受容しようとしていた。その国の最初の法学者の先駆的研究が射程の広いものになるのは、いわば当然のことだろう。その研究成果は、部分部分を取り出してみれば、後世の専門化された法学の批判に耐えられない粗さを免れない。しかし、陳重の法律進化論は、世界を広く見渡し、その中での社会の発展と法の進化という歴史の流れを後進に示した。しかも、ある時期のヨーロッパを歴史的に相対化しうるだけの古代から現代に及ぶ歴史的視野を持っていた。だからこそ、ヨーロッパの状況が変化していく中で、自然法の役割にも正当な評価を与えるとともに、一九世紀に世界をリードしたドイツ法学の結晶といえるドイツ民法典について、法の文体に着目した冷静で批判的な評価を下しえたのである。

しかし、われわれは、その後の日本の法学の基礎を作ったこの人物の法学を、内在的に理解しえていたとはいえない。

陳重が取り組んだ課題

法実証主義的傾向が強く、研究の学際的な幅も狭くなった現在では、陳重が取り組んだテーマは法律学の視野から外れてしまっている。しかし、陳重は、西洋的な法の観念について、その原初的形態から今日の法に至るまで、当時のさまざまな学問分野の最新の研究成果を取り込み、法についての学際的研究を総合するような学問として、法律進化論を構想した。そこには、アルベルト・ポストによって創設された当時の学際的な比較法学(7)の最新の成果を踏まえつつも、陳重自身の問題意識に基づく研究成果が反映されていた。そして、時代の制約はあるとはいえ、西洋の法および法学とはいったい何なのかを、東洋文化の教養の上に立って根源的に問い続けた。

それは、西洋で数世紀にわたって多くの碩学たちが行なってきた研究の全体を総括し、そこに中国や日本のデータを盛り込んで、独自の研究成果として提示しようとするものであり、あまりに壮大な課題である。異文化に育った一人の人間のなし遂げうることではない。その意味での学問的粗さや論証の薄さは避けられないが、しかし、彼の研究を土台にして、その後の日本の法学は自立していった。

また、法律用語を一から創り出し、法文を一から起草しなければならなかった自身の経験は、法の言葉や文体にも鋭い眼差しを向けさせた。そんな彼の法学は、一方で法が詩であった時代にまで考察を進め、他方で、ドイツ法の国語純化運動や日本の法文の難解な漢語化に対して批判的視点を提示する、幅広い進化論的法理論を作り上げた。

最初にこのような視野の広い法学が自国に成立した結果、見通しのよい地図を与えられた次の世代は、もはや二つの文明の相克という困難を経験することもなく法学の世界に入り、それぞれの専門分野の研究にいそしみ、あるいは実務を行なうことができるようになった。それがあまりに当然のこととなったために、法学受容の最初期の困難を忘れてしまいがちであり、また東西の文化的相違を軽視する傾向を生じたかもしれない。

陳重後の法学

陳重は、ヨーロッパから歴史法学を持ち帰った。そして、西洋化の中で遅れたものとして否定される運命にあった日本の古俗・遺制に、進化論的位置づけを与えることで、それが社会の変化の中で消滅し、あるいは変化していくことに法学的な説明を与えようとした。それは、歴史と伝統のある日本文化のプライドと衝突せずに西洋法を導入するために欠かせない手順であると彼は考えたのである。

しかし、彼が持ち帰った歴史法学は、新たに西洋法を継受する場面においては、ドイツのゲルマニステンのような役割を演ずることは無理だった。西洋式の法典整備の過程において、日本の歴史的慣習法を法典の中に反映させるような余裕は与えられていなかったからである。したがって、ドイツと異なり、法典編纂と歴史法学は切り離されたのである。

そして、ひとたび法典が作られると、たちまち法実証主義の精神が幅をきかせ、西洋式の法理論で西洋式の法を解釈する法解釈学が主流となった。そもそも、儒学の伝統は、古典の解釈学という形式をもって発展してきたのであり、(8) ひとたび輸入された西洋式の法典を、いわば儒学の古典のように解釈することは、日本の知識人にとって、むしろ慣れ親しんだ学問的方法だったといえる。その後の日本の法学者にとって、法学とは四書五経のようなテキストを解釈することだと理解され、実際、その後の日本の法学は「法解釈学」と呼ばれた。そして、民法典の場合、陳重をはじめ起草者たちはやがて神格化され、彼らの作った法典を後世の人間が改正することなど思いもよらない、という時代が長く続くことになった。

歴史法学の意味

では、歴史法学は意味を持たなかったのだろうか。法が歴史的産物であるという思考は陳重を通して確かに受容された。すなわち、歴史法学は、陳重が実践した比較歴史法学として受容され、日本が輸入する西洋法を法の発展段階論という目を通して評価する態度を生み出した。これはとりわけ東京(帝国)大学法学部の法学のスタイルに反映したほか、第二次世界大戦後のマルクス主義法学において、「前近代→近代」という市民社会論の歴史的定式が違和感なく受容される素地にもなったと考えられる。そして、比較法を通して法の発展段階を認識し、最新の法のあるべき姿を評価して日本に導入する、というスタイルが、日本の法学の手法のひとつの典型となったのである。

それに対して自然法的思考は、啓蒙主義的理性信仰もキリスト教信仰もない日本には、結局、定着しなかった。先王の道を金科玉条とする儒学は一種の自然法だが、自然法学とは結びつかず、むしろ法典を経典化する方向で作用したように思われる。

陳重と八束

陳重と八束の法学には、様々な違いがある。しかし、西洋法学の受容という視点で見ると、むしろ共通する面が多いことを本書は明らかにした。

一見するところの大きな違いも、法典前か法典後かという、西洋法学受容のタイミングによるところが少なくない。法典編纂前の法学者陳重にとって、法学は科学であり、外在的・学際的視点で法を捉える姿勢が強い。これに対し、法典編纂直後の法学者八束の視点は、法内在的で法実証主義的な解釈学の姿勢が強い。西洋の法と法学全般の受容を担った陳重は、法の進化を大きな歴史的変化のなかで捉え、民主的方向への進化、法の世界的統一（万法帰一）に向かっての進化への信念が強い。他方、プロイセン型憲法典の解釈理論を委ねられた八束は、当然のことながら起草者が意図した国家体制の正当化に向かった。このようにそれぞれが担った役割の違いに由来して、それぞれの法学にも大きな違いがある。だが八束も、自らが正当化を託された「国体」が永久不滅と考えていたわけではない。

家ト云ヒ国ト云フノ社会ノ構成ハ、終天極地ノ通則ニハ非サルヘシ。然レトモ現今ノ世界ハ社会進化ノ要件トナセリ。君父ナク家国ナク平々坦々個人孤立以テ生存ヲ完フシ得ヘキ境涯ハ未タ空架ノ夢想ニ属ス。（「公法及国家主義」論文集三四五－三四六頁）

その意味では、両者の違いは程度の差ともいえるが、陳重は「終天極地」とまでは言わない。やはり質的な違いはあろう(9)。

このように二人の法学には根本的な相違が見られるとはいえ、西洋法学の受容という観点から見れば、彼らの学問的スタンスには驚くほど共通点がある。そして、彼らが西洋法学の土俵で正当化しようとした日本の伝統を遡れば、結局、日本的な家族観、国家観へと行き着く。この源流において、彼らの思想は分かちがたく重なっている。本書が到達した地点に立って振り返れば、陳重は決して「二つの顔」(第七章参照)を持った学者には見えないはずである。

陳重と八束に大きな違いを見ようとする姿勢は、二人の性格の違いによって生み出されている面もあろう。陳重は学究生活を好み、公務をできる限り回避しようとした。貴族院議員も早々に退任している。それでも、国家が彼を必要とし、彼が学究生活に専念しようとするのを妨げた。他方で、八束は現実政治に積極的にかかわり続け、とりわけ国民教育に関しては政治の裏工作にも関与した。そのことを陳重が快く思っていたとは思えない。それを窺わせるのが、八束の死後に弟子の上杉慎吉が遺稿を編集して刊行しようとした『憲法大意』への陳重の態度である。上杉は、八束に輪をかけて現実政治にかかわろうとし、論争も積極的に行なった。しかし、八束は自分に反抗的であった若年の頃から上杉に目をかけ、晩年は学界ではほとんど上杉だけが八束の理解者だった。したがって、上杉による遺稿の刊行を八束自身は望んだかもしれない。しかし、陳重は、最終的には刊行に同意したとはいえ、その「跋」の末尾に次のように書いた。

学者著述に志し、未だ其事業を了はらずして死するは不幸これより大なるは無い。本書の公刊庶幾《こいねがわ》くは亡弟をして瞑せしむることを得ん。余は未だ亡弟の遺稿を読まず、素より其学説の当否を知らぬ。嗚呼此書果して八束を知る者か。此書果して八束を罪する者か。

西洋理解という目的

第二次世界大戦直後の日本の法学者は、過去が否定されたことにより空いた穴を埋めるために、最新の西洋法理論を輸入することが使命となった。明治維新以来、まがりなりにも西洋化されていた日本社会において、改めての西洋法文化の輸入は、それまでの西洋理解を反省することから始まった。戦後の知識人は、いかに正確に、文化的背景を含めて、西洋を理解し得ているかを競った。吉田健一が『ヨオロッパの世紀末』(10)で、一九世紀ヨーロッパは本当のヨーロッパではないと言ったとき、それが脚光を浴びる知的雰囲気があった。これは一九世紀ヨーロッパをモデルに近代化をなし遂げようとした明治時代の目標設定に対する根源的批判といえる。

この時期に西洋の法理論の輸入を主導する役割を果たした人たちは、自分たちの姿を過去に投影し、明治時代に西洋法学の受容を担った人たちも同じことをしていると考えた。それゆえに、彼らの西洋理解が表層的で稚拙なものに映ったのである。しかし、その認識は必ずしも正しくはない。

明治初期に西洋化を担った人たちは、まず、政策形成の目標としうるだけの具体性を持った西洋のイメージを作り上げなければならなかった。この、歴史上前例のない文化革命の手法として、「歴史的実体としてのヨーロッパを導入可能な諸機能の体系とみなした」(11)。宗教すらきわめて機能的に理解され、天皇制はキリスト教の機能的等価物と位置づけられた。困ったのは近代西洋に存在しない日本の慣習・制度の扱いである。とりわけそれが、日本の歴史や文化に根を張っている場合には、それを単に遅れた制度として切り捨てることは日本の文化的プライドとの深刻な相克を生んだ。そこで陳重たちは、西洋的法文化の中でいかに日本の伝統を正当化するかを考えた。西洋で学ばれた法学は、そのための武器として用いられたのである。

当時の日本の政治を牽引した目標である殖産興業や富国強兵は、日本の近代化の手段であると同時に、日本の国家としての生き残りをかけた政策だった。他方、西洋法学の受容は、西洋法継受のための手段であると同時に、日本の歴史や文化の生き残りのための理論武装という様相をまとっていた。西洋を正確に理解して見倣う、というスタンスは、必ずしも、明治期に法学受容をリードした法学者たちの目標ではなかったのである。

その後の日本の法学

現代日本の法とその運用は、現代日本の法学によって支えられている。ここでいう法学とは、個々の法分野の細かな知識の総体のことではなく、陳重が受容に取り組んだような、個々の専門分野の法学の前提となる、法についての知識や思考様式を広く意味している。法は進化するものなのか、正しい法を観念できるか、各国で法の内容が異なるのはなぜか、等を問い、法の分類、基本概念、基本原則等々を用意する学としての法学である。緻密さや深さの度合いに差はあれ、法学者や法律実務家など、法にかかわる人々はすべて法学を頭の中に持っている。法学教育は、細かな知識の伝達の前提として、そのような意味での法学の教育をも目的としている。そして、個々人の頭の中にある法学には、多少の差はあっても、ひとつの国のひとつの時代にはある程度共通の姿を観念できる。現代日本の法学の姿を理解するには、日本におけるそのような法学の変遷を歴史的に理解する必要がある。現代は過去の産物であるという意味において、歴史法学の主張はいまも正しい。

当初、西洋法学は日本を近代化する手段であると同時に、日本の伝統を否定しないための武器として受容された。それは、普遍的と考えられた西洋の理論枠組の中で自己の存在を主張するための、先人たちの切実な要求だった。しかし、陳重や八束たちが去って間もなく、彼らが行なった、西洋の普遍的な土俵の上での日本の伝統の正当化は、次第に西洋の土俵を無視してなされるようになる。同時に、彼らが西洋化の中で守ろうとした伝統は、異論を権力で圧殺する方向へと進んでいった。その歴史の進路は、陳重や八束が切り拓いた道の必然的な到達点だったのだろうか。それともどこかの岐路で道を誤ったのだろうか。

陳重たちが築いた基礎の上に、その後の日本人がどのような法学を発展させていったのか。この基礎の上に立ちながら、なぜある時期特異な法学が形成されたのか。また、明治期の法学受容と異なり、過去の否定からスタートした第二次世界大戦後の法学は、陳重たちが受容した法学に何を加え、何を承継しなかったのか。その後の歴史の流れの中で、日本に受容された法学は、どのような役割を担ったのか。

これらの歴史的理解を持ちえてはじめて、我々は、これからの日本の法学のあるべき姿を語ることができる。本書はそのためのささやかな一歩である。

注

第一章

（1） 植手通有編『中公バックス日本の名著34　**西周　加藤弘之**』（中央公論社、一九八四年）二〇頁。安政四年の段階で三百四、五十人余りの修業生がおり、毎年一〇人ばかりの入学者があったという（沼田次郎『**洋学**（新装版）』（吉川弘文館、一九九六年）二一七頁）。福沢諭吉が入学したのは安政六年のことであるが、英蘭辞典を借り出せないことがわかってただちに退学したことが『福翁自伝』に書かれている。

（2） ハリス（坂田精一訳）『日本滞在記（下）』（岩波文庫、一九五四年）四一頁（一八五七年一一月三〇日の項）参照。

（3） ハリス・前掲『日本滞在記（上）』（一九五三年）一四頁（訳者解説）および原著編者マリオ・E・コセンザ「はしがき」同書三七頁以下参照。

（4） 土居良三『幕末 五人の外国奉行――開国を実現させた武士』（中央公論社、一九九七年）一八二-一八三頁。

（5） 三谷太一郎編『中公バックス日本の名著48　**吉野作造**』（中央公論社、一九八四年）四四三-四四六頁。なお、ハリスは、「西洋各国交易の法は、皆商人相対にこれあり」とも述べており、取引法についても言及している（ハリス・前掲『日本滞在記（下）』九九頁）。ハリスによれば、「接待委員たちは、また貿易について質問し、私の言う、役人の仲介なしに行われる貿易とはいかなる意味のものかと質問した。これに関しても私は説明して、十分に彼等を満足させることに成功した」という（九八頁）。日本側は、万国公法に限らず、西洋社会が法によって規律されていることを強く印象づけられたと思われる。

（6） 大久保健晴『近代日本の政治構想と**オランダ**』（東京大学出版会、二〇一〇年）七頁。

（7） 大久保（健）『オランダ』一六一頁参照。

（8） 清水康行『黒船来航――日本語が動く』（岩波書店、二〇一三年）参照。

（9） 清水・前掲『黒船来航』一七九頁。

（10） 大久保（健）『オランダ』二四頁、一六五頁。

（11） 三谷編『吉野作造』四三三頁。吉野「『性法略』『萬國公法』『泰西國法論』解題」『明治文化全集第9巻法律篇』（日本評論社、一九九二年復刻版）所収九頁も参照（やや違った表現で同じことを述べている）。

（12） 渡邊與五郎「幕末オランダ留学生の西欧学術の導入と日本の近代化」東海大学外国語教育センター異文化交流研究会編『若き日本と世界Ⅱ　日本の近代化と知識人』（東海大学出版会、二〇〇〇年）二頁。

（13） 以下の記述については、大久保利謙「**幕末の和蘭留学生**――とくに西周・津田真道の五科学習について」同『**幕末維新の洋学**　大久保利謙歴史著作集5』（吉川弘文館、一九八六年）九〇頁以下、大久保（健）『オランダ』二五頁以下参照。

（14） 福沢も『**文明論之概略**』（岩波文庫〔松沢弘陽校注〕、一九九五年）八三頁以下で「スタチスチク」（統計学）の重要性を指摘している。

(15) 高畑定次郎「津田真道伝」大久保利謙『津田真道――研究と伝記』（みすず書房、一九九七年）三一二頁は「此書は泰西法学を本邦に輸入せるもの丶嚆矢」という。なお、一八六七（慶応三）年に大国隆正がグロチウスに対抗する『新真公法論』を著しているが、西洋法学の紹介とはいえない。

(16) 大久保利謙「幕末の和蘭留学生」九七頁、同「津田真道の著作について」『幕末維新の洋学』一七一頁以下参照。また、高畑定次郎「津田真道伝」大久保（利）・前掲『津田真道』三一三頁以下にも収録。

(17) 西の訳本は紛失したと言われていたが、西魯人（西周）訳『性法説約』と題する書物が国会図書館に所蔵されており、デジタルコレクションで公開されている。奥付の刊行年は一八七九（明治一二）年である。国会図書館の未整理本の中から発見されたもので、紛失した原稿またはその筆写が発見され、これに手を加えて刊行したものと考えられている。齋藤毅『**明治のことば**　文明開化と日本語』（講談社学術文庫、二〇〇五年。初出一九七七年）二〇九頁。また、金子一郎「西魯人謹訳『性法説約』の発見」日本古書通信三四巻二号二一‐三頁（一九六九年）。

(18) 古賀勝次郎「津田真道――国学と洋学」早稲田社会科学総合研究一巻二号（二〇〇一年）八頁。読み下し文は金谷治訳註『大学・中庸』（岩波文庫、一九九八年）一四一頁によった。

(19) 丸山真男「**近代日本思想史における国家理性の問題**」同『忠誠と反逆――転形期日本の精神史的位相』（筑摩書房、一九九二年）二一五頁。また安西敏三「福澤諭吉の西洋法認識」安西敏三＝岩谷十郎＝森征一編著『**福澤諭吉の法思想**――視座・実践・影響』（慶應義塾大学出版会、二〇〇二年）所収一〇頁参照。

(20) 長尾龍一『**法学ことはじめ**（新版）』（慈学社出版、二〇〇七年）三一〇頁。同書三〇九頁以下は、西、津田、神田の序文を比較しており興味深い。以下の記述は、現代語訳を含め、同書を参考にした。

(21) 蓮沼啓介「西周の法哲学再考――西周における法哲学再建の試み」神戸法学雑誌五九巻二号（二〇〇九年）二二四頁は西の自然法思想との決別が一八七五（明治八）年頃と推測している。

(22) 多田一臣「言挙げということ――『万葉集』巻一三・三二五三～四歌を手がかりにして」日本文学四四巻六号（一九九五年）六一頁。

(23) 小野清一郎『日本法理の自覚的展開』（有斐閣、一九四二年）一五頁。

(24) 西や加藤弘之の性法の観念が明治一〇（一八七七）年前後に功利主義もしくは社会進化論が受け入れられるにつれて変化し、一切の普遍的規範を否定する方向に進むことについて、植手通有「明治啓蒙思想の形成とその脆弱性――西周と加藤弘之を中心として」植手編『西周　加藤弘之』所収四一頁。

(25) 大久保（健）『オランダ』二三頁。

(26) 長尾龍一「フィセリングと自然法」前掲『法学ことはじめ』三〇五頁。

(27) 柳父章『翻訳語成立事情』（岩波新書、一九八二年）一五一頁以下。なお、岩倉遣外使節の久米邦武らも society の翻訳に苦心した経緯について、木村直恵「《society》と出会う――明治期における『社会』概念編成をめぐる歴史研究序説」学習院女子大学紀要九号（二〇〇七年）一頁。

(28) この訳語誕生の経緯と、この訳語がその後たどった運命について、木村直恵「**《society》を想像する**――幕末維新期洋学者たちと〈社会〉概念」学習院女子大学紀要一一号（二〇〇九年）一頁参照。

(29) 以下の記述は大久保（健）『オランダ』一二一頁以下、長尾『法学ことはじめ』三〇七頁以下による。

(30) 『先哲遺著追補漢籍國字解全書第三十巻』（早稲田大学出版部編刊、一九一四年）一四頁。

(31) 小泉仰『西周と欧米思想との出会い』（三嶺書房、一九八九年）七六頁以下によれば、西にとっての相生養の道とは、「為群の性」（群を作るという人間の先天的性質）から後天的に発展する人間の心理として位置づけられており、「為群の性」が徂徠の「親愛生養の性」に対応するという。この理解によれば、西の「相生養の道」とは今日的に表現すれば人間の社交性に相当するだろう。

(32) 神田と西の翻訳『性法略』『性法説約』を原文と対照しつつ検討した法哲学者の長尾龍一は、人間を社会的動物であるとするアリストテレス的人間観、さらには国際法の父と言われるオランダ人学者グロティウス（一五八三―一六四五）の自然法論に由来する「共存」（tezamen leven）という概念を、西も神田も「相生養」と訳していることに注目している。前掲『法学ことはじめ』三〇七頁。

(33) 明六社は「ソサイチー」の実践として結成された最初の団体だった。木村直恵「**『社会』以前と『社会』以後**――明治期日本における『社会』概念と社会的想像の編成」鈴木貞美＝劉建輝編『東アジアにおける知的交流――キイ・コンセプトの再検討』国際研究集会報告書第四四集（国際日本文化研究センター、二〇一三年）所収二七六頁。

(34) 西の society 理解について、木村直恵「西周『百学連環』講義における『相生養之道』――維新期洋学者たちの《society》概念理解」学習院女子大学紀要一〇号（二〇〇八年）六一頁。

(35) 『東京大学文学部社会学科沿革七十五年概観』（同大学文学部社会学研究室開室五十周年記念事業実行委員会編刊、一九五四年）にその旨詳細に記述されている。また、木村『「社会」以前と「社会」以後』二七九頁。「社会」という言葉自体は、中国伝来の漢語として存在して、古くは土地の神（社）の祭礼に際して民衆が会合すること（会）であったことや、日本における使用例については、齋藤『明治のことば』一八四頁以下が詳細に論じている。

(36) 大久保（利）「幕末の和蘭留学生」一〇二頁。大久保は、自然法論に即した記述であるが同旨を述べるものとして、牧野英一『**日本法的精神**の比較法的自覚』（有斐閣、一九四四年）四五頁を引用している。また、長尾・前掲『法学ことはじめ』三一五頁参照。

(37) 木村「《society》を想像する」四二頁以下。

(38) 三谷編『吉野作造』四四八頁（「わが国近代史における政治意識の発生」）。

(39) 穂積陳重『**法窓夜話**』（岩波文庫、一九八〇年）一八二頁。

(40) 明治初年に箕作麟祥がフランスの法律を翻訳する際に、中国語訳『万国公法』を参照し、同書の訳例のままに、「ライト」（フランス語ではdroit）と「オブリゲーション」にそれぞれ「権利」と「義務」を充てたという。大槻文彦編「箕作麟祥君伝」加藤周一＝丸山真男校注『日本近代思想大系 翻訳の思想』（岩波書店、一九九一年）所収、三〇五－三〇六頁。

(41) 佐藤慎一『**近代中国**の知識人と文明』（東京大学出版会、一九九六年）四六頁。

(42) 大久保（健）『オランダ』二〇五頁。

(43) 後にinternational lawは箕作麟祥が国際法と訳し、その訳語が中国に逆輸入された（佐藤（慎）『近代中国』一六五、二〇一頁参照）。

(44) 佐藤（慎）『近代中国』四六頁、大久保（健）『オランダ』一六二頁。万国公法と同様な意味で「天下の公道」など東洋の天道の思想と結びついた訳語が使われるようになり、それが木戸孝允の頭に入って五箇条の御誓文の「天地ノ公道」という言葉に結びついたという。尾佐竹猛「万国公法と明治維新」同『尾佐竹猛著作集第十三巻』（ゆまに書房、二〇〇六年）所収一八〇頁。

(45) 佐藤（慎）『近代中国』四六頁。

(46) 儒教思想の日本的変容について、渡辺浩『近世日本社会と**宋学**（増補新装版）』（東京大学出版会、二〇一〇年）。

(47) 大久保（健）『オランダ』二〇七頁。

(48) 大久保（健）『オランダ』二〇七頁。

(49) 三谷太一郎「思想家としての吉野作造」三谷編『吉野作造』所収六〇頁。米原謙「儒教と天賦人権論」植手編『西周 加藤弘之』付録しおり。

(50) 渡辺『宋学』四九頁以下。

(51) 丸山「近代日本思想史における国家理性の問題」二一二頁参照。

(52) 『法窓夜話』第五二話「国際法」参照。

(53) 沼田『洋学』二二六頁。

(54) 福沢諭吉『福翁自伝』「大阪を去て江戸に行く」（時事新報社編、一八九九年）一五九頁以下。

(55) R・H・マイニア（佐藤幸治＝長尾龍一＝田中成明訳）『西洋法思想の継受——**穂積八束**の思想史的考察』（東京大学出版会、一九七一年）一五八頁。

(56) マイニア『穂積八束』二〇七頁。

(57) 『西周全集第一巻』（日本評論社、一九四五年）一八四－一八五頁。マイニア『穂積八束』二〇七頁は、西が東洋法の後進性を論じ、法を「僅かに道理上より論せしもの」として中国の五冊の法律書と和書を四冊挙げていることを紹介している。和書とは徂徠『政談』太宰春台『経済録』中井竹山『草茅危言』頼山陽『通議』である（前掲『西周全集』二三四－二三五頁）。もっとも、例えば『政談』には法についての記述が多くみられるとはいえ、一定の目的達成の手段として法を捉えており、正しさを体現した規範という発想は乏しい。西洋の法についての「学」との間にあるこの距離の理由こそ、穂積陳重が探求しようとした問いだった。

(58) 小倉宗「**近世の法**」『岩波講座日本歴史第12巻・近世3』（岩波書店、二〇一四年）所収一九五頁以下。

(59) J.H. Wigmore, *A Panorama of the World's Legal Systems* (1936), pp. 503-505, ジョン・H・ウイグモア「法律の進化」法律時報七巻六号（一九三五年）六頁。ウィグモアの法制史料研究については、高柳賢三「ウイグモア先生について――人格と学識と事業」法律時報七巻六号七頁、山田好司「ウィグモアと旧司法省編纂近世法制史料」J&R：法務大臣官房司法法制調査部季報四七号（一九八三年）八七頁以下、千種秀夫「日本におけるジョン・ヘンリー・ウイグモアの業績と教訓」法の支配一一二号（一九九九年）二頁参照。彼が収集した貴重な史料原本は、戦時中、山梨県に疎開していたが、アメリカ軍の焼夷弾を受けて焼失した。

（60）David S. Ruder, "John Henry Wigmore: A Great Academic Leader", *Northwestern University Law Review* vol. 75, no. 6 Supp., p. 1.

（61）岩谷十郎「福澤諭吉とジョン・ヘンリー・ウィグモア」安西他編『福澤諭吉の法思想』所収参照。

（62）小倉「近世の法」参照。

（63）津田真道「想像論」明六雑誌第一三号（明治七年六月）。引用は山室信一＝中野目徹校注『明六雑誌（上）』（岩波文庫、一九九九年）四一九頁以下による。

第二章

（1）富井政章「穂積先生の業績」**学士会月報**四五八号（穂積男爵追悼号）一八頁。平沼騏一郎「穂積男爵を悼む」同四五頁。

（2）平沼・前掲四六頁。また、三谷太一郎『増補　政治制度としての**陪審制**――近代日本の司法権と政治』（東京大学出版会、二〇一三年）参照。本書第六章4で改めて触れる。

（3）穂積陳重（穂積重行校訂）『**忌み名の研究**』（講談社学術文庫、一九九二年）の穂積重行「まえがき」七頁。

（4）現在の文京区春日にあった自宅の庭を散策中、枯葉を焼いていた焚き火の穴に落ちて火傷を負い、翌日死亡した。浜尾は文部大臣や東京帝国大学総長をつとめ、大きな銅像がいまも東京大学の安田講堂脇に残る。

（5）以下は、穂積重行『明治一法学者の**出発**――穂積陳重をめぐって』（岩波書店、一九八八年）一頁。穂積重行編『穂積**歌子日記**　明治二三～三九年』（みすず書房、一九八九年）一一〇－一一五頁（穂積重行「鈴木重麿のこと――『穂積家家譜』」）による。

（6）『出発』三三頁以下。

（7）『出発』三〇頁。

（8）「そのような失意と敗亡の境涯におちいったものが青山半蔵＝島崎正樹［藤村の実父］ばかりでなかったことも、一般の維新史の教えるところである」。橋川文三『ナショナリズム――その神話と論理』（紀伊國屋書店、二〇〇五年〈新装復刻版〉）一三五頁。

（9）『歌子日記』八四頁。

（10）穂積陳重『忌み名の研究』の穂積重行「まえがき」七頁。

（11）明治三年七月二七日の貢進生に関する太政官布告に応じて全国から三百人余りが集まり、翌四年一月に三一〇名が入学の手続を終えた。一月二二日付「改正貢進生名簿」によると英語二一九名、仏語七四名、独語一七名であった（唐澤富太郎『**貢進生**――幕末維新期のエリート』（ぎょうせい、一九七四年）九頁。少数ながらドイツ語が入っているのは、普仏戦争の影響ではないかともいわれる。

（12）唐澤『貢進生』二〇頁。

（13）加太邦憲『**自歴譜**』（岩波文庫、一九八二年）九九頁。

（14）『出発』六九頁。

(15) このとき移ったのは井上正一、栗塚省吾、熊野敏三、木下廣次、岸本辰雄、加太邦憲、宮城浩蔵、小倉久、磯部四郎の九名。

(16) 大学南校は一八七二（明治五）年以降、第一大学区第一番中学校を経て、翌年、（第一大学区）開成学校、さらに七四年には東京開成学校と改称された。

(17) 唐澤『貢進生』二六頁以下参照。

(18) **『東京帝国大学五十年史　上』**（東京帝国大学編刊、一九三二年）六二五頁。

(19) 穂積陳重「独逸法學の日本に及ぼせる影響」**『穂積陳重遺文集第三冊』**（岩波書店、一九三四年）六一七頁。

(20) 以下の記述はE・J・ホブズボーム（柳父圀近＝長野聰＝荒関めぐみ訳）**『資本の時代 1848-1875　1』**（みすず書房、一九八一年）に負う。

(21) ホブズボーム『資本の時代1』五九頁。

(22) 田原音和**『歴史のなかの社会学――デュルケームとデュルケミアン』**（木鐸社、一九八三年）一五五頁。ホブズボーム『資本の時代1』五九‐六〇頁は「一八七〇～一年にプロイセンがフランスを楽々と打ち破ったその少なからぬ理由は、プロイセンの兵士たちのはるかに高い識字率にあった」といい、G・B・サンソム（金井円他訳）**『西欧世界と日本　下』**（ちくま学芸文庫、一九九五年）二八九頁は「一八六六年と一八七〇年の戦争はプロシアの学校教師によっておさめられた勝利だ」と述べている。

(23) 「日本人は、シナ人と同様に、学問を非常に尊敬する」（サンソム『日本』、二七三頁）。

(24) 鈴木理恵「江戸時代における識字の多様性」史学研究二〇九号（一九九五年）二三頁、八鍬友広「近世社会と識字」教育学研究七〇巻四号（二〇〇三年）五四頁等。

(25) ホブズボーム『資本の時代1』五九頁。また、望田幸男**『近代ドイツの政治構造――プロイセン憲法紛争史研究』**（ミネルヴァ書房、一九七二年）二四一頁によると、一八五二年のプロイセン軍新兵のうち、完全な文盲は五％であったという。

(26) 『資本の時代1』五九‐六〇頁。

(27) 「慶応三年（一八六七）までに二一五藩が藩学を設けるに至ったが、その内一八七藩、約八七％が宝暦―慶応年間の設立である」（渡辺『宋学』一六頁）。また、R・P・ドーア（松居弘道訳）『江戸時代の教育』（岩波書店、一九七〇年）六三頁以下参照。

(28) 古賀勝次郎「比較社会思想史研究（3）――穂積陳重と法律進化論」早稲田社会科学研究三〇号（一九八五年）。

(29) 『出発』第一章「宇和島明倫館」。

(30) 『遺文集三』六一一頁。

(31) 英語について、友人の志賀泰山（後の帝国大学農科大学教授）は宇和島時代の陳重が洋学は学ばなかったと述べており（学士会月報二八頁）、穂積重行も、藩校教育の末期にごく不十分な教育を受けたにすぎないと推測している（『出発』一四頁）。

(32) 「沼山対話」横井小楠（花立三郎訳注）『国是三論』（講談社学術文庫、一九八六年）所収。

(33) 坂井雄吉『井上毅と明治国家』（東京大学出版会、一九八三年）。

(34) 福沢『文明論之概略』二三一、二三三頁。小倉紀蔵「福

澤諭吉における朱子学的半身」東海大学外国語教育センター異文化交流研究会編『日本の近代化と知識人』(東海大学出版会、二〇〇〇年)所収は福沢における朱子学的側面を強調する。渡辺浩「儒教と福沢諭吉」福澤諭吉年鑑三九(二〇一二年)九一頁以下も福沢の思想の儒教的側面を指摘している。

(35) 土居通夫から五代友厚宛の書簡中の文言。向井健「明法寮民法草案編纂過程の一考察」早稲田法学五七巻三号(一九八二年)四七頁注九。

(36) 向井・前掲論文四六頁。

(37) 加太『自歴譜』一二四頁。

(38) 磯野誠一「司法省法学校の素描——明治期法学教育の一資料として」法律時報三八巻五号一四頁。

(39) 東川徳治『博士梅謙次郎』(法政大学、一九一七年)二八頁。

(40) 手塚豊「司法省法学校小史」同『明治法学教育史の研究』(慶應通信、一九八八年)所収八-一二頁参照。

(41) 福沢『文明論之概略』一二頁。

(42) ただし、日本の実情に合わせた改変も行なわれていることについて、劉連安(池田温訳)「唐法東伝」池田温=劉俊文編『法律制度(日中文化交流史叢書[2])』(大修館書店、一九九七年)所収参照。

(43) ローラント・バール(平野敏彦訳)「ヨーロッパの立場から見た日本の法継受——和魂洋才、再検討の鍵と尺度」河上倫逸編『ドイツ近代の意識と社会——法学的・文学的ゲルマニスティクのアンビヴァレンツ』(ミネルヴァ書房、一九八七年)所収は、法の継受が社会的過程であることを強調する。

(44) F・ヴィーアッカー(鈴木禄弥訳)『近世私法史——特にドイツにおける発展を顧慮して』(創文社、一九六一年)一二三頁。

第三章

(1) 劉「唐法東伝」二一一頁。東野治之『遣唐使』(岩波新書、二〇〇七年)六二頁。

(2) 石附実『近代日本の海外留学史』(中公文庫、一九九二年)二一九頁(ロンドンからの留守政府宛書簡。明治五年一一月)。

(3) 石附『海外留学史』二一四頁。

(4) 石附『海外留学史』二三〇頁。

(5) 石附『海外留学史』二五九頁参照。

(6) 石附『海外留学史』二五〇-二五一頁。

(7) 石附『海外留学史』二〇八頁。

(8) Cf. Robert S. Summers, *Instrumentalism and American Legal Theory*, Cornell University Press, 1982.

(9) 当時のアメリカの法学教育の状況については、加毛明「共和政初期アメリカにおける法学教育——リッチフィールド・ロー・スクールを中心として」東京大学法科大学院ローレビュー一〇巻八一頁(二〇一五年)、加毛「19世紀アメリカにおける大学附属ロー・スクール——イエール・ロー・スクールを中心として」東京大学法科大学院ローレビュー一一巻二三六頁(二〇一六年)参照。

(10) 『出発』一〇六頁。

(11) 唐澤『貢進生』一二四頁。

(12) 塩澤全司=高橋昭「勝沼精藏先生の嘆息——杉浦重剛撰

文「向阪兌之墓」」山梨医科大学紀要第一七巻一〇－一九頁（二〇〇〇年）（http://www.lib.yamanashi.ac.jp/igaku/mokuji/kiyou/kiyou17/image/kiyou17–010to019.pdf）。

(13)『出発』一〇五頁の推測。

(14) 手塚豊「夭折の英国状師向坂兌氏のことども」『明治史研究雑纂』（慶應通信、一九九四年）三頁も参照。

(15) 野沢雞一編著、川崎勝＝広瀬順晧校注『星亭とその時代1』（平凡社東洋文庫、一九八四年）一一五頁（岡村輝彦談話）。

(16) 以上につき『出発』第六章参照。

(17)『出発』一六四－一六五頁参照。

(18) 前掲『星亭とその時代1』一一一頁（長岡護美談話）、一一七頁（岡村談話）など。星が交際したごく少数の日本人の一人が華族の長岡であったというのも面白い。留学中の星を知る少数の日本人の談話を見ると、逸話に満ちており、星が頗る興味深い人物であったことが分かる。

(19) 前掲『星亭とその時代1』一一七頁。試験のときには自己の持論を書くのはやめるよう忠告されたという（同書一一一頁）。

(20) 以上につき石附『海外留学史』二六〇－二六一頁。

(21) Report from the Select Committee on Legal Education, 25 August 1846, House of Commons Proceedings 686, 五六頁以下。

(22) 天野郁夫『大学の誕生（上）帝国大学の時代』（中公新書、二〇〇九年）六二－六四頁。

(23) 七戸克彦「現行民法典を創った人々8・菊池武夫」法学セミナー六六〇号（二〇〇九年）八二頁。

(24)『森鷗外全集〈13〉独逸日記・小倉日記』（ちくま文庫、一九九六年）八頁（明治一七〔一八八四〕年一〇月一三日）。

(25) 堅田剛『独逸学協会と明治法制』（木鐸社、一九九九年）二九頁参照。

(26)『出発』二五二－二五三頁。

(27) 森川潤『井上毅のドイツ化構想』（雄松堂出版、二〇〇三年）一五六－一五七頁。

(28) 森川『ドイツ化構想』一五七頁。

(29) 森川『ドイツ化構想』一五六頁。

(30)『出発』二五三－二五四頁。

(31) 堅田『独逸学協会』二三頁。

(32) 研究は多いが、梅溪昇『お雇い外国人——明治日本の脇役たち』（講談社学術文庫、二〇〇七年）第四章、武田良彦『加藤弘之とその時代』（斎藤隆夫顕彰会「静思塾」、一九九九年）二三六頁等。

(33) 山室信一『法制官僚の時代——国家の設計と知の歴程』（木鐸社、一九八四年）二九四頁。

(34) 武田・前掲書二三八頁。

(35) 松本三之介『近代日本の政治と人間——その思想史的考察』（創文社、一九六六年）六一頁以下、吉田曠二『加藤弘之の研究』（大原新生社、一九七六年）七三頁、武田・前掲書一四一頁以下、堅田剛『独逸法学の受容過程——加藤弘之・穂積陳重・牧野英一』（御茶の水書房、二〇一〇年）二〇頁。その経緯について彼自身の述べるところは、『加藤弘之自叙伝』（大空社、一九九一年復刻）四七頁。

(36) その経緯については瀧井一博『伊藤博文——知の政治家』（中公新書、二〇一〇年）五九頁以下が興味深い。

(37) 河上倫逸『法の文化社会史――ヨーロッパ学識法の形成からドイツ歴史法学の成立まで』(ミネルヴァ書房、一九八九年)七七頁。
(38) 堅田剛『法の詩学 グリムの世界』(新曜社、一九八五年)六八頁。また、西村稔「ドイツ官僚法学の形成と国家試験」上山安敏編『近代ヨーロッパ法社会史』(ミネルヴァ書房、一九八七年)所収は、国家試験制度という切り口から官僚法学の形成過程を描いている。
(39) 手塚豊「最初の東京大学法学部教授井上良一略伝」同『明治史研究』参照。
(40) 一学年上に山田稗養(やまだ・いねやす)という筑後久留米藩の人物が登録されていたようであるが、卒業したという記録は見当たらない。
(41) 一八七五(明治八)年九月に教授補、七六年四月に教授になっている。手塚「井上良一略伝」五二頁。
(42) 『東京帝国大学五十年史 上』五九一頁。なお、陳重も文学部教授を兼任して法理学、法学通論を講じており、日本人学者が少なかった当時、兼任が多かった。
(43) 『東京帝国大学五十年史 上』六四五頁以下。森川『ドイツ化構想』一四一頁。
(44) 森川『ドイツ化構想』一五三―一五四頁。
(45) 井上清『日本の歴史20 明治維新』(中央公論社、一九六六年)三八八―三八九頁。
(46) 堅田『独逸学協会』二六頁。
(47) 吉田『加藤弘之』七五頁、松本『政治と人間』六三―六四頁。
(48) 「天賦人権ナキノ説并善悪ノ別天然ニアラザルノ説」がその講演タイトルである。吉田『加藤弘之』七二頁。松本『政治と人間』七六頁は青松寺での演説以外の読書録や草稿にも注目している。
(49) 吉田『加藤弘之』五二頁。
(50) 青木は日本にいる妻と離婚してドイツ貴族の娘と結婚した。鷗外のロマンスは有名であるが、その相手が近年特定された。六草いちか『それからのエリス――いま明らかになる鷗外「舞姫」の面影』(講談社、二〇一三年)。
(51) 中島敬一『宇和島藩士、大銃司令入江左吉と周辺の人々』(一九九三年)一一二頁。『出発』五四頁は、陳重は、左吉の長女と結婚する予定だったのではないかと推測するが、中島・前掲によると陳重と結婚する予定だったのは、左吉の弟である陳成の次女「さい」だったという。
(52) 『出発』二九三頁。
(53) 『出発』二九三頁。
(54) 『歌子日記』八頁。

第四章

(1) C・アントーニ(新井慎一訳)『歴史主義』(創文社、一九七三年)一二三、一七八頁。
(2) 星野英一「日本民法学の出発点」同『民法論集第五巻』(有斐閣、一九八六年)所収。
(3) ホブズボーム『資本の時代1』六頁。
(4) カルル・レーヴィット(柴田治三郎訳)『ヨーロッパのニヒリズム』(筑摩書房、一九七四年)七頁。
(5) B・クローチェ(坂井直芳訳)『十九世紀ヨーロッパ史(増訂版)』(創文社、一九八二年)。

(6)『資本の時代1』三頁。

(7)『資本の時代1』六五頁。

(8)『資本の時代1』一九二頁。

(9)『資本の時代1』五四頁。

(10) 三谷太一郎『日本の近代とは何であったか——問題史的考察』(岩波新書、二〇一七年)一四九頁。

(11) 馬場哲＝小野塚知二編『西洋経済史学』(東京大学出版会、二〇〇一年)二四七‐二四八頁(雨宮昭彦)。「帝国主義の時代」は一八八〇年代から第一次世界大戦の終局までの時期が想定されている。

(12) そこに至る歴史について小倉貞男『物語ヴェトナムの歴史——一億人国家のダイナミズム』(中公新書、一九九七年)第四章参照。

(13) E・J・ホブズボーム(松尾太郎＝山崎清訳)『資本の時代 1848–1875 2』(みすず書房、一九八二年)三五九頁。

(14) ピーター・J・ボウラー(岡嵜修訳)『進歩の発明——ヴィクトリア時代の歴史意識』(平凡社、一九九五年)三三頁

(15) ボウラー『進歩の発明』一四頁(A・ドワイト・カラーの著書 Culler, *The Victorian Mirror of History* を引用している)。

(16) ボウラー『進歩の発明』二五頁。

(17) ボウラー『進歩の発明』三六頁。

(18) ボウラー『進歩の発明』五三頁。

(19) この法律はその後の改正を織り込んだ一九八一年の最高法院法に取って代わられたが、二〇〇五年の憲法改革法によりそれまで貴族院が果たしていた最高裁判所の役割を新設の最高裁判所(Supreme Court of the United Kingdom)が担うことになったため、一九八一年法は混乱を避けるために名称変更されて、高等法院法(Senior Courts Act)となった。

(20) 田中英夫『英米法総論 上』(東京大学出版会、一九八〇年)一五二頁以下(とくに一六〇‐一六二頁)、J・H・ベイカー(深尾裕造訳)『イギリス法史入門(第四版)第I部〔総論〕』(関西学院大学出版会、二〇一四年)一六一頁。

(21) ベイカー・前掲書二三八頁。

(22) 深田三徳「イギリス近代法学教育の形成(1)」同志社法学二一巻二号(一九六九年)三八頁。

(23) Peter Stein, "Main and legal education", in Alan Diamond ed., *The Victorian Achievement of Sir Henry Maine; A Centennial Reappraisal*, 1991, p. 196.

(24) 深田・前掲論文四四頁。

(25) ベイカー・前掲書三〇一頁以下参照。

(26) 前掲 Report. この報告書および一八五四年に組織された王室委員会報告書(Report of The Commissioners, Appointed to Inquire into the Arrangements in the Inns of Court and Inns of Chancery, for promoting the Study of the Law and Jurisprudence.)について、深田・前掲論文(1)(2)同志社法学二一巻二、四号(一九六九‐七〇年)参照。

(27) ほぼ時を同じくしてフランスでも、ドイツをモデルとした大学教育の改革が議論されていた。田原『歴史のなかの社会学』一五三頁以下。一九世紀後半のヨーロッパにおけるドイツの教育の注目度が窺われる。

(28) P・スタイン(今野勉＝岡嵜修＝長谷川史明訳)『法進化のメタヒストリー』(文眞堂、一九八九年)五一頁。

(29) スタイン『法進化』八四頁。
(30) 一八四六年から一八四九年に"reader in jurisprudence and civil law"をつとめている。
(31) スタイン『法進化』九四－九六頁参照。
(32) 深田・前掲論文（1）五二－五五頁参照。
(33) Stein, "legal education", p. 199.
(34) Cf. *The Spectator*, 24 January 1846, p. 13.
(35) George Feaver, "The **Victorian values** of Sir Henry Maine", in Alan Diamond ed., *The Victorian Achievement*, p. 37.
(36) Feaver, "Victorian values", p. 31.
(37) Raymond Cocks, *Sir Henry Maine: A Study in Victorian Jurisprudence*, (Cambridge University Press, 2002), p. 9（初版 1988）。
(38) Feaver, "Victorian values", p. 32.
(39) ヴィヴィアン・H・H・グリーン（安原義仁＝成定薫訳）『イギリスの大学――その歴史と生態』（法政大学出版局、一九九四年）五七頁。
(40) グリーン・前掲書五七頁。
(41) Feaver, "Victorian values", p. 28.
(42) Feaver, "Victorian values", p. 29.
(43) ポロックの言葉として内田力蔵「サー・ヘンリー・メーン――イギリス歴史法学の伝統と特色（2）」法律時報一五巻一一号（一九四三年）二六頁が引用する。
(44) Calvin Woodard, "A wake (or awakening?) for historical jurisprudence", in A. Diamond, *The Victorian Achievement*, pp. 217-218.
(45) Woodard, op. cit., p. 218.
(46) Woodard, op. cit., p. 219.
(47) 中央大学出版部、一九九五年。
(48) 白羽・前掲書四頁。
(49) 現在は講談社学術文庫で読むことができる。斬馬剣禅『東西両京の大学――東京帝大と京都帝大』（講談社学術文庫、一九八八年）。
(50) ピーター・スタイン（屋敷二郎監訳／関良徳＝藤本幸二訳）『ローマ法とヨーロッパ』（ミネルヴァ書房、二〇〇三年）一六三頁。
(51) Feaver, "Victorian values", p. 28.
(52) Feaver, "Victorian values", p. 38.
(53) Stein, "legal education", p. 206.
(54) Stein, "legal education", pp. 206-207.
(55) ボウラー『進歩の発明』一一頁。
(56) ボウラー『進歩の発明』六八頁。
(57) Feaver, "Victorian values", p. 42.
(58) Feaver, "Victorian values", p. 43.
(59) 穂積陳重「サー・ヘンリー・メイン氏の小伝」『遺文集二』二一一頁。
(60) 『出発』一一三－一一四頁。
(61) ホブズボーム『資本の時代2』三五七－三五八頁。
(62) 内田力蔵「メーン」（4）法律時報一六巻三号（一九四四年）四一頁。
(63) ボウラー『進歩の発明』二五頁。
(64) 当時の比較言語学の発達は、アーリア語族という文化圏の存在を析出し、メインがこれに依拠して「進歩的社会」とそうでない社会の区別を論じたと考えられることについて、岡嵜修「ヘンリー・メインの**歴史法学**」明治大学大学院紀要二五巻一号法学篇（一九八八年）五四頁。

(65) もちろん、この記述は過度に単純化したものである。一八世紀啓蒙思想が経験的・歴史的側面を強く持っていることについて、磯村哲『**社会法学**の展開と構造』（日本評論社、一九七五年）一二五頁以下参照。

(66) 福田歓一『近代政治原理成立史**序説**』（岩波書店、一九七一年）一七七頁および注（10）参照。また、同書四〇七頁以下（附論「政治理論における『自然』の問題」）参照。

(67) A・P・ダントレーヴ（久保正幡訳）『**自然法**』（岩波現代叢書、一九五二年）五頁。

(68) Online Library of Liberty; *The Collected Works of John Stuart Mill, Vol. II- Principles of Political Economy*, Book II. Chapter IX. §3. J・S・ミル（末永茂喜訳）『経済学原理（二）』（岩波文庫、一九六〇年）二四〇頁。

(69) 加藤新平『法哲学概論』（有斐閣、一九七六年）一〇七頁に引用。

(70) 哲学的急進派の同僚たちと仲たがいしたくないという配慮によるといわれる。深田三徳『**法実証主義**と功利主義——ベンサムとその周辺』（木鐸社、一九八四年）五六頁。

(71) 深田『法実証主義』第一章参照。

(72) スタイン『法進化』一二〇頁。

(73) 岡嵜「歴史法学」五四頁。

(74) Feaver, "Victorian values", p. 42.

(75) J. W. Burrow, *Evolution and Society: A Study in Victorian Social Theory*, Cambridge University Press, 1966, p. 139.

(76) 内田力蔵「メーン」（3）法律時報一六巻一号（一九四四年）七三頁。

(77) ボウラー『進歩の発明』三三-三四頁。

(78) カール・ポパー（岩坂彰訳）『歴史主義の貧困』（日経BPクラシックス、二〇一三年）。

(79) Alan Diamond, "Introduction", in A. Diamond ,*The Victorian Achievement*, p. 1.

(80) Alan Diamond, op. cit.

(81) William Twining, "Maine and legal education: a Comment", in A. Diamond, *The Victorian Acievement*, p. 216.

(82) Twining, op. cit., p210.

(83) Twining, op. cit., p. 216. もっとも、Twining自身には、William Twining, *General Jurisprudence: Understanding Law from a Global Perspective*, Cambridge University Press (2009) という著書がある。

(84) 内田力蔵「メーン」（4）四一頁。

(85) 内田力蔵「メーン」（1）法律時報一五巻一〇号（一九四三年）三四頁。そのような法の人種学的・民族学的研究として笠間杲雄、平野義太郎、青山道夫らの研究が挙げられている。

(86) すでに五世紀に成文化されていた、「ブレハム（breitheamh）」裁判官に由来する古代法。P・ベアレスフォード・エリス（堀越智＝岩見寿子訳）『アイルランド史——民族と階級［上］』（論創社、一九九一年）一八頁。もっとも、実際の判例法ではなく、「習慣や伝統を条文化するように支配者に求められた場合を想定して法律家が一般の慣行を法制化したもの」ともいう。オフェイロン（橋本槇矩訳）『アイルランド――歴史と風土』（岩波文庫、一九九七年）七三頁。

(87) 内田力蔵「メーン」（4）四〇頁。

(88) Feaver, "Victorian values", p. 41.

(89) Feaver, "Victorian values", pp. 41-42.

(90) Sir Henry Sumner Maine, *Popular Government* (Liberty Classics, 1976), p. 102.

(91) F・ポロック（深田三徳訳）「**自然法の歴史**」同志社法学二六巻二号九〇頁。

(92) ポロック「自然法の歴史」一〇一頁。

(93) 内田力蔵「メーン」（3）七四頁。

(94) 英米法における法の成熟について、Roscoe Pound, *The Spirit of the Common Law*, 1921, pp. 142-143 参照。

(95) 『法窓夜話』二六六頁（第七二話「ベンサムの法典編纂提議」）。

(96) Richard A. Posner, "The Law and Economics Movement: From Bentham to Becker", in Posner, *Frontiers of Legal Theory*, Harvard University Press, 2001 参照。

(97) ホブズボーム『資本の時代2』三八二頁。

(98) ホブズボーム『資本の時代2』三八二頁。

(99) 以下の記述は、上山安敏『**法社会史**』（みすず書房、一九六六年）、河上倫逸『**ドイツ市民思想**と法理論――歴史法学とその時代』（創文社、一九七八年）第一章に負う。

(100) 上山『法社会史』一四頁。

(101) 荒木康彦『近代日独交渉史研究序説――最初のドイツ大学日本人学生馬島済治とカール・レーマン』（雄松堂出版、二〇〇三年）。

(102) 『歌子日記』五八六頁。

(103) 勝田有恒＝山内進編著『近世・近代ヨーロッパの法学者たち――グラーティアヌスからカール・シュミットまで』（ミネルヴァ書房、二〇〇八年）二九九頁（河上倫逸）。H. U. Kantorowicz, Savigny and the Historical School of Law, *Law Quarterly Review*, vol.53. No. 211 (1937), pp. 23-24 はサヴィニーの存在がドイツの学者の地位向上に決定的役割を果たしたという。

(104) オイゲン・ヴォールハウプター（堅田剛編訳）『ゲーテとサヴィニー』（御茶の水書房、二〇一三年）三〇五頁以下参照。河上『ドイツ市民思想』は歴史法学がロマン主義法学だとの評価がその後変化する過程とその背景を丹念にたどりつつ、サヴィニーとロマン主義との関連を後進国型市民法理論という観点から跡づける。

(105) 以下、両論文からの引用の訳文は、大串兎代夫訳『法典論争』（世界文学社、一九四九年。以下『**大串訳**』で引用）、長場正利訳（早稲田法学別冊）『ザヴィニー・ティボー法典論議』（一九三〇年。以下『**長場訳**』で引用）、守矢健一「〈翻訳〉F・C・サヴィニ『立法と法学とに寄せるわれわれの時代の使命について』（その1～3）」法学雑誌（大阪市立大学）五九巻二号、六〇巻一号、六一巻一・二号（二〇一二-二〇一四年、第三章まで。以下『**守矢訳**』で引用）」、堅田剛『**歴史法学研究**――歴史と法と言語のトリアーデ』（日本評論社、一九九二年）を参照し、適宜の修正を加えた。

(106) 『大串訳』所収のサヴィニーの「第二版序文」より。

(107) 潮木守一『ドイツの大学――文化史的考察』（講談社学術文庫、一九九二年）一七頁。

(108) 前掲サヴィニー「第二版序文」より。
(109) ティボー自身、「われわれはプロイセン、オーストリアの法典、フランスのコード（法典）、最近においてはザクセン、バイエルン等で完成された法規のうちに、多数の参照価値のある、既に完備の域にあると考えられる法規の見本を有している」と述べている。ティボー「独逸国一般民法典の必要に関して」『長場訳』六一頁。
(110) 前掲ティボー「独逸国一般民法典の必要に関して」五五頁。堅田『歴史法学研究』五八頁。
(111) 「ティボーの先触れ」としての刑法学者アンゼルム・フォイエルバッハ（一七七五－一八三三）は、「ナポレオン法典の来たるところ、そこに新時代、新世界、新国家が生れる」と言った。ラートブルフ『一法律家の生涯』（東京大学出版会、一九六三年）一二五頁。「フォイエルバッハはドイツの再生を、近代法の制定に託していたが、ティボーと同様、啓蒙主義者の彼にとって、近代とはフランスのことにほかならなかった」。堅田『法の詩学』七〇頁。
(112) 『大串訳』三七頁。
(113) 『大串訳』四三－四四頁。
(114) 堅田は「古典主義とロマン主義の転換期にあって、ティボーとサヴィニーの歴史認識に確たる相違があったとは思えない」という（『歴史法学研究』六四頁）。
(115) ヘーゲル（藤野渉＝赤澤正敏訳）「法の哲学」岩崎武雄責任編集『世界の名著35　ヘーゲル』（中央公論社、一九六七年）四四〇－四四一頁、ヘーゲル（長谷川宏訳）『法哲学講義』（作品社、二〇〇〇年）四一七頁。
(116) 『大串訳』二一－二二頁。『長場訳』七二頁。
(117) *Savigny, Vom Beruf unsrer Zeit für Gesetzgebung und Rechtswissenschaft*, S. 105.
(118) また、ドイツでは市民階級の発展が英仏より遅れ、統一的政治勢力となるに至らなかったという政治的事情もティボーに不利な事情であった。つまり、勝敗を決したのは両者の論説の優劣というより、当時のドイツの政治的文化的状況だった。上山『法社会史』二一五頁。
(119) ドイツの一部に導入されていたナポレオン法典を排除して旧制度を復活させることを主張する「ナポレオン法典とそのドイツへの導入について」という論文を書いたレーベルクに対し、ティボーは匿名で、ナポレオン法典を高く評価しつつ、新たな統一ドイツ民法典の編纂を呼びかける批判論文を書いた。その後間もなく、著者の名を明らかにして、より詳細に主張を展開する「ドイツ一般民法典の必要性について」が書かれた。河上『法の文化社会史』七九頁以下、『長場訳』二頁（「緒論」）参照。
(120) 『大串訳』一六九－一七〇頁。
(121) 『大串訳』一七〇頁原註＊＊＊、『長場訳』一六九頁〔原著註二〕。
(122) 『大串訳』一七〇頁訳註参照。
(123) 河上『法の文化社会史』八一頁。
(124) 『大串訳』五〇頁、『長場訳』九〇頁。
(125) 『大串訳』七六頁。
(126) 『大串訳』七六－七八頁。
(127) 『大串訳』で「国家顧問府」と訳されているサヴィニーのいう“Staatsraths”は、起草委員の草案がまず審議に付されたコンセイユ・デタ（国務院）のことである。野田良之

『フランス法概論上巻』（有斐閣、一九七〇年）六七六頁参照。『長場訳』一〇五頁は「枢密院」と訳している。今日のコンセイユ・デタと機能は同じではない。

(128)『大串訳』七三頁。

(129)『長場訳』一一六頁は「枢密顧問官等」。

(130)『大串訳』八八頁、『長場訳』一一六頁。

(131)『大串訳』七四頁。

(132) Kantorowicz, *op. cit.* (note 103), p. 336 は"a very handsome apology"と表現している。

(133)『大串訳』三七頁。

(134) 川島武宜による日本人の法意識論で提示された理解である。川島『日本人の法意識』（岩波新書、一九六七年）、六本佳平『法社会学』（有斐閣、一九八六年）二〇八頁、六本佳平『日本の法システム』（放送大学教育振興会、二〇〇〇年）二〇頁など参照。

(135) 文化的要因による説明を含め、六本佳平『日本の法と社会』（有斐閣、二〇〇四年）一九頁以下参照。

(136) 契約法における法の二元性について、内田貴『契約の時代——日本社会と契約法』（岩波書店、二〇〇〇年）五四頁以下参照。

(137) 大平祐一『近世日本の訴訟と法』（創文社、二〇一三年）二三三頁は江戸時代の日本社会を「訴訟社会」と呼ぶ。

(138) 例えば堅田『法の詩学』七五頁以下。上山『法社会史』二八三頁以下は歴史法学の非歴史性を論ずる。

(139)『大串訳』二五-二六頁。

(140) 堅田『法の詩学』七四頁。サヴィニーの慣習法論については山田晟「サヴィニーにおける慣習法」法学協会雑誌六八巻一号一頁（一九五〇年）参照。

(141) 堅田『歴史法学研究』九〇頁。磯村哲『社会法学』一四六頁以下（「啓蒙期自然法理論の現代的意義」に付された「後記」）は初期の「法学方法論講義」から「使命」論文を経て『現代ローマ法体系』に至るサヴィニーの歴史法学が、一貫した発展過程として理解できるという。しかし、彼のなかでは一貫していても、グリム兄弟たちゲルマニステンから見れば、その期待に応えるものとはいえなかった。

(142) 河上『法の文化社会史』七四頁、堅田『歴史法学研究』八四頁。堅田『法の詩学』六九頁は少年時代からの夢だったという。

(143) 内田力蔵「メーン」（4）四二頁の表現。

(144)『大串訳』一七頁。

(145)『法窓夜話』第六一話「フランス民法をもって日本民法となさんとす」。

(146) ダントレーヴ『自然法』一五二-一五三頁。

(147) 一八〇二年に行なわれたこの講義の紹介として服部栄三「若きサヴィニーの方法論について（上）（下）」同志社法学二二号、六巻二号（一九五四年）、耳野健二『サヴィニーの法思考——ドイツ近代法学における体系の概念』（未來社、一九九八年）第四章参照。

(148) 磯村「啓蒙期自然法理論の現代的意義」同『社会法学』一二七頁。

(149) 磯村哲「サヴィニー研究序説」中川一郎編集代表『石田先生古稀記念論文集』（非売品、一九六二年）所収、磯村『社会法学』一四六頁以下（「啓蒙期」の「後記」。前記「サヴィニー研究序説」の改訂版）参照。サヴィニーの法理論の形成過程については赤松秀岳『十九世紀ドイツ私法学の実像』（成文堂、一九九五年）第一－三章参照。

(150) 歴史法学は当時のドイツの歴史主義思想の法学への反映であるが、歴史主義を論じたアントーニは、「歴史主義とは、ドイツ思想によって演じられた西欧における自然法思想の伝統の破壊である」と言っている。C・アントーニ（新井慎一訳）『歴史主義』（創文社、一九七三年）八頁。

(151) 『大串訳』一九－二一頁、『長場訳』七一頁。

(152) 『大串訳』二〇－二一頁。

第五章

(1) E・スティーヴンスン（遠田勝訳）『評伝ラフカディオ・ハーン』（恒文社、一九八四年）四一四頁以下。

(2) 平川祐弘『**破られた友情**——ハーンとチェンバレンの日本理解』（新潮社、一九八七年）一〇四頁。

(3) スティーヴンスン・前掲書四一八頁。

(4) 平川『破られた友情』二七四頁、同『ラフカディオ・ハーン——植民地化・キリスト教化・文明開化』（ミネルヴァ書房、二〇〇四年）一八一頁。

(5) 引用は『**神国日本**——解明への一試論』（柏倉俊三訳注）（平凡社東洋文庫、一九七六年）二二一頁以下。

(6) 村上淳一『**〈法〉の歴史**』（東京大学出版会、一九九七年）一〇五頁。

(7) 『神国日本』二一三－二一四頁。

(8) 『神国日本』三八七頁。

(9) 陳重の英文著作や姉崎正治などがハーンを賞賛していた。マイニア『穂積八束』七四頁。

(10) 代表的な批判として太田雄三『ラフカディオ・**ハーン**——虚像と実像』（岩波新書、一九九四年）。

(11) 太田『ハーン』八三頁は“*Glimpse of Unfamiliar Japan*”, 1894（邦訳は『知られぬ日本の面影』であるが、太田は『知られざる日本の瞥見』と訳している）の中の一編をその根拠としてあげている。第二巻に収められた“The Household Shrine”と思われる。ラフカディオ・ハーン「家の内の宮」（落合貞三郎＝大谷正信＝田部隆次訳）『小泉八雲全集第三巻』（第一書房、一九二六年）所収。

(12) チェンバレン（高梨健吉訳）『日本事物誌1』（第六版）（平凡社東洋文庫、一九六九年）九三頁（「武士道——新宗教の発明」）。もともとは別に公表された小冊子が一九三九年の第六版で同書に収録されたもの。

(13) トク・ベルツ編（菅沼竜太郎訳）『ベルツの日記（上）』（岩波文庫、一九七九年）一一四頁（一八八〇年一一月三日）。

(14) 渡辺浩「『**明治維新**』**論**と福沢諭吉」近代日本研究第二四巻（二〇〇七年）二六七頁以下参照。

(15) 太田『ハーン』八四頁。

(16) チェンバレン・前掲書一五－一六頁。この項目はチェンバレンが死の前年八三歳のときに書き加え、死後に刊行された第六版で公表された。ハーンと友情で結ばれていたと思われていたチェンバレンの、最晩年に突然表明された激しい批判は話題を呼んだ。平川『破られた友情』四三頁以下。

(17) マイニア『穂積八束』一六六頁に引用。

(18) ジョン・ダワー（三浦陽一＝高杉忠明＝田代泰子訳）『敗北を抱きしめて——第二次大戦後の日本人　下巻』（岩波書店、二〇〇一年）八頁。

(19) 太田『ハーン』二一二頁は、晩年のハーンが「半ば精神的に死んでいた」という見方や、「知的精神的崩壊」を来していたという見方を紹介している。太田自身はそこまで「否定的な印象は受けない」と言いながらも、「日本解釈者としてのハーンは、最後にはまったく行き詰まっていた」という。しかし、知的に行き詰まった人に『神国日本』が書けるだろうか。自らと異なる日本論を、著者の精神的行き詰まりの産物と批判している側面はないだろうか。

(20) オトフリート・ニッポルト「開国後五十年の日本の発展」同(中井晶夫編訳)『西欧化されない日本――スイス国際法学者が見た明治期日本』(えにし書房、二〇一五年)所収一七八頁。

(21) ニッポルト・前掲書一七九頁。

(22) ニッポルト・前掲書一八二頁。

(23) エルヴィン・ベルツ(若林操子編訳)『ベルツ日本文化論集』(東海大学出版会、二〇〇一年)四三八頁。このスピーチの経緯と、それを鷗外が取り上げていることについて、平川祐弘『和魂洋才の系譜――内と外からの明治日本 上』(平凡社、二〇〇六年)一八八頁以下。

(24) レーヴィット「日本の読者に与える跋」同『ニヒリズム』所収。

(25) レーヴィット『ニヒリズム』一一三頁。

(26) レーヴィット『ニヒリズム』一一九頁。ちなみに、村上淳一「加藤弘之と社会進化論」石井紫郎=樋口範雄編『外から見た日本法』(東京大学出版会、一九九五年)四一五頁も、Niklas Luhmann, *Beobachtungen der Moderne*, 1992(ルーマン〔馬場靖雄訳〕『近代の観察』〔法政大学出版局、二〇〇三年〕)を引用しつつ、「区別し観察すること(したがってまた、不断の対立・抗争)から出発するがゆえに普遍を求め、しかもその普遍に安住しえない(見てはならない神を観察する悪魔を生み、疑ってはならない理性についての批判を生む)西洋の伝統に対して、区別の否定によって普遍に至ろうとするのが日本の伝統だ」と、レーヴィットと似通った表現で西洋と日本を対比している。

(27) レーヴィット『ニヒリズム』一二〇頁。

(28) レーヴィット『ニヒリズム』二一五頁。

(29) 長谷川松治訳、講談社学術文庫、二〇〇五年。

(30) ベネディクト・前掲書一一頁。太田『ハーン』への反論でもある原田熙史「ハーン研究の課題(一)(二)」法政大学教養部紀要九五号(一九九六年)、一〇三号(一九九八年)は、「近代西欧社会への根本的懐疑とその批判的視座」においてベネディクトとハーンの一致を指摘している(「(一)」一二頁)。

(31) サンソム『日本』二六四頁。

(32) サンソム『日本』二六一頁。

(33) 村上『〈法〉の歴史』五九頁。

(34) 川島『日本人の法意識』一六八頁に引用の第五一帝国議会衆議院委員会議事録における発言。

(35) 村上(『〈法〉の歴史』六二頁。

(36) 村上(『〈法〉の歴史』六三頁。

(37) 遠山茂樹「民法典論争の政治史的考察」明治史料研究連絡会編『明治史研究叢書Ⅳ 民権論からナショナリズムへ』(御茶の水書房、一九五七年、改装版一九七七年)二六〇頁。

(38) 井上清『条約改正――明治の民族問題』(岩波新書、一

九五五年）、とくに第四章参照。条約改正問題をめぐる議論の沸騰について、大久保泰甫『日本近代法の父　ボワソナアド』（岩波新書、一九七七年）一四二頁以下も参照。

(39) 丸山真男「陸羯南——人と思想」同『戦中と戦後の間』（みすず書房、一九七六年、初出一九四七年）二八一頁。

(40) 米原謙『近代日本のアイデンティティと政治』（ミネルヴァ書房、二〇〇二年）二八頁。

(41) 丸山「陸羯南」二八二頁。

(42) 当時の陸、三宅について松本『政治と人間』も参照。

(43) 井上馨、大隈重信による条約改正交渉の経緯の詳細について、藤原明久『日本条約改正史の研究——井上・大隈の改正交渉と欧米列国』（雄松堂出版、二〇〇四年）参照。

(44) 大久保（健）『オランダ』三八一頁注九〇。

(45) 渡辺浩『「明治維新」論』二八一頁。

(46) その内容につき大久保（泰）『ボワソナアド』一四三－一四四頁、五百旗頭薫『条約改正史——法権回復への展望とナショナリズム』（有斐閣、二〇一〇年）二二五頁以下。

(47) 以上の条約改正会議での経緯につき、藤原『日本条約改正史』第二部（一二一－三五五頁）が詳しい。また、五百旗頭『条約改正史』第五章参照。

(48) 大久保（泰）『ボワソナアド』一四七頁。

(49) なお、渡辺俊一『井上毅と福沢諭吉』（日本図書センター、二〇〇四年）二八三頁以下は、ボワソナード意見書の実質的な執筆者も井上だとするが、これに対する批判として、五百旗頭『条約改正史』三〇三頁。大久保（泰）『ボワソナアド』一四七頁も参照。

(50) 井上清『条約改正』一三九頁以下。

(51) 高田晴仁「法典延期派・福澤諭吉—大隈外交期」法学研究八二巻一号二九五頁（二〇〇九年）。

(52) 木村毅監修『大隈重信は語る——古今東西人物評論』（早稲田大学出版部、一九六九年）二六九頁。

(53) 以上につき、坪内隆彦『維新と興亜に駆けた日本人——今こそ知っておきたい二十人の志士たち』（展転社、二〇一一）二一八頁。

(54) 広田の静子との結婚について、服部龍二『広田弘毅——「悲劇の宰相」の実像』（中公新書、二〇〇八年）二二－二三頁参照。また、静子の最期について産経ニュース（電子版）二〇一五年一二月三一日掲載の広田弘太郎氏（弘毅の孫）の談も参照（http://www.sankei.com/life/news/151230/lif151230011-n2.html）。

(55) 服部・前掲書一三－一四頁。

(56) 頭山満『幕末三舟伝』（国書刊行会、二〇〇七年）一四頁。

(57) 富岡多恵子『湖の南——大津事件異聞』（岩波現代文庫、二〇一一年）五八頁。

(58) 児島惟謙『大津事件手記』（一九四四年、築地書店）一三頁。

(59) 尾佐竹猛（三谷太一郎校注）『大津事件——ロシア皇太子大津遭難』（岩波文庫、一九九一年）一五四頁。

(60) 東京・大津の代言人が活発な護法運動を起こしたことについて、児島惟謙（家永三郎編注）『大津事件日誌』（平凡社ワイド版東洋文庫、二〇〇三年）家永解説（同書二六五頁）参照。日本の在野法曹の意識の高さを示すといえそう。

(61) 尾佐竹『大津事件』二〇〇頁。

(62) 尾佐竹『大津事件』三二七頁(三谷解説)。
(63) 尾佐竹『大津事件』三二八頁(三谷解説)(三谷『陪審制』に再録、二九二頁)、およびそこに引用の宮沢俊義「大津事件の法哲学的意味」法学協会雑誌六二巻一一号(一九四四年)二六頁参照(三谷・前掲では「六ページ」と表記されているが二六頁の誤植と思われる)。
(64) 尾佐竹『大津事件』二一三頁。
(65) 三浦順太郎『大津事変実験記』(非売品、一九二九年)六四頁(児島『日誌』に抄録二二二頁)。
(66) 尾佐竹『大津事件』三二六頁(三谷解説)参照。事件の四年前、徳富蘇峰が『新日本之青年』において、来たるべき新しい革命の阻害要因として「天保の老人」を強く排撃し、当時の青年読者を引きつけていた。
(67) 尾佐竹『大津事件』二〇五‐二〇六頁。
(68) 三浦・前掲書六五頁(児島『日誌』二二二頁以下)はもう少し実際のやり取りに近い言葉を伝えている、なお、田岡良一『大津事件の再評価(新版)』(有斐閣、一九八三年)二六五頁以下は、児島が政府に対する抵抗を貫いた動機として、右引用部分に述べられたような、政府のロシアに対する軟弱な外交姿勢を正そうとする政治的意図を指摘している。
(69) 『出発』二九六頁。
(70) 『出発』二八六頁。
(71) 尾佐竹『大津事件』一八六頁。児島『日誌』五五頁。
(72) 尾佐竹『大津事件』三〇一―三〇二頁(三谷校注)参照(児島の陳重宛手紙も引用されている)。『歌子日記』一四五頁(一八九一年五月二一日)は、三教授の忠告に対し、総理大臣は「よろこんで右の忠告を容れしよし」と書いている。緊急勅令の案も日記に書かれている。
(73) 尾佐竹『大津事件』二二二、三〇八頁、児島『日誌』一〇九‐一一〇頁。この電報の文面は、大津事件を描いた佐木隆三のノンフィクション小説のタイトルにもなっている(『勝ちを制するに至れり(上)(下)』(文春文庫、一九八八年))。
(74) 尾佐竹『大津事件』二一九頁。もっとも、児島惟謙述＝花井卓蔵校『大津事件顛末録』(春秋社、一九三一年)に付された穂積重遠の序(四頁)では「判決直後」の電報と記載されている。
(75) 森順次「大津事件と滋賀県」彦根論叢一五三号(一九七一年)四頁も打電の時刻を問題としている。
(76) 尾佐竹『大津事件』三二〇頁(三谷解説)(三谷『陪審制』再録二八六―二。
(77) 堅田剛『明治憲法の起草過程――グナイストからロェスラーへ』(お茶の水書房、二〇一四年)一八二頁。
(78) 『歌子日記』一四〇頁の重行解説も参照。
(79) 立花隆『天皇と東大――大日本帝国の生と死(下)』(文藝春秋、二〇〇五年)六六三頁以下参照。
(80) もっとも、吉野作造によれば、明治前期には、条約改正や法典編纂、幣制改革などの仕事で帝大の教授は政府の役職を兼ねることも多く、公職に多忙だったが、明治三〇年代半ばからは少壮役人の中に学才に富む人材も輩出し、「帝大の教授と政府との腐れ縁は漸をもって薄らいで来」たという。吉野「民本主義鼓吹時代の回顧」三谷編・前掲『吉野作造』二一四頁。
(81) 佐々木隆『明治人の力量(日本の歴史21)』(講談社、二〇〇二年)』七四頁。

(82) 佐々木『力量』一一〇、一二四頁。

(83) 梅謙次郎「伊藤公と立法事業」国家学会雑誌二四巻七号(一九一〇年)九六六、九六八頁、佐々木『力量』一二五頁。張智慧「**明治民法の成立と西園寺公望**――法典調査会の議論を中心に」立命館大学人文科学研究所紀要九三号二一四頁。また「仁井田博士に民法典編纂事情を聴く座談会」(「**仁井田座談会**」)法律時報一〇巻七号(一九三八年)一六頁参照(新条約実施の条件であったことを仁井田が語っている)。

(84) 大久保(泰)『ボワソナアド』三八頁。

(85) 野上博義「七月王政期のフランス法学と法学教育」上山編『近代ヨーロッパ』二三五―二三七頁。

(86) 一九世紀後半の専門分化の傾向に対して、パリ大学法学部は法学分野の単一性を主張し、「法学部においては唯一の教育科目しかない。法である!」と述べたという。北村一郎「『テミス』と法学校――一九世紀フランスにおける研究と教育との対立(2・完)」法学協会雑誌一三三巻七号(二〇一六年)一三六頁。

(87) 大久保(泰)『ボワソナアド』一三四頁。

(88) 星野英一『民法のすすめ』(岩波新書、一九九八年)一、四章参照。

(89) 高田晴仁「明治期日本の**商法典編纂**」企業と法創造九巻二号(二〇一三年)六〇頁以下参照。

(90) ヨハネス・ジーメス(本間英世訳)『日本国家の近代化とロェスラー』(未來社、一九七〇年)第二章、堅田『明治憲法』参照。また長井利浩『井上毅とヘルマン・ロェスラー――近代日本の国家建設への貢献』(文芸社、二〇一二年)、同『明治憲法の土台はドイツ人のロェスラーが創った』(文芸社、二〇一五年)も参照。

(91)「私の感じた所では、此の争は仏法派と英法派との争ひです」「仁井田座談会」一五頁など。仁井田は民法起草の補助委員をつとめ、この座談会の当時、論争のいわば生き証人であった。

(92) 沼正也「『**法学士会**』設立の経過とその活動」『沼正也著作集7 民法におけるテーマとモチーフ〔新版訂正二刷〕』(三和書房、一九八一年)所収参照。

(93) 高田「法典延期派」三〇二頁。一八八九(明治二二)年七月一七日、一八日時事新報社説「条約改正・法典編纂」『福沢諭吉全集第一二巻』(岩波書店、一九七〇年)二〇四頁。

(94) 高田「法典延期派」二九九頁。

(95) この経緯について高田晴仁「福澤諭吉の**法典論**――法典論争前夜」『慶應の法律学:慶應義塾創立一五〇年記念法学部論文集 商事法』(慶應義塾大学出版会、二〇〇八年)一九五頁以下(特に二一五頁)。

(96) 高田「法典延期派」二九六頁。

(97) 小柳春一郎「**穂積陳重と舊民法**――『民法原理』講義を中心に」法制史研究三一号(一九八一年)一二〇頁。

(98) 面白いことに兄の陳重が、八束が留学に出た年に公表した論文「英佛獨法學比較論」(一八八四〔明治一七〕年。『遺文集一』)の中で、フランスの法学を評して「法典出でゝポチエ亡し」という似た言い回しを使っている。

(99) 大久保(泰)『ボワソナアド』一三五―一三六頁。

(100) 穂積陳重「故奥田義人博士追懐録」『遺文集四』一六四頁。

(101) 小柳「穂積陳重と舊民法」一〇八頁は「法典論争は既にこの明治一五年の「研究会」において準備されていたものとすら筆者には感じられる」という。
(102) http://www.j.u-tokyo.ac.jp/about/activity/hogaku/
(103) 小野清一郎「立法過程の理論（1）」法律時報三五巻一号（一九六三年）四四頁参照。
(104) 福島正夫「**兄弟穂積博士**と家族制度」『福島正夫著作集第二巻　家族』（勁草書房、一九九六年）所収三四六頁。
(105) 『法窓夜話』三三九頁（第九七話「法典実施延期戦」）。
(106) 『商法及商法施行条例期限法律案』に関する演説」（一八九〇（明治二三）年一二月二二日）『遺文集二』一七三頁以下。
(107) 一一月の第一帝国議会には実業界から「商法実施延期請願書」が提出されている。なお、ロエスレルが、西洋法とのハーモナイゼーションのために意図的に日本の慣習を排除したことについて、高田晴仁「商法典編纂」六四頁。
(108) 福島「兄弟穂積博士」三五〇頁注（1）。
(109) 『法窓夜話』三四二－三四三頁（第九七話）。
(110) なお、旧民法の施行を支持する断行派の主張に、フランス民法の成立を支えたような市民的公共性の思想が欠けていたことを指摘するものとして、大村敦志『法典・教育・民法学』（有斐閣、一九九九年）三五頁以下参照。
(111) 『大串訳』一三三頁。
(112) 『大串訳』一三四頁。
(113) 『大串訳』一三五頁。
(114) 堅田『法の詩学』九八頁の訳。

第六章

(1) 天野『誕生（上）』一〇二頁以下。
(2) 一八八五（明治一八）年一二月に文学部の政治学科を法学部に移し、法学部が法政学部になって、翌八六年に改組された法科大学に承継された。『東京帝国大学五十年史　上』五八四頁。
(3) 天野『誕生（上）』二〇三頁。
(4) 上山安敏『憲法社会史』（日本評論社、一九七七年）一五七頁以下、西村「ドイツ官僚法学」（上山編『近代ヨーロッパ』）二五三頁以下参照。
(5) 天野『誕生（上）』一〇四－一〇五頁。
(6) 前掲四五頁（岩波文庫一二頁）。
(7) 森川『井上毅』一六〇頁。
(8) 一八八一（明治一四）年に神田孝平が書いた「邦語ヲ以テ教授スル大学校ヲ設置スヘキ説」東京学士会院雑誌第一編第三冊五一頁に対し、加藤弘之がコメントを寄せており（同誌五九頁）、東京大学ではもっぱら英語で教育をしているが、教師と書籍が乏しいためにやむを得ずそうしているだけで、将来は邦語での教育を目的としている旨述べている。陳重の「法学通論」開講はまさにこの方針に沿ったものといえる。
(9) 『哲学・思想翻訳語事典』（論創社、二〇〇三年）二〇九頁（柴田隆行）がその経緯を紹介している。
(10) 米原「儒教と天賦人権論」、松永昌三『福沢諭吉と中江兆民』（中公新書、二〇〇一年）参照。
(11) 陳重の科学観と戦後の一時期日本の法学に見られた科学信仰との関係については、本章5参照。

(12)『法窓夜話』第四八話「法律の学語」。
(13) 沼「法学士会」一七五頁。
(14)『遺文集一』六二六頁以下所収。
(15) 神野潔「穂積陳重と「婦女の位地」――『女学雑誌』に掲載された二つの講演から」司法法制部季報一二八号（二〇一一年）七六頁。
(16) Maine, *Ancient Law* (https://en.wikisource.org/wiki/Ancient_Law/Chapter_V) No. 165-168. また、内田力蔵「メーン」(4) 四〇頁参照。
(17)『日本近代立法資料叢書5　法典調査会民法議事速記録五』（商事法務研究会、一九八四年）七四九頁
(18) 倉皇として起草された民法であるがゆえに、条約改正が成就したのちの適切な時期に改めて必要な見直しをすることは、起草者たちの当然の想定だったろう。ところが、家族法（親族編・相続編）は一九四六年に公布された日本国憲法にあわせて全面改正されたが、財産法（総則編・物権編・債権編）は、二〇一七年に債権法が改正されるまで、抜本改正を経ることなく一二〇年も生き延びることとなった。しかも、起草者たちは次第に神格化され、民法の条文は、臨機に応じて変えるべきテキストではなく、解釈によって守るべき「経典」のような地位をまとうことになった。それに一番驚いているのは、天国の起草者たちに違いない。
(19) 法典調査会の「法典調査ノ方針」（一八九三（明治二六）年五月二日確定）第一一条は「法典ノ条文ハ原則変則及疑義ヲ生スヘキ事項ニ関スル規則ヲ掲クルニ止メ細密ノ規定ニ渉ラス」と定めていた。広中俊雄編著『日本民法典資料集成第一巻民法典編纂の新方針』（信山社、二〇〇五年）五九一頁。
(20) 八束は家制度を基軸とする親族法は公法であると主張していた。八束「権利ハ無権力ナリ」（一八九三年）『穂積八束博士論文集』（一九一三年）二九九頁。また、戸主権を公法（権力）と見る八束の理論について、福島「兄弟穂積博士」三七〇頁。もっとも、その後、民法の進化により私法関係となりうることを認めている。「社会ノ進化ハ個人間ノ権力ヲ中央ニ収用集中シテ其地盤ヲ平坦ニスルコトニ向ウテ進行シツヽアル」（「公法ノ特質」（一九〇四年）六七五頁）。なお、「公法ノ特質」ではドイツのゾームも親族法を私法ではないとの説を唱えたことがあると述べており（『論文集』六七四頁）、論文「祖先教ハ公法ノ源ナリ」（『論文集』二五九頁）ではゾームとラーバント（ラバンドと表記）が純粋親族法は公法であるとの説を唱えたとして言及している。
(21) 穂積陳重『隠居論』（有斐閣書房、一九一五年）七一八頁参照。
(22) 福沢諭吉が、「世の識者、我日本の不文なる所以の源因を求めて、先ず第一番にこれを我が古風習慣の宜しからざるに帰し、乃ちこの古習を一層せんとして、専らその改革に手を着け、廃藩置県を始として都て旧物を廃し」と評した事態である（『文明論之概略』岩波文庫二六六頁）。
(23) 三浦周行『五人組制度の起源』（一九〇〇年、有斐閣）に寄せた序文でも述べられ、一九〇二（明治三五）年の自著『五人組制度』でも述べられている。
(24) 陳重はすでに一八九〇（明治二三）年九月に発表された講演「相続の話」（東洋學藝雑誌一二一号四九一頁以下）で旧民法の相続規定の配置が「欧州の制に倣」ったものとして

批判していた。小柳「穂積陳重と舊民法」一一六－一一七頁。

(25) 旧民法が家督相続を財産取得編に規定したことは旧民法の起草過程でも問題となった。三浦安は法典調査会総会第三回会議（一八九三（明治二六）年七月四日）で、「草案ノ時元老院デ深ク之ヲ論ジマシタケレドモ成立マセナンダ」と述べている。「法典調査会　民法総会議事速記録」『日本近代立法資料叢書12』（商事法務研究会、一九八八年）所収七三頁。

(26) N. Hozumi, ***The New Japanese Civil Code****, as material for the study of comparative jurisprudence* (1904), p. 24. 小柳「穂積陳重と舊民法」一一七頁はこの点が従来の法典論争史研究であまり注目されていなかったという。

(27) 小柳「穂積陳重と舊民法」一二一頁は陳重が戸主権に関する限り旧民法人事編に不満を持っていなかったと推測しているが、隠居論文から窺えるとおり、控えめな形ではあれ不満は表明されている。

(28) 前掲『日本近代立法資料叢書5　法典調査会民法議事速記録五』七一六頁。

(29) 「法典調査会　民法主査会議事速記録」『日本近代立法資料叢書13』（商事法務研究会、一九八八年）九八頁。

(30) 吉井蒼生夫「小野梓の法思想」早稲田法学会誌二五巻（一九七五年）三九一頁参照。

(31) 前掲「法典調査会　民法主査会議事速記録」一六六頁。

(32) 前掲書一六七頁。

(33) 『祖先祭祀ト日本法律』（有斐閣、一九一七年）一六八頁。

(34) *The New Japanese Civil Code*, p. 53.

(35) 『出発』四三頁。

(36) 「阿兄一週年祭祭文」（『遺文集三』所収）、福島「兄弟穂積博士」三六三頁参照。

(37) 伊藤之雄『元老　西園寺公望――古希からの挑戦』（文春新書、二〇〇七年）五七頁、岩井忠熊『西園寺公望――最後の元老』（岩波新書、二〇〇三年）四五頁。

(38) 法典調査会における西園寺の役割について、張「明治民法の成立と西園寺公望」二〇七頁以下参照。なお、法典調査会の議論を見る限り、梅謙次郎も、陳重の原案を支持しつつも、戸主や隠居制度に否定的な立場であるように見える（前掲「法典調査会　民法主査会議事速記録」九九頁）。

(39) 前掲「法典調査会　民法総会議事速記録」六八頁。

(40) 政治的な家族国家観の形成が二〇世紀に入ってからであることにつき、石田雄『明治政治思想史研究』（未來社、一九五四年）六頁以下。また、日英通商航海条約の調印は一八九四（明治二七）年七月一六日で、それ以降は、法典実施の期限順守の要請が会議を支配していくことになるが（張「明治民法の成立と西園寺公望」二三三頁）、それ以前のこの時期には、このような原理的な議論もなされていた、という見方もできよう。

(41) 『遺文集二』序（穂積重遠）二頁。

(42) この点については第七章の「陳重の祖先祭祀論」参照。

(43) 穂積陳重「萬国学芸会議に就て」『遺文集三』九五頁、楠元町子「セントルイス万博に見る日本ブランドの萌芽」愛知淑徳大学論集――文学部・文学研究科篇三六号（二〇一一年）五九頁。

(44) 楠元町子「セントルイス万国博覧会と日露戦争――異文化交流の視点から」異文化コミュニケーション研究六号（二〇〇三年）一三七頁。

(45) 楠元「日露戦争」一三七 - 一三八頁。
(46) 楠元町子「万国博覧会に見る**明治政府の国際戦略**――一九〇二年ハノイ博覧会と一九〇四年セントルイス万博を中心に」愛知淑徳大学論集――文学部・文学研究科篇三七号(二〇一二年)一〇五、一一四頁。楠元町子「万国博覧会と異文化交流――一九〇四年セントルイス万博の事例を中心に」異文化コミュニケーション研究五号(二〇〇二年)一五五、一五八頁。
(47) 橋川文三『黄禍物語』(岩波現代文庫、二〇〇〇年〔初出一九七六年〕)二〇頁以下、飯倉章『**黄禍論と日本人**――欧米は何を嘲笑し、恐れたのか』(中公新書、二〇一三年)五一頁以下参照。
(48) 飯倉『黄禍論と日本人』五九頁。
(49) 石部雅亮「**明治期の日本法学**の国際的ネットワーク――穂積陳重・岡松参太郎とヨーゼフ・コーラー」早稲田大学比較法研究所編『日本法の国際的文脈:西欧・アジアとの連鎖』(成文堂、二〇〇五年)所収一〇〇頁。
(50) 楠元「日露戦争」一四〇 - 一四一頁。
(51) もっとも、日露戦争の勝利は結果的に欧米の黄禍論を強化することになった。アメリカも、間もなく対日強硬路線に舵を切る。飯倉『黄禍論と日本人』、簑原俊洋『アメリカの排日運動と日米関係――「排日移民法」はなぜ成立したか』(朝日選書、二〇一六年)、中村進「排日移民法成立の背景――写真結婚の影響を中心に」政経研究五二巻二号(二〇一五年)三八一頁等参照。
(52) 楠元町子「万国博覧会と中国――一九〇四年セントルイス万博を中心に」愛知淑徳大学論集――現代社会学部・現代社会研究科篇一〇号(二〇〇五年)一三九、一四八頁。
(53) 楠元「明治政府の国際戦略」一一五 - 一一六頁。
(54) この会議については後出の陳重の記録のほか、北里柴三郎も詳細な記録を残している。北里「**萬國學藝會議状況**」『北里柴三郎論説集』(北里研究所、一九七八年)九四五頁以下。
(55) 渡辺かよ子 = 楠元町子 = 坂東江里子 = 矢島洋子 = 柳沢幾美「1904年セントルイス**万国学術会議の分析**:参加者と分科会構成を中心に」愛知淑徳大学論集――コミュニケーション学部篇二号(二〇〇二年)一五八頁。
(56) 渡辺他「万国学術会議の分析」一五五頁。
(57) 渡辺かよ子 = 楠本町子 = 坂東江里子 = 矢島洋子 = 柳沢幾美「1904年セントルイス**万国学術会議について**」大学史研究一七号(二〇〇一年)六〇頁、楠元町子「岡倉天心にみる万国博覧会と異文化交流」(http://aska-r.aasa.ac.jp/dspace/handle/10638/3479〔二〇〇一年〕)。陳重は、箕作や北里の報告も好評であった旨報告している(『遺文集三』一〇九頁)。
(58) この事実が公表され日本で報ぜられたのは八〇年以上が経過したのちである。http://kitasato-respectlife.com/shibasaburo/3275.html 最終段階で、それまで候補になっていなかった共同研究者のドイツ人が受賞することに決まった経緯はよくわからない。
(59) 当初は、陳重、北里のほか、数学者の菊池大麓に招待状が来たが、菊池に支障があったため箕作が代わって出席することになった。北里「萬國學藝會議状況」九四六頁。
(60) 当時の西洋に、日本を、西洋文明を忠実に学ぶ生徒・弟子と見る意識があったことは疑いない。飯倉『黄禍論と日本人』一三九頁参照。

(61) 母法・子法の概念については、陳重は、すでに一八八四(明治一七)年公刊の論文「英佛獨法學比較論」で言及している(『遺文集一』三三六頁)。なお、同講演における、比較法学の方法に関する彼の議論の意義については、五十嵐清『比較法学の歴史と理論』(一粒社、一九七七年)一六五頁以下参照。

(62) 五十嵐・前掲書が紹介するところによれば、Sauser-Hall, *Fonction et méthode du droit comparé* (1913), pp. 104-105, n. 1, Wigmore, *A Panorama of the World's Legal Systems*, vol. 3 (1928), pp. 1123-1124.

(63) 『法窓夜話』初版(一九一六年一月)第六三話「舶来学説」の二一五頁以下にその記述がある。

(64) 中田薫「母法子法なる熟語に就て」国家学会雑誌三〇巻四号(一九一六年)一二二頁。

(65) 『法窓夜話』第三版(一九一六年五月)。

(66) 以下の記述は、穂積陳重「萬國學藝會議に就て」(『遺文集三』所収)、北里「萬國學藝會議状況」による。

(67) しかし、議事録上は日本の代表からも各国に続いて謝辞が述べられたことになっているという。渡辺他「万国学術会議について」六〇頁。

(68) 北里「萬國學藝會議状況」九五六頁(句点を加えた)。

(69) 渡辺他「万国学術会議について」六〇頁。

(70) 楠元「明治政府の国際戦略」一一六頁。

(71) 楠元「明治政府の国際戦略」一一八頁。

(72) 荷見武敬「**改題**」穂積陳重『隠居論〈復刻版〉』(日本経済評論社、一九七八年)七頁。

(73) 湯沢雍彦「穂積陳重における**『隠居論』の発展**——明治24年版と大正4年版の比較紹介」社会老年学六号(一九七七年)九五‐九六頁、同「穂積陳重著『隠居論』」(『家族・婚姻』研究文献選集②〈新装版〉『隠居論(大正四年版)』〈クレス出版、一九九九年〉収録)も参照。

なお、陳重の隠居論をめぐっては三浦周行、中田薫らとの間で興味深い論争が展開された。神野潔「穂積陳重と三浦周行——『隠居論』をめぐる論争を素材に」民事研修六五二号(二〇一一年)二三頁、同「穂積陳重の、研究に対する一つの「態度」について——『隠居論』に見る、文献の引用と説の変更」司法法制部季報一三五号(二〇一四年)一九頁参照。陳重を追悼して書かれた鳩山秀夫「穂積老先生　不朽の功績を憶ふ」学士会月報九三頁は「三浦周行・中田薫博士等の純歴史派の人々からは、往々史実に違反する事例を引用しているとして、反駁される事もあるが、これは法学研究のメトードの差異から来るもので」と擁護しているが、むしろ、陳重を実証的に批判できるだけの若手史学者を短期間に輩出しえたことを評価すべきかもしれない。

(74) 穂積陳重『忌み名の研究』所収の穂積重行「まえがき」五頁。

(75) 翌年法学協会雑誌に収録。『遺文集三』所収。

(76) 同書六九四頁。菊池勇夫「穂積陳重と社会権」日本学士院紀要三〇巻一号(一九七二年)は老人権を社会権として理論づけた陳重の開拓者的先覚を論じている。

(77) 同書七一八頁。

(78) 湯沢「『隠居論』の発展」九二頁、同「老人問題と老親扶養の動向」福島正夫編『家族——政策と法第三巻　戦後日

本家族の動向』（東京大学出版会、一九七七年）所収、荷見「改題」参照。近著として、佐藤眞一＝高山緑＝増本康平『老いのこころ――加齢と成熟の発達心理学』（有斐閣、二〇一四年）八頁。

(79) 例えば、岡村益「農村における老人扶養と隠居制」（那須宗一＝湯沢雍彦編『老人扶養の研究――老人家族の社会学』（垣内出版、一九七八年）第三章）。

(80) 本章注23および対応する本文参照。もっとも、五人組を自治団体と位置づけることについては、瀧本誠一「穂積博士著五人組制度論を読む」史学一巻二号二一五頁（一九二二年）が疑義を呈している。

(81) 陳重も引用する『論語』泰伯第八の「子曰、民可使由之、不可使知之」については、本文のような意味に誤解されているが、実は、統治の「理」の内容についてまで民に十分理解させることは困難だという事実を、あるいは苦い諦念を述べたものだというのが朱子の解釈とされる。渡辺浩「『教』と陰謀――『国体』の一起源」渡辺浩＝朴忠錫編著『韓国・日本・「西洋」：その交錯と思想変容』（慶應義塾大学出版会、二〇〇五年）三七八頁。

(82) Hozumi, *The New Japanese Civil Code*, pp. 19–23.

(83) 牧野『日本法的精神』二〇頁がこの点を指摘している。

(84) 星野英一「出発点」一五八頁。

(85) 国民精神総動員本部『部落会・町内会とその常会の話』（一九四〇年）参照。

(86) バーリン（小池銈訳）『ヴィーコとヘルダー――理念の歴史・二つの試論』（みすず書房、一九八一年）二五－二六頁。

(87) 穂積陳重『復讐と法律』（岩波文庫、一九八二年）所収。

(88) 『歌子日記』からもそれが窺える。同書「まえがき」（穂積重行）xi頁参照。

(89) 『復讐と法律』所収。

(90) 同書は、陳重の死後息子の重遠が遺稿を整理して刊行した法律進化論叢の第四冊として、一九三一（昭和六）年に公刊された。現在は岩波文庫（『復讐と法律』）に再録。

(91) 『復讐と法律』三〇頁。

(92) 『復讐と法律』四〇頁。「正札附き」の言い回しは「刑法進化の話」二八六頁にも見えていた。なお同じ議論が展開される遺稿「復讐と法律」『復讐と法律』二三五頁は、講演ではないため、「正札」のユーモラスな表現はない。

(93) 『復讐と法律』四二頁。「刑法進化の話」『復讐と法律』二八四頁では「支那」も罪を貨幣で償うことを許す例があったと書かれているが、この点は修正されていることになる。

(94) 血讐（Blutrache）やフェーデ（Fehde）と呼ばれる。復讐に関する陳重の研究は未完であり、これらについての考察も十分ではないが、社会的機能においても実態においても、日本の仇討ちとは同列に論じられないように思われる。堀米庸三『ヨーロッパ中世世界の構造』（岩波書店、一九七六年）二一〇頁以下（「中世後期における国家権力の形成」）、二六一頁以下（「戦争の意味と目的」）参照。また、村上淳一『近代法の形成』（岩波書店、一九七九年）一九五頁以下、同『「権利のための闘争」を読む』（岩波書店、二〇一五年）七四頁以下も参照。

(95) 『復讐と法律』に付された穂積重遠による「序」四－五頁参照。

(96)『復讐と法律』七四 - 七五頁。
(97)「雑報・穂積教授の休講」法学協会雑誌二六巻一〇号二八七頁。
(98) 大村敦志『穂積重遠――社会教育と社会事業とを両翼として』(ミネルヴァ書房、二〇一三年) 五頁。
(99) フォイエルバッハの普遍法史 (世界法史) については、ラートブルフ『一法律家の生涯――P・J・アンゼルム・フォイエルバハ伝 (ラートブルフ著作集第七巻)』(東京大学出版会、一九六三年) 二八六頁以下、耳野『サヴィニーの法思考』九九頁以下参照。
(100) 唯一いまも読まれるのが、岩波文庫に入っているエッセー集『法窓夜話』、『続法窓夜話』であり、これを陳重の代表作と思っている人さえいる。
(101) 団藤重光『法学入門』(筑摩書房、一九七三年) 一三二頁。この記述は団藤『法学の基礎〈第二版〉』(有斐閣、二〇〇七年) でも維持されている。これに対し岩波文庫『法窓夜話』巻末の福島正夫「解説」が、これを「とうていうなずけない」(同書四一一頁) と批判したのに対し、団藤・前掲『法学の基礎』は反論して「わたくしとしては承服しがたい」というが (一五四頁)、根拠は書かれていない。福島・前掲はまた、穂積重行が『法律進化論』を大局的に不成功作と評したのに対しても、「なお検討を要すると思われる」と述べている (四一一頁)。
(102) 野田良之「日本における比較法の発展と現状 (一)」法学協会雑誌八九巻一〇号 (一九七二年) 三〇頁。
(103) 野田・前掲論文七頁。
(104) 長尾龍一『日本法思想史研究』(創文社、一九八一年) 六二頁 (「穂積陳重の法進化論」)。
(105) 学士会月報二〇頁。
(106)『法窓夜話』の福島解説 (三九九頁)。
(107) 三谷太一郎『人は時代といかに向き合うか』(東京大学出版会、二〇一四年) 九九 - 一〇〇頁。
(108) 穂積重行「比較法学と穂積陳重――その出発点をめぐって」比較法学二一巻一号一七〇頁。
(109) 学士会月報二一頁。
(110)『遺文集二』一六六頁。
(111) 松尾敬一「穂積陳重の法理学」神戸法学雑誌一七巻三号 (一九六七年) 三〇頁以下は自然法の理解が自由法論ないし新自然法論を吸収することにより変化していることを指摘し、その徴表として一九〇四 (明治三七) 年の「仏蘭西民法の将来」に注目している。さらに、その二〇年以上前に、牧野英一が陳重の法学を三期に分けて論じている。牧野『日本法的精神』六四頁以下。
(112)『祭祀及禮と法律』(岩波書店、一九二八年) 二三五頁。死後公刊された『復讐と法律』では「復讐は個体力の作用なり。刑罰は社会力の作用なり。この個体力は文化の進展とともに集中転化して社会力を生じ、公権制裁なる刑罰は私力制裁なる復讐に代わるに至りたるものなり」(八二頁) という表現が登場するが、同じく復讐を論じた一八八八 (明治二一) 年の「刑法進化の話」にはこのような「社会力」概念を用いた進化の把握は出てこない。
(113) 三谷太一郎『近代日本の戦争と政治』(岩波書店、一九九七年) 四六頁 (「戦時体制と戦後体制」)、同『日本の近代とは』一五〇頁。

(114) 今井清一『日本の歴史23　大正デモクラシー』(中央公論社、一九六六年)二一七頁。
(115) 成田龍一『大正デモクラシー』(岩波新書、二〇〇七年)一〇四頁。
(116) 陳重は社会主義には批判的だったが、一九〇二(明治三五)年に「社会主義と法律」を大学の演習のテーマとするなど内在的な理解につとめていた。法学協会雑誌二〇巻一二号(一九〇二年)一〇一五頁参照。
(117) 川島武宜『イデオロギーとしての**家族制度**』(岩波書店、一九五七年)第一章参照。
(118) 臨時法制審議会については大村『重遠』八四頁以下も参照。
(119) 牧野『日本法的精神』二三頁。
(120) 陪審法成立に至る政治過程については、三谷『陪審制』参照。
(121) 三谷『陪審制』二四九頁。
(122) 大村『重遠』八八頁参照。
(123) そのような意味での近代的家族が、家制度の法制化にもかかわらず明治初期から広がりはじめていたことについて、小山静子「**家族の近代**――明治初期における家族の変容」西川長夫＝松宮秀治編『幕末・明治期の国民国家形成と**文化変容**』(新曜社、一九九五年)所収参照。
(124) 大村『重遠』九〇‐九一頁(堀内節編『家事審判制度の研究』(中央大学出版部、一九七〇年)三六一頁)。
(125) 川島『家族制度』五〇頁参照。
(126) 穂積陳重『**法律進化論第一冊**』(岩波書店、一九二四年)一七〇頁。
(127) 福田歓一『序説』四一一頁は、一般意志が歴史のうちに本来実現不可能な理念であるという。アントーニ『歴史主義』九六頁は、歴史法学のいう「民族精神」(同書では「国民精神」と訳されている)とルソーの「一般意志」は「全く別もの」だという。
(128) 原武史『大正天皇』(朝日選書、二〇〇〇年)二二一頁以下。原は、江戸時代に乱心となった主君(藩主)が家老たちによって幽閉(押し込め)されたように、大正天皇が宮内官僚によって「押し込め」られたと見ている。同書二五一頁。
(129) 一九二七年に岩波書店から刊行された。同書はその後、『**タブーと法律**』というタイトルで書肆心水から二〇〇七年に再刊されている。
(130) 『タブーと法律』一一三‐一一四頁。
(131) 三谷太一郎「天皇機関説事件の政治史的意味」石井紫郎＝樋口範雄編『外から見た日本法』(東京大学出版会、一九九五年)四三三頁以下は、天皇機関説事件が、単なる学説やイデオロギーの対立ではなく、背後にある軍部や政府当局、政党、議会の政治的便宜により煽られていった明治憲法体制そのものに対する「合法無血のクーデター」であったという。
(132) 『法律進化論第一冊』一六四頁。
(133) 『法律進化論第一冊』一七九頁。
(134) 以下の記述について、牧野『日本法的精神』一一〇頁以下参照。
(135) 鳩山秀夫『増訂日本債権法各論(下巻)』(岩波書店、一九二四年)五三六頁。
(136) 内田貴『契約の時代――日本社会と契約法』(岩波書店、二〇〇〇年)六九頁注三八参照。

(137)『法律進化論第一冊』二頁。

(138) 甲斐道太郎「法解釈学の課題」同『新版 法の解釈と実践』(法律文化社、一九八〇年)六八頁(初出は法律時報三七巻五号)の言葉。また、甲斐「『せつないまでの憧憬』再論」ジュリスト九四〇号(一九八九年)六四頁参照。

(139) 弘文堂、一九五五年刊。その後の発展につき、川島『「科学としての法律学」とその発展』(岩波書店、一九八七年)参照。川島理論を含む日本の法学方法論を、主戦場となった民法解釈学にそくして論じたものとして、瀬川信久「民法の解釈」星野英一編集代表『民法講座別巻1』(有斐閣、一九九〇年)所収参照。

(140) 平井宜雄「戦後日本における法解釈論の再検討——法律学基礎論覚書」同『法律学基礎論の研究』(有斐閣、二〇一〇年)所収(初出ジュリスト九一六号、九一八号〔一九八八年〕)。

(141) 星野「出発点」一五三頁。

(142) 星野「出発点」一五三頁。松尾「穂積陳重の法理学」も同様に、初期から同じ立場がとられ続けているという(二一一頁)。

(143)『遺文集四』五〇一頁。この時期のこの発言に、松尾敬一「穂積陳重」潮見俊隆＝利谷信義編『日本の法学者』(日本評論社、一九七五年)六八頁は、大正期の哲学界で隆盛を誇った新カント派の理想主義に同調しなかったという意義を指摘する。

(144) 例えば星野「出発点」一五一頁。

(145)『遺文集二』八八頁。また陳重には、戦後の法学の「科学主義」を特徴づける事実と価値の峻別という二元論はみられない。

(146)『遺文集三』所収。

(147)『国史大辞典』(吉川弘文館、一九九二年)「まつごようしのきん」(林亮勝)の項では「有力」な説として記載され、児玉幸多『日本の歴史16 元禄時代』(中央公論社、一九六六年)三二頁は「定説」と述べる。大森映子『お家相続——大名家の苦闘』(角川選書、二〇〇四年)四六頁は特に文献を引用することなく、陳重の説を祖述している。

(148) その後一九二六(大正一五)年に『実名敬避俗研究』と改訂出版され、穂積重行により現代語化されて『忌み名の研究』(前掲)として刊行。

(149) 布施弥平治『明法道の研究』(新生社、一九六六年)五六頁。

(150) 布施・前掲書第二部第九章、早川庄八「応安4年の明法勘文」同『中世に生きる律令』(平凡社、一九八六年)所収、新田一郎『日本中世の社会と法』(東京大学出版会、一九九五年)一九九頁以下参照。

(151) 村上『〈法〉の歴史』九九頁。

(152)「禮と法」『遺文集三』二〇二頁(初出一九〇六年)。

(153)『祭祀及禮と法律』二一三‐二一六頁(「禮と法律」)、二四五‐二四六頁(「禮と法との関係」)。

(154)『祭祀及禮と法律』一八五頁以下。

(155) 陳重は、『管子』にも「法は禮より出づ」という言葉があるという(「禮と法」二一九頁)。『管子』の第一二篇枢言に「法は礼より出で、礼は治より出づ、治と礼とは道なり」とある。

(156)『祭祀及禮と法律』二五二頁。

(157) 八束と西周における同様なプロセスを解明しようとする研究としてマイニア『穂積八束』がある。もっとも、坂井大輔「**穂積八束**の『公法学』(1)(2・完)」一橋法学第一二巻第一号、第二号(二〇一三年)はマイニアが「八束の学問の内在的理解には成功しておらず、そのことと表裏一体のこととして、近代西欧的価値を基準として八束の国家論・憲法論を嘲笑するかのような言辞を弄するまでに至っている」と批判的である(「穂積八束(1)」二四三頁)。坂井の批判は、筆者には当を得ていると思われる。

(158) 田中浩「明治前期におけるヨーロッパ政治思想の受容にかんする一考察——加藤弘之の『人権新説』をてがかりに」家永三郎編『明治国家形成過程の研究第三編　明治国家の法と思想』(御茶の水書房、一九六六年)所収六三九頁。

(159) ダントレーヴ『自然法』一四九頁。

(160) F・マイネッケ『歴史主義の成立　上』(筑摩書房、一九六八年〔原著初出一九三六年〕)一三頁。

(161) 『法律進化論第一冊』二五三頁。

(162) 訳文は、法務大臣官房司法法制調査部編(稲本洋之助訳)『フランス民法典——家族・相続関係』(法曹会、一九七八年)による。

(163) 時本義昭『法人・制度体・国家——**オーリウ**における法理論と国家的なものを求めて』(成文堂、二〇一五年)五〇頁。

(164) イタリアの一八六五年法例三条二項に「なお疑義の存する場合においては法の一般原則に従ってこれを決すべし」という規定が、スペインの一八八九年民法六条二項に「正確に争訟事件に当るべき法律無きときは、土地の慣習及び法の通則を適用すべし」との規定が置かれていることが紹介されている(『法律進化論第一冊』二四九-二五一頁)。

(165) 『法律進化論第一冊』二五三-二五四頁。

(166) 訳文は陳重の訳を参考に、独仏原文から筆者が作成した。

(167) ちなみに、フランス民法典二百周年の折には、日本では学会のシンポジウムのほか、北村一郎編『フランス民法典の200年』(有斐閣、二〇〇六年)が刊行されている。そこに収められた論文を見ると、この百年間の日本の法学の「進化」を感じることができる。

(168) 法勢論は、法の自発的な発達を論ずる発達論、外国法の影響を論ずる継受論、グローバルな共通化を論ずる統一論の三つに分かれる。発達論は、人種、民性、地勢、政体、宗教、徳教、世論等の法境界中に自発内在する原因に基づく法の進化を論ずるものであり、継受論は、外民との接触に起因する外法の模倣、採択、および外国学説の立法、裁判等に及ぼす影響を論ずるもの、統一論は、法は「文化の上進」に随って常に世界化される傾向を有し、各国民は「竟に自国特有法と世界共通法とによって支配されるに至る」ことを論ずるものである。

(169) 陳重は訳語として「公平」を用いるが、"equity"の今日の訳語としては「衡平」が多いので、こちらを用いる。

(170) 以上『法律進化論第一冊』一七五-一八一頁。

(171) 『法律進化論第一冊』二〇〇-二〇一頁。

(172) F・ポロック「自然法の歴史」八三頁。

(173) 『法律進化論第一冊』二〇四頁。

(174) ダントレーヴ『自然法』八七-八八頁。また同書五頁も参照(「名称を除いては、中世の自然法概念と近代のそれとの間に共通なものはほとんどない」)。
(175)『法律進化論第一冊』一九八頁。
(176)『法律進化論第一冊』一九八頁以下。
(177)『法律進化論第一冊』二〇五頁。
(178) 上山『法社会史』一七八頁、河上『ドイツ市民思想』第三章参照。なお、上山、河上は"Kryptonaturrecht"を「陰性自然法」と訳しているが、意味をとりにくいので訳し直した。
(179)『法律進化論第一冊』二〇六頁。
(180)『法律進化論第一冊』二〇六 - 二〇七頁。
(181) ポロック「自然法の歴史」九〇頁。Frederick Pollock, "The History of the Law of Nature: A Preliminary Study", *Columbia Law Review*, vol. 1, no. 1 (1901), p. 22. 同論文は当初は *Journal of the Society of Comparative Legislation*, Vol. 2, No. 3 (1900) に掲載された。陳重は、この論文を踏まえて書かれた一九〇四年刊行の著書 *The Expansion of the Common Law* の第Ⅳ章から引用している。
(182)『法律進化論第一冊』二〇四頁。
(183)『法律進化論第一冊』二〇七頁。
(184)『法律進化論第一冊』二〇八頁。
(185) Oxford English Dictionary（OED）の定義。
(186) Oxford English Dictionary（OED）の定義。
(187) 竹内照夫『四書五経入門——中国思想の形成と展開』（平凡社、二〇〇〇年）三二二 - 三三五頁を参照。
(188) 柳父章『**翻訳語成立事情**』（岩波新書、一九八二年）一三七 - 一三八頁。同『翻訳の思想』（ちくま学芸文庫、一九九五年）は、"nature"と「自然」という訳語をめぐる問題を集中的に論じている。
(189) 柳父『翻訳語成立事情』三六頁。
(190) ポロック「自然法の歴史」一〇二頁（訳文に若干手を加えた）。
(191) ポロック「自然法の歴史」一〇五頁。
(192) "Von der Poesie im Recht" (1815). 堅田剛はこれに「法の内なるポエジー」という詩的な訳を与えている。
(193) 堅田『法の詩学』八九頁。
(194) 陳重は「詩體法」（一九一一〔明治四四〕年）で、原始社会においては法は概ね詩歌又は韻文の形態をなし詩人は即ち法律家だったというメインの言葉を引用している（Maine, Ealry History of Institutions, Lecture I [1875]）。
(195) ミシュレのヴィーコとの学問的出会いについて大野一道『ミシュレ伝1798-1874——自然と歴史への愛』（藤原書店、一九九八年）七三頁以下。
(196) "*Les Origines du droit français*" (1837). 堅田は、「ミシュレの著書とされる『フランス法の起源』（一八三七年）は、実はグリムによる『ドイツ法古事誌』（一八二八年）の翻訳と言っていい書物なのである」と述べている（堅田剛『法のことば／詩のことば——ヤーコプ・グリムの思想史』（御茶の水書房、二〇〇七年）五頁。また、大野・前掲『ミシュレ伝』一八六頁以下参照。
(197)『法律進化論第二冊』三〇〇頁。
(198) もっとも、正確に言えば文字通りそのままではない。唐の律令と日本のそれとの比較について、劉連安「唐法東伝」参照。また、東野治之『遣唐使』一八六頁以下も、当時の唐文化受容が、道教を受け容れず宦官を置かないなど、選択的受容であったことを指摘している。
(199)『法律進化論第二冊』三三六頁。
(200)『法律進化論第二冊』三三一頁。
(201)『法律進化論第二冊』三二七頁。
(202)『法律進化論第二冊』三二九頁。
(203)『法律進化論第二冊』三二八頁。
(204)『法律進化論第二冊』三三九頁。
(205)『法律進化論第二冊』三三九－三四〇頁。
(206)『法律進化論第二冊』四二三頁。
(207)『法律進化論第二冊』三四〇頁。
(208)『法律進化論第二冊』三八三－三八四頁。
(209) ドイツの国語運動については『続法窓夜話』第八五話・第八六話に、『法律進化論』の記述を元にした重遠の手による補充的随筆がある。
(210)『法律進化論第二冊』三九二頁。
(211)『法律進化論第二冊』三九五－三九六頁。
(212) 一般ドイツ語協会は国家主義思想の団体ではあるが、興味深いことに、ナチスは外来語を好んで使用したため、協会の方はナチスに取り入ろうとしたが、ナチスの支持は得られなかった。Gudrun Graewe「Denglish の危険性――ドイツ語の現状について」立命館言語文化研究一九巻二号（二〇〇七年）二二八－二二八頁。
(213) 塩川伸明『民族とネイション――ナショナリズムという難問』（岩波新書、二〇〇八年）四五頁。
(214)『法律進化論第二冊』三九八－三九九頁。
(215)『法律進化論第二冊』四〇五頁。
(216)『法律進化論第二冊』四〇八頁。
(217)『法律進化論第二冊』四一一－四一四頁。
(218)『法律進化論第二冊』四一五頁。無論、ドイツにおいてもこれを批判する冷静な学者がいた。陳重は、トライチケ（Treitschke）、フィルヒョー（Virchow）、ゾーム（Sohm）、イェリング、ヘルマン・グリム（グリム兄弟の弟ヴィルヘルムの息子）、ベッケル（Bekker）、グスターヴ・リューメリン（Gustav Ruemelin）の名を挙げている。
(219)『法律進化論第二冊』四一七頁。
(220)『法律進化論第二冊』四一九－四二〇頁。
(221) 最初の著書『法典論』でも「法の文体」が扱われ、ドイツの国語運動について触れて「独乙固有の言辞を用ゆべしとの決議」に言及しているが（一八六頁）、批判には及んでいない。
(222)『法律進化論第二冊』四二〇－四二四頁。

第七章

(1)『祖先祭祀ト日本法律』原序（一九一二年七月）三頁参照。なお、邦語訳原序一四頁によると、本書が一九〇二（明治三五）年に原講演のままの内容で公刊され同年ドイツ語に訳された旨書かれているが、一九〇一年の誤りではないかと思われる。ドイツ語版は Paul Brunn の訳によりベルリンで刊行されている。英文書は一九一二年九月に訂正補訂再版、一九一三年三月に増補第三版が出て、穂積巌夫により邦語訳されたのはこの第三版である。一九四一年には野上素一によるイタリア語訳がローマで刊行されている。
(2) 法典調査会の逐条審議は、一八九五（明治二八）年中に財産編の審議を終え、親族編の審議も九六年五月に終わっている。相続編（第五編）に入ったのが一八九六年五月二五日の審議である（『日本近代立法資料叢書7　法典調査会民法議事速記録七』（商事法務研究会、一九八四年）二二七頁）。

（3）長尾龍一は、クーランジュが八束の理論形成に大きな暗示を与えたと論じている。長尾「穂積八束伝ノート」『日本法思想史研究』所収一一九頁。なお、福島「兄弟穂積博士」三七九頁は、八束が『古代都市』の第一、二編のみを引用し、法の進化を語る第四編以下を不問にしている点を「全く選択的である」と批判する。同じ批判は、程度の差はあれ、陳重にも当てはまるが、第四編は「革命」と題され、社会の変化とともに家族制度も変化していく過程が語られる。日本の家族制度と類似の制度が西洋の古代に存在したことを主張したい陳重や八束にとって、引用が恣意的というより、第四編以下を論ずる必要性がなかったということに尽きるだろう。

（4）邦訳は一九六一年に改訂再刊されている。フュステル・ド・クーランジュ（田辺貞之助訳）『古代都市』（白水社）。

（5）『遺文集第一冊』一二二頁。

（6）一八八一（明治一四）年三月創刊の法律雑誌。

（7）この点について「祭祀と法律」に文献の引用はないが、「祭祀と政治法律との関係」（一九一九年）では、クーランジュ（「クーランヂ」と表記）、スペンサー、ラボック（John Lubbock. なお、Lubbock が男爵位を受けた一九〇〇年のあとの文献である『祖先祭祀ト日本法律』では「ロード・エーヴバレー（Lord Avebury）」と爵位を踏まえた呼称が用いられている）、イェリングが引かれている。より詳細な各説の論評は、『法律進化論叢第二冊　祭祀及禮と法律』所収の「祭祀と法律」三八頁以下。

（8）イギリスの名優 Henry Irving はナイトの称号を授与された最初の俳優である。一八七八年からハムレットを再演しており、陳重が見たのは、このときの上演であろう。

（9）同書三五頁。また、同書初版刊行後、タイラーが祖先の霊を祀るにあたって恐怖憎怨の念が主となることはないと説いているのを発見したと述べている（三七‐三八頁）。Sir Edward Burnett Tylor, *Primitive Culture*. Volume 2, ch. XIV を引用。

（10）Ancestor-Worship. 2nd ed. (1912) p. 102,『祖先祭祀ト日本法律』一一〇頁。

（11）『祖先祭祀ト日本法律』原序六頁以下。

（12）のちに引用する三井須美子の一連の研究は一九〇六年頃から家族国家観が登場すると論ずる。しかし、そのころからブームになったにせよ、登場はもっと早い。

（13）一九一一（明治四四）年八月の講演「文芸と道徳」（夏目漱石全集所収）より。

（14）藤井健次郎「新来思想と歴史思想との衝突」太陽一八巻一二号（一九一二年九月）六二頁。

（15）例外は前掲（第四章注（47））白羽祐三『民法起草者穂積陳重論』で、社会主義の立場から、陳重を巧妙隠微な立身主義者、狂信的天皇制守護者として批判的に論じている。

（16）陳重の人柄について、民法起草過程に関する記述であるが、星野通は次のように述べている。「その性格円満にて調和性に富み、錯雑せる学説を整理し、紛糾対立する異見を調和するに非凡の才能あり、その不偏の判断、調和性ある性格はよく相対峙する起草委員の議論の決裂を防ぎ得たと言ふ」。星野通『明治民法編纂史研究』（ダイヤモンド社、一九四三年）一七四頁。

(17) 吉野作造「穂積老先生の思ひ出」『吉野作造選集12』（岩波書店、一九九五年）所収に詳しい。

(18) 第六章1参照。

(19) 「兄弟穂積博士」三六一頁。

(20) 「兄弟穂積博士」三六二頁。

(21) 「祭祀と政治法律の関係」『遺文集一』五七頁。

(22) 「兄弟穂積博士」三六三頁。

(23) 「兄弟穂積博士」三九一頁。

(24) ただし、「八束に対する山内の感化を過大評価することは危険であろうが」との留保付きである。『穂積八束集』二六五頁。

(25) 小柳「穂積陳重と舊民法」一二三頁も同旨。福島「兄弟穂積博士」三八九頁は陳重の基本思想について、「『ブルジョア法学的傾向』のもので、さらに『家族的進化の極点においたのは……つまり西洋近代家族であった』とする松尾敬一教授の見解はおおむね当をえている」と述べるが、生涯を通じた法思想としてこのように断定できるかは疑問である。

(26) 福島「兄弟穂積博士」三六三頁。

(27) 『出発』二八九頁。

(28) 『出発』四七頁。

(29) 河野有理「『養子』と『隠居』——明治日本におけるリア王の運命」中野剛志編『成長なき時代の「国家」を構想する』（ナカニシヤ出版、二〇一〇年）二一〇頁以下、二二一頁。

(30) 『遺文集一』四三頁。

(31) クーランジュ（陳重の表記では「クーランヂ」）も、彼の論文「『スペンサー』氏の法理学に対する功績」（『遺文集一』）ではフランスの歴史法学派として紹介されている。

第八章

(1) 松浦寿輝『明治の表象空間』（新潮社、二〇一四年）二九頁。

(2) 泉谷周三郎「國民道徳と個人主義」横浜国立大学教育人間科学部紀要三号（社会科学）（二〇〇〇年）四頁。

(3) 金子堅太郎『憲法制定と欧米人の評論』（金子伯爵功績顕彰会、一九三八年）三‐四頁。同書は「文部省推薦」図書である。

(4) 『出発』二八九頁。「一種異様の感じ」という表現も使っている（三三九頁）。

(5) 北一輝『北一輝著作集第一巻』（みすず書房、一九五九年）二二〇頁。

(6) マイニア『穂積八束』一七二頁。

(7) マイニア『穂積八束』一七九頁。

(8) マイニア『穂積八束』一六〇頁参照（マイニアは正志斎という号ではなく安（やすし）という名で表記している）。

(9) 原文は「鮒馬」。長尾龍一「八束の髄から明治史覗く」同編『穂積八束集』（信山社、二〇〇一年）所収三八八頁が誤字を指摘している。

(10) 上杉編『法学博士穂積八束遺著憲政大意』（日本評論社、一九三五年）所収の小引六頁。

(11) 前掲小引七頁。

(12) 藤田宙靖「行政法理論体系の成立とその論理的構造——穂積八束博士の公法概念を中心として」同『行政法学の思考

形式（増補版）』（木鐸社、二〇〇二年）五七頁（初出一九七二年）。

(13) とくに、三井須美子「**国定第1期教科書改定運動**と穂積八束」都留文科大学研究紀要三九集一頁（一九九三年）、同「家族国家観による「**国民道徳**」の**形成過程**（その1）〜（その6）」都留文科大学研究紀要三二集-三七集（一九九〇-一九九二年）、同「家族国家観の形成過程——福島四郎編集の〈婦女新聞〉にみる」都留文科大学研究紀要三一集三九頁（一九八九年）。

(14) 一橋法学第一二巻第一号、第一二巻第二号（二〇一三年）

(15) 『出発』二八七頁。

(16) 『穂積八束集』二六七頁。

(17) 『歌子日記』に浅野家と八束についての記載が一八九〇（明治二三）年一〇月頃から多くなる。『歌子日記』の重行による解説も、歌子が八束の付き添いをして動いていたと推測している。『歌子日記』六四頁。

(18) いずれも新聞記事から。長尾「八束の髄」三一四頁より。

(19) 美濃部達吉「退官雑筆」同『議會政治の撿討』（日本評論社、一九三四年）五八七頁。

(20) 松本烝治「大学生時代の諸先生の思い出」書斎の窓二六九号（一九七七年）三三頁。

(21) 高見勝利「講座担当者から見た憲法学説の諸相——日本憲法学史研究序説」北大法学論集五二巻三号八二一-八二二頁（二〇〇一年）。

(22) 長尾龍一「穂積八束」潮見俊隆=利谷信義編『日本の法学者』（日本評論社、一九七五年）九七頁。

(23) 『憲法提要』（有斐閣、一九一〇年）二一四頁。

(24) 『**皇族講話会**に於ける帝国憲法講義』（協同会、一九一二年五月）。

(25) 長尾「八束の髄」三七六-三七七頁。梅は伊藤に近い学者であった。

(26) 長尾「八束の髄」三七八頁。

(27) 後述の三井須美子の一連の研究がこの側面を明らかにしている。

(28) 崩御の日付を宮中では三〇日と発表した（成田『大正デモクラシー』一八頁）。

(29) 長尾「八束の髄」四一二頁。

(30) 長尾「八束の髄」二九〇頁に井上の伊藤宛書簡が掲載されている。井上毅伝記編纂委員会編『井上毅伝史料篇四』（国学院大学図書館、一九七一年）七六頁（ルビは長尾前掲を参照し、本文は原史料にあわせて修正した）。

(31) 高橋作衛「穂積八束先生伝」『論文集』所収一五頁。

(32) 「故穂積八束先生追悼会」法学協会雑誌三〇巻一二号（一九一二年）二一一六頁が報ずる、追悼会における陳重の発言。

(33) E・J・ホブズボーム『帝国の時代1』（みすず書房、一九九三年）四九頁。

(34) ホブズボーム『帝国の時代1』一六六頁。

(35) ホブズボーム『帝国の時代1』八〇頁。

(36) ホブズボーム『帝国の時代1』一〇八頁。

(37) ホブズボーム『帝国の時代1』二〇二頁。

(38) 翻訳書では「民族」と訳されているが、誤解を避けるために「国民」と訳した。

(39) ホブズボーム『帝国の時代1』二〇六頁。
(40) B・アンダーソン（白石隆＝白石さや訳）『定本 想像の共同体——ナショナリズムの起源と流行』（書籍工房早山、二〇〇七年）。
(41) アンダーソン・前掲書、第6章「公定ナショナリズムと帝国主義」参照。
(42) 一九一八年以後の新生独立ポーランドの指導者ピルスツキーの言葉。ホブズボーム『帝国の時代1』二〇九頁。
(43) 以下、ホブズボーム『帝国の時代1』二一〇 - 二一一頁。
(44) 一八世紀ドイツにおけるナショナリズムの欠如について、上山『法社会史』二七八頁以下。
(45) エリック・ホブズボウム＝テレンス・レンジャー編（前川啓治＝梶原景昭他訳）『**創られた伝統**』（紀伊國屋書店、一九九二年）四五五頁（ホブズボウム「伝統の大量生産——ヨーロッパ、1870-1914」）。
(46) 井上哲次郎『**釋明**教育勅語衍義』（廣文堂書店、一九四二年）二八四頁。
(47) もっとも、鷗外も同じ時期にドイツにいたが、『独逸日記』にはその種の話題は見られない。
(48) オットー・ダン（末川清＝姫岡とし子＝高橋秀寿訳）『ドイツ国民と**ナショナリズム** 1770-1990』（名古屋大学出版会、一九九九年）一三九頁。
(49) ホブズボーム『帝国の時代1』二二五頁。
(50) 以下、ダン『ナショナリズム』一四六頁。
(51) 穂積八束『国民教育愛国心』（有斐閣、一八九七年）三九 - 四〇頁。
(52) 三谷『戦争と政治』二〇〇 - 二〇一頁に引用。なお、穂積重行編『**欧米留学日記**（一九一二〜一九一六年）——大正一法学者の出発』（岩波書店、一九九七年）二五頁は現代語化されているうえに一部省略があり、「我国との国体の相違は」云々の部分は省略されている。もし「国体」を語る重遠を消そうとしたのだとすれば、作為が過ぎる編集というべきである。
(53) 穂積重行編『欧米留学日記』二五頁。
(54) ダン『ナショナリズム』一八五頁以下。
(55) ホブズボーム『帝国の時代1』二二六頁。
(56) ダン『ナショナリズム』一四七頁。
(57) マックス・ウェーバー（田中真晴訳）『国民国家と経済政策』（未來社、二〇〇〇年）四九、五二頁。
(58) 米原『アイデンティティ』三七頁。木下尚江や北一輝の批判を論じている。
(59) 三井「『国民道徳』の形成過程（その6）」九〇頁。
(60) 三井「『国民道徳』の形成過程（その6）」九七頁は、八束が植民地朝鮮の教育にかかわった時期に「国民道徳の経典」である修身教科書が作られていることから「穂積の『国民道徳』づくりは、朝鮮の植民地化を念頭に置いてなされていた」という。しかし、「永遠」を期さねばならないようでは、とうてい現実的なイデオロギーとはなり得ないだろう。
(61) 文京洙「近代日本の国民国家形成と朝鮮」西川他編『文化変容』六五二頁。
(62) 井上『釋明』所収の「釋明」二八五頁。
(63) 松本三之介『明治思想における**伝統と近代**』（東京大学出版会、一九九六年）四三頁注（5）参照。
(64) 八束「新憲法ノ法理及憲法解釈ノ心得」『論文集』三頁。

(65) 福沢『文明論之概略』二六九頁。
(66) 以下の記述、金子『欧米人の評論』八五頁以下参照。
(67) 金子『欧米人の評論』三五四頁参照。
(68) 『憲法義解』はその大型本が一八八九（明治二二）年四月二四日に印刷出版されたのが世に出た最初であるが、八束の最初の解説論文は同年二月の国家学会雑誌に掲載され、続く「帝国憲法ノ法理」は四月一日の法理精華に掲載されているから、いずれも『憲法義解』が公式に公表される前である。ただし、同年二月から三月にかけて開かれた『憲法義解』の共同審査の会議（後述する）に兄の陳重が参加しているから、彼を通じて原稿を見ていた可能性もないわけではない。
(69) 「帝国憲法ノ法理」『論文集』一二頁。
(70) 西村清貴「パウル・ラーバントの国制論――『国法講義』を中心として」早稲田法学会誌五八巻二号（二〇〇八年）四二一―四二三頁。ラーバントの公法学がそれまでの国家学的方法（ツァハリエ、ツェプフル、モールら）に対して法学的方法を主張し、それが支配的となっていくことについて、海老原明夫「ドイツ国法学の『国家学的』方法について」『国家学会百年記念 国家と市民第一巻公法』（有斐閣、一九八七年）三五五頁以下参照。
(71) 『論文集』二四頁。
(72) 『論文集』二八頁。
(73) 松本三之介編集・解説『明治思想集Ⅱ（近代日本思想大系31）』（筑摩書房、一九七七年）七五頁。
(74) 『論文集』一四九頁。
(75) 西村「ラーバントの国制論」四二八頁。
(76) 西村「ラーバントの国制論」四一六頁参照。
(77) この演説を重視する渡辺浩は、伊藤のこの問題意識が、後に本文で紹介するグナイストの助言に由来するとの三谷の分析を紹介している（「『教』と陰謀」三七四頁以下）。
(78) 三谷『戦争と政治』二〇〇頁。渡辺「『教』と陰謀」四〇三―四〇四頁も参照。なお、米原・前掲『アイデンティティ』一六頁は、幕末の後期水戸学の「国体」概念を、イデオロギー面での対キリスト教対策として捉える。
(79) 渡辺「『教』と陰謀」三七五頁の引用する伊藤のベルリンからの書簡。芝原拓自ほか校注『対外観（日本近代思想大系12）』（岩波書店、一九八八年）五五頁。
(80) 久米邦武編（田中彰校注）『特命全権大使米欧回覧実記（一）』（岩波書店、一九八五年）三四三頁。
(81) 西田みどり「久米邦武の宗教観――『米欧回覧実記』を中心に」大正大学研究紀要九八輯一一頁以下。
(82) 久米邦武「神道の話」『久米邦武歴史著作集第三巻 史学・史学方法論』（吉川弘文館、一九九〇年）所収三二一―三二三頁（初出『東亜之光』三巻五号（一九〇八年））。
(83) 渡辺「『教』と陰謀」三九五頁。
(84) 「西哲夢物語」吉野作造編集代表『明治文化全集 憲政篇』（日本評論社、一九二八年）所収四三四頁。これは伊藤に続いてグナイストの談話を聞いた伏見宮貞愛（さだなる）に語った言葉の記録とされている。この文書の由来について、堅田『明治憲法』参照。堅田は、この文書に記録された聴講を実際にしたのは、山縣有朋の部下で伏見宮に随行した大森鐘一だという。同書八九頁。「伊藤参議ニ述ベタルコトアリ」という言い回しが見られ、グナイストは同旨を伊藤にも語ったことが文書からも窺える。

(85) 三谷『日本の近代とは』二一五頁。

(86) トク・ベルツ編（菅沼竜太郎訳）『ベルツの日記（上）』（岩波文庫、一九七九年）二〇四頁。渡辺「『教』と陰謀」四〇四頁に引用。

(87) 栗原亮一＝宇田友猪『板垣退助君伝第1巻』（自由新聞社、一八九三年）三六五―三六六頁。

(88) 『板垣退助君伝第一巻』三六八頁。

(89) 橋川『ナショナリズム』一五七頁。

(90) 福沢『文明論之概略』（岩波文庫）二二〇‐二二一頁。

(91) 橋川『ナショナリズム』一六〇頁。ホブズボームによれば、日本は、「社会的従属関係という旧来の秩序」を残したうえでの、新たな伝統の創出による「近代化」をなし遂げた希有な例だという。ホブズボウム・前掲「伝統の大量生産」『創られた伝統』四一一頁。

(92) 史料のテキスト批判を踏まえたイルネリウス像の提示を試みたものとして、佐々木有司「イルネリウス像の歴史的再構成」日本法学四九巻二号一頁。

(93) これは五箇条の御誓文以来である。五箇条の御誓文は当初、三岡八郎（由利公正）や福岡孝弟の原案では天皇が公家諸公有司に誓う形式になっていたのに対して公家が反対し、木戸孝允の修正で、天皇が天神地祇皇祖皇宗に誓い、その御誓文を臣下に下賜する形をとり、公家諸侯有司が服従を奉答するという形式をとった（金子『欧米人の評論』四‐一三頁）。

(94) 渡辺「『教』と陰謀」四〇三頁。

(95) ジーメス『ロェスラー』一二九頁以下。

(96) プロイセン憲法紛争（争議）と呼ばれる。望田『近代ドイツの政治構造』参照。

(97) 春畝公追頌会編『伊藤博文伝・中巻』（原書房、一九七〇年・復刻原本一九四三年）二七一頁。

(98) 随員の平田東助の回想によれば、「日本帝国は宜しく兵権を堅く収め、予算の権能を議会に委ねず、兵馬の権と共に之を帝室及び政府に有し置くべし」との助言があったという。清水伸『独墺に於ける伊藤博文の憲法取調と日本憲法』（岩波書店、一九三九年）四七頁。また、吉田善明「〈予算〉概念および〈予算〉条項の解釈論の歴史的検討――その1」法律論叢四二巻四・五・六号一一七頁以下。

(99) 前掲『伊藤博文伝・中巻』二七一頁。

(100) 七一条の前年度の予算を用いることができるという規定は、まさにグナイストの助言に基づく。吉田・前掲論文（その1）一一八頁。なお、六四条の「協賛」の文字は審議の最終段階で「承諾」から変更されたものであるが、三七条など、「承諾」を用いていた他の条文とともに一律に変更しており（稲田正次『明治憲法成立史下巻』（有斐閣、一九六二年）八三二頁）、この用語自体には議会の権限を制約する趣旨は含まれていない。なお、ジーメス『ロェスラー』一七三頁以下は、これらの規定へのロエスレルの寄与を指摘する。

(101) 詳細なコメントを寄せたケンブリッジ大学のシジウィック教授の評価など。金子『欧米人の評論』二九〇、二九四頁。

(102) この点の理解は美濃部も同じであるが、美濃部は法律と区別することについて批判的である。美濃部『憲法提要』（有斐閣、一九二三年）五一一頁。

(103) 芦部信喜「ラーバント――法学者・人と作品」同『憲法叢説1　憲法と憲法学』（信山社、一九九四年）所収三三〇頁。

(104) 瀧井一博『文明史のなかの明治憲法――この国のかたちと西洋体験』（講談社、二〇〇三年）九六頁以下。

(105) 議会では憲法六七条をめぐって、議会が政府の同意なしに法律の執行を困難にする予算を議決できるかが争われ、井上毅が一八九一（明治二四）年にその不可であることを主張する意見書を公表していた（「憲法第六十七条ニ関スル意見」一八九一年二月二一日）。これを批判する論文を梅謙次郎が書き（「『議会ニ於ケル予算議定ト勅令トノ関係ニ付井上毅氏ノ意見』ヲ読ム」国民之友一四〇号〔一八九一年一二月二三日発行〕一四頁以下）、これに関連して、予算は法律かという点をめぐって八束と梅の間でやりとりがあった（穂積八束「質問一則」法学協会雑誌一〇巻一号四七頁、梅謙次郎「答穂積八束君」同一〇巻二号一二八頁）。なお、八束が後に東京日日新聞一九〇二（明治三五）年一月三日に掲載した「法学博士梅謙次郎氏ノ予算論ヲ読ム」（『論文集』二六七頁以下）は、明治二四年除夜に執筆したとされているので（「二十四年除夜瓶梅馥郁タル処ニ筆ヲ採ル」とありウィットを感じさせる）、このときの論稿であろう。法学協会は、その直後に梅対八束の対決の形で、一八九二（明治二五）年二月に定例の討論会のテーマとして、「法例ヲ変更スルニ非サレハ執行スル能ハサル予算ニ対シ政府ハ同意スルノ職権ヲ有スルヤ」を取り上げたのである。一〇人の論者が意見を披露して議論し、梅は予算を法律と性質を同じくするとの立場から、その増減に対する議会の権限を広く捉えて、積極論に立った討論を行なった。これに対して八束は消極論に立ち、採決の結果、消極論が大多数を占めた。この討論の経緯について、張「明治民法の成立と西園寺公望」二一〇－二一二頁。

(106) 『憲法義解』の六四条七一条の項参照。

(107) 渋沢栄一の次女の女婿であり、陳重からすれば義理の弟にあたる。

(108) 稲田『成立史下巻』八八三頁。もっとも朝比奈・後掲では、八束を推した朝比奈に対して、「何でもラバンド教授等の新説を聞いて帰つた人だとは聞いて居るが」などと煮え切らない返事だったという（二六四頁）。やや印象が異なる。

(109) 朝比奈知泉『老記者の思ひ出』（中央公論社、一九三八年）二六四頁。

(110) 長尾「八束の髄」三〇五頁に引用。

(111) 法学新報六二号。『論文集』三五七－三五八頁。

(112) 例えば『古代都市』七七、一三六頁等。

(113) 『論文集』三五七－三五八頁。

(114) 『論文集』四三〇頁。このように八束の態度は法典論争の時代から一貫していたが、旧民法・旧商法の施行に反対した多くの法律家たちは、新民法・新商法の施行に対して特段の異論は唱えなかった。しかし、フランスに限らない広い比較法的視野が取り込まれたとはいえ、日本の伝統や慣習への配慮が十分なされないまま拙速に起草されたという批判は新法典についても妥当しえた。それにもかかわらず反対が起きなかったのは、日本人が起草したことへの安心感によるともいわれる。高田「福沢諭吉の法典論」参照。もっとも、立法への反対論自体が、感情的な面があり、学問的には底の浅いものであったという評価もできよう。

(115) 『論文集』四一二頁（初出一八九七〔明治三〇〕年九月）。

(116) 八束の公法概念は親族関係を含むもので、私法からの独立というドイツ公法学的枠組とは異質であり、その点では上杉愼吉とも異なる。塩野宏『公法と私法』(有斐閣、一九八九年)三六頁は「穂積〔八束〕と上杉の親近性よりも、美濃部・佐々木〔惣一〕と上杉の共通性が語られなければならない」という。

(117) 戸主権が上級武士層の家父長権をモデルとしており、「一般民衆の現実の家族生活においては、家父長権はそのような絶対的なものではなかった」というのは、川島『家族制度』八頁。

(118) 三井須美子「『国民道徳』の形成過程(その2)」一一頁は、このとき『祖先教』から家族国家観へと穂積の思想が変化した」というが、八束が祖先教という言い方をしたのは祖先祭祀の伝統に宗教性を与えるためである。のちに述べるように、戸水がフィルマーを持ち出して批判したとおり、八束は初期の頃から天皇主権を家族国家観で基礎づけていた。例えば一八九二(明治二五)年の「家制及國體」では「民族ノ宗家タル皇室」という表現も出てくる。一八九七(明治三〇)年の『国民教育愛国心』では「民族が同始祖の威霊の下に国を成す」ことを詳細に論じている。民法典の定着後に、民法の規定を自説の根拠づけに用いるようになったが、それは思想の変化とはいえないように思われる。

(119) 加藤弘之「有賀博士の〈日本国民の精神上の疑問〉を読む」(一九〇九〔明治四二〕年の講演)加藤『学説乞丐袋』(弘道館、一九一一年)所収三〇二頁。八束の憲法学の影響が感じられる。

(120) 「吾国体を如何せん」加藤『学説乞丐袋』所収四八九頁(村上『〈法〉の歴史』三七頁に引用)。

(121) 村上『〈法〉の歴史』三二頁以下、村上「加藤弘之と社会進化論」参照。

(122) 村上『〈法〉の歴史』三四頁。

(123) 村上『〈法〉の歴史』三七–三八頁。村上は、ルーマンのシステム論の枠組を用い、八束が西洋的な「自己循環(自己準拠性)」をそなえた法システムとして理論を構築し得なかったという。しかし、八束は、のちに述べるとおり、彼の理解したラーバント理論の枠組を用いて国体論を取り込み、法的論理を完結させているのではないか、というのが本書の見方である。

(124) この区別自体は、東京日日新聞の一八八二(明治一五)年の社説にすでに見える(米原謙『国体論はなぜ生まれたか——明治国家の知の地形図』〔ミネルヴァ書房、二〇一五年〕二一〇頁)。岡本武雄の筆になるらしい。ただ、外国には政体はあるが国体はないという点は八束の国体論とは異なる。このような、外国には国体はないという水戸学につながる国体理解は、金子堅太郎にも見える(『欧米人の評論』)。

(125) 『論文集』三五五頁。

(126) 内田貴「探訪『法の帝国』Ronald Dworkin, LAW'S EMPIRE と法解釈学(1)(2・完)」法学協会雑誌一〇五巻三、四号(一九八八年)参照。

(127) 美濃部は自らの憲法学説を同『憲法講話』(有斐閣、一九一二年)で分かりやすく説いている。

(128) 立花『天皇と東大(上)』二三二頁以下、宮武実知子「『帝大七博士事件』をめぐる輿論と世論——メディアと学者の相利共生の事例として」マス・コミュニケーション研究七〇号(二〇〇七年)参照。

(129) 戸水寛人「穂積八束君ト『ロバート、フキルマー』」法学協会雑誌一八巻五号（一九〇〇年）三四五頁。

(130) 以下、戸水・前掲論文三四四頁。

(131) 八束に代わって高橋粲三（国家学会雑誌一四巻通号一六〇号三一頁、通号一六二号二七頁）、島田俊雄（国家学会雑誌一四巻通号一六四号九八頁〔いずれも一九〇〇年〕）が反論の論陣を張った。宮本盛太郎『天皇機関説の周辺――三つの天皇機関説と昭和史の証言（増補版）』（有斐閣、一九八三年）二八九頁以下（「穂積八束とロバート・フィルマー」）も参照。

(132) ラッセル『西洋哲学史3』（みすず書房、一九七〇年）六一一―六一二頁。

(133) 中山道子『近代個人主義と憲法学――公私二元論の限界』（東京大学出版会、二〇〇〇年）がこれを紹介しつつ、興味深い分析を展開している（ロックの引用は同書二二頁）。なお、美濃部も後にフィルマーを持ち出して上杉を批判している。『時事憲法問題批判』（法制事報社、一九二一年）六二―六三頁。これについて中山・前掲書は、上杉が八束と異なり家族国家観をとっていないにもかかわらず、美濃部が八束と上杉の国家論の違いを区別していないことを指摘している（二二〇―二二二頁）。また、美濃部がpatriarchalismとpatrimonialismを区別せず八束・上杉の家族国家観をフィルマー的なそれと認識して批判したが、八束は「統治」「統治権」を「私有」「所有権」と対置しており、ブルンチュリ『国法汎論』以来の家産国家的構成への批判を踏まえた国家論を目指していたとして、これを指摘する松本三之介**『天皇制国家と政治思想』**（未來社、一九六九年）を引用している（一八六―一八七頁）。松本・前掲書二六三頁以下参照。

(134) 渡辺浩「『教』と陰謀」四〇四頁。

(135) 西村「ラーバントの国制論」四三六頁。

(136) 藤田「穂積八束博士」五七頁。

(137) 『憲法講話』四五頁。

(138) 長尾「上杉慎吉伝」同『日本法思想史研究』所収二四四―二四五頁。

(139) 美濃部『日本憲法　第一巻』（有斐閣、一九二一年）六九頁。また同『時事憲法問題批判』一八六頁。美濃部の自由法論について長尾『日本法思想史研究』一九九頁以下参照。

(140) 美濃部達吉『日本憲法　第一巻』四二九頁。

(141) 長尾龍一「美濃部達吉の法哲学」同『日本法思想史研究』一九四頁以下。この点を指摘する藤田「穂積八束博士」六二頁注三〇参照。

(142) 穂積八束「法ノ社会的効用」（一八九五年）より引用。

(143) これを指摘するのが、坂井「穂積八束」である。同論文は、八束の公法理論を、八束の思想の全体像の中で内在的に理解しようとする。同論文は結論において八束の理論を「天皇制共産主義」と呼ぶ。確かに八束は資本主義的な市場経済に批判的とはいえ、そのような思想は、代々承継される家の財産である家産を重視し、市場の機能に否定的であった荻生徂徠の思想（『政談』）とも通ずる。しかし、徂徠は共産主義者ではない。性格づけるとすれば、共産主義（communism）というより共同体主義（communitarianism）と言うべきではないか。

(144) Ancestor-Worship, 2nd ed., pp. 87-88, 『祖先祭祀ト日本法律』九八頁。

(145) 長尾は、本居宣長の思想においても、天皇は絶対主義的支配者ではなく、「何わざも己命の御心もてさかしらだち賜はずて、ただ神代の古事のままにおこなひたまひ治め賜ひて、疑ひおもほす事しあるをりは御卜事もて天ツ神の御心を問して物し給ふ」た（直毘霊〔なおびのみたま〕）と指摘している。長尾『日本法思想史研究』一八九頁。
(146) 米原『アイデンティティ』二九頁は陸羯南の「近時憲法考」に類似の制約論を見るようである。しかし、陸の議論は、「天皇か親ら裁定し給ひて皇祖皇宗の霊に誓告し給へる所の此の憲法に向ひては制限を受くるの姿なり」といい、告文にあるように皇祖皇宗に誓って作った憲法に拘束される（その意味で立憲政体である）という意味のように読める（「近時憲法考」四四‐四五頁）。これは超憲法的制約ではない。
(147) 『皇族講話会』一〇頁。
(148) 松本『天皇制国家と政治思想』二七五頁。
(149) クーランジュ『古代都市』一四二頁。
(150) 陳重も伝統的な日本の家制度が公法的性格を有することをセントルイスの万国学術会議の講演で述べている。*The New Japanese Civil Code*, p. 43.
(151) 笹倉秀夫『法思想史講義〈下〉絶対王政期から現代まで』（東京大学出版会、二〇〇七年）一七四頁。
(152) 三谷『陪審制』二八一頁。また、穂積八束『憲法提要上巻』（有斐閣書房、一九一〇年）一〇七‐一三五頁参照。
(153) 中田薫『徳川時代の文学に見えたる私法』（岩波文庫、一九八四年）一八〇頁以下参照。引用箇所は二〇八頁。
(154) 大竹秀男「日本近代化始動期の家族法——伝統的家族の動揺」『家族史研究4』（大月書店、一九八一年）五頁以下参照。
(155) 大竹・前掲論文は、当時、「親権を軸とする不完全な体系と戸主権を軸とする不完全な体系とを相互の関連づけもないままに混合していた」と表現している（三七頁）。
(156) 分家の規定が審議されていた第一三〇回会議（一八九五〔明治二八〕年一〇月二八日）での発言。前掲『日本近代立法資料叢書5　法典調査会民法議事速記録五』六六八頁。
(157) 川島『家族制度』は、明治民法の家制度について、「旧武士層（主として明治の貴族・官僚を構成した）の家族秩序を政府公認の理想的家族の姿として定着したもの」だというが（三一頁）、旧武士層の家族秩序の実像をめぐっても、議論があるということである。なお、「創られた伝統」についてはホブズボウム＝レンジャー編『創られた伝統』参照。
(158) 「国民道徳」という言葉を最初に使ったのは西村茂樹『日本道徳論』（一八八七年）といわれる。三井須美子「国定第1期教科書改定運動」五頁。しかし、それは「国民の道徳」という表現の短縮形であって、自覚的な造語ではない。同様な用法は福沢にも見られる（時事新報論集「徳教之説」〔一八八三〔明治一六〕年一一月二九日〕福沢諭吉全集第九巻〔岩波書店、一九六〇年〕二九四頁）。これに対し、八束は教育勅語と改定勅令小学校令（一八九〇〔明治二三〕年）を論拠に、中身を盛り込んだこの概念を造った。三井・前掲論文六頁。国民道徳をめぐる論争の一断面について、鵜沼裕子「**国民道徳論**をめぐる論争」今井淳＝小澤富夫編『日本思想論争史』（ぺりかん社、一九八二年新装版）参照。
(159) 『論文集』三三一頁。
(160) 松本『伝統と近代』二四頁以下。

(161) 福島正夫「明治四年戸籍法とその展開」同『福島正夫著作集第2巻家族』(勁草書房、一九九六年)六一頁。

(162) 詳しくは福島・前掲書三頁以下、五七頁以下。

(163) 松本『伝統と近代』三二頁。

(164) 松本『伝統と近代』三〇頁。

(165) 小山静子「家族の近代」西川他編『文化変容』一七四頁。

(166) 江島顕一「明治期における井上哲次郎の『国民道徳論』の形成過程に関する一考察――『勅語衍義』を中心として」慶應義塾大学大学院社会学研究科紀要:社会学心理学教育学:人間と社会の探究六七号(二〇〇九年)一五頁以下は、一八九一(明治二四)年の『衍義』初版と一八九九(明治三二)年の『増訂勅語衍義』との変化を論ずる。

(167) 江島・前掲論文一九頁。なお、江島は「初版において、わが国の伝統道徳であり普遍道徳であるともされた忠孝は、増訂版では、わが国特有の「家制度」という国家形態と祖先崇拝の精神が導出されることによって、両者が一本化された『忠孝一本』として論究されるに至る」(同論文二二頁)と説く。

(168) 当時の教科書について、滋賀大学附属図書館編『近代日本の教科書のあゆみ――明治期から現代まで』(サンライズ出版、二〇〇六年)一五頁以下(「修身教科書」(村田昇))参照。

(169) 三谷『日本の近代とは』二二七頁、鵜沼「国民道徳論」三五七頁。

(170) 三井須美子「国定第1期教科書改定運動」六頁。

(171) 批判を受けた第一期国定修身教科書の編集委員長は加藤弘之だった。加藤は、教科書作りには世界のなかの日本であるとの自覚、つまり「自立自営的」個人の精神の養成が必要であり、これを批判した野村靖らこそ「時勢を達観するの明を持たない」「異端者」だと反論している。三井「国定第1期教科書改定運動」三頁。

(172) 三井「国定第1期教科書改定運動」参照。ちなみに、この翌年、戸水事件が起きて、久保田文部大臣は一二月一四日に辞職することになる。

(173) 関口すみ子『国民道徳とジェンダー――福沢諭吉・井上哲次郎・和辻哲郎』(東京大学出版会、二〇〇七年)一六一頁。

(174) 委員会設置の経緯、およびそこで八束が果たした役割については三井須美子「国定第1期教科書改定運動」、同「『国民道徳』の形成過程(その2)」に詳しい。

(175) 三井「『国民道徳』の形成過程(その2)」七頁。

(176) 三井「国定第1期教科書改訂運動」六頁。

(177) 三井は、八束が井上哲次郎の家族制度論を採用したと述べるが(「『国民道徳』の形成過程(その2)」七頁など)、家族制度論への言及は時期的には陳重の方が早く、八束と井上が陳重の家族制度論に乗ってこれを積極的に国家論に用いたというべきだろう。とくに陳重と八束の間には、公刊されたもの以外に多くのコミュニケーションがあったはずである。

(178) 三井論文(「国定第1期教科書改定運動」「家族国家観(2)」)に詳しい。

(179) 兵藤裕己『太平記〈よみ〉の可能性――歴史という物語』(講談社学術文庫、二〇〇五年)二四一頁以下は、「歴史は物語である」という視点から南北朝正閏問題を論じている。

(180) 八束の働きについては、三井須美子の研究が史料を発掘して解明している。三井「『国民道徳』の形成過程(その4)(その5)」、同「国定第1期教科書改定運動」参照。
(181) 関口『国民道徳』一六四、二九六頁。この筆禍事件には、当時井上が総長をしていた大東文化学院の内紛が絡んでいることについて、浅沼薫奈「井上哲次郎と大東文化学院紛擾――漢学者養成機関における『皇学』論をめぐって」東京大学史紀要二七号(二〇〇九年)三一頁以下。関口・前掲書一六四頁は、井上の影響力はすでに大正の到来とともに怪しくなっていたとする。
(182) 三井「『国民道徳』の形成過程(その6)」九一頁。一九一一(明治四四)年三月一四日付の新聞〈日本〉の記事による批判。
(183) 浜田稚代「森鷗外と大逆事件――『あそび』『食堂』『田楽豆腐』研究」富山大学比較文学三集七八頁(二〇一〇年)参照。
(184) 大原慧『幸徳秋水の思想と大逆事件』(青木書店、一九七七年)二四二頁以下。
(185) 長尾『日本法思想史研究』二四五-二四六頁。
(186) 長尾『日本法思想史研究』一〇七頁参照。

第九章

(1) 岩谷十郎=片山直也=北居功編『法典とは何か』(慶應義塾大学出版会、二〇一四年)四五頁注四七(岩谷)も「比較法的無自覚の時代」という時代区分に疑問を提起している。
(2) ただし、簡略なものとはいえ、牧野『日本法的精神』が陳重の著作について内容に即した検討をしているのが注目に値する。
(3) 代表的な研究として北川善太郎『日本法学の歴史と理論――民法学を中心として』(日本評論社、一九六八年)。
(4) 穂積重行「比較法学と穂積陳重」一七三頁は「要するに穂積は法律というものを『人間学』として捉えたいと、そういう姿勢があったのではないか」という。しかし、それは単に一人の学者の知的嗜好の広さの問題ではなく、彼に期待された時代的役割の要請でもあった。
(5) この手法は、当時(二〇世紀初頭)、陳重も引用するレイモン・サレイユが、歴史法学をふまえた自然法論を復興することでフランス法学にもたらした方法論と重なるところも多い。時本『オーリウ』七二-七三頁。
(6) 陳自強=黄浄愉(鈴木賢訳)「台湾民法の百年――財産法の改正を中心として」北大法学論集六一巻三号二二七頁(二〇一〇年)参照。
(7) 石部「明治期の日本法学」九八頁参照。
(8) 渡辺浩「儒教と福沢諭吉」一〇四頁。
(9) この点は小柳「穂積陳重と舊民法」も同旨。小柳は陳重が個人主義の「到来は必然であると理解しつつなおそれを恐れていたと考えられる」(一二三頁)と言うが、恐れていたかどうかは分からない。科学者たろうとする陳重の信念からすれば、価値中立的に見ていたとも思われる。
(10) 岩波文庫、一九九四年(一九六九-七〇年にユリイカに連載された)。同書で吉田は一八世紀こそが、ヨーロッパの完成期だと見ている。
(11) 三谷『戦争と政治』一九五頁。

あとがき

いまから一六年ほど前の二〇〇二年四月、当時ちくま新書を担当する編集者だった増田健史氏から持ちかけられた企画は、法学入門を書くことだった。日本には優れた『法学入門』がたくさんある。それぞれに工夫を凝らした内容である。新たに付け加える意味があるかと問う私に、増田氏は、既存の『法学入門』の特色をまとめて一覧にしたリストを自ら作って、筆者に新たなタイプの法学入門を書くことを慫慂《しようよう》された。その熱意に圧倒された私は、法学そのものの概説ではなく、法学の前提となる教養が何であるかに焦点を置いた入門書を書く約束をした。法学は一定の教養を前提としてはじめて理解できる学問だと考えていたからである。

しかし、いざ取り組んでみると、私の思いつく、法学の前提となる教養はすべて西洋の教養だった。法学はすぐれて西洋文明の産物である。西洋文明を歴史的に理解しなければ、本当に法学を理解し得たとはいえない。そうだとすれば、翻ってそもそも私自身が、法学を本当に理解しているのだろうか。こうしてどんどん疑問が遡っていくうちに、いったい日本人はどうやって西洋法学を受容し得たのだろうか、という疑問に行き着いた。それまでまったく存在しなかったはずの思考が、その文化的土壌がないはずの社会でどのようにして受容され得たのだろうか。あるいは、そもそも受容は成功したのだろうか。その疑問に対して、たとえ一応のものにせよ、答えが得られなければ、法学入門など書けないという心境に至った。

こうして私の関心は歴史に向かうことになった。その関心は、その後本書の執筆が停滞する中で、ますます強まることになる。

＊

間もなく、制定以来一二〇年ぶりの民法の抜本改正が始まることになり、私はそちらの仕事に忙殺されるようになった。二〇〇七年には大学を退職して法務省に移り、改正作業を担当する役人の仕事に就いた。実務法曹、経済界、一般市民、官僚など、それまで私を「大学の先生」としてお客さま扱いしていた人たちと、立法という利害打算の渦巻く政治プロセスの土俵の上で折衝することになった。そこで私が経験したのは、学問としての法学への評価の低さと実務重視の姿勢だった。学問的理由による改正に対しては強い拒絶反応が見られた。百年前に日本が継受した法について、母法国である西欧で現代化に向けた改正が進んでいるという事実は、十分な改正理由とはみなされなかった。

この経験は、そもそも現在の日本にとって学問としての法学にはどのような存在理由があるのだろうか、という疑念を私に抱かせた。この疑念は、全く別の機会に私が抱いた同様な疑念と共振し、増幅することになった。それは、民法改正をもその産物の一つとして生み出した司法制度改革を機縁とした疑念である。

＊

司法制度改革は、西洋法文化の精神に忠実な人たちが、いくつかの欧米社会をモデルに、新たな法実務のあり方を政策目標として提示しようとした改革だった。社会が透明性の高いルールで規律され、多くの法律家がその運用を見守る、そんな社会の実現を夢み、その時期が来たとしてこの改革を始めた。司法制度改革審議会意見書は、「この国のかたち」という司馬遼太郎の著書のタイトルを借用してその理想を熱く語っている。まさに明治期の先人たちが日本の将来像を描いて改革に取り組んだのと同じ意気込みをもって、新たな社会像を提示しようとしたのである。しかし、著名な法学者のリードで描かれた「この国のかたち」についての理想像は、改革を牽引するだけの支持を実務界から得ることができず、改革の中核を担うはずの法科大学院制度は行き詰まった。この点での司法制度改革の失敗は、実は、日本の法学の失敗だった。

いつの時点と特定することは困難であるが、二〇世紀後半になって、西洋をモデルとする近代化を終えたとの意識が日本社会の中で暗黙のうちに共有された。それとともに、政府の政策の重点は、社会や法制度の「近代化」から、市場の運営へと移った。このとき、西洋をモデルに、日本社会を近代化するための目標提示の役割を担ってきた日本の法学のひとつの役割が終わりを告げたということができる。いきおい、政府の政策形成における経済学のウェイトが高まる。法に関する知見が求められる場合も、学問としての法学より法実務の観点が重視される。

司法制度改革は、これからの時代の法実務と、それに対応できる法学教育を構想したが、これこそ日本の法学が提示しようとした最後の理想だった。しかし、その理想は実務によって拒否された。法学者が現実を批判したり理想を語ったりすることが期待される時代は終わり、確立した法制度の安定的な運用へと国家的関心が移ったのである。[*1]

日本にはすでに精緻な近代的法制度が整備されている。もはや日本のモデルは西洋にない。そのような意識が法実務界に強固に存在している。西洋の最新の動向に広く目配りをして日本の進むべき方向を探る、というこれまで日本の法学が得意としてきたスタイルの学問が役割を終えたとすると、これからの日本で、法学はどのような役割を担うのだろうか。法学教育のために、確立した知識を整理する役割を超えて、学問としての法学は、これからの日本にとって本当に必要なのだろうか。そのような根源的な問いが投げかけられるべき時が来ている。

振り返ってみれば、日本が西洋の法や法学を受容しえたこと自体が、歴史上特筆すべき出来事だった。いまや継受された法は精緻に整備され、法実務は発展を遂げた。ところが、法継受をリードし、法学教育を通じて日本社会の法的リテラシー[*2]を生み出してきた日本の法学が、いま目標を見失っている。そもそも日本にとって法学とはいかなる学問だったのか、どのような学問として西洋から受容したのかを、改めて問い直す必要があるように思える。

＊

これからの日本で学問としての法学にどのような存在意義があるのかを考えるために、西洋法学受容の当初に立ち返って検証するというのは、いかにも迂遠な方法だろう。しかし、私にとっては避けて通ることのできない作業だった。本書では、そのような大きな課題への第一歩として、日本人の西洋法学受容の歴史の最初の時点で、「日本の法学」がどのようにして誕生したのかを、それを主導した人物に焦点をあてて辿ろうとした。目的は彼らの伝記を書くことではない。彼らの歩みに沿いながら、彼らの見た西洋、彼らの暮らした日本という、時代を描くことを試みた。

本書に描き切れなかったさまざまなストーリーがある。また、その後の歴史的な展開もある。私が立ち向かった問いは、今後、それらの研究の蓄積により、ようやく答えが見えてくるものなのだろう。

＊

最初に執筆依頼を受けたとき若手編集者だった増田健史氏は、筆者がもたもたしている間に最年少の取締役に就任され、会社の経営責任を背負う地位に就かれた。それでも増田氏は私の本の担当を続け、私の問題意識の変化を許容し、叱咤激励しながら最後まで伴走してくれた。増田氏の粘り強く的確なサポートなしには本書は生まれなかった。適切な写真を配して本書に潤いを与え、分不相応に素敵なタイトルを考案してくれたのも増田氏である。心からお礼を申し上げたい。ちなみに、増田氏には、私が法務省で民法改正を担当している間に、『民法改正』という新書を出していただいた。本書に至る長いおつきあいの副産物である。

八年余りに及んだ民法改正作業の間、本書の執筆は全く停滞してしまったが、そのあとこの上なく快適な執筆環境を提供してくれたのは、大学などの研究機関ではなく、客員弁護士としてお世話になっている森・濱田松本法律事務所である。事務所内外の案件を通じて実務と接点を持ちつつ、研究に専念することができた。厚くお礼を申し上げたい。また、同事務所の秘書の増田佐和子さんは、幾多の訴訟のサポートで培われた能力によって、私の研究に画期的な秩序をもたらしてくれた。大学でも経験したことのないこのような研究サポートが本書執筆を可能にした。法学部出身の増田さんには、本書の原稿の一部の最初の読者として貴重なコメントもいただいた。私が特にお礼を申し上げなければならないもう一人の増田さんである。

数年前から渡辺浩先生を囲む私的読書会に加えていただき、徂徠や白石を読んでいる。渡辺先生をはじめ、中心メンバーである大沼保昭先生、新田一郎先生との会話は、本書の着想を育てる上で計り知れない糧となった。また、伊東研祐氏、斉藤美潮さん、中村智子さん、西希代子さん、矢部家崇氏ほか、資料収集等でお世話になった方々にも心からお礼を申し上げたい。

二〇一八年二月

内田　貴

＊1　内田貴「日本法学の閉塞感の制度的、思想的、歴史的要因の分析――法学研究者像の探求と研究者養成：日本法の視座から」曽根威彦＝楜澤能生編『法実務、法理論、基礎法学の再定位』（日本評論社、二〇〇九年）所収参照。

＊2　内田貴「法科大学院は何をもたらすのか　または　法知識の分布モデルについて」ＵＰ四〇二号（二〇〇六年）、Annelise Riles, Takashi Uchida "Reforming Knowledge? A Socio-Legal Critique of the Legal Education Reforms in Japan" *Drexel Law Review*, vol.1, no.1 (2009).

人名索引

本文中の人名に限り，注の中の人名は含まれていない
穂積陳重・八束の両名は本書全体にわたって頻出するため除いた

あ　行

か　行

さ　行

た　行

な　行

は　行

ま　行

や　行

ら　行

わ　行

内田 貴（うちだ・たかし）

1954 年大阪に生まれる。1976 年東京大学法学部卒業。東京大学大学院法学政治学研究科教授、法務省経済関係民刑基本法整備推進本部参与等をへて、現在は、東京大学名誉教授、早稲田大学特命教授、森・濱田松本法律事務所客員弁護士。法学博士（東京大学）。専門は民法学。著書に『民法改正』（ちくま新書）、『民法Ⅰ 総則・物権総論〔第４版〕』『民法Ⅱ 債権各論〔第３版〕』『民法Ⅲ 債権総論・担保物権〔第３版〕』『民法Ⅳ 親族・相続〔補訂版〕』（以上、東京大学出版会）、『抵当権と利用権』（有斐閣）、『契約の再生』（弘文堂）、『契約の時代』（岩波書店）、『制度的契約論』（羽鳥書店）など多数。

法学《ほうがく》の誕生《たんじょう》――近代日本《きんだいにほん》にとって「法《ほう》」とは何《なん》であったか

2018年3月30日　初版第1刷発行

内田 貴 ―――― 著者
山野浩一 ―――― 発行者
株式会社 筑摩書房 ―――― 発行所
東京都台東区蔵前2-5-3　郵便番号111-8755
振替00160-8-4123
間村俊一 ―――― 装幀者
株式会社 精興社 ―――― 印刷
牧製本印刷 株式会社 ―――― 製本

ISBN978-4-480-86726-1　C0032

乱丁・落丁本の場合は、下記宛にご送付下さい。
送料小社負担でお取り替えいたします。
ご注文・お問い合わせも下記へお願いします。
〒331-8507　さいたま市北区櫛引町2-604　筑摩書房サービスセンター
TEL　048-651-0053